应用型本科汽车类专业系列教材

汽车电子控制技术

主　编　于京诺

副主编　曹红兵　陆忠东　于春鹏

参　编　梁桂航　姚美红　吴　凯　李友才

机 械 工 业 出 版 社

本书系统阐述了现代汽车电子控制系统的组成、结构原理以及检测与诊断方法。全书共分11章，主要内容包括发动机电子控制系统、汽车行驶稳定性控制系统、汽车自动变速器、巡航控制系统、安全气囊系统、电子控制悬架系统、电控动力转向系统、中央门锁与防盗系统、车载网络系统、汽车电子控制系统检测诊断。

本书以应用型人才培养为目标，在介绍汽车电子控制系统的结构原理时，注重理论与实际的紧密结合；在介绍检测诊断方法时，注重其实践性和应用性。本书内容全面、系统，反映了现代汽车电子控制新技术的发展。此外，每一章都附有学习目标和复习思考题，并配有PPT教学课件，以方便教学。

本书可作为交通运输或者车辆工程专业的本科教材，也可作为其他相关专业的辅助教材，还可以作为汽车电子控制技术相关工程技术人员的参考书。

编辑服务微信号：13070116286。

图书在版编目（CIP）数据

汽车电子控制技术/于京诺主编. —北京：机械工业出版社，2013.11（2025.2重印）

应用型本科汽车类专业系列教材

ISBN 978-7-111-44643-9

Ⅰ.①汽…　Ⅱ.①于…　Ⅲ.①汽车-电子控制-高等学校-教材　Ⅳ.①U463.6

中国版本图书馆CIP数据核字（2013）第260728号

机械工业出版社（北京市百万庄大街22号　邮政编码100037）

策划编辑：赵海青　责任编辑：赵海青　版式设计：常天培

责任校对：姜　婷　封面设计：路恩中　责任印制：单爱军

北京虎彩文化传播有限公司印刷

2025年2月第1版第14次印刷

184mm×260mm · 18.75印张 · 460千字

标准书号：ISBN 978-7-111-44643-9

定价：49.00元

凡购本书，如有缺页、倒页、脱页，由本社发行部调换

电话服务

服务咨询热线：010-88379833

读者购书热线：010-88379649

网络服务

机 工 官 网：www.cmpbook.com

机 工 官 博：weibo.com/cmp1952

教育服务网：www.cmpedu.com

金 书 网：www.golden-book.com

封面无防伪标均为盗版

汽车服务工程方向教材编审委员会

车辆工程方向教材编审委员会

交通运输方向教材编审委员会

丛书序

进入21世纪，我国高等教育得到了迅猛发展，已经进入了大众化的发展阶段，全国高等教育的毛入学率已达到20%，上海、北京等高等教育发达地区的毛入学率已经超过50%，率先进入了高等教育大众化的发展阶段。

在高等教育大众化发展阶段，受教育者和社会对高等学校的要求趋向于多元化和复杂化，对人才的认识和评价标准趋向于多样化，它的发展必然要求高等教育理念、办学形式的多元化和高等学校办学层次、类型的多样化。我国传统的“精英式”高等教育理念、“研究型”高等学校办学模式和“学术性”人才培养模式在高等教育大众化阶段受到了严重挑战。也就是说，高等教育大众化在提高适龄青年接受高等教育比例的同时，使教育的对象、目标和教育结构发生了变化，接受高等教育的人具有了不同的类型和不同的特点，这就需要高等教育具有不同层次和不同类型，因此，产生了学校设置的不同类型和不同定位。应用型本科人才的培养正是在这种情况下，越来越得到社会的重视。

为适应社会对应用型人才的需求，对高等学校尤其是新建本科院校来说，应用型本科人才的培养工作重任在肩。应用型本科如何定位、分类和发展，是国内教育界非常关注的问题。定位于职业取向的应用型大学，既有普通本科教育的共性，又有区别于普通本科的自身特点，它更加注重的是实践性、应用性和技术性。有人认为，“后劲足、上手快”，即基础知识比高职高专学生深厚、实践能力比传统本科生强，是本科应用型人才最本质的特征，但是由于类型多而复杂，应用型本科院校之间缺乏横向交流和适用于应用型人才培养的针对性教材一直是制约院校发展的瓶颈。

2011年12月，围绕应用型本科人才培养和教材开发，机械工业出版社牵头在上海建桥学院召开了“汽车类专业应用型本科示范教材”开发研讨会。上海建桥学院、上海电机学院、鲁东大学、九江学院、长安大学、河南科技大学、南昌工程学院、黑龙江工程学院、武汉科技大学、山东交通学院、河南工业大学、长春工业大学、哈尔滨理工大学、沈阳理工大学、浙江师范大学、吉林农业大学、金陵科技学院等来自全国20多所设有汽车类专业的应用型本科院校的30多位汽车专业系主任、骨干教师参加了此次会议。此次会议组建成立了“全国汽车类专业应用型本科院校联盟”，审议并通过了“全国汽车类专业应用型本科院校联盟”章程和联盟理事会工作细则，确定了教材联编共同的思路。

在此次会议上，与会代表对汽车类专业应用型本科的培养方案、专业建设、教材建设等问题进行了深入而广泛的探讨，并成立了教材编审专家委员会，对教材编例、内容组织、教材体系等多方面问题进行了探讨。

本套教材具有如下特点：

- 强调以知识为基础，以能力为重点，知识、能力、素质协调发展。具体培养目标强调学生综合素质和专业核心能力的培养。

- 内容组织和体现形式符合学生认知和技能养成规律，体现以应用为主线。
- 体现行业需求、职业要求和岗位规范，尤其是要注意紧跟技术更新。
- 注重学生分析能力、判断能力、创新能力和沟通能力的综合能力培养。
- 配套开发课程设计指导、实训教学指导书，配备多媒体教学课件，打造立体化教材。

本套教材附赠多媒体课件、练习题答案等教学资料供任课老师采用，可在机械工业出版社教材服务网（www. cmpedu. com）免费下载或拨打编辑热线获取（010 - 88379353）。

虽然本套教材的各参编院校在应用型本科人才培养和教学改革方面进行了有益的探索，但限于认识水平和工作经历，教材中难免仍有许多不足之处，恳请各位专家、同行和广大使用本套教材的师生给予批评指正。

应用型本科汽车类专业系列教材编委会

前　言

本书系统阐述了现代汽车电子控制系统的组成、结构原理以及检测与诊断方法。全书共分11章，主要内容包括发动机电子控制系统、汽车行驶稳定性控制系统、汽车自动变速器、巡航控制系统、安全气囊系统、电子控制悬架系统、电控动力转向系统、中央门锁与防盗系统、车载网络系统、汽车电子控制系统的检测诊断。

本书以应用型人才培养为目标，在介绍汽车电子控制系统的结构与原理时，注重理论与实际的紧密结合；在介绍检测与诊断方法时，注重其实践性和应用性。本书内容全面、系统，发动机电子控制系统的内容包括了汽油机缸内喷射技术、柴油机电控燃油喷射等内容；汽车自动变速器包括了无级变速器、双离合器自动变速器和电控机械式自动变速器等内容，巡航控制系统包括了自适应巡航控制等内容；安全气囊系统包括了智能型安全气囊等反映现代汽车电子控制新技术发展的内容。此外，每一章都附有学习目标和复习思考题，并配有PPT教学课件，以方便教学。

本书由于京诺担任主编，曹红兵、陆忠东、于春鹏担任副主编。第1章、第3章、第5章由于京诺编写；第2章由曹红兵编写；第4章由陆忠东编写；第6章由李友才编写；第7章、第9章由于春鹏编写；第8章由姚美红编写；第10章由梁桂航编写；第11章由吴凯编写。

本书为机械工业出版社应用型本科汽车类专业系列教材，可作为交通运输或者车辆工程专业的本科教材，也可作为其他相关专业的辅助教材，还可以作为汽车电子控制技术相关工程技术人员的参考书。

本书在编写过程中，得到了机械工业出版社汽车分社的大力支持和帮助，在此表示衷心感谢！

由于编者水平有限，书中难免存在错误或疏漏之处，恳请读者批评指正。

编者

2013年7月

目 录

丛书序
前言
第 1 章 绪论 …… 1
1.1 汽车电子控制技术的发展 …… 1
1.2 汽车电子控制技术的应用 …… 2
1.3 汽车电子控制技术的发展趋势 …… 4
1.4 汽车电子控制系统的组成 …… 6
复习思考题 …… 7
第 2 章 发动机电子控制系统 …… 8
2.1 汽油机电控燃油喷射系统 …… 8
2.2 汽油机电控点火系统 …… 43
2.3 发动机辅助控制系统 …… 55
2.4 汽油机缸内喷射技术 …… 77
2.5 柴油机电控燃油喷射系统 …… 89
复习思考题 …… 98
第 3 章 汽车行驶稳定性控制系统 …… 100
3.1 防抱死制动系统 …… 100
3.2 驱动防滑转系统 …… 114
3.3 电子制动力分配 …… 119
3.4 电子稳定程序 …… 121
复习思考题 …… 125
第 4 章 汽车自动变速器 …… 126
4.1 概述 …… 126
4.2 电控液力自动变速器 …… 129
4.3 无级变速器 …… 158
4.4 双离合器自动变速器 …… 164
4.5 电控机械式自动变速器 …… 167
复习思考题 …… 176
第 5 章 巡航控制系统 …… 177
5.1 概述 …… 177
5.2 巡航控制系统的组成与工作原理 …… 178
5.3 巡航控制系统的使用 …… 183
5.4 自适应巡航控制系统 …… 184
复习思考题 …… 186
第 6 章 安全气囊系统 …… 187
6.1 概述 …… 187
6.2 安全气囊系统的结构与工作原理 …… 188
6.3 智能型安全气囊 …… 194
6.4 装备安全带预紧器的安全气囊系统 …… 198
复习思考题 …… 201
第 7 章 电子控制悬架系统 …… 202
7.1 电控悬架系统的功用及分类 …… 202
7.2 电控悬架系统的结构和工作原理 …… 203
7.3 主动车身控制系统 …… 217
复习思考题 …… 220
第 8 章 电控动力转向系统 …… 221
8.1 液压式电控动力转向系统 …… 221
8.2 电动式电控动力转向系统 …… 226
8.3 四轮转向系统 …… 230
8.4 线控转向系统 …… 236
复习思考题 …… 238
第 9 章 中央门锁与防盗系统 …… 240
9.1 中央门锁系统 …… 240
9.2 防盗系统 …… 246
复习思考题 …… 251
第 10 章 车载网络系统 …… 253
10.1 概述 …… 253
10.2 控制器局域网 …… 256
10.3 局部连接网 …… 258
10.4 典型汽车车载局域网 …… 262
复习思考题 …… 267
第 11 章 汽车电子控制系统检测诊断 …… 268
11.1 自诊断系统 …… 268
11.2 故障诊断仪器设备 …… 271
11.3 故障诊断的基本方法 …… 274
11.4 主要部件的诊断方法 …… 280
复习思考题 …… 287
参考文献 …… 288

第1章 绪 论

学习目标

·了解汽车电子控制技术发展取决的因素。

·了解汽车电子控制技术的发展过程。

·了解汽车电子控制技术的应用及控制功能。

·了解汽车电子控制技术的发展趋势。

·掌握汽车电子控制系统的组成。

1.1 汽车电子控制技术的发展

电气装置在汽车上使用由来已久，在1885年由卡尔·本茨发明的世界首辆汽车上就已经使用了电火花为汽油机点火，但电子装置在汽车上使用却是从20世纪50年代才开始。随着收音机、硅整流发电机、晶体管电压调节器、晶体管点火系统等电子装置的使用，在汽车上使用的电子装置与日俱增，电子控制技术几乎应用到了汽车上的所有系统中。据统计，目前中、高档轿车上的电子装置已占整车成本的30%～35%，每辆高档轿车使用的微处理器已达30～60个。

汽车电子控制技术的快速发展主要取决于以下三个因素：一是得益于晶体管技术、大规模集成电路技术、计算机技术和网络技术的飞速发展，成本不断降低，控制功能越来越强大，为汽车电子控制技术的发展提供了良好的条件；二是由于各国政府制定了越来越严格的法规，迫使汽车制造商必须采用先进的电子控制技术，以满足在燃油经济性、安全性和排放性能方面的法规要求；三是用户对汽车安全性、舒适性、动力性、经济性等越来越高的需求，促使汽车制造商更多地采用电子控制技术，增强其产品在市场上的竞争能力。

汽车电子控制技术的发展过程，大致可分为电子电路控制、微型计算机控制和车载局域网控制三个阶段。

第一阶段（1953～1975年）：模拟电子电路控制阶段，即采用分立电子元器件或集成电路组成电子控制器进行控制。汽车电子设备主要采用分立电子元器件组成电子控制器，从而揭开了汽车电子时代的序幕。主要应用有硅整流发电机、晶体管电压调节器、晶体管点火装置、电子式闪光器、电子式间歇刮水控制器、晶体管收音机、数字时钟等。

第二阶段（1976～1999年）：微型计算机控制阶段，即采用模拟计算机或数字计算机进行控制，控制技术向智能化方向发展。汽车电子设备普遍采用8位、16位或32位字长的微处理器进行控制，主要开发研制专用的独立控制系统和综合控制系统。主要应用有电控燃油喷射系统、微机控制点火系统、电子控制自动变速系统、防抱死制动系统、牵引力控制系统、车辆稳定控制系统、电控动力转向及四轮转向系统、巡航控制系统、电控悬架系统、安全气囊系统、座椅安全带预紧系统、自动防碰撞系统、轮胎气压控制系统、前照灯光束自动控制系统、超速报警系统、车辆防盗系统、电子控制门锁系统、自动除霜系统、通信与导航协调系统、安全驾驶监测与警告系统和故障自诊断系统等。

在这一阶段的发展中，由于采用电子控制的系统越来越多，使系统变得越来越复杂。为了使系统简化，出现了由单一控制向集中控制发展的趋势，例如：将电控燃油喷射控制、点火控制、怠速控制、进气控制、排放控制等与发动机有关的控制集成为一个控制系统，称为发动机集中控制系统，甚至将发动机控制与自动变速器控制集成为一个控制系统，称为动力传动控制系统。

第三阶段（2000 年至今）：车载局域网控制阶段，即采用车载局域网（Local Area Network，LAN）对汽车电器与电子控制系统进行控制。国内外中高档轿车目前都已开始采用车载局域网技术。采用 LAN 技术的国外车型有奔驰、宝马、大众、保时捷、美洲豹、劳斯莱斯等系列轿车。例如，在宝马公司 2004 年新推出的 BMW 7 系列轿车上，就装备了 70 多个微处理器（电控单元），利用 8 种车载局域网分别按这些电控单元的作用连接起来。其中，连接多媒体装置的网络就选用了多媒体定向系统传输网（Media Oriented System Transport，MOST）。MOST 协议是 21 世纪车载多媒体设备不可缺少的高速网络协议。国内采用 LAN 技术的有一汽奥迪 A6L、宝来（BORA）、上海帕萨特 B5、波罗、广州本田、东风雪铁龙等轿车。

提示：电子控制器网络化的多路集中控制系统不仅是汽车电器线束分布方式和电子控制系统控制技术的发展方向，而且也是火车、船舶、机器人、机械制造、医疗器械以及电力自动化等领域控制技术的发展方向。

1.2 汽车电子控制技术的应用

目前汽车电子控制技术已经应用到汽车的发动机、底盘、车身各个部分，用于改善汽车动力性、经济性、排放性能、安全性、方便性与舒适性等性能。电子控制技术在汽车上的应用如图 1-1 所示，汽车电子控制技术的应用及控制功能见表 1-1。

表 1-1 汽车电子控制技术的应用及控制功能

目的	应用系统	控制功能
动力性	电控燃油喷射系统（EFI）	精确控制混合气空燃比及可燃混合气的形成，提高发动机的动力性、经济性，减少排放
	微机控制点火系统（MCI）	以最佳点火提前角点火，避免爆燃，提高发动机的动力性、经济性，减少排放
	进气控制系统（IACS）	通过切换进气道、改变配气相位和气门升程等改善发动机不同工况下的充气效率，提高发动机的输出转矩
	废气涡轮增压系统（ETC）	增加发动机进气量，提高发动机输出转矩
	电控自动变速器（ECT）	自动换档，在最佳时机换档，提高汽车的动力性和经济性，提高行驶平顺性和舒适性
	无级变速器（CVT）	
经济性和排放性能	怠速控制系统（ISC）	发动机不同工况下怠速自动调节，降低油耗和减少排放
	废气再循环系统（EGR）	降低废气中的 NO_x 排放
	汽油蒸发污染控制系统（EVAP）	减少 CH 化合物的排放

（续）

目的	应用系统	控制功能
经济性和排放性能	二次空气喷射(AIR)	减少CH和CO的排放
	空燃比闭环控制及三元催化转化器(TWC)	减少废气中的CH、CO和NO_x的排放
安全性	防抱死制动系统(ABS)	制动时防止车轮抱死，缩短制动距离，保证制动时的方向稳定性和转向操纵能力
	驱动防滑转系统(ASR)	防止驱动轮滑转，提高汽车的加速性和操纵稳定性
	电子控制制动力分配系统(EBD)	自动调节前后轮的制动力分配，充分利用前后轮附着系数，缩短制动距离
	辅助制动系统(BAS)	在紧急制动时如果踩踏制动踏板的力不足，该系统可以以最大制动强度进行制动
	电子稳定程序(ESP)	确保汽车按照驾驶人的驾驶意图行驶，避免汽车偏离正常行驶轨迹，保证行车安全
	安全气囊系统(SRS)	汽车发生碰撞时保护乘员，减轻或避免对乘员的伤害
	座椅安全带预紧系统(SRTS)	
	雷达车距报警系统(RPW)	检测与障碍物的距离，当距离过近时报警或者对汽车进行制动
	安全驾驶监控系统	监控车辆行驶状况和驾驶人生理特征，必要时提醒驾驶人，自动使汽车减速甚至停车
	轮胎气压报警系统	监测轮胎气压，气压不正常时报警
	中央门锁控制系统(CLCS)	提高汽车的使用方便性和行驶安全性
	防盗报警系统(GATA)	防止车辆和车内物品被盗
	前照灯光束控制系统(HBAC)	自动调节焦距和光束角度，保证照明正常
方便性与舒适性	巡航控制系统(CCS)	按设定车速等速行驶，不需驾驶人操纵加速踏板，减轻驾驶人疲劳
	电控动力转向系统(EPS)	转向轻便，操纵性好
	四轮转向系统(4WS)	提高汽车转向的机动性和汽车行驶的操纵稳定性
	电子控制悬架(EMS)	自动调节减振器阻尼、弹簧刚度和车身高度，提高汽车的舒适性和行驶稳定性
	电动座椅	调节座椅位置和俯仰角度，有的具有位置记忆功能
	自动空调系统(AHVC)	自动选择进、出风口，鼓风机速度等，实现对车内温度、湿度和通风的自动调节
	导航系统	惯性导航，GPS导航
	车载电话(CT)	通信联络
	车载计算机(OBC)	车内办公
	车载网络系统	在不同系统的电气设备和控制器之间实现数据传输
	CD音响、DVD播放机	娱乐欣赏
	信息显示系统	显示交通信息、电子地图等
	遥控门锁	对门锁实现远距离控制，具有防盗功能
	遥控起动发动机	便于发动机预热
故障诊断	车载诊断系统(OBD)	对系统进行自诊断，发现故障采取故障报警、存储故障信息、进行失效保护和应急运行等措施

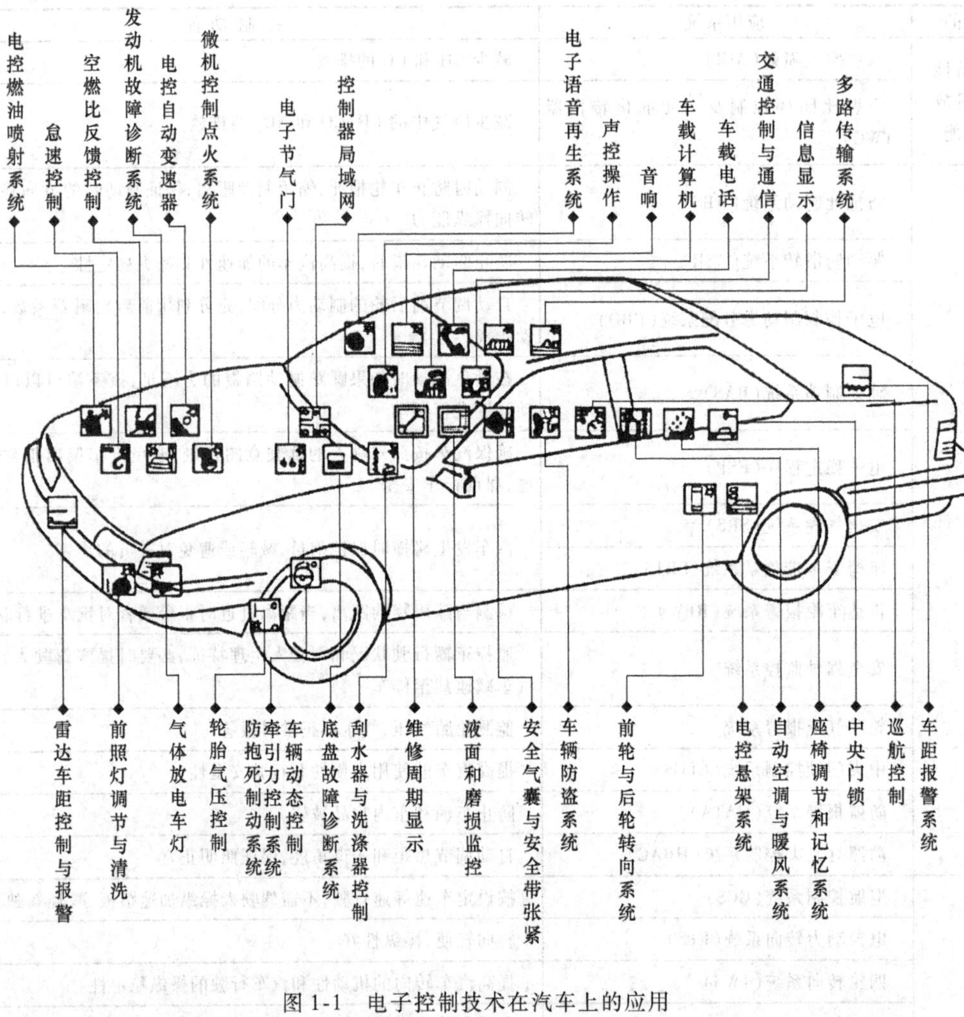

图 1-1　电子控制技术在汽车上的应用

1.3　汽车电子控制技术的发展趋势

当前汽车电子控制技术正以前所未有的速度发展，汽车电子控制技术在汽车技术的发展中起着非常重要的作用，并且在未来汽车电子控制技术必将在汽车技术的发展中发挥更重要的作用。

提示：未来汽车电子控制技术的发展趋势将表现在控制系统集成化、信息传输网络化、汽车和交通智能化、电控系统设计模块化等几个方面。

1. 控制系统集成化

现代汽车越来越多地将单一控制系统集成为集中控制系统。例如：将发动机管理系统和自动变速器控制系统集成为由动力传动控制模块（PCM）控制的动力传动控制系统；将防抱死制动系统（ABS）、驱动防滑转系统（ASR）、电子控制制动力分配系统（EBD）、辅助制动系统（BAS）、和电子稳定程序（ESP）等控制制动力和驱动力的主动安全系统，以及电子控制动力转向系统（EPS）和电子调节悬架系统（EMS）等集成为车身动态综合管理系统（Vehicle Dynamics Integrated Management System，VDIM），对车身姿态进行综合控制，使汽车在各种行驶条件下，特别是在转向、制动或打滑时，都能保持方向稳定、行驶安全和乘坐舒适。

控制系统集成可以使整个系统简化，有利于对复杂系统多变量、多目标的综合协调控制。但控制系统的集成需要运算能力更强、速度更快的微处理器，因此微处理器也从8位、16位、32位发展至64位。

2. 信息传输网络化

由于汽车上电子装置数量急剧增多，汽车电路越来越复杂，为了减少连接导线的数量，现代汽车广泛采用车载网络技术，将过去一线一用的专线制改为一线多用制。利用网络技术可以将汽车中各种电控单元、智能传感器、智能仪表等连接起来，从而构成汽车内部的控制器局域网，实现各系统间的信息资源共享。这样不仅简化了布线，减少了电气节点的数量和导线的用量，同时也增加了信息传送的可靠性。

根据速度的不同，美国汽车工程师学会（SAE）将总线协议划分为A、B、C三大类：A类是面向传感器和执行器的一种低速网络，主要用于后视镜调整、灯光照明控制、电动车窗控制等，目前A类的主流是LIN；B类是应用于独立模块间的数据共享中速网络，主要用于汽车舒适性、故障诊断、仪表显示等，其目前主流是低速CAN（Controller Area Network）；C类是面向高速、实时闭环控制的多路传输网络，主要用于发动机、ABS和自动变速器、安全气囊等的控制，目前C类主流是高速CAN。

但是，随着线控技术（X-by-Wire）的发展，下一代高速、具有容错能力的时间触发方式的通信协议，将逐渐代替高速CAN在C类网中的位置，力求在未来几年之内使传统的汽车机械系统变成通过高速容错通信总线与高性能CPU相连的电控系统，完全不需要后备机械系统的支持，其主要代表有TTP/C和FlexRay。而在多媒体与通信系统中，MOST、IDB1394和蓝牙技术成为了今后的发展主流。

在车载网络技术中，光纤凭借其高传输速率和抗干扰能力，越来越广泛地用作高速信号传输介质。

3. 汽车和交通智能化

汽车智能化相关的技术问题已受到汽车制造商们的高度重视。智能汽车是一个集环境感知、规划决策、多等级辅助驾驶等功能于一体的综合系统，它集中运用了计算机、智能传感器、信息融合、通信、人工智能及自动控制等技术，是典型的高新技术综合体。

智能汽车（Intelligent Vehicle）装备有多种传感器，能够充分感知驾车者和乘客的状况、交通设施和周边环境的信息，判断乘员是否处于最佳状态，车辆和人是否会发生危险，并及时采取对应措施。

汽车智能化还表现在汽车由交通工具到移动办公室的转变上。利用Windows操作系统开发的车载计算机多媒体系统，具有信息处理、通信、导航、防盗、语言识别、图像显示和娱乐等功能。

交通智能化与汽车智能化的发展是相辅相成的。智能交通系统（Intelligent Transportation System，ITS）是将先进的信息技术、通信技术、传感技术、控制技术以及计算机技术等有效地集成运用于整个交通运输管理体系，而建立起的实时、准确、高效的综合运输和管理系统。智能交通技术与智能汽车技术的结合，就可以实现汽车最佳行驶路线的自动选择和汽车的自动驾驶。汽车和交通智能化代表着未来汽车和未来交通的发展方向。

4. 电控系统设计模块化

所谓模块化设计，是指为开发具有多种功能的不同产品，不需要对每种产品实施单独设计，而是精心设计出多种模块，将其经过不同方式的组合来构成不同的产品，以解决产品品种、规格、制造周期和成本之间的矛盾。随着汽车市场竞争的日趋激烈，为了满足用户个性化需求，汽车制造商需要推出更多的新车型，新车型的开发周期越来越短，采用电控系统模块化设计技术，能够缩短开发周期，提高开发产品的质量，降低开发成本，有效提高汽车电子控制系统乃至汽车整车的可靠性。

1.4 汽车电子控制系统的组成

汽车电子控制系统是指由传感器、电控单元（Electronic Control Unit，ECU）和执行器组成的能够提高整车性能的机电一体化控制系统。

汽车电控系统的主要功能是提高汽车的整体性能，包括动力性、经济性、排放性、安全性、舒适性、操纵性与通过性等。

1.4.1 汽车电控系统的基本组成

在同一辆汽车上，可能装有多个电子控制系统。每一个电子控制系统，都能实现不同的控制功能，例如发动机电控系统、自动变速器电控系统、防抱死制动系统等。汽车车型不同、档次不同，采用电子控制系统的多少也不尽相同。但是，汽车上每一个电子控制系统都是由传感器与开关装置、电控单元和执行器（执行元件）三部分组成，这三部分通过导线进行连接，就组成了一个电控系统。

1. 传感器

传感器是将各种非电量（物理量、化学量、生物量等）按一定规律转换成便于传输和处理的另一种物理量（通常为电量）的装置。

在汽车电子控制系统中，传感器的功用是将汽车各部件运行的状态参数（例如转速、温度等各种非电量信号）转换成电信号并输送到各种电控单元。

汽车上安装的传感器的种类和数量因车型的不同而异，高档车的控制项目和控制内容多，需要的传感器的种类和数量也多。汽车电子控制系统采用的传感器按照其功能的不同可分为以下类型：

（1）流量传感器　检测被测气体和液体等流体的流量。例如用于发动机电控燃油喷射系统的空气流量传感器；用于自动空调系统的制冷剂流量传感器等。

（2）位置传感器　检测被测回转物体的转角或移动物体的位移。例如用于发动机电控燃油喷射和微机控制点火系统的曲轴位置传感器、凸轮轴位置传感器、节气门位置传感器；用于电子稳定程序的转向盘转角传感器；用于电子控制悬架系统的车身高度传感器；用于废气再循环系统的 EGR 阀位置传感器等。

（3）压力传感器　检测被测介质压力。例如用于发动机电控燃油喷射系统的进气歧管压力传感器、大气压力传感器、排气压力传感器；用于驱动防滑转系统中的油压传感器等。

（4）温度传感器　检测被测介质温度。例如用于发动机电控燃油喷射和微机控制点火系统的发动机冷却液温度传感器、进气温度传感器、排气温度传感器、燃油温度传感器；用于自动空调控制系统的车内温度传感器等。

（5）浓度传感器　检测被测介质浓度。例如用于发动机电控燃油喷射系统的氧传感器；用于安全控制系统的乙醇浓度传感器等。

（6）速度传感器　检测被测转动物体的转速或移动物体的速度。例如用于发动机电控燃油喷射和微机控制点火系统的发动机转速传感器；用于防抱死制动系统的车轮速度传感器、用于电控自动变速器的车速传感器等。

（7）加速度传感器　检测被测物体的加速度。例如用于电子稳定程序的汽车纵向和横向加速度传感器；用于电控悬架系统的车身垂直加速度传感器等。

2. 电控单元（ECU）

汽车电子控制单元简称电控单元，又称为汽车电子控制器或汽车电子控制组件，俗称汽车电脑。

电控单元是以单片机为核心所组成的电子控制装置，具有强大的数学运算、逻辑判断、数据处理与数据管理等功能。

电控单元是汽车电子控制系统的控制中心，其主要功用是分析、处理传感器采集的各种信息，并向受控装置（即执行器或执行元件）发出控制指令。

3. 执行器

执行器又称为执行元件，是电子控制系统的执行机构。执行器的功用是接受电控单元（ECU）发出的指令，完成具体的执行动作。汽车电控系统的执行器通常是电动机、电磁阀等。汽车电控系统不同，采用执行器的数量和种类也不相同。发动机电控燃油喷射系统的执行器有电动燃油泵和电磁喷油器；发动机怠速控制系统的执行器是怠速控制阀；汽油蒸发污染控制系统蒸气回收系统的执行器是炭罐电磁阀；微机控制点火系统的执行器有点火控制器和点火线圈；防抱死制动系统的执行器有两位两通电磁阀或三位三通电磁阀、回油泵电动机；安全气囊系统的执行器是气囊点火器；电控自动变速器的执行器有换档电磁阀、油压控制电磁阀和锁止电磁阀；汽车电控悬架系统的执行器是空气压缩机、减振器阻尼和弹簧刚度调节电动机以及高度控制电磁阀等。

复习思考题

1. 汽车电子控制技术的快速发展主要取决于哪几个因素？
2. 汽车电子控制技术的发展过程分哪几个阶段？
3. 汽车电子控制技术典型的应用系统有哪些？
4. 汽车电子控制技术的发展趋势是什么？
5. 汽车电子控制系统由哪几部分组成？

第2章　发动机电子控制系统

学习目标

· 了解电子控制燃油喷射系统的分类。
· 掌握电子控制燃油喷射系统的基本组成与工作原理。
· 了解微机控制电子点火系统的组成。
· 掌握微机控制电子点火系统的工作原理。
· 掌握进气控制系统的结构与工作原理。
· 掌握怠速控制系统的结构与工作原理。
· 掌握排放控制系统的结构与工作原理。
· 掌握汽油机缸内喷射系统的结构与工作原理。
· 掌握柴油机电控燃油喷射系统的结构与工作原理。

汽车发动机电子控制系统（Engine Electronic Control System，EEC）又称为发动机管理系统（EMS），其主要功能是提高汽车的动力性、经济性和排放性能。将汽油发动机电子控制系统的传感器和执行器进行不同的组合，就可组成燃油喷射控制系统、微机控制电子点火系统、进气控制系统、怠速控制系统、排放控制系统和故障自诊断系统等若干个子控制系统。其中，燃油喷射控制（控制喷油量和喷油正时）和点火控制（控制点火提前角、闭合角）是汽油发动机电子控制系统的主要功能，其余均为辅助控制功能。

2.1　汽油机电控燃油喷射系统

燃油喷射是利用喷油器将燃油以雾状喷入进气总管、进气道或气缸内，然后与空气混合形成可燃混合气。汽油发动机电子控制燃油喷射系统（EFI）则利用系统中各传感器监测到的发动机运行状态参数计算出喷油器的通电时间，从而对喷油器的喷油时刻、喷油量进行精确控制。

提示： 汽油发动机电子控制燃油喷射系统能实现混合气空燃比的高精度控制，使发动机在各种工况下空燃比达到最佳值，在各种运行工况下均能获得最佳浓度的混合气，从而实现提高功率、降低油耗、减少排气污染等功效。

2.1.1　电子控制燃油喷射系统的分类与基本组成

1. 电子控制燃油喷射系统的分类

（1）按燃油喷射部位分类　按喷油器喷射燃油的部位不同，电子控制燃油喷射系统可分为缸内喷射和进气道喷射两种类型。

① 缸内喷射。将燃油通过喷油器直接喷射到气缸内部，称为缸内喷射，又称为缸内直接喷射，如图 2-1a 所示。缸内喷射系统均为多点喷射系统，这种喷射系统将喷油器直接安装在气缸盖上，并以较高的燃油压力（5～10MPa）将燃油直接喷入气缸。由于汽油黏度低

而喷射压力较高，且缸内工作条件恶劣（高温、高压），因此，对喷油器的技术条件和加工精度要求较高。研究表明：缸内喷射的优越性在于能够实现稀薄混合气燃烧，有利于降低燃油消耗和控制有害气体排放，因此，缸内喷射是发动机燃油喷射技术的发展方向。目前，欧、美、日等国开发的缸内直喷发动机技术产品已比较成熟，我国市场上已有装用缸内直喷发动机的轿车，这部分内容将在后续章节进行详细介绍。

② 进气道喷射。进气道喷射又称为缸外喷射，该喷射方式是将燃油喷射在气缸外面节气门或进气门附近进气管内，然后再与空气混合形成可燃混合气进入气缸，如图 2-1b 所示。与缸内喷射相比，进气道喷射系统对发动机机体的设计改动较小，喷油器不受缸内的高温、高压的直接影响，喷油压力不高（0.2～0.3MPa），结构简单，成本较低，是目前普遍采用的喷射方式。

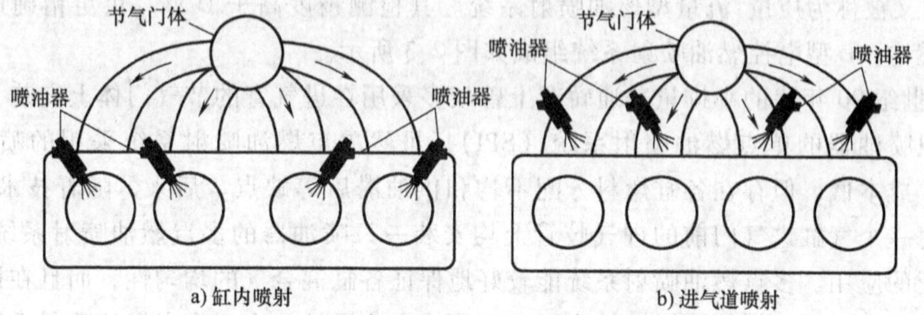

图 2-1 喷油器喷油位置示意图

（2）按进气量的测量方式分类 按进气量的测量方式不同，电子控制燃油喷射系统可分为 D 型（速度-密度型）和 L 型（质量-流量型）两种类型。

① D 型燃油喷射系统。“D”是德文单词 Druck（压力）的第一个字母。D 型燃油喷射系统不是直接检测吸入发动机的空气量，而是通过检测进气歧管压力（真空度）和发动机转速，推算出吸入的空气量，因此又被称为速度-密度型燃油喷射系统。D 型系统是德国博世（BOSCH）公司于 1967 年研制成功的，是最早应用在汽车上的电子控制燃油喷射系统。图 2-2 表明了 D 型电控燃油喷射系统的组成情况。

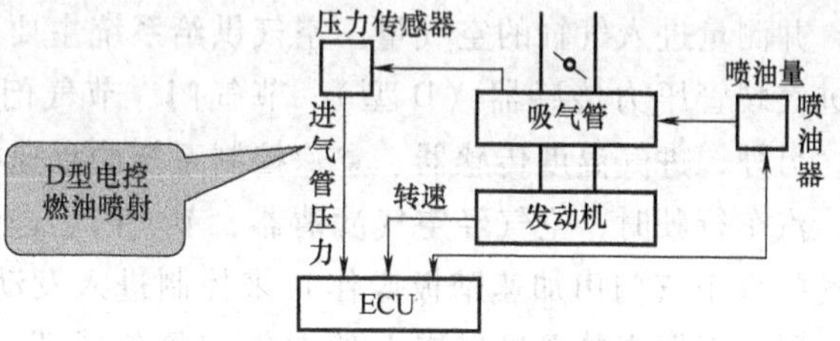

图 2-2 D 型电控燃油喷射系统的组成

由于空气在进气歧管内流动时会产生压力波动，发动机怠速（节气门关闭）时的进气量与汽车加速（节气门全开）时的进气量之差可达 40 倍以上，进气气流的最大流速可达 80m/s，因此 D 型燃油喷射系统进气量的测量精度不高，但其进气阻力小，充气效率高，成本较低。现代汽车采用的燃油喷射系统较传统的博世 D 型燃油喷射系统有了较大的改进，整体性能有了较大的提升。

② L 型燃油喷射系统。“L”是德文单词 Luft（空气）的第一个字母。L 型燃油喷射系统结构原理与 D 型燃油喷射系统基本相同，有所改进的是用空气流量传感器取代了 D 型燃

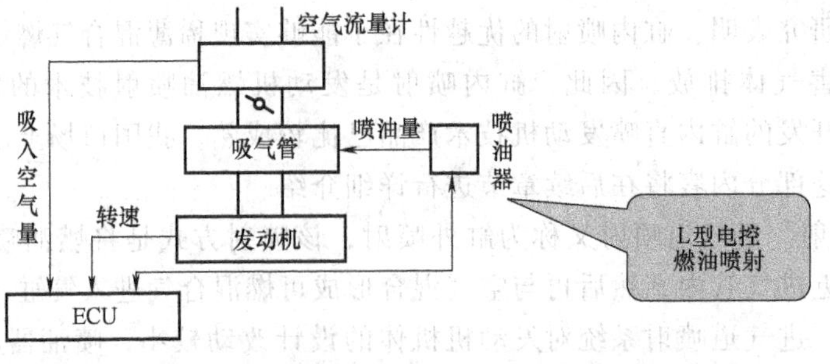

图 2-3　L 型电控燃油喷射系统的组成

油喷射系统中的进气歧管压力传感器，由空气流量传感器直接测量进入进气歧管的空气量，因此，L 型又被称为质量-流量型燃油喷射系统。其检测精度高于 D 型，可更精确地控制喷油量和空燃比。L 型电控燃油喷射系统组成如图 2-3 所示。

在 20 世纪 90 年代的小排量普通轿车上曾较多采用在进气管的节气门体上安装一只或并列安装两只喷油器的单点燃油喷射系统（SPI），虽然单点燃油喷射系统采用的喷油器少，结构简单、成本低，但存在各缸燃料分配不均和供油滞后等缺点。后来，随着技术的发展，在发动机每一个气缸进气门前的进气歧管上均安装一只喷油器的多点燃油喷射系统（MPI）得到了广泛的应用。多点燃油喷射系统能较好地保证各缸混合气的均匀性，而且在设计进气管时可以充分利用空气惯性的增压效应以实现高功率化设计。由于多点燃油喷射系统性能卓越，是目前普遍采用的喷射方式。

2. 电子控制燃油喷射系统的基本组成

电子控制燃油喷射系统主要由空气供给系统、燃油供给系统和电子控制系统组成。

（1）空气供给系统　空气供给系统的功用是为发动机可燃混合气的形成提供必需的空气，并测量进入气缸的空气量。空气供给系统主要由空气滤清器、空气流量传感器（L 型）或进气歧管压力传感器（D 型）、节气门、节气门位置传感器、进气总管、进气歧管等组成。另外，进气温度传感器、怠速控制系统的怠速控制阀也安装在空气供给系统中。

汽车行驶时，空气经空气滤清器、节气门、进气总管、进气歧管进入各缸，由通道中的节气门（节气门由加速踏板操作）来控制进入发动机气缸的空气流量，空气流量的多少由电控单元根据安装在进气道上的空气流量传感器（L 型）或进气歧管压力传感器（D 型）检测的进气量信号求得，并由进气温度传感器输出的进气温度信号进行修正。

怠速时，对于设有怠速旁通空气道的空气供给系统，节气门关闭，空气由旁通道通过，由怠速控制阀控制流经旁通道的空气量来实现怠速控制。对于不设旁通气道的空气供给系统，由节气门控制组件取代了节气门体，怠速转速采用节气门直接控制方式。

（2）燃油供给系统　燃油供给系统的功用是向发动机各个气缸供给混合气燃烧所需的燃油，由燃油箱、电动燃油泵、燃油分配管、燃油滤清器、油压调节器、喷油器和回油管等组成。燃油由燃油泵从油箱中泵出，具有一定压力的燃油经过燃油滤清器流至燃油分配管，由分配管送至各缸喷油器，喷油器根据 ECU 的喷油指令开启喷油阀，将适量的燃油喷出，与空气混合形成可燃混合气。

（3）电子控制系统　将在发动机各个系统中起作用的电子元器件看作一个系统，就是电子控制系统。电子控制系统的硬件结构一般由传感器、电子控制单元（ECU）和执行器三部分组成，如图2-4所示。

图2-4　电子控制系统的组成

传感器的功用是将发动机运行的状态参数（各种非电量信号）转换成电量信号并输送到电子控制单元，用以监测各部件运行情况和环境条件。电子控制燃油喷射系统中主要的传感器除了安装在空气供给系统中进行进气量检测与控制的空气流量传感器（L型）或进气歧管压力传感器（D型）、节气门位置传感器、进气温度传感器外，还有曲轴位置传感器、凸轮轴位置传感器、冷却液温度传感器(简称水温传感器)、氧传感器等。

电子控制单元（ECU）是以单片微型计算机（即单片机）为核心所组成的电子控制装置，具有强大的数学运算、逻辑判断、数据处理与数据管理等功能。电控单元分析处理传感器发出的各种信息，利用事先制定的控制策略向执行器发出控制指令。电子控制单元含有一个微处理器，并在内存中存储着设计者事先编制的程序或控制软件。

执行器是电子控制系统的执行机构，执行器接收电子控制单元发来的各种指令，完成具体的执行动作。

提示：电子控制燃油喷射系统中最主要的执行器是电动燃油泵和电磁喷油器，还有一些电磁阀和继电器。随着控制功能的增加，执行器也将相应增加。

2.1.2　空气供给系统

如上所述，空气供给系统主要由空气滤清器、空气流量传感器（L型）或进气歧管压力传感器（D型）、节气门、节气门位置传感器、进气总管、进气歧管等组成，进气温度传感器、怠速控制系统的怠速控制阀也安装在空气供给系统中。

空气流量传感器、进气歧管压力传感器、节气门位置传感器是电子控制燃油喷射系统重要的传感器，对发动机电子控制燃油喷射系统的工作性能影响较大，所以，在此重点介绍这些元器件。另外，冷却液温度传感器与进气温度传感器结构原理极其相似，故亦将其纳入本章节进行介绍。

1. 空气流量传感器

空气流量传感器的功用是检测发动机进气量大小，并将进气量信息转换成电信号输入电控单元（ECU），以供ECU计算确定喷油时间（即喷油量）和点火时间。进气量信号是控制单元计算喷油时间和点火时间的主要依据。

空气流量传感器类型多样，有叶（翼）片式、卡门涡流式和热丝式或者热膜式。其中，叶（翼）片式、卡门涡流式是体积流量型，热丝式和热膜式流量传感器能够由电子元件直接测量进气气流的质量流量，避免了海拔变化引起的测量误差，是质量流量型。

提示：质量流量型传感器内部没有运动部件，气流流动阻力很小，工作性能稳定，响应速度快，测量精度较高，所以，目前被广泛应用于发动机电子控制系统中。

(1) 热丝式空气流量传感器　置于空气通道中的电热体，由于与空气之间的热传递，其温度会有所下降。空气流量大，带走的热量多，维持电热体温度所需的电流大，反之，空气流量小，所需的电流则小。热丝（膜）式空气流量传感器就是利用这一原理来检测空气流量的。

热丝（膜）式空气流量传感器安装在空气滤清器和进气软管之间，空气入口和出口都设有防止传感器受到机械损伤的金属防护网。如图 2-5 所示，热丝式空气流量传感器主要由壳体、取样管、感知空气流量的铂金属丝（热丝）、温度补偿电阻（冷丝）以及控制热丝电流并产生输出信号的控制电路板等元件组成。

如图 2-6 所示，热丝式空气流量传感器内部套装有一个由两个塑料护套和一个热丝支承环构成的取样管，取样管中设有一根直径很小（约 7μm）的铂金属丝 R_H 作为发热元件，并制作成Π形张紧在取样管内。传感器工作时，铂金属丝将被由控制电路提供的电流加热到高于进气温度 100 ~ 120℃，因此称之为“热丝”。由于不同进气温度的冷却效果不同，进气温度变化会使热丝的温度发生变化而影响进气量的测量精度，因此，在热丝附近的气流上游热丝支承环前端的塑料护套内设有一只温度补偿电阻 R_K。该温度补偿电阻相当于一只进气温度传感器，其电阻值随进气温度的变化而变化，用以进行温度补偿。早期制作的流量传感器采用铂金属丝制作温度补偿电阻，该电阻丝靠近进气口一侧，称之为“冷丝”。由于电阻丝在使用中容易折断而导致传感器报废，因此，目前普遍采用在氧化铝陶瓷基片上印制铂膜电阻。热丝支承环后端的塑料护套上粘结着一只精密电阻 R_A（为避免自热，采用温度系数很低的金属薄膜电阻），该电阻上的电压降即为热丝式空气流量传感器的输出信号电压。另外，在控制电路板上还安装有高阻值的平衡电阻 R_1、R_2，该电阻器在最后调试试验中用激光修整，以便在预定的空气流下调定空气流量传感器的输出特性。

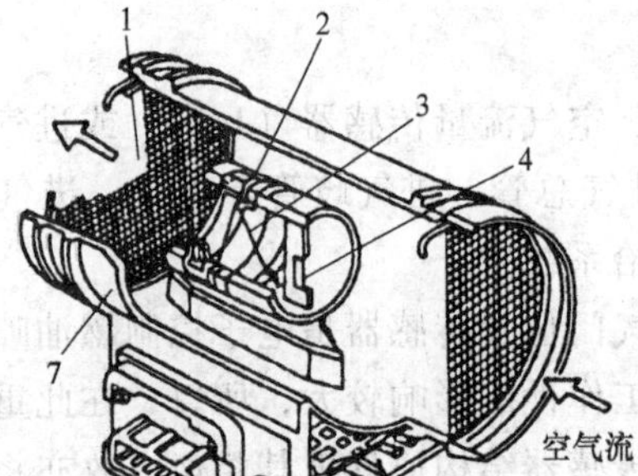

图 2-5 热丝式空气流量传感器的结构

1—防护网 2—取样管 3—铂金属丝（热丝）
4—温度补偿电阻（冷丝） 5—控制电路板
6—电连接器 7—壳体

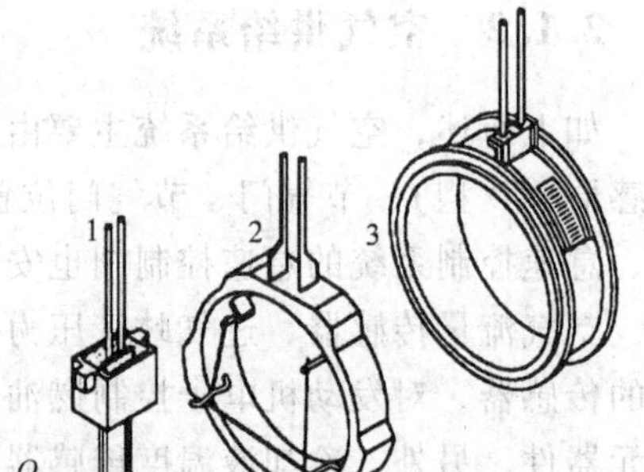

图 2-6 热丝式空气流量传感器元件

1—温度补偿电阻 2—带铂金属丝（热丝）的支承环 3—精密电阻
Q_M—流入的空气质量

工作时，热丝 R_H 置于空气流中，在热平衡状态下，在单位时间内损失的热量 H 与热丝产生的热量 W 相等。当热丝温度 T_H 和空气流的温度 T_K 差值一定时，供给热丝的电能就是空气质量流量的衡量尺度。在热丝式空气流量传感器中，采用了恒温差控制电路来实现流量检测。恒温差控制电路如图 2-7 所示，热丝 R_H 和冷丝 R_K 分别连接在惠斯顿电桥的两个臂上。当热丝的温度高于进气温度时，电桥电压才能达到平衡，并由具有电流放大作用的控制电路控制加热电流 I_H 来保持热丝温度 T_H 与冷丝温度 T_K 之差保持恒定（即 T_H 比 T_K 高

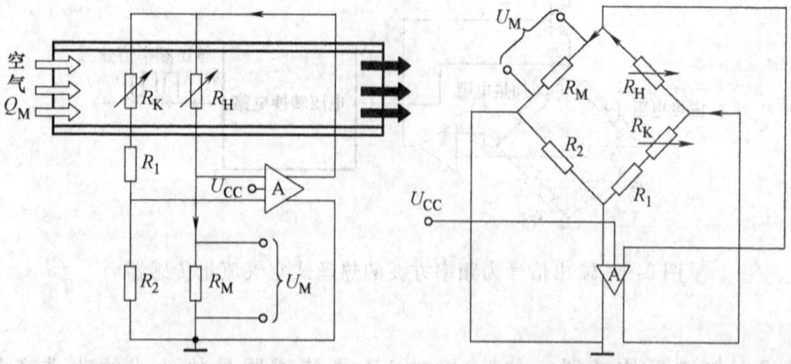

a) 电路连接　　　　b) 电桥电路

图 2-7　热丝式空气流量传感器工作电路

100～120℃，这样温度补偿电阻的温度起到一个参照标准的作用，使进气温度的变化不至于影响热丝测量进气量的精度）。当空气气流流经热丝使其受到冷却时，热丝温度降低，阻值减小，电桥电压失去平衡，控制电路立即增大供给热丝的加热电流 I_H 予以修正，使其温度高于冷丝的温度。电流增量的大小，取决于热丝受到冷却的程度，即取决于流过传感器的空气量，随空气质量流量增大而增大（一般在 50～120mA 之间变化）。因此，通过热丝 R_H 的电流是空气质量流量的单一函数，加热电流 I_H 就是空气质量流量的衡量尺度，并以精密电阻 R_A 的端电压 U_M 作为输出信号输入 ECU，ECU 便可根据信号电压 U_M 的高低计算出空气质量流量 Q_M 的大小。

热丝式空气流量传感器在使用一段时间后，热丝表面会有一些沉积物，由于这种传感器是基于热丝表面与空气的热传导而制成的，热丝上的任何沉积物都会降低其热传导能力而对传感器的测量精度有很大的影响。

提示：热丝式空气流量传感器必须在控制电路中设计有自洁电路来实现自洁功能。

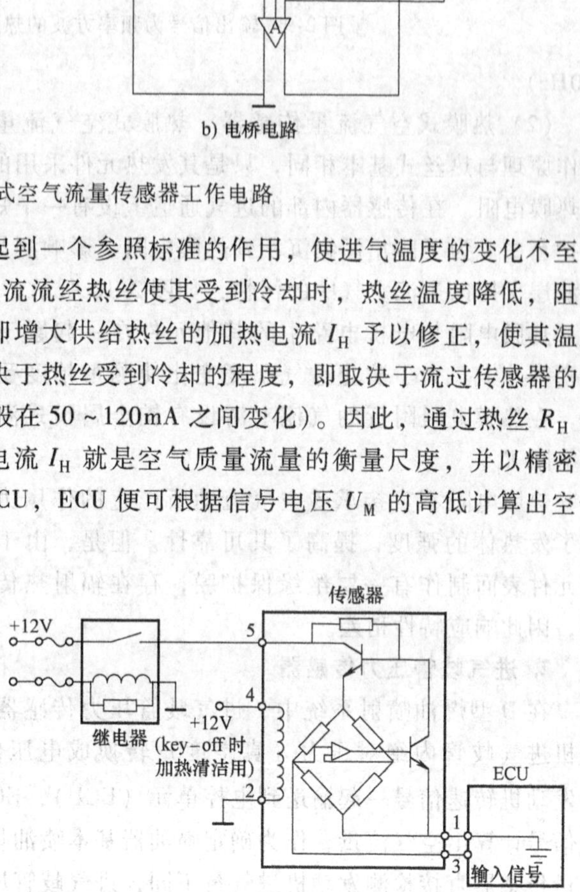

图 2-8　单独设置自洁加热电阻的热丝式空气流量传感器电路

当发动机熄火时（一般在每次熄火后约 5s），ECU 会控制自洁电路接通，并产生较大的控制电流，将热丝迅速加热到 1000℃左右的高温并保持 1s 左右以烧掉热丝上的沉积物。另一种防止热丝污染的方法是提高热丝的保持温度，一般将保持温度设定在 200℃以上，以便烧掉粘附的沉积物。如图 2-8 所示，是一种与惠斯顿电桥分开而单独设置具有自洁功能加热电阻的热丝式空气流量传感器电路。

美国通用公司的热丝式空气流量传感器的工作原理与上述内容基本一致，但通用公司的热丝式空气流量传感器将输出信号转换为频率方波信号（电路如图 2-9 所示），并且频率变化趋势也是随着进气量的增加而变大（怠速时的平均频率为 32Hz，节气门全开时的频率为

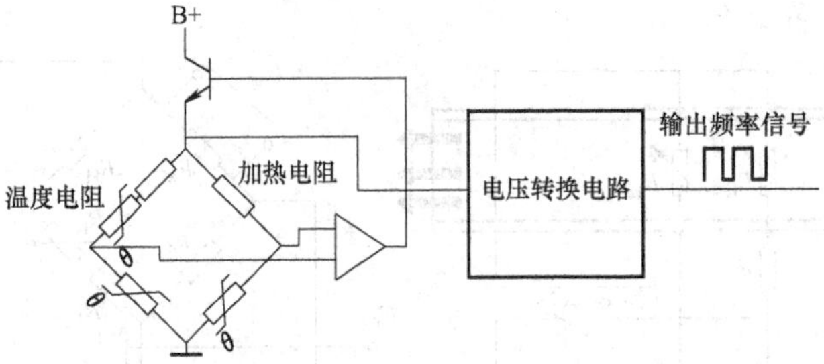

图 2-9 输出信号为频率方波的热丝式空气流量传感器

150Hz)。

(2) 热膜式空气流量传感器 热膜式空气流量传感器是热丝式的改进产品，其结构、工作原理与热丝式基本相同，只是其发热元件采用的是由铂金属薄膜制成的薄膜电阻，故称为热膜电阻。在传感器内部的进气通道上设有一个矩形护套（相当于取样管），热膜电阻设在护套中。为了防止污物沉积到热膜电阻上影响测量精度，在护套的空气入口一侧设有空气过滤层，用以过滤空气中的污物，如图 2-10 所示。

热膜电阻与电桥电路中的其他元件在一起置于一块陶瓷基片上。为了防止进气温度变化使测量精度受到影响，在热膜电阻附近的气流上游设有铂金属膜式温度补偿电阻 R_K。

热膜电阻不直接承受空气流动所产生的作用力，增加了发热体的强度，提高了其可靠性。但是，由于其发热元件表面制作有一层绝缘保护膜，存在辐射热传导作用，因此响应特性稍差。

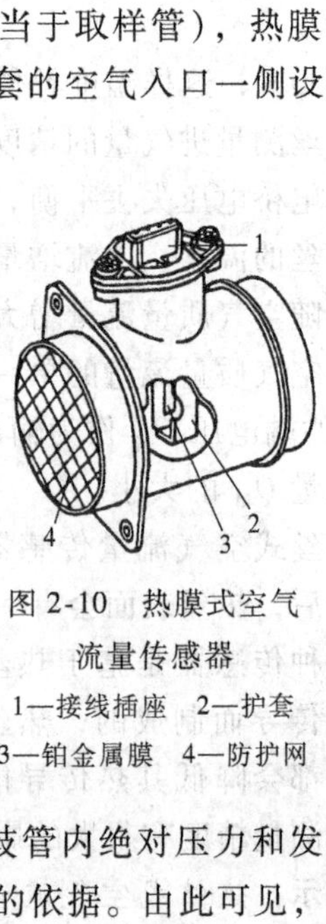

图 2-10 热膜式空气流量传感器

1—接线插座 2—护套
3—铂金属膜 4—防护网

2. 进气歧管压力传感器

在 D 型燃油喷射系统中，进气歧管压力传感器将发动机进气歧管内绝对压力（真空度）转换成电压信号，与发动机转速信号一起输送到电控单元（ECU），ECU 根据进气歧管内绝对压力和发动机转速信号计算出空气流量，作为确定喷油器基本喷油量和点火时间的依据。由此可见，与空气流量传感器直接检测发动机进气量不同，进气歧管压力传感器是一种间接测量发动机进气量的传感器。

提示：压力传感器大多数都是测定压差，检测原理都是将压力的变化转换为电阻值的变化。

压力传感器按结构不同，可分为电阻应变计式、半导体压阻效应式和电感式（即波纹管与差动变压器组合式）等类型。桑塔纳 2000GLi、本田雅阁等轿车均采用半导体压阻效应式进气歧管压力传感器，在这里主要介绍半导体压阻效应式进气歧管压力传感器。

(1) 压阻效应 单晶硅材料受到应力作用后，其电阻率发生明显变化的现象，称为压阻效应。

提示：利用半导体硅的压阻效应和微电子技术制成的压阻效应式传感器，具有灵敏度高、动态响应好、易于微型化和集成化等优点，因此目前广泛应用。

（2）结构组成　压阻效应式进气歧管压力传感器的结构如图 2-11 和图 2-12 所示，主要由硅膜片、真空室、混合集成电路、真空管接头、线束插头和壳体组成。进气歧管压力传感器的安装位置比较灵活，只要将节气门至进气歧管之间的进气压力引入传感器的真空室内，传感器就可安放在任何位置。

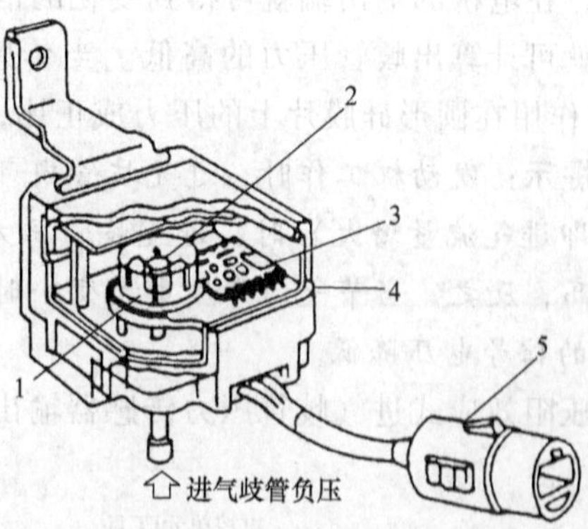

图 2-11　压阻效应式歧管压力传感器结构
1—真空室　2—硅膜片　3—混合集成电路
4—壳体　5—线束插头

硅膜片是压力转换元件，用单晶硅制成。硅膜片的长和宽约为 3mm、厚度约为 16μm，在硅膜片的中央部位采用腐蚀方法制作有一个直径为 2mm、厚度约为 5μm 的薄膜片。在薄膜硅片表面上，采用集成电路加工技术制作 4 只阻值相等的应变电阻，又称为固态压阻器件或固态电阻（图 2-12b），并将 4 只电阻连接成惠斯顿电桥电路（图 2-12c），然后再与传感器内部的信号放大电路和温度补偿电路等混合集成电路连接。

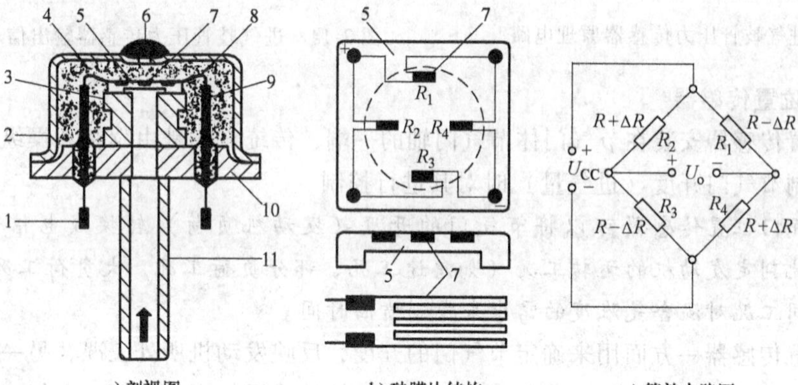

图 2-12　压阻效应式进气歧管压力传感器内部结构
1—引线端子　2—壳体　3—硅杯　4—真空室　5—硅膜片　6—锡焊封口
7—应变电阻　8—金线电极　9—电极引线　10—底座　11—真空管

硅杯与壳体以及底座之间形成的腔室为真空室。壳体顶部设有排气孔，利用排气孔将该腔室抽真空后，再用锡焊密封排气孔，从而形成真空室。真空室为基准压力室，基准压力为零。

在真空管入口设有滤清器，用于过滤导入空气中的尘埃或杂质，以免硅膜片受到腐蚀和脏污而导致传感器失效。

（3）工作原理　压阻效应式进气歧管压力传感器的工作原理电路如图 2-13 所示，硅膜片一面通真空室，另一面导入进气歧管压力。发动机工作时，从进气歧管进入的进气压力作用在硅膜片上，硅膜片就会产生应力变形。在应力作用下，应变电阻的电阻率就会发生变化而引起阻值变化，惠斯顿电桥上电阻值的平衡就被打破。当电桥输入端输入一定的电压或电流时，在电桥的输出端就可得到变化的信号电压或信号电流。根据信号电压或信号电流的大小，就可计算出歧管压力的高低。当传感器结构和输入的电源电压 U_{CC} 一定时，输出电压 U_0 与作用在圆形硅膜片上的压力成正比，即压力越高，则输出电压越高。

提示： 发动机工作时，进气歧管内部的压力随进气流量的变化而变化。当节气门开度增大（即进气流量增大）时，进气歧管压力升高，膜片应力增大，传感器输入 ECU 的信号电压升高；反之，当节气门开度由大变小时，进气歧管压力降低，膜片应力减小，传感器输入 ECU 的信号电压降低。

压阻效应式进气歧管压力传感器输出信号曲线如图 2-14 所示。

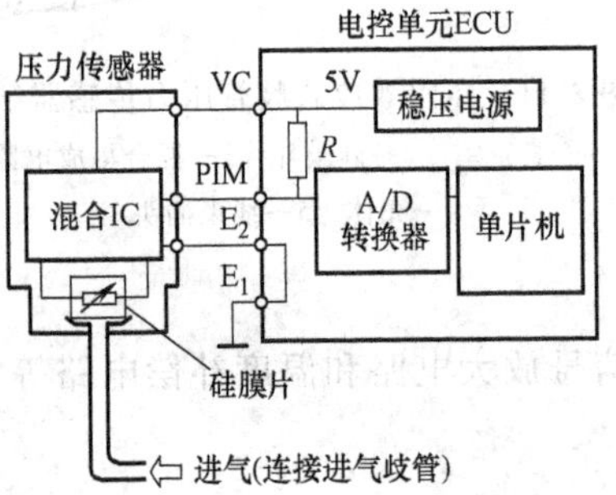

图 2-13　进气歧管压力传感器原理电路

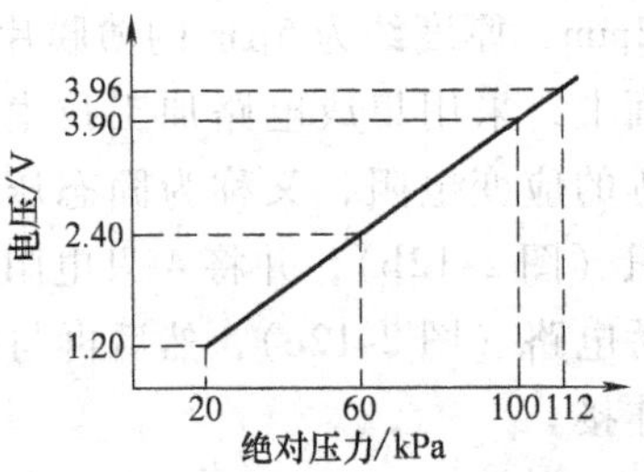

图 2-14　进气歧管压力传感器输出信号曲线

3. 节气门位置传感器

节气门位置传感器安装在节气门体节气门轴的一端，传统方式是由驾驶人操纵加速踏板上的拉索在控制节气门开度（进气量）时对其进行控制。

提示： 节气门位置传感器可以将节气门的开度（发动机负荷）转换成电信号输送给 ECU，ECU 以此判定发动机的运转工况（如怠速工况、部分负荷工况、大负荷工况等），并根据发动机不同工况对混合气浓度的需求来控制喷油时间。

节气门位置传感器一方面用来确定节气门的开度，反映发动机所处工况，另一方面也可反映节气门开闭的速度。在急加速或急减速时，由于惯性或灵敏度的影响，空气流量传感器的反应略有滞后，这样会影响汽车的动力性能和燃油经济性。因此，以节气门位置传感器的输出信号作为喷油量控制的另一个重要信号，可以弥补空气流量传感器反应滞后的缺陷。另外，节气门位置传感器还可与空气流量传感器的输出信号对照互检，当空气流量传感器发生故障时，节气门位置传感器代替空气流量传感器与发动机转速传感器相配合，提供 ECU 控制喷油量的信号参数。在装备有电子控制自动变速器的汽车上，节气门开度信号除输入发动机 ECU 之外，还要输入变速器电控单元（ECT ECU），作为确定变速器换档时机和变矩器锁止时机的主要信号之一。

现代汽车大都采用触点与线性可变电阻组合式节气门位置传感器，丰田轿车用触点与线性可变电阻组合式节气门位置传感器的基本结构与原理电路如图 2-15 所示，主要由可变电阻滑动触点、节气门轴、怠速触点和壳体组成。制作在传感器底板上的可变电阻为镀膜电阻，可变电阻的滑臂随节气门轴一同转动，滑臂与输出端子 VTA 连接。滑动触点、怠速触点是两个与节气门轴同轴的触点。滑动触点可在可变电阻器上滑动，由于电阻的变化从而将节气门开度转变为电压信号输送给 ECU，ECU 由此可以获得表示节气门由全闭到全开的所有开启角度的、连续变化的电压信号，以及节气门开度的变化速率，从而更精确地判定发动机的运行工况。怠速触点专门用于确定节气门完全关闭时的位置，提供准确的怠速信号。设置怠速触点，不但可以精确确定怠速工况，而且可以用怠速时的电压值对反映节气门开度的电压值进行修正，以提高控制精度。

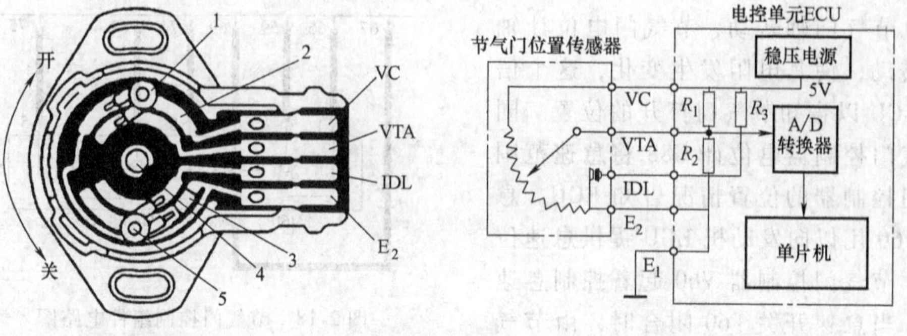

a) 内部结构　　b) 原理电路

图 2-15　组合式节气门位置传感器的结构原理

1—可变电阻滑动触点　2—电源电压输入端（5V）　3—绝缘部件　4—节气门轴　5—怠速触点

组合式节气门位置传感器的输出特性如图 2-16 所示，当节气门关闭或开度小于 1.2°时，怠速触点闭合，其输出端 IDL 输出低电平（0V），当节气门开度大于 1.2°时，怠速触点断开，输出端 IDL 输出高电平（5V）。当节气门开度变化时，可变电阻的滑臂便随节气门轴转动，滑臂上的触点便在镀膜电阻上滑动，传感器的输出端子 VTA 与 E_2 之间的信号电压随之发生变化，节气门开度越大，输出电压越高。传感器输出的线性信号经过 A/D 转换器转换成数字信号后再输入计算机。

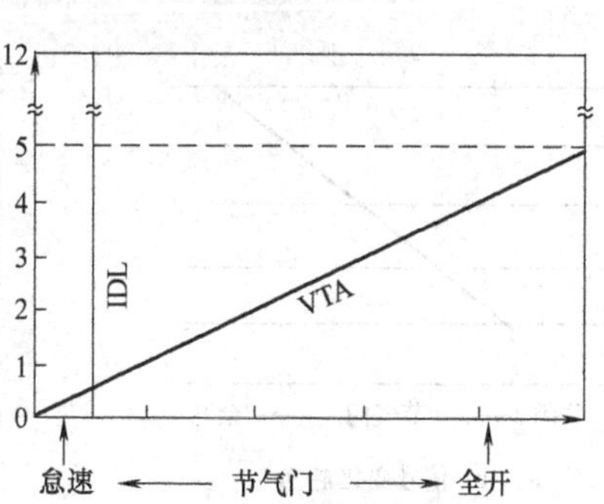

图 2-16　组合式节气门位置传感器的输出特性

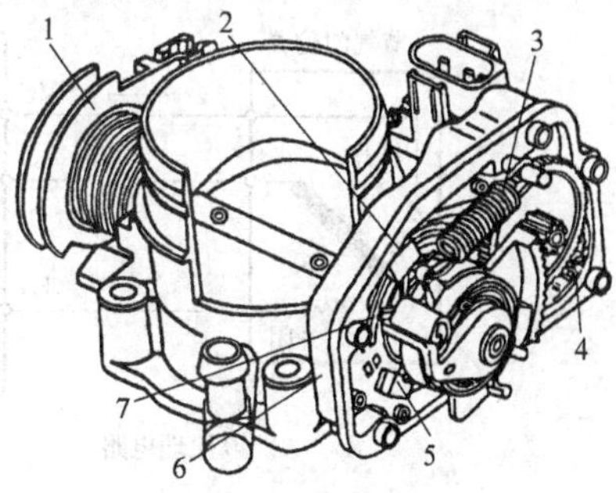

图 2-17　节气门控制组件

1—节气门拉索轮　2—节气门控制器电位计
3—紧急运行弹簧　4—节气门控制器（怠速电动机）
5—节气门电位计　6—整体式怠速稳定装置
7—怠速开关

大众车系发动机电控系统多采用组合式节气门体，它把触点与线性可变电阻组合式节气门位置传感器与节气门控制器融为一体，取消了怠速旁通道，简化了结构。

桑塔纳 2000GSi AJR 发动机节气门控制组件 J338 将节气门电位计 G69、节气门控制器电位计 G88、节气门控制器 V60 及怠速开关 F60 合为一体，如图 2-17 所示。节气门电位计 G69 和节气门控制器电位计 G88，这两个部件起着节气门位置传感器的作用。

如图 2-18 所示，节气门电位计 G69 直接与节气门轴相连接，当驾驶人踩动加速踏板时，节气门轴转动，节气门电位计轴也同时转动，使其电阻发生变化，这个信号传至 ECU 以告知节气门打开的位置。同时，节气门控制器电位计 G88 将怠速范围内节气门控制器的位置情况告知 ECU。怠速开关 F60 用以向发动机 ECU 提供怠速位置信号。节气门控制器 V60 起着控制怠速的作用，当怠速开关 F60 闭合时，由节气门控制器 V60 来决定怠速时节气门的开度，所以 AJR 发动机没有怠速控制阀。节气门控制组件由发动机 ECU 控制，ECU 在接收到怠速开关 F60、节气门电位计 G69 和节气门控制器电位计 G88 有关目前节气门位置的信号后，控制节气门控制器 V60 动作，使发动机转速稳定在规定的怠速转速范围内。将节气门位置传感器与怠速控制系统合二为一，有利于结构的简化和综合优化控制，它是电子节气门控制系统的雏形。

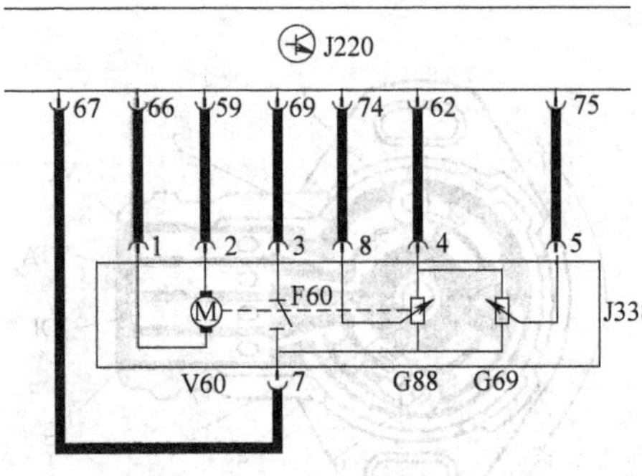

图 2-18　节气门控制组件电路图

线性式节气门位置传感器利用其电位计的变化可检测出节气门所在的准确位置。目前，有些线性式节气门位置传感器已无 IDL 怠速触点（或虽有怠速触点但并不与发动机 ECU 相连接），而用 VTA 信号检测怠速运行工况，如图 2-19 所示。

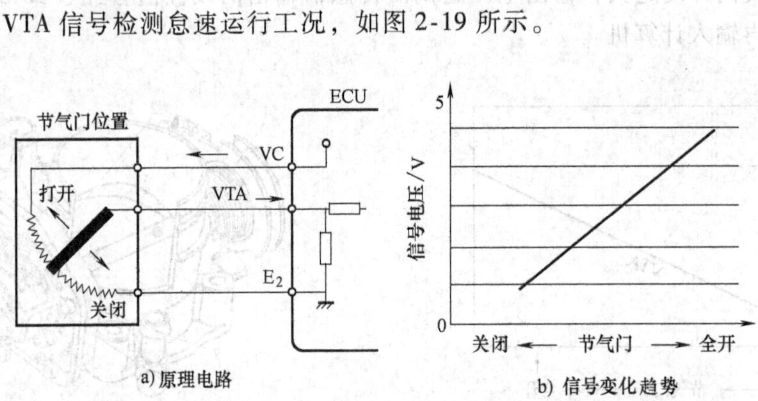

图 2-19　无怠速触点的线性式节气门位置传感器电路原理及信号变化趋势

4. 温度传感器

发动机上的温度传感器包括进气温度传感器、冷却液温度传感器、排气温度传感器、燃油温度传感器等。

在采用进气歧管绝对压力传感器间接检测进气流量的D型燃油喷射系统和采用体积流量型空气流量传感器（叶片式或卡门涡流式）的L型燃油喷射系统中，都要考虑空气密度对实际进气量的影响，而空气密度是随进气温度和压力的变化而变化的。进气温度传感器的作用就是检测进气温度并变换为电信号传送给ECU，以便ECU根据进气温度变化进行喷油量修正，以获得最佳空燃比，使发动机自动适应外部环境温度的变化。

安装在发动机水套或冷却液出水管道上的冷却液温度传感器（俗称水温传感器），用来检测发动机的冷却液温度，并将温度信号变换为电信号传送给ECU，以便ECU修正喷油脉宽、点火时刻等，从而使发动机工况处于最佳运行状态。

提示：如果进气温度传感器或冷却液温度传感器信号中断，就会导致起动困难、怠速不稳、排放超标等。

温度传感器按结构与物理特性分类，可分为物性型（热敏电阻式、热敏铁氧体式）和结构型（双金属片式、石蜡式）。现代汽车广泛采用物性型温度传感器，特别是热敏电阻式温度传感器，具有灵敏度高、响应特性好、结构简单、成本低廉等优点，故下面主要介绍热敏电阻式温度传感器。

（1）结构组成　常用的热敏电阻有正温度系数型热敏电阻（PTC）、负温度系数型热敏电阻（NTC）两种。汽车普遍采用负温度系数型热敏电阻式温度传感器。

热敏电阻式温度传感器的结构形式如图2-20所示，主要由热敏电阻、金属引线、接线插座和壳体等组成。

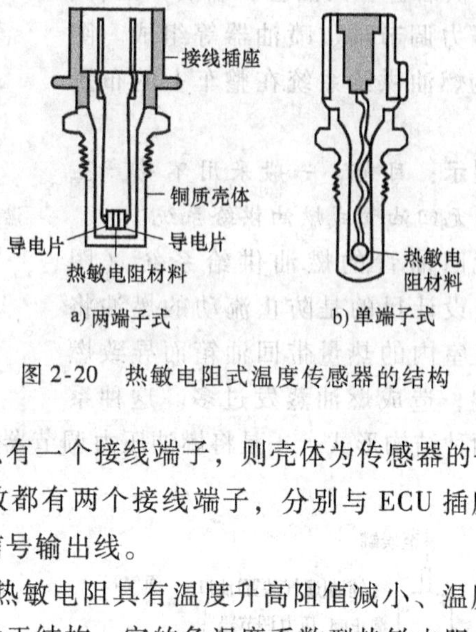

图2-20　热敏电阻式温度传感器的结构

热敏电阻放置在传感器的金属管壳内，在热敏电阻的两个端面各引出一个电极并连接到传感器插座上。如传感器插座上只有一个接线端子，则壳体为传感器的一个电极。目前电控系统使用的温度传感器插座大多数都有两个接线端子，分别与ECU插座上的相应端子连接，其中一根为搭铁线，另一根为信号输出线。

（2）特性与电路连接　负温度系数NTC型热敏电阻具有温度升高阻值减小、温度降低阻值增大的特性，而且呈明显的非线性关系。对于结构一定的负温度系数型热敏电阻式温度传感器，其阻值与温度的关系曲线如图2-21所示。

在汽车控制电路中，温度传感器的工作电路如图2-22所示，传感器的两个电极用导线与ECU插座连接。ECU内部串联一只分压电阻，ECU向热敏电阻和分压电阻组成的分压电路提供一个稳定的电压（一般为5V），传感器输入ECU的信号电压等于热敏电阻上的分压值，电压会随热敏电阻阻值的变化而变化。当被测对象的温度升高时，传感器阻值减小，热敏电阻上的分压值降低；反之，当被测对象的温度降低时，传感器阻值增大，热敏电阻上的分压值升高。ECU根据接收到的信号电压值，便可计算求得对应的温度值，从而进行实时控制。

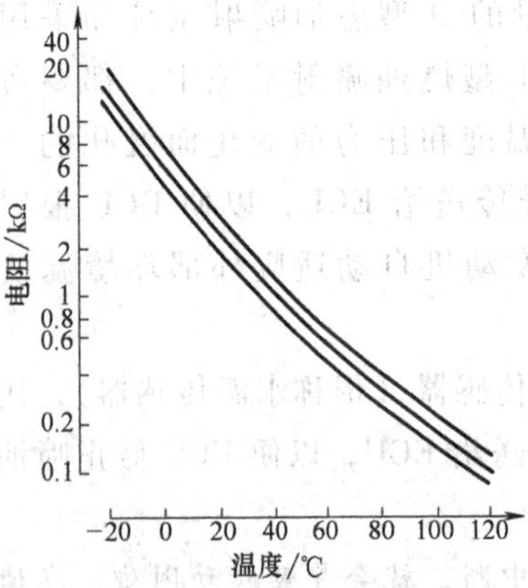

图 2-21　NTC 型温度传感器特性

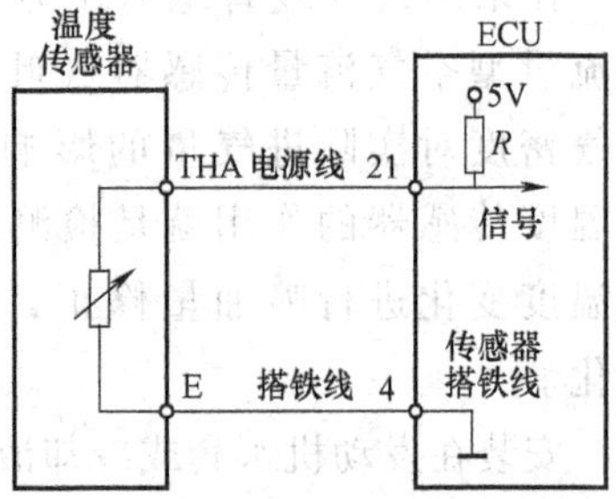

图 2-22　温度传感器工作电路

2.1.3　燃油供给系统

燃油供给系统的功用是向发动机及时供应各种工况下燃烧所需要的燃油。燃油供给系统主要由燃油箱、燃油滤清器、电动燃油泵、供油管、回油管、燃油分配管、燃油压力调节器、喷油器等组成。图 2-23 为燃油供给系统在整车上的布置情况。

提示：目前，一般采用不易产生气阻的无回油管式燃油供给系统。

无回油管的燃油供给系统（图 2-24）设计目的是防止流动的燃油将发动机室内的热量带回油箱而导致燃油升温，造成燃油蒸发过多。这种系统有两种结构形式：一是将燃油压力调节器安装在油箱内，如图 2-24 所示；二是将燃油压

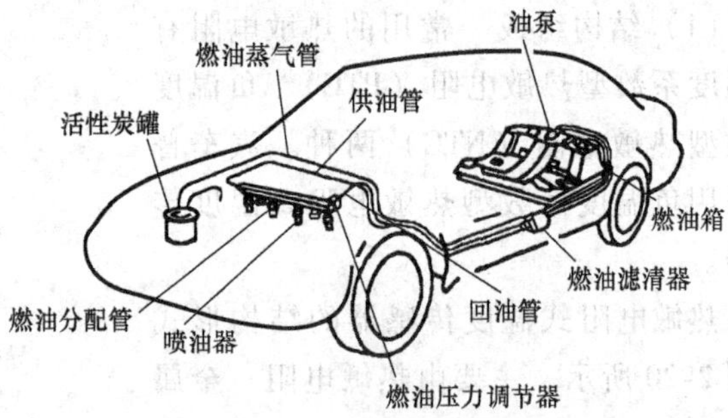

图 2-23　燃油供给系统在整车上的布置

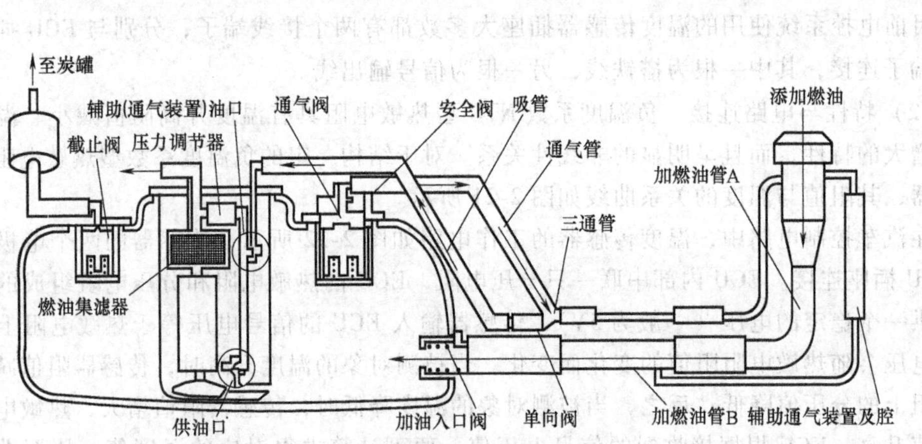

图 2-24　无回油管式燃油供给系统

力调节器取消，在油泵总成上加装有控制油压的压力控制阀，可保证燃油分配管内压力为一定值，图 2-25 为大众汽车无回油管燃油系统油泵和压力控制器。

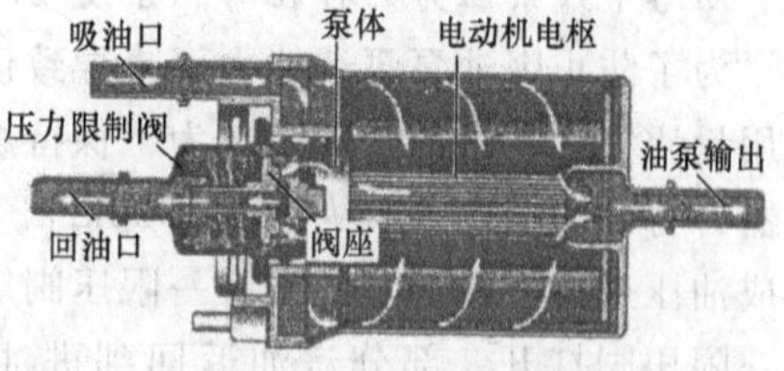

图 2-25　无回油管燃油系统油泵和压力控制器

1. 电动燃油泵

电动燃油泵的功用是从油箱中吸出燃油，加压后输送到管路中，和燃油压力调节器配合建立合适的系统压力（高于进气歧管压力 250 ~ 300kPa），最终将燃油输送到喷油器。为防止发动机供油不足及由高温而产生的气阻，油泵的最高输出油压需要 470kPa 左右，其供油量比发动机最大耗油量大得多，多余的燃油返回油箱。

按安装位置的不同，电动燃油泵可分为内置式和外置式。目前，大多数汽车采用内置式电动燃油泵。内置式电动燃油泵安装在油箱内部，浸泡在燃油里，这样可防止产生气阻和泄漏，有利于燃油输送和电动机冷却，且工作噪声小，安装位置如图 2-26 所示。此外内置式油泵还在油箱中设一个小油箱，将油泵放在小油箱中，这样可以防止在燃油不足而在汽车转弯或倾斜时，油泵吸入空气而产生气阻。

电动燃油泵按结构的不同，可分为滚柱式、叶片式、齿轮式、涡轮式和侧槽式等。目前，常用的有滚柱式、齿轮式、涡轮式三种。

（1）结构组成与工作原理　电动燃油泵的内部结构如图 2-27 所示，主要由永磁式直流电动机、油泵、限压阀、单向阀和泵壳等组成。电动机由永久磁铁、电枢、换向器和电刷等组成。油泵由泵转子和泵体组成，泵转子固定在电动机轴上，随电动机转动。

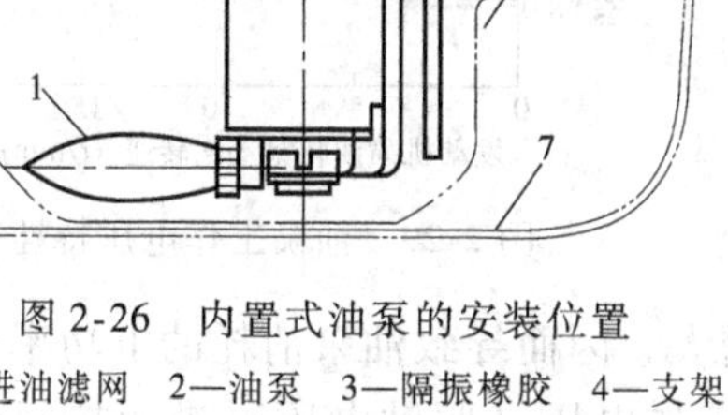

图 2-26　内置式油泵的安装位置

1—进油滤网　2—油泵　3—隔振橡胶　4—支架
5—出油管　6—小油箱　7—油箱
8—回油管

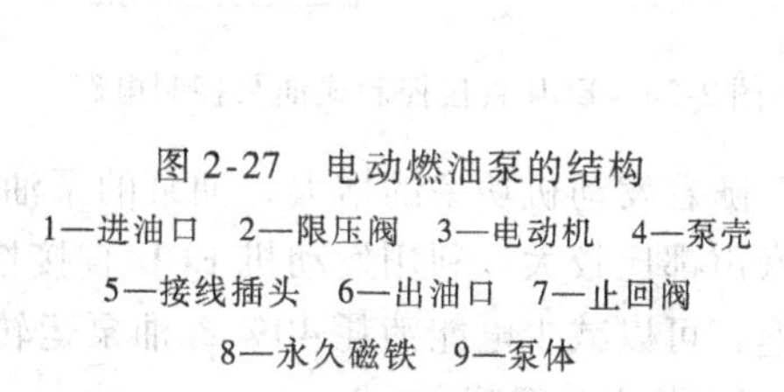

图 2-27　电动燃油泵的结构

1—进油口　2—限压阀　3—电动机　4—泵壳
5—接线插头　6—出油口　7—止回阀
8—永久磁铁　9—泵体

电动燃油泵工作时，泵转子随电动机一同转动，将燃油从油箱经输油管和进油口泵入油泵，燃油便从出油口经输油管泵入供油总管，再分配给每只喷油器。

提示：为了防止发动机停转时，供油压力突然下降而引起燃油倒流，在油泵出油口安装了止回阀。当发动机熄火时，油泵停止转动，止回阀关闭，这样在供油系统中仍有残余压力。油路中残余压力的存在有利于发动机再起动，并能避免高温时气阻现象的发生。

为了防止因油泵泵油能力下降导致供油不足，油泵实际能够提供的最大工作压力和最大供用量比实际需求值大得多。为了保持燃油系统的油压相对稳定，系统中安装了燃油压力调节器，将系统油压调节为250～300kPa。同时，为了防止燃油压力调节器失效或者系统堵塞造成油压过高，在油泵中设有一限压阀。当油泵中的燃油压力超过规定值（一般为400kPa）时，限压阀打开，部分汽油返回到进油口一侧，使油压不致过高而损坏油泵和系统其他部件。

（2）油泵的控制　电动燃油泵只有在发动机起动和运转时才工作。在接通点火开关时，为建立系统油压，电动燃油泵会工作数秒钟，以便发动机能顺利起动。而在其他情况下，即使点火开关接通，只要发动机没有转动，油泵就不工作。油泵工作的控制，通常是指对油泵电路开路继电器的控制。继电器触点闭合，油泵通电工作；继电器触点断开，油泵停止工作。

提示：通常油泵总是在一定的转速下运转，因而输出油量不变。但在发动机高速、大负荷工况下需油量大，有必要提高油泵转速以增加泵油量。当发动机工作在低速、中小负荷工况时，应使油泵低速运转以减少泵的磨损及不必要的能耗，故有些发动机中对油泵设置了转速控制机构，对电动燃油泵的转速进行控制。

图2-28所示是一种利用发动机ECU直接控制油泵的转速的控制电路。发动机工作时，ECU根据燃油消耗量、需要的回油量和供油装置的温度等，通过内部的控制回路IC，控制功率晶体管VT进行高频率（约20KHz）的导通和截止，控制A点的电位，使油泵保持所需的工作电压。油泵工作电压与发动机负荷成正比变化。发动机ECU在进行实际控制时，油泵的工作电压主要随发动机转速和喷油脉宽变化而变化（图2-29）。图2-28中的二极管VD为反馈二极管，在功率晶体管VT工作中截止的瞬间，反馈电流经过二极管构成回路，此时不仅可以平缓工作电流，也可节省电功率。

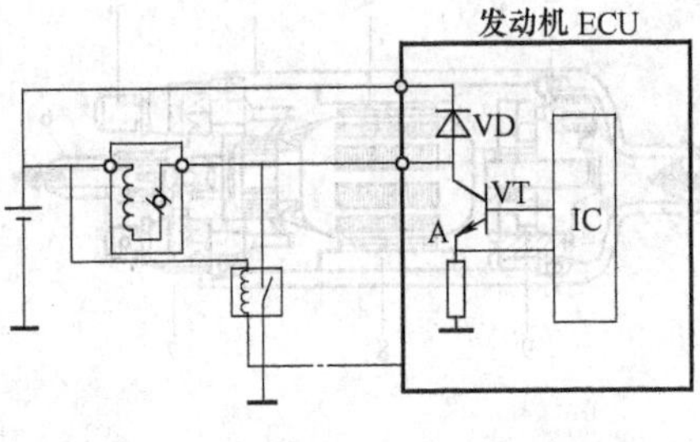

图2-28　ECU直接控制式油泵控制电路

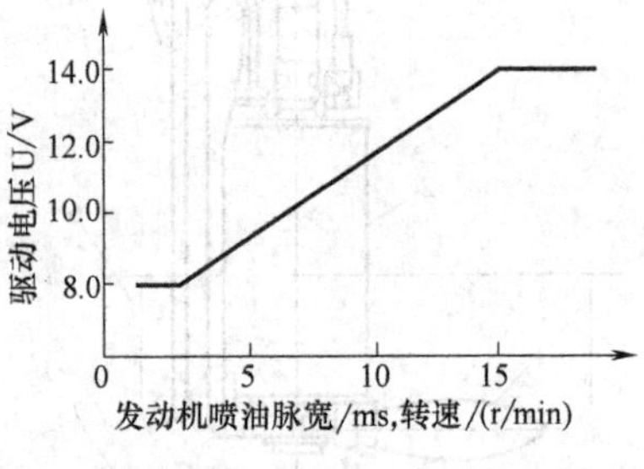

图2-29　油泵工作电压特性

随着发动机功率的增大，油泵的泵油量也必然增大，因而导致油泵消耗的电功率和油泵的噪声都比较大。利用发动机ECU直接控制油泵的工作电压（驱动电压）进而控制油泵的转速，可以减少电能消耗40%，油泵运转噪声也降低很多。

2. 燃油分配管

燃油分配管又称为供油总管或油架，一般用铝合金制成圆管或方管，用螺栓固定安装在发动机进气歧管上部。图2-30为桑塔纳2000GSi AJR直列四缸发动机的燃油分配管。其功用是固定喷油器和油压调节器，并将汽油分配给每只喷油器。燃油分配管在与喷油器连接处制有小孔，以便将燃油分配到每只喷油器。有的车型燃油分配管上制作有连接油压表的接口

（燃油压力塞），以便测量燃油压力。

虽然分配管位于发动机室上部，所处环境温度较高，汽油容易蒸发，但是，由于燃油泵的供油量远远大于发动机的最大耗油量，剩余汽油由油压调节器上的回油管返回油箱，汽油不断流动带走了分配管、喷油器和进油管中的热量及燃油蒸气，因此，能够有效地防止气阻，提高发动机的热起动性能。

3. 燃油压力调节器

燃油压力调节器的主要功用是使系统油压（即供油总管内油压）与进气歧管压力之差保持常数，一般为 250～300kPa。

因为发动机所要求的燃油喷射量，是根据 ECU 加给喷油器的通电时间长短来控制的，如果不控制燃油压力，即使加给喷油器的通电时间相同，当燃油压力高时，燃油喷射量会增加；当燃油压力低时，燃油喷射量会减少。为了使系统油压与进气歧管压力差保持稳定，故燃油压力调节器所控制的系统油压，应随进气歧管压力的变化而变化，如图 2-31 所示。

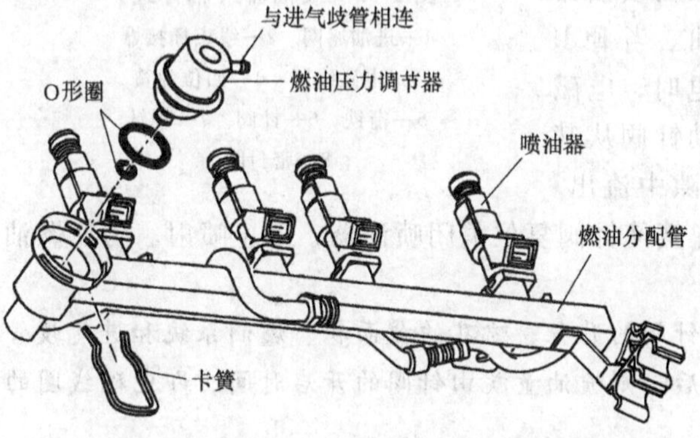

图 2-30　桑塔纳 2000GSi AJR 燃油分配管

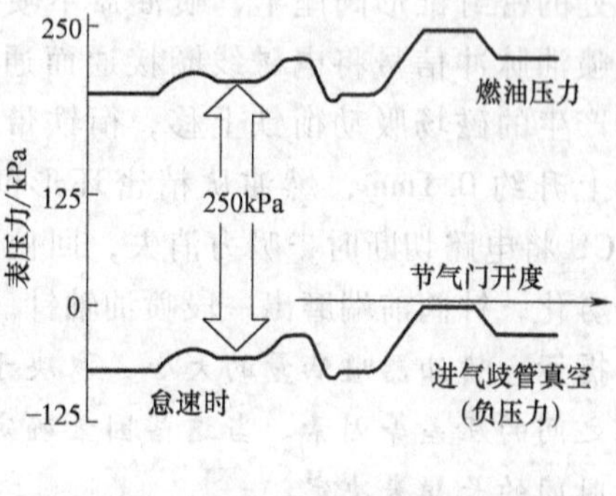

图 2-31　油压调节器工作特性

注意：当系统油压与进气歧管压力保持恒定的压差时，从喷油器喷出的燃油量便唯一地取定于喷油器的开启时间，即 ECU 提供给电磁喷油器通电信号的时间长度（简称喷油脉宽），单位 ms。

燃油压力调节器通常安装在燃油总管上，其结构如图 2-32 所示，金属外壳的内部被膜片分割为弹簧室和燃油室。其中，弹簧室内装一个带预紧力的螺旋弹簧作用在膜片上，并通过一根软管与发动机进气歧管相通，而燃油室直接与燃油总管相通。因此，膜片下方燃油室一侧承受燃油总管油压，即系统油压，而另一侧则受进气歧管负压与弹簧压力的合力作用。

当发动机工作时，若进气歧管压力降低，可使作用在调节器膜片弹簧室侧的压力减小，在系统油压作用下，膜片上移，打开阀门，使多余部分的燃油从回油管流回油箱，系统油压随之相应

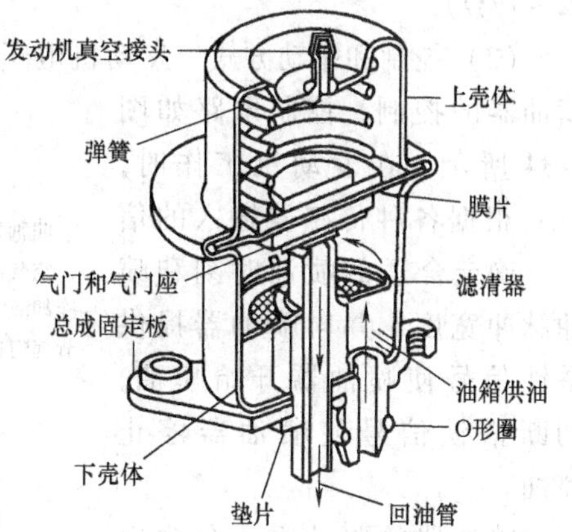

图 2-32　燃油压力调节器

减小，从而使得喷油器的喷油压力不随进气歧管真空度的变化而发生变化，即保持恒定。当发动机停止工作时，油泵将停转，油压调节器在弹簧张力作用下使阀门关闭。因此，在油泵止回阀与调节器阀门的作用下依然可使油路保持一定的残余压力。

4. 喷油器

喷油器的作用是按照电子控制单元的指令（喷油脉冲信号）将准确计量的燃油适时地喷入进气道内使之与空气形成可燃混合气。

(1) 结构原理　喷油器实质是一个电磁阀，图2-33所示为轴针式喷油器的结构组成。它主要由喷油器外壳、针阀、套在针阀上的衔铁以及根据喷油脉冲信号产生电磁吸力的电磁线圈组成。电磁线圈无电流时，喷油器内的针阀被螺旋弹簧压在喷油器出口处的密封锥形阀座上，喷油器不喷油。当ECU发出喷油脉冲信号将电磁线圈接通而通电时，电磁线圈产生的磁场吸动衔铁上移，衔铁带动针阀从其座面上升约0.1mm，燃油从精密环形间隙中流出。当ECU将电路切断时，吸力消失，回位弹簧使针阀复位关闭喷油器，停止喷射。为使燃油充分雾化，针阀前端磨出一段喷油轴针。

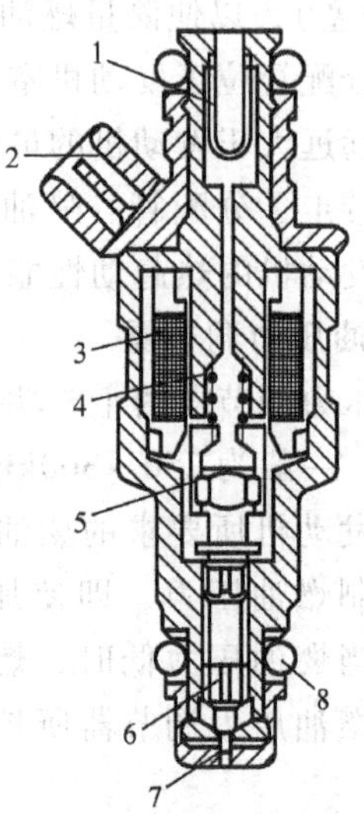

图2-33　喷油器（轴针式）
1—进油滤网　2—线束插接器
3—电磁线圈　4—回位弹簧
5—衔铁　6—针阀　7—轴针
8—密封圈

提示： 喷油器喷油量的大小，取决于针阀的升程、喷孔的截面积、燃油系统和进气歧管气体之间的压差等因素。当这些因素确定后，则喷油量就由针阀的开启时间，即电磁线圈的通电时间的长短来决定。

喷油器是一种加工精度非常高的精密器件，要求其动态流量范围大、抗堵塞与抗污染能力强、雾化性能好。为了满足这些性能要求，先后开发研制了各种不同结构型式的电磁喷油器，主要有轴针式、球阀式和片阀式等。喷油器的磁化线圈可按任何特性值绕制，但主要可分为两种：一种是低电阻型喷油器（阻值为2～5Ω）；另一种是高电阻型喷油器（阻值为12～17Ω）。

(2) 控制和驱动方式　发动机电子控制单元可通过控制喷油器的电源或搭铁来实现对喷油器的控制，控制电路如图2-34所示。在发动机工作时，ECU根据各种传感器输入的信号，确定合适的喷油时刻和喷油脉冲宽度，并向喷油器提供搭铁信号使喷油器开始喷油，切断搭铁信号使喷油器停止喷油。

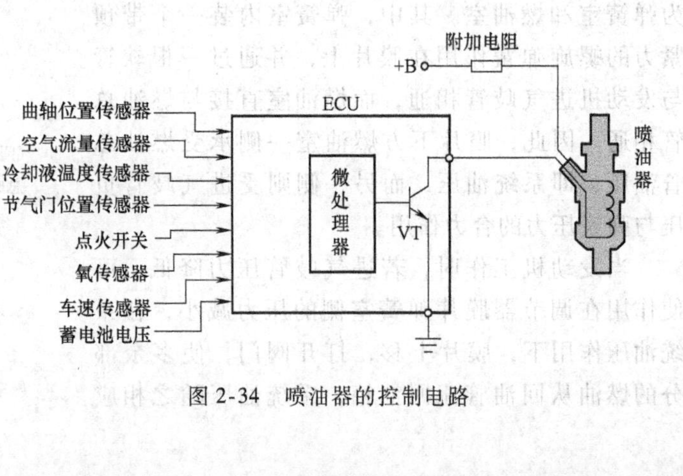

图2-34　喷油器的控制电路

喷油器的驱动方式分为电流驱动与电压驱动两种方式。

电流驱动只适用于低电阻喷油器（2～5Ω），电压驱动既用于低电阻喷油器，又可用于高电阻喷油器（12～17Ω）。

电流驱动是指发动机电子控制单元开始用一个较大的电流（8A）使电磁线圈产生较大的吸力，保证喷油器具有良好的响应性，然后再用较小的电流（2A）使针阀保持在开启状态，以防止喷油器线圈发热，减少功率消耗。在电流驱动回路中无附加电阻，低电阻喷油器直接与电源连接。由于无附加电阻，回路阻抗小，ECU 向喷油器发出指令时，流过喷油器线圈的电流增加迅速，大电流使针阀迅速打开，喷油迟滞时间缩短，响应性更好。如果喷油器长时间大电流通电，就有可能烧坏喷油器的电磁线圈，因而在电流驱动方式的回路中，增加了电流控制回路。当 ECU 以一个较大的电流使电磁线圈打开后，它能控制回路中的工作电流，用一个较小的电流使喷油器针阀保持在完全打开的位置，或用脉冲电流保持喷油器针阀的有效开度。

电压驱动是指通过控制喷油器的工作电压来控制喷油器工作。在电压驱动回路中，使用高电阻喷油器时可将蓄电池电压直接加在喷油器上；而使用低电阻喷油器时，必须在回路中加入附加电阻，将蓄电池电压分压后加在喷油器上，防止电磁线圈电流过大，发热而烧坏。

电压驱动较电流驱动构成回路要简单，但加入附加电阻使回路阻抗加大，导致流过线圈的电流减少，喷油器上产生的电磁力降低，针阀开启迟滞时间长。

提示： 一般来说，电流驱动喷油器的迟滞时间（无效喷射）最短，其次为电压驱动低电阻值型，电压驱动高电阻值型最长。

2.1.4　电子控制系统

电子控制系统主要由传感器、电子控制单元（ECU）和执行器三大部分组成。电子控制燃油喷射系统中主要的传感器除了前面已经介绍过的安装在空气供给系统中进行进气量检测与控制的空气流量传感器（L 型）或进气歧管压力传感器（D 型）、节气门位置传感器、进气温度传感器外，还有曲轴位置传感器、凸轮轴位置传感器、冷却液温度传感器、氧传感器等，主要的执行器是电动燃油泵和电磁喷油器。

1. 曲轴位置传感器与凸轮轴位置传感器

曲轴位置传感器用来检测发动机转速、曲轴位置（转角）信号以及第 1 缸和各缸压缩行程上止点信号，是控制喷油和点火时刻的主要信号，与空气流量传感器一样，是发动机集中控制系统中最主要的传感器。凸轮轴位置传感器又称为相位传感器或者同步信号传感器，其功用是检测凸轮轴的转角位置信号，ECU 以此确定某缸（如 1 缸）活塞上止点位置，是控制喷油和点火时刻的重要信号。在相当一部分汽车上，曲轴位置传感器与凸轮轴位置传感器制成一体，统称为曲轴/凸轮轴位置传感器。

在电控燃油喷射系统中，相对于发动机每一个工作循环吸入的空气量，都可以得到由电子控制单元控制的符合最佳空燃比的燃油量，而空气流量传感器检测的是单位时间的空气流量，为确定上述每次循环符合最佳空燃比的喷油量，应求得每个工作循环吸入的空气量，即在已知单位时间内吸入空气流量的基础上，还应检测发动机转速。另外，为了有效地提高发动机的性能，需选取特定的喷油时刻、点火时刻，而这些时刻都是相对曲轴转角位置而言的。因此，在发动机控制系统中必须设有曲轴位置传感器。

曲轴位置传感器将发动机曲轴转过的角度变换为电信号输入 ECU，曲轴每转过一定角度就发出一个脉冲信号，ECU通过不断地检测脉冲个数，即可计算出曲轴转过的角度。与此同时，ECU根据单位时间内接收到的脉冲个数，即可计算出发动机的转速。在微机控制电子点火系统中，发动机曲轴转角信号用来计算具体的点火时刻，转速信号用来计算和读取基本点火提前角。

在多点燃油顺序喷射系统中，当ECU控制喷油器喷油时，首先必须知道哪一个气缸的活塞即将到达排气上止点；当ECU控制火花塞跳火时，首先必须知道哪一个气缸的活塞即将到达压缩上止点，然后再根据曲轴转角信号控制喷油与点火。因此，凸轮轴位置传感器是多点燃油顺序喷射系统必不可少的传感器。

凸轮轴位置传感器在曲轴旋转至某一特定的位置（如1缸上止点或上止点前某一确定的角度）时，向ECU输入一个配气凸轮轴的位置信号，判别此时开始向上止点运行的活塞是处于压缩行程还是排气行程，以便ECU识别1缸活塞压缩上止点，从而进行顺序喷油控制、点火控制和爆燃控制。此外，凸轮轴位置信号还用于发动机起动时识别出第一次点火时刻。因为凸轮轴位置传感器能够识别哪一缸活塞即将到达上止点，所以又称为判缸传感器。

曲轴位置传感器和凸轮轴位置传感器所采用的结构随车型不同而不同，可分为磁感应式、霍尔式和光电式三大类，通常安装在曲轴前端、凸轮轴前端、飞轮上或分电器内。因为大多数汽车将曲轴位置传感器和凸轮轴位置传感器制成一体，且相同类型传感器的工作原理、检测方法完全相同，所以将这两种传感器安排在同一节介绍。

(1) 磁感应式曲轴位置传感器与凸轮轴位置传感器

① 工作原理。磁感应式传感器的基本结构与工作原理如图2-35所示。传感器主要由信号转子、传感线圈、永久磁铁和磁轭等组成。磁力线穿过的路径：永久磁铁N极→定子与转子间的气隙→转子凸齿→转子凸齿与定子磁头间的气隙→磁头→磁轭→永久磁铁S极。当信号转子旋转时，磁路中的气隙就会周期性地发生变化，磁路的磁阻和穿过传感线圈（信号线圈）磁头的磁通量随之发生周期性的变化。根据电磁感应原理，传感线圈中就会感应产生交变电动势。

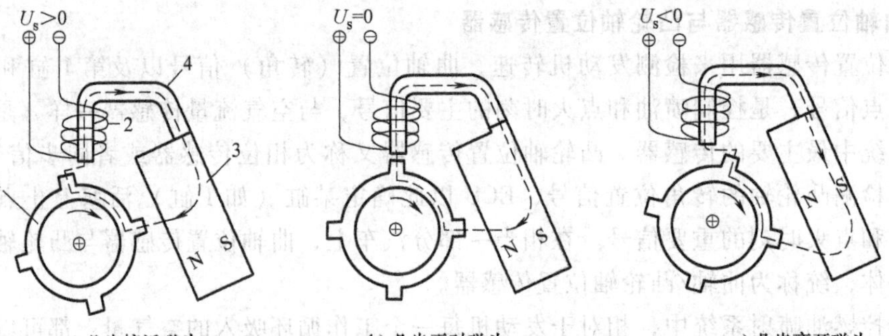

a) 凸齿接近磁头　　b) 凸齿正对磁头　　c) 凸齿离开磁头

图2-35　磁感应式传感器的基本结构与工作原理示意图

1—信号转子　2—传感线圈　3—永久磁铁　4—磁轭

当信号转子按顺时针方向旋转时，转子凸齿与磁头间的气隙减小，磁路磁阻减小，磁通量增多，磁通变化率增大，感应电动势 E 为正（$E>0$），如图2-36中曲线 abc 所示。

当转子凸齿接近磁头边缘时，如图2-35a所示，磁通量急剧增多，磁通变化率最大，感

应电动势 E 最高，如图 2-36 中曲线 b 点所示。转子转过 b 点位置后，虽然磁通量仍在增多，但磁通变化率减小，因此感应电动势 E 降低。

当转子旋转到凸齿的中心线与磁头的中心线对齐时，如图 2-35b 所示，虽然转子凸齿与磁头间的气隙最小，磁路的磁阻最小，磁通量最大，但是，由于磁通量不可能继续增加，磁通变化率为零，因此感应电动势 E 为零，如图 2-36 中曲线 c 点所示。

当转子沿顺时针方向继续旋转，凸齿离开磁头时，如图 2-35c 所示，凸齿与磁头间的气隙增大，磁路磁阻增大，磁通量减少，所以感应电动势 E 为负值，如图 2-36 中曲线 cda 所示。当凸齿即将离开磁头边缘时，磁通量急剧减少，磁通变化率达到负向最大值，感应电动势 E 也达到负向最大值，如图 2-36 中曲线上 d 点所示。

由此可见，信号转子每转过一个凸齿，就会在传感线圈中产生一个周期的交变电动势，即电动势出现一次最大值和一次最小值，传感线圈输出端相应地输出一个交变电压信号。

提示： 磁感应式传感器的突出优点是不需要外加电源，永久磁铁起着将机械能变换为电能的作用，其磁能不会损失。当发动机转速变化时，转子凸齿转动的速度将发生变化，铁心中的磁通变化率也将随之发生变化。转速越高，磁通变化率就越大，传感线圈中的感应电动势也就越高。

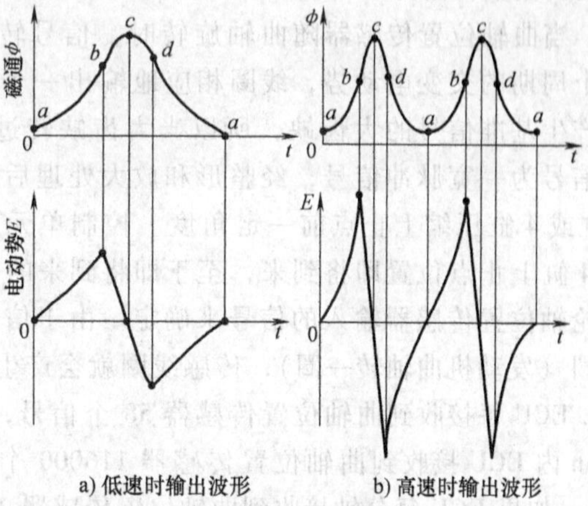

图 2-36 传感线圈中的磁通和电动势波形

转速不同时，磁通和感应电动势的变化情况如图 2-36 所示。

提示： 由于转子凸齿与磁头间的气隙直接影响磁路的磁阻和传感线圈输出电压的高低，因此在使用中，转子凸齿与磁头间的气隙不能随意变动。

气隙如有变化，必须按规定进行调整。桑塔纳 2000 系列、3000 系列和捷达系列轿车用磁感应式曲轴位置传感器的气隙值为 (1.8 ± 0.01) mm。

② 桑塔纳 2000GSi AJR 发动机磁感应式曲轴位置传感器。如图 2-37 所示，桑塔纳

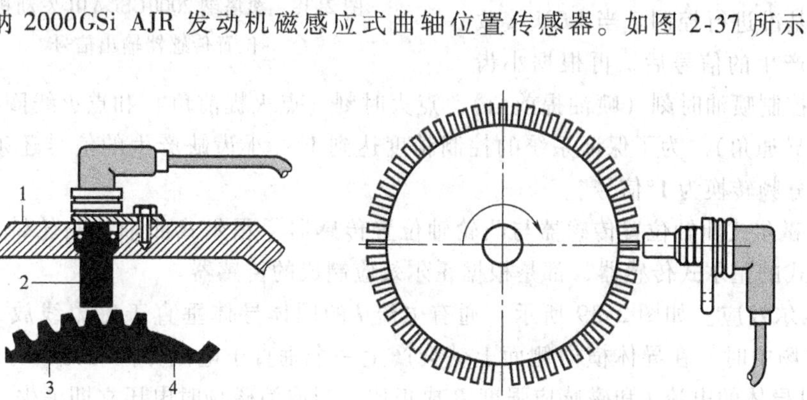

图 2-37 桑塔纳 2000GSi AJR 发动机磁感应式曲轴位置传感器结构

1—缸体 2—传感器磁头 3—信号转子 4—大齿缺（基准标记）

2000GSi AJR 发动机磁感应式曲轴位置传感器安装在曲轴箱内靠近离合器一侧的缸体上，主要由信号发生器和信号转子组成。信号发生器用螺钉固定在发动机缸体上，由永久磁铁、传感线圈和线束插头组成。传感线圈又称为信号线圈，永久磁铁上带有一个磁头 2，磁头正对安装在曲轴上的齿盘式信号转子 3，磁头与磁轭（导磁板）连接而构成导磁回路。

信号转子为齿盘式，在其圆周上间隔均匀地制作有 58 个凸齿、57 个小齿缺和一个大齿缺。大齿缺输出基准信号，对应于发动机 1 缸或 4 缸压缩上止点前一定角度。大齿缺所占的弧度相当于两个凸齿和三个小齿缺所占的弧度。因为信号转子随曲轴一同旋转，曲轴旋转一圈（360°），信号转子也旋转一圈（360°），所以信号转子圆周上的凸齿和齿缺所占的曲轴转角为 360°，每个凸齿和小齿缺所占的曲轴转角均为 3°（$58\times3°+57\times3°=345°$），大齿缺所占的曲轴转角为 15°（$2\times3°+3\times3°=15°$）。

当曲轴位置传感器随曲轴旋转时，信号转子每转过一个凸齿，传感线圈中就会产生一个周期的交变电动势，线圈相应地输出一个交变电压信号。因为信号转子上设置有一个产生基准信号的大齿缺，所以当大齿缺转过磁头时，信号电压所占的时间较长，即输出信号为一宽脉冲信号，经整形和放大处理后输出的波形如图 2-38 所示。该信号对应于 1 缸或 4 缸压缩上止点前一定角度。控制单元 ECU 接收到宽脉冲信号时，便可知道 1 缸或 4 缸上止点位置即将到来，至于即将到来的是第 1 缸还是第 4 缸压缩上止点，则需根据凸轮轴位置传感器输入的信号来确定。由于信号转子上有 58 个凸齿，因此信号转子每转一圈（发动机曲轴转一圈），传感线圈就会产生 58 个交变电压信号输入电子控制单元。因此，ECU 每接收到曲轴位置传感器 58 个信号，就可知道发动机曲轴旋转了一转。如果在 1min 内 ECU 接收到曲轴位置传感器 116000 个信号，ECU 便可计算出曲轴转速为 2000r/min；如果 ECU 每分钟接收到曲轴位置传感器 290000 个信号，ECU 便可计算出曲轴转速为 5000r/min。依此类推，ECU 根据每分钟接收曲轴位置传感器脉冲信号的数量，便能计算出发动机曲轴旋转的转速。

桑塔纳 2000GSi AJR 发动机磁感应式曲轴位置传感器信号转子上大齿缺产生的信号为基准信号，ECU 控制喷油时间和点火时间是以大齿缺产生的信号为基准进行控制。当 ECU 接收到大齿缺产生的信号后，再根据小齿缺信号来控制喷油时刻（喷油提前角）、点火时刻（点火提前角）和点火线圈初级电流接通时间（即导通角）。为了保证系统的控制精度达到 1°，小齿缺产生的信号还须由 ECU 内部电路将其分频转换为 1°信号。

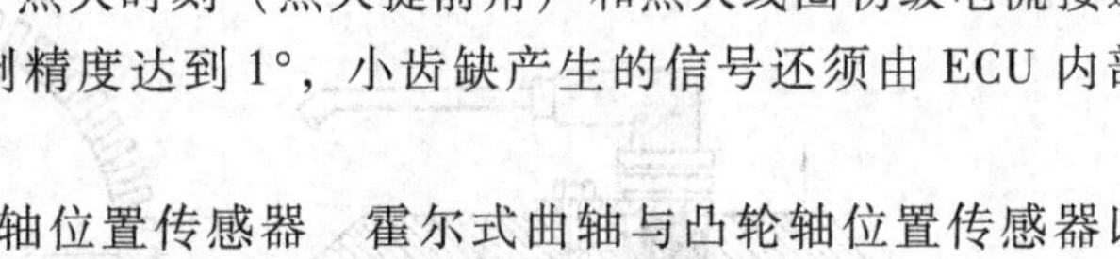

图 2-38　桑塔纳 2000GSi AJR 发动机曲轴位置传感器输出信号

（2）霍尔式曲轴位置传感器与凸轮轴位置传感器　霍尔式曲轴与凸轮轴位置传感器以及其他形式的霍尔式传感器，都是根据霍尔效应制成的传感器。

① 霍尔效应。如图 2-39 所示，通有电流 I 的固体导体垂直于磁力线放入磁感应强度为 B 的磁场中时，在导体横向侧面上就会产生一个垂直于电流方向和磁场方向的电压 U_H，U_H 与通过导体的电流 I 和磁感应强度 B 成正比，当取消磁场时电压立即消失。U_H 被称为霍尔电压。

实验证明，半导体材料也存在霍尔效应，且霍尔系数远远大于金属材料，因此，一般都用半导体材料制作霍尔元件。

提示：霍尔式传感器有两个突出优点：一是输出电压信号近似于方波信号；二是输出电压高低与被测物体的转速无关。霍尔效应式传感器与磁感应式传感器不同的是，需要外加电源。

② 基本结构。霍尔式传感器的基本结构如图 2-40 所示，主要由触发叶轮、霍尔集成电路、导磁钢片（磁轭）与永久磁铁等组成。触发叶轮安装在转子轴上，叶轮上制有叶片。当触发叶轮随转子轴一同转动时，叶片便在霍尔集成电路与永久磁铁之间转动。

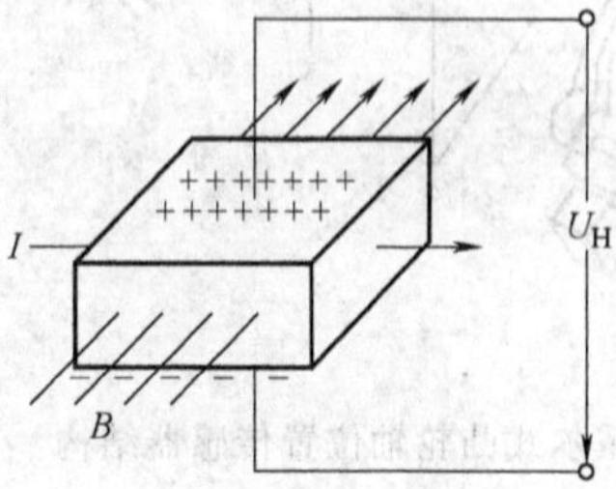

图 2-39　霍尔效应

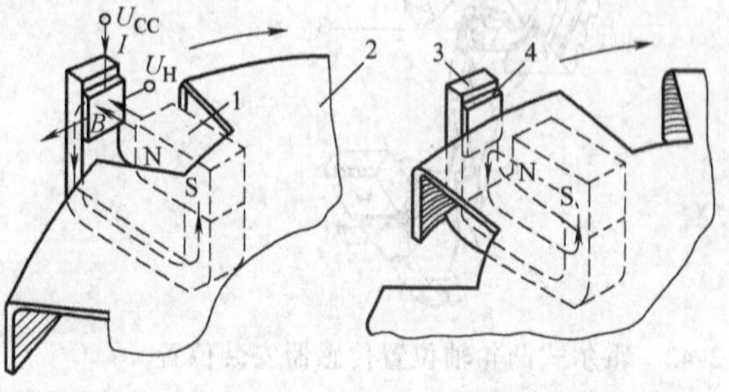

a) 叶片离开气隙，磁场饱和　　b) 叶片进入气隙，磁场被旁路

图 2-40　霍尔式传感器基本结构与工作原理

1—永久磁铁　2—触发叶轮　3—磁轭　4—霍尔集成电路

③ 工作原理。当传感器轴转动时，触发叶轮的叶片便从霍尔集成电路与永久磁铁之间的气隙中转过。当叶片离开气隙时，永久磁铁的磁通便经霍尔集成电路和导磁钢片构成回路，如图 2-40a 所示，此时霍尔元件产生电压（$U_H = 1.9 \sim 2.0V$），霍尔集成电路输出级的晶体管导通，传感器输出的信号电压 U_0 为 0.1 ~ 0.3V 的低电平，如图 2-41 所示。

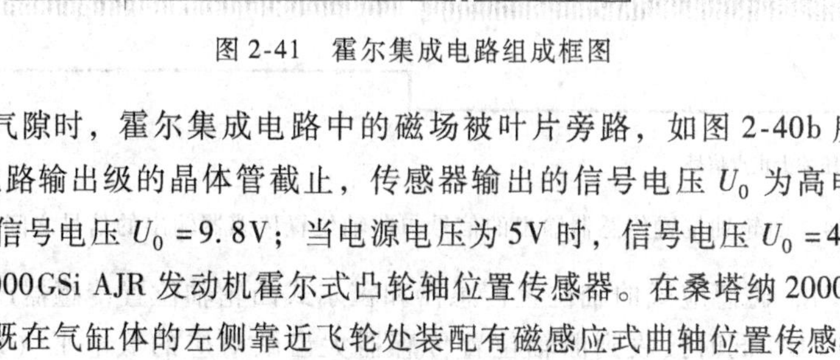

图 2-41　霍尔集成电路组成框图

当叶片进入气隙时，霍尔集成电路中的磁场被叶片旁路，如图 2-40b 所示，霍尔电压 U_H 为零，集成电路输出级的晶体管截止，传感器输出的信号电压 U_0 为高电平（当电源电压为 14.4V 时，信号电压 $U_0 = 9.8V$；当电源电压为 5V 时，信号电压 $U_0 = 4.8V$）。

④ 桑塔纳 2000GSi AJR 发动机霍尔式凸轮轴位置传感器。在桑塔纳 2000GSi AJR 发动机的电控系统中，既在气缸体的左侧靠近飞轮处装配有磁感应式曲轴位置传感器，又在气缸盖前端凸轮轴的链轮之后装配有霍尔式凸轮轴位置传感器，如图 2-42 所示。

霍尔式凸轮轴位置传感器信号转子又称为触发叶轮，安装在进气凸轮轴上，用定位螺栓和座圈定位固定。信号转子的隔板又称为叶片，在隔板上制有一个 180°的缺口，当信号转子随进气凸轮轴一同转动时，隔板和缺口便从霍尔集成电路与永久磁铁之间的气隙中转过，如图 2-43 所示。

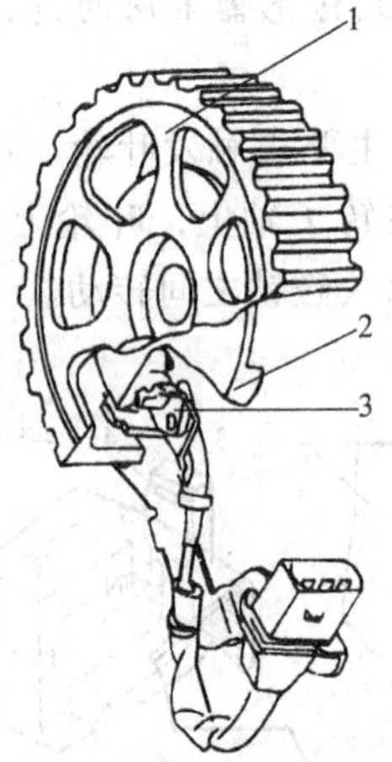

图 2-42 霍尔式凸轮轴位置传感器安装位置

1—凸轮轴同步带轮 2—信号转子

3—霍尔信号发生器

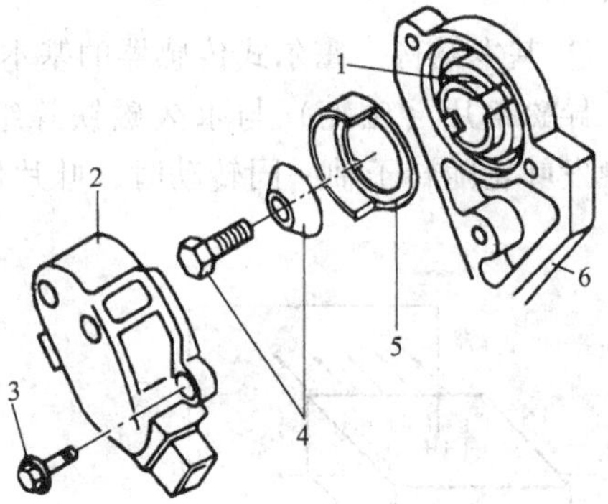

图 2-43 霍尔式凸轮轴位置传感器结构

1—凸轮轴 2—霍尔信号发生器 3—传感器固定螺钉

4—定位螺栓与座圈 5—信号转子 6—发动机缸盖

由霍尔式传感器工作原理可知，当隔板（叶片）进入气隙（即在气隙内）时，霍尔元件不产生电压，传感器输出高电平（5V）信号；当隔板（叶片）离开气隙（即缺口进入气隙）时，霍尔元件产生电压，传感器输出低电平信号（0.1V）。发动机曲轴每转两圈（720°），霍尔传感器信号转子就转一圈（360°），对应产生一个低电平信号和一个高电平信号，其中低电平信号下降沿对应于 1 缸压缩上止点前一定角度。凸轮轴位置传感器输出的信号与曲轴位置传感器输出的信号之间的关系如图 2-44 所示。

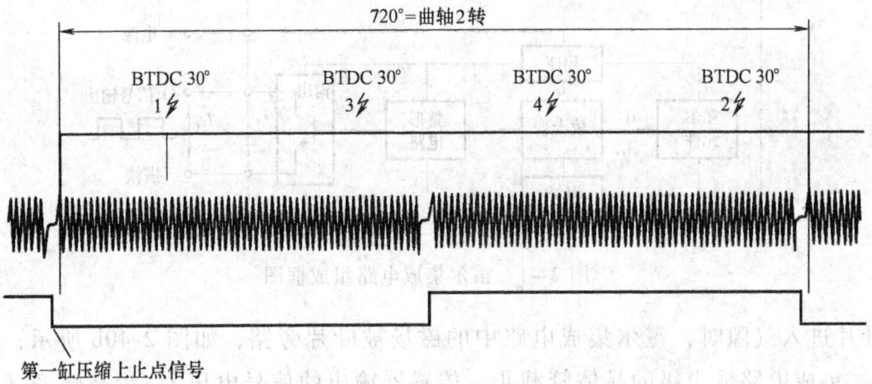

图 2-44 凸轮轴位置传感器输出的信号与曲轴位置传感器输出的信号之间的关系

发动机工作时，磁感应式曲轴位置传感器和霍尔式凸轮轴位置传感器产生的信号电压不断输入 ECU。当 ECU 同时接收到曲轴位置传感器大齿缺对应的低电平（15°）信号和凸轮轴位置传感器缺口对应的低电平信号时，便可识别出此时为第 1 缸活塞处于压缩行程、4 缸活塞处于排气行程，从而进行顺序喷油控制和各缸点火时刻控制，并可根据曲轴位置传感器小齿缺对应输出的信号控制点火提前角和喷油提前角。如果发动机产生了爆燃，ECU 还能根据爆燃传感器输入的信号判别出是哪一缸产生了爆燃从而减小点火提前角，以便消除爆燃。如果霍尔式凸轮轴位置传感器没有信号，没有其他的信号可以代替。发动机控制单元不再区分 1 缸或 4 缸压缩行程上止点。因为点火线圈产生双火花，所以发动机仍能起动并运转，此时爆燃控制关闭，点火提前角推迟，输出功率下降。在一些紧急情况下，例如曲轴位置传感器失效后，将凸轮轴的信号作为系统的后备信号使用。但是凸轮轴信号的精度太低，作为备用信号使用后，曲轴两周才刷新一次点火角，所以它只能暂时代替曲轴位置信号。

2. 氧传感器

氧传感器安装在发动机排气管上，如图 2-45 所示。其作用是通过监测排气中的氧含量来获得混合气的空燃比信号，并将该信号转变为电信号输入 ECU。

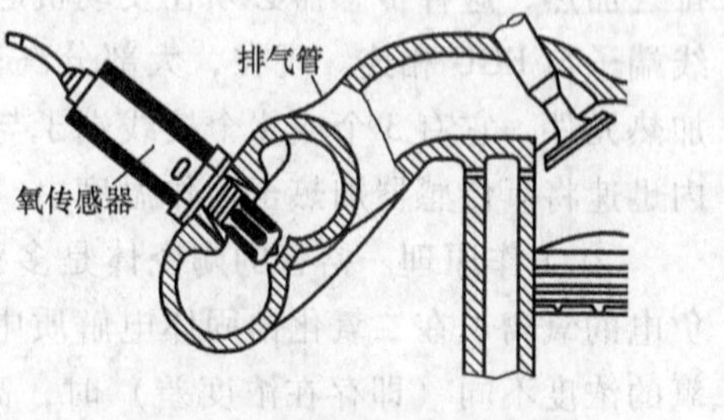

图 2-45　氧传感器的安装位置

提示：ECU 根据氧传感器信号，对喷油时间进行修正，实现空燃比反馈控制（闭环控制），从而将空燃比控制在理论值 14.7:1 附近，使发动机得到最佳浓度的混合气，从而降低有害气体的排放和节约燃油。

氧传感器可分为氧化锆（ZrO_2）式和氧化钛（TiO_2）式两种类型，其中应用最多的是氧化锆式氧传感器。氧化锆式又分为加热型和非加热型两种，氧化钛式一般都为加热型。由于实用的氧化钛式氧传感器价格便宜，且不易受到硅离子的腐蚀，因此采用氧化钛式氧传感器的汽车逐渐增多。

（1）氧化锆式氧传感器

① 结构特点。氧化锆式氧传感器的结构如图 2-46 所示，主要由钢质护管、钢质壳体、锆管、加热元件、电极引线、防水护套和线束插头等组成。

锆管是氧化锆式氧传感器的基本元件，它是在二氧化锆（ZrO_2）固体电解质粉末中添加少量的添加剂，压力成形后再烧结而成的陶瓷管。二氧化锆晶体的体积变化量为 4% 左右，其体积变化容易导致晶体老化而失效（阻止氧离子扩散），加入添加剂的目的就是防止二氧化锆晶体老化。目前常用的添加剂是氧化钇（Y_2O_3）。

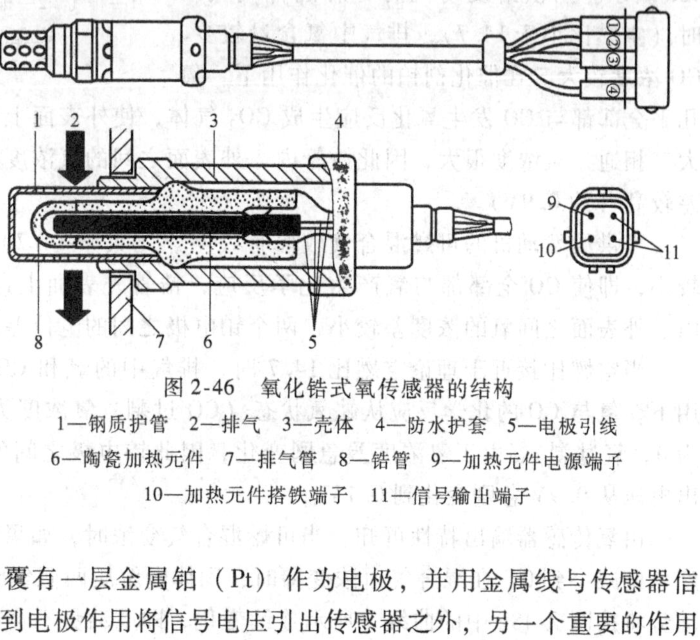

图 2-46　氧化锆式氧传感器的结构

1—钢质护管　2—排气　3—壳体　4—防水护套　5—电极引线　6—陶瓷加热元件　7—排气管　8—锆管　9—加热元件电源端子　10—加热元件搭铁端子　11—信号输出端子

锆管制作成试管形状，以便氧离子能均匀扩散与渗透。锆管内表面通大气，外表面通排气。在锆管的内、外表面都涂覆有一层金属铂（Pt）作为电极，并用金属线与传感器信号输出端子连接。金属铂除了起到电极作用将信号电压引出传感器之外，另一个重要的作用是催化，使氧化锆式氧传感器有更好的输出特性。为了防止发动机排出的废气腐蚀外层铂电极，在外层铂电极表面还涂敷有多孔氧化铝陶瓷保护层。氧化锆陶瓷管的强度很低，而且安装在排气管上承受排气压力冲击。为了防止锆管受排气压力冲击而造成陶瓷管破碎，因此将锆管封装在钢质护管内。护管上制作有若干个小孔，以便于排气流通。在钢质壳体上制有螺纹和六方体，以便安装和拆卸传感器。

氧化锆式氧传感器在温度超过300℃后才能正常工作。早期使用的非加热型氧传感器靠排气加热，这种传感器必须在发动机起动运转数分钟后才能开始工作，它只有一个或两个接线端子与 ECU 相连。现在，大部分汽车使用带加热器的氧传感器，这种传感器内有一个电加热元件，它有 3 个或 4 个接线端子与 ECU 相接（图 2-46），可在发动机起动后的 20～30s 内迅速将氧传感器加热至工作温度。

② 工作原理。锆管的陶瓷体是多孔的，在高温下可使氧分子发生电离变成氧离子，带负电的氧离子在二氧化锆固体电解质中能均匀扩散与渗透。当锆管内侧表面与外侧表面之间氧的浓度不同（即存在浓度差）时，高浓度侧的氧离子就会向浓度低的一侧扩散，以求达到平衡状态。当固体电解质表面设置多孔电极之后，在其两个电极之间就可得到电动势 E。因为锆管内侧与氧浓度高的大气相通，外侧与氧浓度低的排气相通，且锆管外侧的氧含量随可燃混合气浓度变化而变化，所以当氧离子在锆管中扩散时，锆管内外表面之间的电位差将随可燃混合气浓度变化而变化，即锆管相当于一个氧浓度差电池，传感器的信号源相当于一个可变电源，其工作原理如图 2-47 所示。

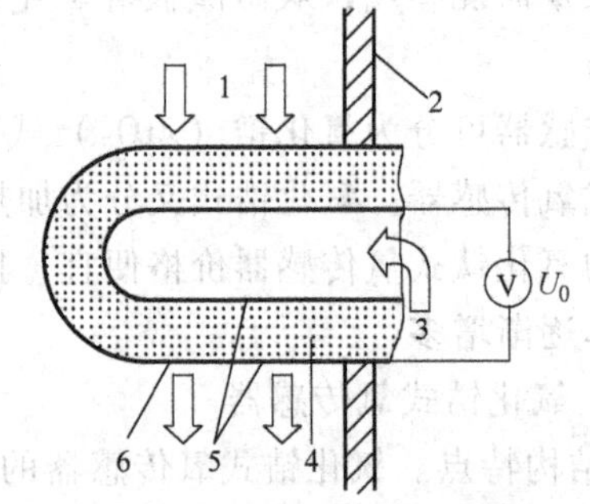

图 2-47　氧传感器工作原理

1—排气　2—排气管　3—大气　4—ZrO_2 固体电解质　5—铂电极　6—氧化铝陶瓷保护层

氧化锆式氧传感器的输出特性如图 2-48a 所示。当供给发动机的可燃混合气较浓时（空燃比小于 14.7），排气中氧含量较少、CO 浓度较大。在催化剂铂的催化作用下，氧几乎全部都与 CO 发生氧化反应生成 CO_2 气体，使外表面上氧浓度为 0。由于锆管内表面与大气相通，氧浓度很大，因此锆管内、外表面之间的氧浓度差较大，两个铂电极之间的电位差较高（约 0.9V）。

当供给发动机的可燃混合气较稀时（空燃比大于 14.7），排气中氧含量较多、CO 浓度较小，即使 CO 全部都与氧产生化学反应，锆管外表面上还有多余的氧存在。因此，锆管内、外表面之间氧的浓度差较小，两个铂电极之间的电位差较低（约 0.1V）。

当空燃比接近于理论空燃比 14.7 时，排气中的氧和 CO 含量都很少。在催化剂铂的作用下，氧与 CO 的化学反应从缺氧状态（CO 过剩，氧浓度为 0）急剧变化为富氧状态（CO 为 0，氧过剩）。由于氧浓度差急剧变化，因此铂电极之间的电位差急剧变化，使传感器输出电压从 0.9V 急剧变化到 0.1V。

由氧传感器输出特性可知，当可燃混合气变浓时，如果没有催化剂铂的催化作用使氧浓度急剧减小到 0，在混合气由浓变稀时，固体电解质两侧氧浓度差将连续变化，传感器的电动势将按图 2-48a 中的曲线 3 所示连续变化，即电动势不会出现跃变现象。

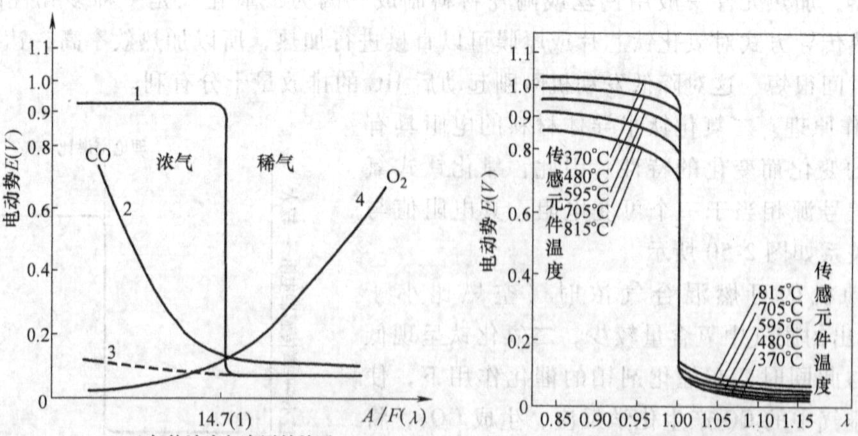

a) 气体浓度与电压的关系　　b) 传感元件温度与电压的关系

图 2-48　氧化锆式氧传感器输出特性

1—氧传感器电动势　2—CO 浓度　3—无铂电极时的电动势　4—氧浓度

要准确地保持混合气浓度为理论空燃比是不可能的。实际上的反馈控制只能使混合气在理论空燃比附近一个狭小的范围内波动，故氧传感器的输出电压在 0.1～0.9V 之间不断变化（通常每 10s 内变化 8 次以上）。

提示： 如果氧传感器输出电压变化过缓（每 10s 少于 8 次）或电压保持不变（不论保持在高电位或低电位），则表明氧传感器有故障，需检修。

（2）氧化钛式氧传感器　二氧化钛（TiO_2）在常温下是一种高电阻的半导体，但表面一旦缺氧，其晶格便出现缺陷，电阻便随之减小。氧化钛式氧传感器就是利用二氧化钛材料的电阻值随排气中氧含量的变化而变化的特性制成的，故又称为电阻型氧传感器。

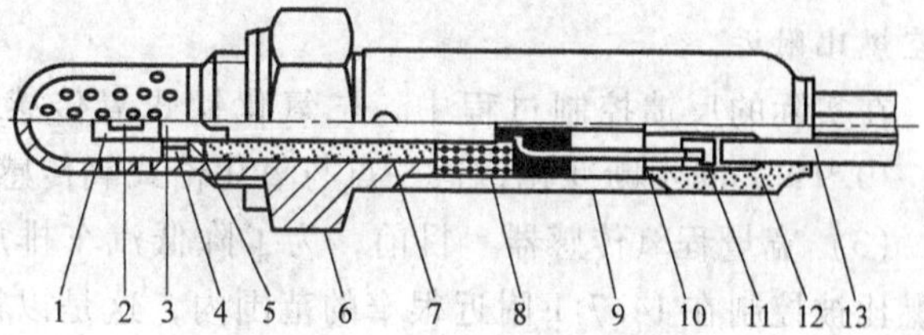

图 2-49　氧化钛式氧传感器结构

1—加热元件　2—氧化钛元件　3—基片　4—垫圈　5—密封圈　6—壳体　7—滑石粉填料　8—密封釉　9—护套　10—电极引线　11—连接焊点　12—密封衬垫　13—传感器引线

① 结构组成。氧化钛式氧传感器的外形与氧化锆式氧传感器相似，结构如图 2-49 所示，主要由二氧化钛传感元件、钢质壳体、加热元件和电极引线等组成。

钢质壳体上制有螺纹，以便于传感器安装。此外，在电极引线与护套之间设置一个硅橡胶密封衬垫，可以防止水汽浸入传感器内部而腐蚀电极。

氧化钛传感元件有芯片式和厚膜式两种。芯片式将铂金属线埋入二氧化钛芯片中，金属铂兼作催化剂用。厚膜式采用半导体封装工艺中的氧化铝层压板工艺制成，从而使成本降低、可靠性提高。

由于二氧化钛的电阻也随温度不同而变化，为了消除温度变化对氧传感器检测精度的影响，将二氧化钛电阻连接在桥式电路中，并加入温度补偿电阻，以消除温度的影响。二氧化钛式氧传感器的工作温度为 600℃，为了使传感器尽快达到工作温度，在传感器内部也有一个电加热器，加热元件一般用钨丝或陶瓷材料制成。因为二氧化钛是一种多孔性的陶瓷材料，利用热传导方式对氧化钛芯片或厚膜可以直接进行加热，所以加热效率高，达到激活温度需要的时间很短，这对降低发动机刚刚起动后 HC 的排放量十分有利。

② 工作原理。二氧化钛半导体材料的电阻具有随氧浓度的变化而变化的特性。因此，氧化钛式氧传感器的信号源相当于一个可变电阻，其电阻值与空燃比的关系如图 2-50 所示。

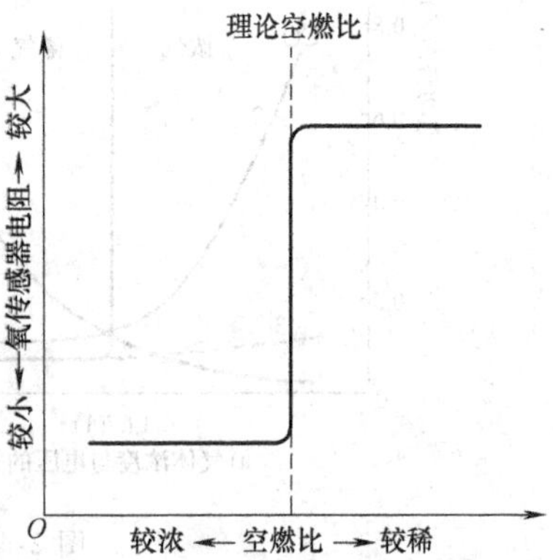

图 2-50　二氧化钛氧传感器电阻与空燃比间的关系

当发动机的可燃混合气浓时（空燃比小于 14.7），排出的废气中氧含量较少，二氧化钛呈现低阻状态。与此同时，在催化剂铂的催化作用下，使剩余氧与排气中的 CO 产生化学反应，生成 CO_2，将排气中的氧进一步消耗掉，从而大大提高了传感器的灵敏度。当发动机的可燃混合气稀时（空燃比大于 14.7），排出的废气中的氧含量较多，氧化钛管外表面的氧浓度较大，二氧化钛呈现高阻状态。

由此可见，氧化钛式氧传感器的电阻将在混合气的空燃比约为 14.7 时产生突变。当由 ECU 内部的稳压电源给氧传感器提供稳定的电压时，在其输出端便可得到一个交替变化的电压信号。

提示： 当输出端子上的电压高于参考电压时，ECU 判定混合气过浓；当端子上的电压低于参考电压时，ECU 判定混合气过稀。通过 ECU 的反馈控制，可保持混合气的浓度在理论空燃比附近。

在实际的反馈控制过程中，二氧化钛式氧传感器与 ECU 连接的端子上的电压也是在 0.1 ~ 0.9V 之间不断变化，这一点与氧化锆式氧传感器是相似的。

(3) 宽量程氧传感器　目前，为了降低汽车排放而普遍采用的三元催化转化系统要求空燃比被控制在 14.7:1 附近很窄的范围内，这是以牺牲燃油经济性为前提的。1984 年丰田公司首次使用稀薄燃烧系统，在这之后，现代汽车发动机越来越多地采用稀薄燃烧技术。

提示： 采用稀薄燃烧系统，要求氧传感器能够在一个较宽的空燃比范围内（$15 \leqslant A/F \leqslant 23$）对汽车排放的氧浓度进行连续检测，以控制空燃比在一个较宽的稀薄范围内。

广泛用于三元催化转化系统的氧浓差电池型传感器在整个稀薄燃烧区内（$A/F > 17$）只有很低的电压信号且信号变化很小，曲线较平滑，只有用于理论空燃比附近的反馈控制才具有较高的准确性，不适于稀薄燃烧范围空燃比的控制。因此，极限电流型氧传感器等宽量程氧传感器引起了国内外研究人员的广泛重视。

① 极限电流型氧传感器。极限电流型氧传感器是以 ZrO_2 氧浓差电池型氧传感器为基础加以改进而产生的。在 ZrO_2 氧浓差电池型氧传感器的 ZrO_2 组件两端加上一定电压时，会造成氧离子的移动而产生电流，其电流与排放气体氧浓度成正比。极限电流型氧传感器就是利用这一特性，连续检测出稀薄燃烧区的空燃比。

如图 2-51 所示，当有电压加在固体电解质 ZrO_2 上时，O_2 会在内电极（阴极）上得到电子形成氧离子 O^{2-}，O^{2-} 通过 ZrO_2 的传递作用，在外电极（阳极）上放电，O^{2-} 又变成 O_2，这样氧就通过固体电解质被从电极的阴极泵到阳极，这种现象被称为泵氧电池，外加电压为泵电压，回路中产生电流为泵电流。在泵氧过程中，外加泵电压的增加所导致的泵电流的增加会逐渐减小，最后出现泵电流在一定的电压范围内不变或变化很小的现象，电流达到饱和，这个电流被称为极限电流。

提示： 极限电流的大小与继续增加的电压无关，而取决于氧的扩散速率，并与被测环境中的氧分压成正比。因为传感器的输出电流与外界氧分压呈线性关系，因而它能连续检测出稀薄燃烧区的空燃比。

极限电流型氧传感器的工作特性如图 2-52 所示。

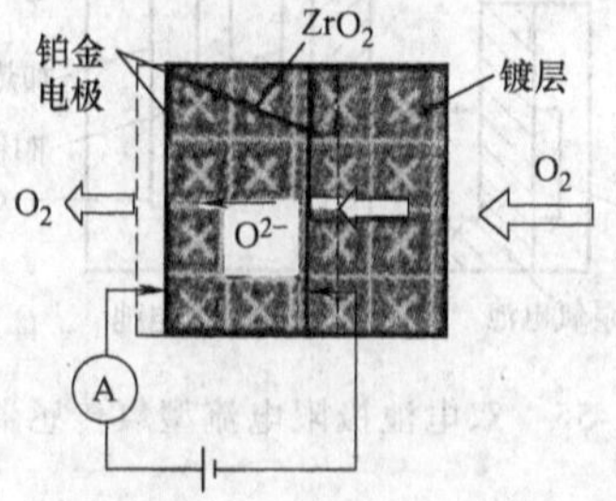

图 2-51　极限电流型氧传感器基本原理

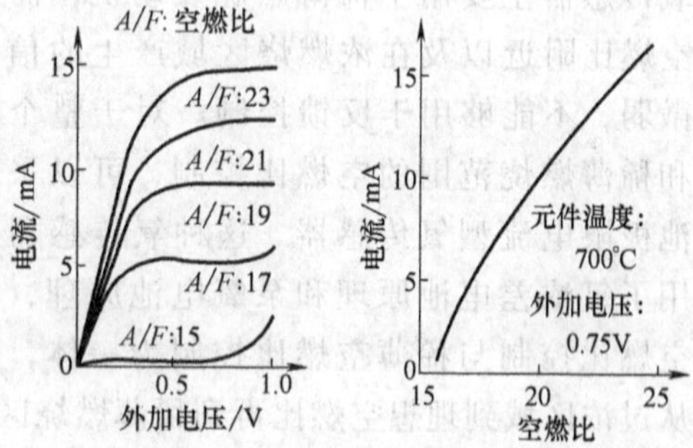

图 2-52　极限电流型氧传感器的工作特性

为了得到与环境气氛中氧浓度有关且比较稳定的极限电流，一般在 ZrO_2 氧传感器的阴极表面加一个扩散障碍层，以限制氧向阳极的传输。这样，氧通过障碍层的扩散将成为泵氧电流的控制环节，由此产生的极限电流与环境中的氧分压有稳定的线性关系。目前，有两种物理扩散障碍型极限电流型氧传感器被广泛使用，一种是小孔扩散极限电流型氧传感器，另一种是多孔扩散层极限电流型氧传感器。

小孔扩散极限电流型氧传感器是使用最早的极限电流型氧传感器，其结构原理如图 2-53 所示。在已稳定化 ZrO_2 固体电解质两侧被覆铂电极，阴极侧有一个用氧化铝及其他陶瓷材料制成的气体扩散控制罩，顶部中心有一小孔。外界的氧气通过小孔向阴极空腔这一封闭空间内扩散，由于小孔直径很小，扩散速度受到限制。因此，当施加在固体电解质 ZrO_2 上的电压增加到某一值时，电流达到最大（极限电流值）。此时，电流的大小只随外界氧浓度的变化而变化。

如图 2-54 所示，多孔扩散层极限电流型氧传感器的结构特点是在金属电极上加多孔涂层，以妨碍 O^{2-} 的扩散，这样可以在某侧电极上形成一个参考氧分压，避免使用任何参比气体。实际上，这种传感器的原理与小孔扩散型氧传感器相类似，只是将一个带小孔的腔体分散成无数个微观孔。但是，结构上的这一变化却可以提高响应速度达 200ms。

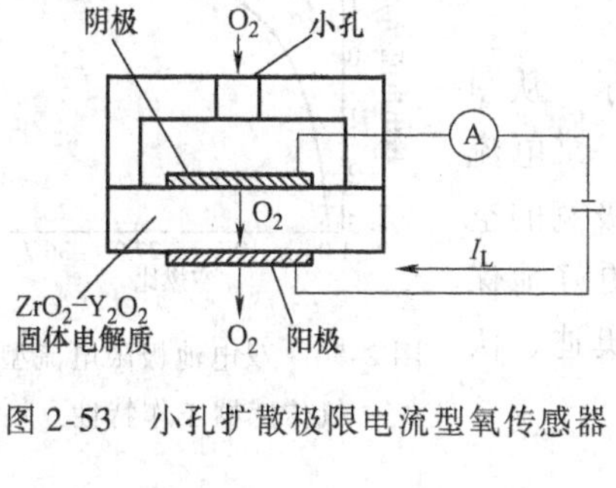

图 2-53　小孔扩散极限电流型氧传感器

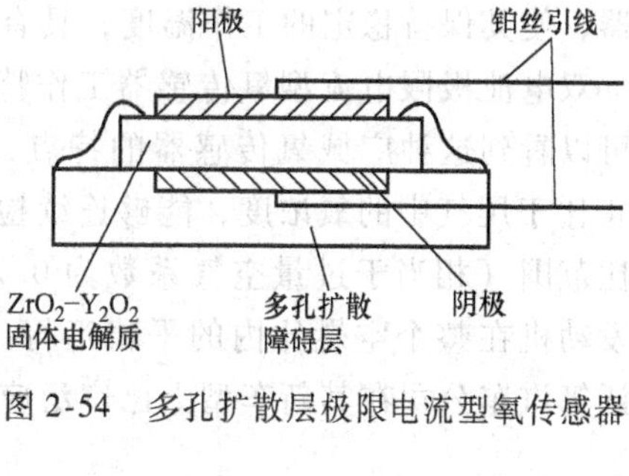

图 2-54　多孔扩散层极限电流型氧传感器

极限电流型氧传感器具有灵敏度高、控制精度好、响应速度快等特点，它弥补了氧浓差电池型氧传感器对稀薄燃烧区空燃比响应慢、灵敏度低的不足。因此，适用于宽范围空燃比的极限电流型氧传感器已成为主要发展趋势。目前，一汽宝来轿车已开始采用这种传感器。

② 双电池极限电流型氧传感器。极限电流型氧传感器主要用于稀薄燃烧发动机，而在理论空燃比附近以及在浓燃烧区域产生的信号极其微弱，不能够用于反馈控制。对于整个浓燃烧和稀薄燃烧范围的空燃比控制，可以采用双电池极限电流型氧传感器。这种氧传感器同时利用了氧浓差电池原理和泵氧电池原理，融理论空燃比控制与稀薄空燃比控制为一体，实现了从过浓区域到理想空燃比再到稀薄燃烧区域整个状态的全范围连续检测，是一种检测范围极宽的广域氧传感器。

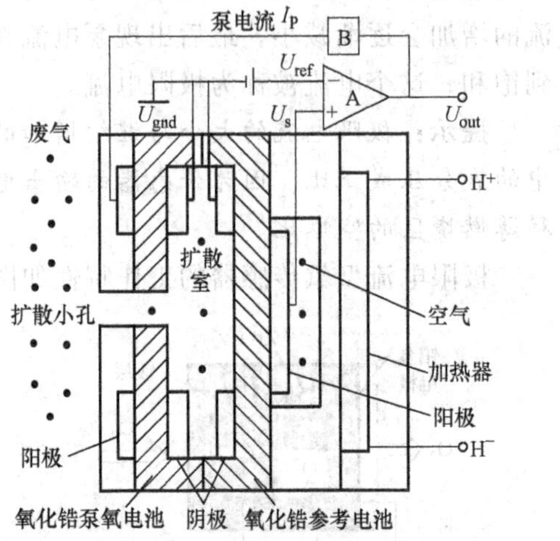

图 2-55 双电池极限电流型氧传感器

双电池极限电流型氧传感器的结构如图 2-55 所示，由一个普通氧浓差电压型氧传感器（参考电池）、一个极限电流型氧传感器（泵氧电池），以及扩散小孔、扩散室构成，氧浓差参考电池和泵氧电池之间由带有 20～50μm 缝隙的多孔层隔开。它需要一个专门设计的传感器控制器来控制其正常工作，在图中传感器控制器用 A 和 B 表示。

尾气通过扩散小孔进入扩散室，尾气可能是缺氧的浓混合气，也可能是富氧的稀混合气。ZrO_2 参考电池感知尾气的浓度后，产生电压 U_s。根据尾气浓度的不同，缺氧的浓混合气将产生高于参考电压 U_{ref} 的 U_s，传感器控制器将产生一个方向的泵电流 I_P，该泵电流 I_P 通过泵氧电池时将氧泵入扩散室内进行化学分解反应，使扩散室恢复到 U_s 电压为 0.45V 的尾气含氧浓度的平衡状态。相反，富氧的稀混合气将产生低于参考电压 U_{ref} 的 U_s，传感器控制器将产生一个反方向的泵电流 I_P，该泵电流 I_P 通过泵氧电池时将氧泵出扩散室。当混合气空燃比为 14.7:1 时，没有氧气需要泵出或者泵入，I_P 为 0。这样，就产生了或正或负的泵电流 I_P，其符号取决于尾气中氧的含量（在稀薄燃烧区域为正，在浓燃烧区域为负），且其大小与氧浓度具有一定的比例关系。在控制环路中有一块数字信号处理器电路，该电路有二路输出，一路将变化的泵电流 I_P 信号通过放大数模转换成线性电压 U_{out}，此电压从 0～5V 连续变化，去控制发动机 ECU 的空燃比调整。另一路输出脉宽调制信号去控制加热器加热氧传感器，使其保持稳定的工作温度，具有快速激活特性。

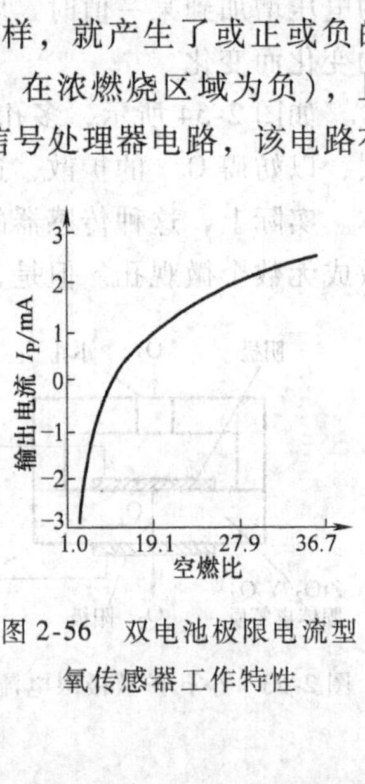

图 2-56 双电池极限电流型氧传感器工作特性

双电池极限电流型氧传感器工作特性如图 2-56 所示，从图中可以看到这种广域氧传感器的特点，工作曲线平滑，泵电流 I_P 正比于尾气中的氧浓度，能够连续检测 10～59 这一极宽的空燃比范围（相当于过量空气系数为 0.7～4.0），可以更好地保证发动机在整个空燃比内的平稳运行。目前，大众、奥迪、沃尔沃等汽车公司在其新车型上已广泛应用这种传感器。

宽量程氧传感器不同于传统氧传感器，其产生的不是阶跃函数性质的响应，而是连续递增的信号，工作曲线比较平滑，能够在一个值域内进行控制，控制精度高。

提示：对于稀薄燃烧系统，极限电流型氧传感器能够在一个较宽的空燃比范围内对汽车排放的氧浓度进行连续检测，控制空燃比在一个较宽的稀薄范围内。对于整个浓燃烧和稀薄燃烧范围的空燃比控制，融理论空燃比控制与稀薄空燃比控制为一体的双电池极限电流型氧传感器则具有优势，是一种检测范围极宽的广域氧传感器。

稀薄燃烧系统正在逐步成为汽车发动机空燃比反馈控制系统的主流，这将促进极限电流型氧传感器和双电池极限电流型氧传感器快速发展。

3. 电子控制单元（ECU）

电子控制单元的功能有以下几个方面：给传感器提供参考（基准）电压（2V、5V、9V、12V）；接收传感器或其他装置输入的信息，将输入的信息转变为微机所能接受的信号；存储分析计算所用的程序、车型的特点参数、运算中的数据及故障信息；运算分析，即根据信息参数求出执行命令并输出给执行器；将输出的信息与标准值对比，查出故障并输出故障信息；自我修正（自适应功能）。

提示：在发动机控制系统中，ECU 不仅用来控制汽油喷射系统，同时还具有点火提前角控制、怠速控制、进气控制、排放控制、自诊断等多项控制功用。

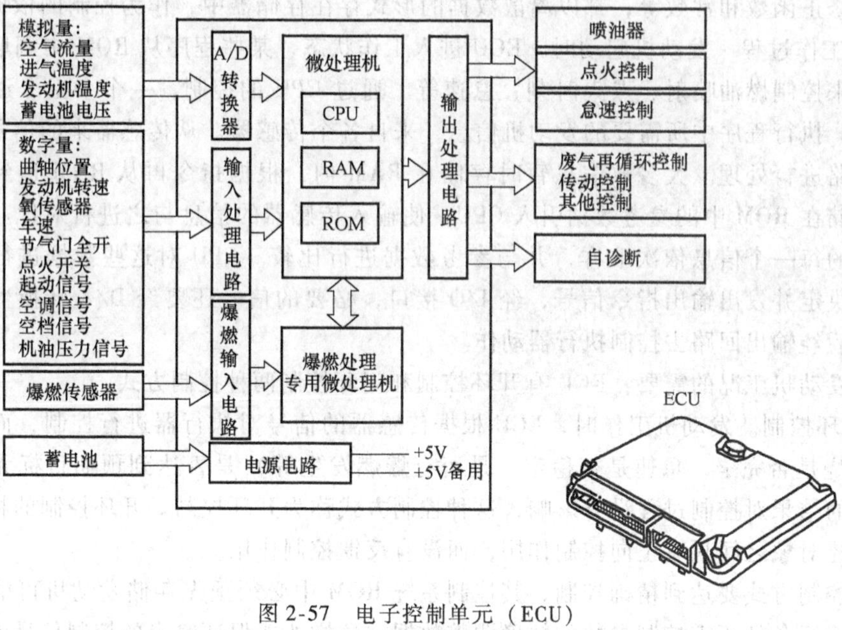

图 2-57　电子控制单元（ECU）

(1) 电子控制单元的硬件　如图 2-57 所示，ECU 主要由输入回路、微机和输出回路组成。

从传感器来的信号，首先进入输入回路。在输入回路里，对输入信号进行预处理，一般是在去除杂波和把正弦波变为矩形波后，再转换成输入电平。对于微机不能直接处理的模拟信号，A/D 转换器将其转换为数字信号后再输入微机。如果传感器输出的是脉冲（数字）信号，经过输入回路处理后可以直接进入微机。

微型计算机是发动机电控系统的核心，由中央处理器 CPU、存储器、输入/输出接口和总线等部分组成。它能根据需要，把各种传感器送来的信号，按存储在只读存储器中(ROM) 中的程序进行运算处理，并把处理结果送往输出回路。

输出回路将微机发出的指令，转变成控制信号来驱动执行器工作。输出回路一般起着控制信号的生成和放大等功能。

(2) 电子控制单元的软件　ECU 中的软件起着控制决策的作用，还可完成部分硬件的功能，它是控制系统中必不可少的部分。

软件包括控制程序和数据两部分。控制软件大多数采用模块化结构，将整个控制系统的程序分成若干个功能相对独立的程序模块，每个模块分别进行设计、编程和调试，最后将调试好的程序模块连接起来。这种结构方式可使程序设计和调试容易，修改变动方便和可按需要进行取舍。

软件中最主要的是主控程序。主控程序可根据使用和控制要求设定内容。主控程序的主要任务是整个系统初始化、实现系统的工作时序、控制模式的设定，常用工况及其他各工况模式下喷油信号和点火信号输出。软件中还有转速和负荷的处理程序、中断处理程序、查表及插值程序等。

为了能对发动机进行最优控制，应在发动机台架、排放转鼓试验台和道路上进行匹配试验，得到基本喷油量和基本点火提前角的三维图，以及其他为匹配各种运行工况而确定的修正系数、修正函数和常数等，都以离散数据的形式存在存储器中，作为控制的依据。

(3) 工作过程　发动机起动时，ECU 进入工作状态，某些程序从 ROM 中调取。这些程序可以用来控制燃油喷射、点火时刻、怠速等。通过 CPU 的控制，一个个指令逐个地进行循环执行。执行程序中所需要的发动机信息，来自各个传感器。从传感器来的信号，首先进入输入回路进行处理。大多数信息暂时存储在 RAM 内，根据指令再从 RAM 送到 CPU。有时需将存储在 ROM 中的参考数据引入 CPU，使输入传感器的信息与之进行对比。对来自有关传感器的每一个信息依次取样，并与参考数据进行比较。CPU 对这些数据进行比较运算后，做出决定并发出输出指令信号，经 I/O 接口，必要的信号还要经 D/A 转换器变成模拟信号，最后经输出回路去控制执行器动作。

根据发动机工况的需要，ECU 有开环控制和闭环控制两种控制方式。

① 开环控制。发动机工作时，ECU 根据传感器的信号对执行器进行控制，而控制的结果（如燃烧是否完全、怠速是否稳定、是否有爆燃发生等）是否达到预期目标无法做出分析，控制的结果对控制过程没有影响，这种控制方式称为开环控制。开环控制的特点是在控制器与被控对象之间只有正向控制作用，而没有反馈控制作用。

开环控制方式要达到精确控制，其控制系统 ROM 中必须预先存储发动机可能遇到的各种工况及运行条件所需控制参数的精确调整数据，这样才能保证输出的控制信号能产生预期的发动机响应。而控制数据一旦存入 ECU 的 ROM 中，就不再变动。

② 闭环控制。由上述可知，开环控制系统调整空燃比和点火提前角的准确程度受到发动机技术状况和控制程序及数据的限制。另外，开环控制系统无法将影响空燃比和点火提前角的其他控制参数一一兼顾，因此很难达到精确地控制。

闭环控制实质上就是反馈控制。控制系统根据实际检测到的控制结果的反馈信号来决定增减输出控制量的大小。闭环控制的特点是在控制器与被控对象之间，不仅存在着正向作用，而且存在着反馈作用，即系统的输出量对控制量有直接影响。

如图 2-58 所示，喷油量控制由计算机根据氧传感器输出的氧浓度信号来判断进入气缸中的可燃混合气的浓度（空燃比）是否合适，从而修正燃油供给量，使混合气空燃比保持在理想状态下。

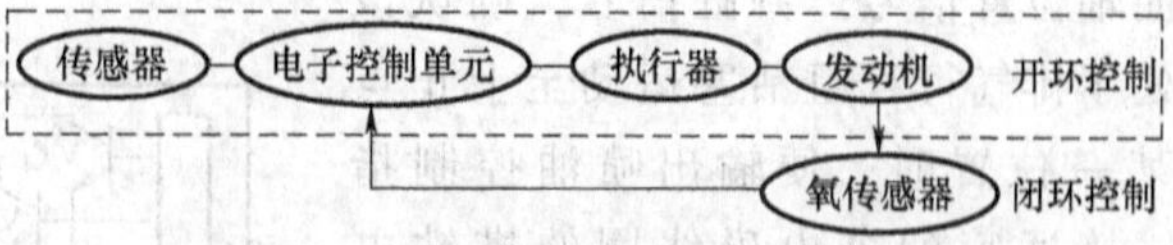

图 2-58 开环控制与闭环控制示意图

提示：由于开环和闭环控制各有其特点，现代发动机电控系统大多同时采用开环和闭环两种控制方式。开环控制作为基本控制手段，而闭环控制作为精确控制手段，根据发动机工作需要，相互转换，协调工作。

2.1.5 燃油喷射控制过程

在电子控制燃油喷射系统工作过程中，ECU 接收各种传感器输出的发动机工况信号，根据 ECU 内部预先编制的控制程序和存储的试验数据，确定适应发动机工况的喷油时间、喷油脉宽等参数，完成喷油器的喷油正时控制、喷油量控制和断油控制，从而使发动机保持最佳运行状态。

1. 喷油正时的控制

喷油正时就是喷油器何时开始喷油，具体地说，是指喷油器开始喷油时活塞所处的行程和距上止点的曲轴转角。进气道喷射系统喷油的最佳时刻是在排气行程末期或者进气行程初期。根据燃油喷射时序不同，可分为同时喷射、分组喷射和顺序喷射三种类型，它们对喷油正时的要求各不相同。

同时喷射是指各缸喷油器同时喷油，曲轴每旋转一圈（360°）或两圈（720°），各缸喷油器同时喷油一次。同时喷射的优点是控制电路和控制程序简单，且通用性较好。其缺点是只能保证一个气缸喷油时刻最佳，其他各缸喷油时刻都不可能最佳，造成混合气形成不均匀。

分组喷射是指将喷油器喷油分组进行控制，各组喷油器轮流交替进行燃油喷射。一般将四缸发动机分成两组，六缸发动机分成三组，八缸发动机分成四组。分组喷射能够保证有一半数量的气缸喷油时刻最佳，其他各缸喷油时刻都不可能最佳。

顺序喷射是指各缸喷油器按照发动机的点火顺序，依次在最合适的曲轴转角位置进行燃油喷射。由于各缸喷油器独立喷油，因此也称为独立喷射，控制电路如图 2-59a 所示，各缸喷油器分别由 ECU 的一个功率放大电路控制，功率放大器回路的数量与喷油器的数目相等。当发动机转动时，ECU 便按喷油器 1-3-4-2（四缸机）或 1-5-3-6-2-4（六缸机）的顺序控制功率管导通与截止。当功率管导通时，喷油器电磁线圈电路接通，喷油器阀门开启喷油。在顺序喷射系统中，发动机工作一个循环（曲轴转两圈 720°），各缸喷油器轮流喷油一次，喷油正时关系如图 2-59d 所示。

实现顺序喷射的一个关键问题是需要知道活塞即将到达排气上止点的是哪一个气缸。为此，在顺序喷射系统中，需要一个气缸判别信号（简称判缸信号），该信号来自曲轴位置传感器和凸轮轴位置传感器。发动机工作时，ECU 通过曲轴位置传感器输入的信号（Ne），就可以知道活塞在上止点前的具体位置，再与凸轮轴位置传感器的判缸信号（G_1 和 G_2）相配合，可以确定是哪一缸在上止点，同时还可以判定是处于压缩行程还是排气行程。ECU 根据曲轴位置信号、判缸信号，确认该缸处于排气行程且活塞运动至上止点前某一位置时，便输出喷油控制指令，接通喷油器电磁线圈的搭铁电路，该缸喷油器即开始进行燃油喷射。

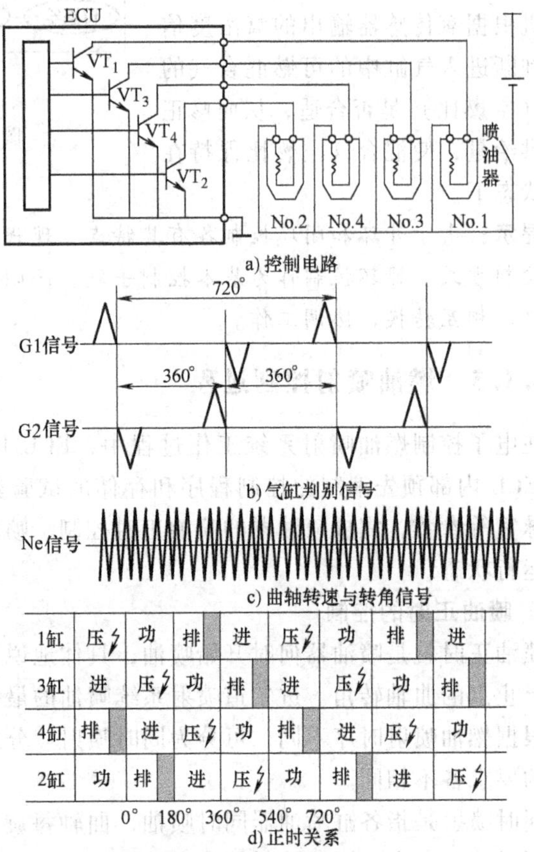

图 2-59　顺序喷射控制电路与正时关系

在多点顺序喷射系统中，喷油顺序与点火顺序同步，点火时刻在压缩上止点前开始，喷油时刻在排气上止点前开始。

提示：顺序喷射的优点是各缸喷油时刻均可设计在最佳时刻、喷油时间准确，各缸的燃料分配均匀、燃油雾化质量好，有利于提高燃油经济性和降低排放，因此，现代汽车发动机普遍采用。

2. 喷油量的控制

喷油器的喷油量取决于喷油器电磁阀打开的时间（喷油器喷射持续时间），也就取决于 ECU 提供的喷油脉冲信号宽度（简称为喷油脉宽）。喷油量的控制其实就是喷油器喷油持续时间亦即喷油脉宽的控制，喷油持续时间又是根据发动机在不同运转工况下传感器提供给 ECU 的各种信息来决定，目的是使可燃混合气的空燃比符合要求，使发动机具有良好的经济性和动力性，降低排放污染。喷油量控制是发动机电子控制系统控制的核心内容之一。

发动机工况不同，对混合气浓度的要求也不相同。特别是冷起动、怠速、急加减速等特殊工况，对混合气浓度都有特殊要求。因此，喷油量的控制大致可分为发动机起动时喷油量的控制和发动机起动后（运转过程中）喷油量的控制两种情况。

（1）起动时的喷油量控制　发动机起动时，其转速很低（50r/mrn 左右）且波动较大，无论 D 型系统中的进气压力传感器还是 L 型系统中的空气流量传感器，都不能精确地确定进气量，进而影响合适的喷油脉宽的确定。因此，在发动机冷起动时，ECU 不是以空气流量信号或进气压力信号作为计算喷油量的依据，而是按照可编程只读存储器中预先编制的起动程序和预定空燃比控制喷油。

提示：在起动时，ECU 根据当时的发动机冷却液温度，由存储器中的冷却液温度-喷油时间图找出相应的喷油脉宽图（图 2-60a），再用进气温度和蓄电池电压等参数进行修正，得到起动时的喷油脉宽。

当点火开关接通时，ECU 的 STA 端子便接收到一个高电平信号，此时 ECU 再根据曲轴位置传感器和节气门位置传感器信号判定发动机是否处于起动状态。如果曲轴位置传感器信

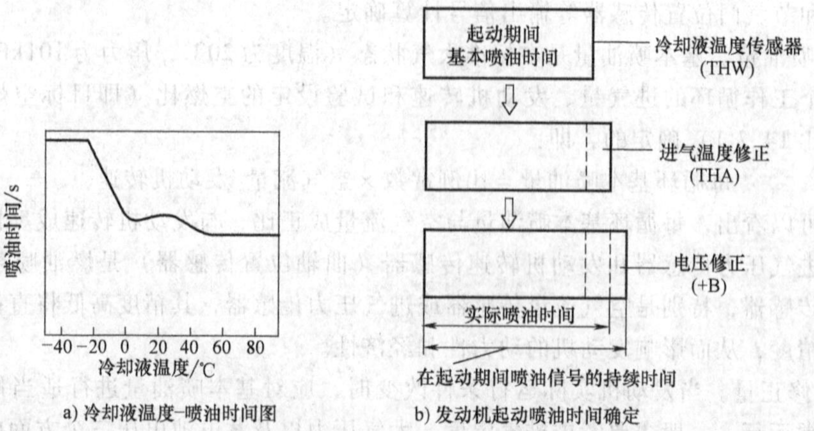

图 2-60　发动机起动时喷油量的控制

号表明发动机转速低于 300r/min，且节气门位置传感器信号表明节气门处于关闭状态，则判定发动机处于起动状态，并控制运行起动程序。

当冷机起动时，发动机温度很低，喷入进气管的燃油不易蒸发，吸入气缸的可燃混合气浓度相对减小。为了保证具有足够浓度的可燃混合气，ECU 要根据冷却液温度传感器信号反映的温度高低确定喷油器的基本喷油量，温度越低基本喷油量越大、温度越高基本喷油量越小。

根据进气温度修正的原理是：进气温度越低，空气密度越大，喷油量也应越大；从另一方面讲，进气温度低，也影响汽油的蒸发，也需要使喷油量增大。

根据蓄电池电压修正的原理是：喷油器的实际打开时间小于 ECU 提供的喷油脉宽，它们之间的差值称为无效喷射时间。蓄电池电压越低，无效喷射时间越长。因此，ECU 要根据蓄电池电压延长喷油脉宽信号，修正喷油量，使实际喷油时间更接近于 ECU 计算值。喷油脉宽的确定如图 2-60b 所示。

（2）起动后的喷油量控制　在发动机起动后的运转过程中，为了提高控制精度，简化计算程序，通常将喷油器的喷油量分成基本喷油量、喷油修正量和喷油增量三部分，先分别计算结果，然后再将之叠加在一起，得到最佳喷油量并转化为控制喷油器开启时间的控制信号以控制喷油器工作，如图 2-61 所示。

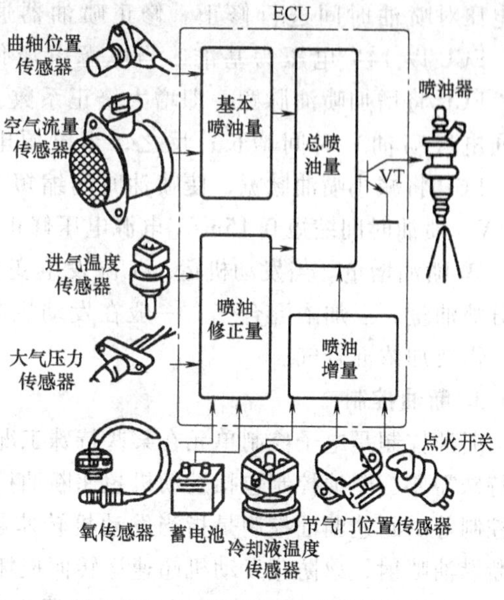

图 2-61　发动机起动后喷油量控制

基本喷油量由空气流量传感器或歧管压力传感器、曲轴位置传感器（发动机转速传感器）信号和试验设定的目标空燃比计算确定；喷油修正量由与进气量有关的进气温度传感器、大气压力传感器、氧传感器等输出信号和蓄电池电压信号计算确定；喷油增量由反映发动机工况的点火开关信号、冷却液温度传感器和节气门位置传感器等输出信号计算确定。

① 基本喷油量。基本喷油量是在标准大气状态（温度为20℃，压力为101kPa）下，根据发动机每个工作循环的进气量、发动机转速和试验设定的空燃比（即目标空燃比，一般是理论空燃比14.7:1）确定的，即：

每循环基本喷油量 = 比例常数 × 空气流量/发动机转速

由上式可以看出，每循环基本喷油量与空气流量成正比，与发动机转速成反比。空气流量传感器或进气压力传感器和发动机转速传感器（曲轴位置传感器）是燃油喷射系统中最重要的两个传感器，特别是空气流量传感器或进气压力传感器，其精度高低将直接影响喷油时间的计算精度，从而影响发动机的动力性和经济性。

② 喷油修正量。当发动机实际运行条件改变时，应对基本喷油量进行适当修正，以保证发动机正常运行。一般主要考虑进气温度、大气压力以及蓄电池电压三个方面的影响。

由于温度会影响到进气密度，所以在体积流量型空气流量传感器（如叶片式空气流量传感器）内部装有进气温度传感器，以便对喷油量进行修正。当进气温度升高时，同样体积进气量的气体质量会随着温度的升高而降低，若不对喷油量进行修工，则混合气会变浓。通常以20℃为进气的标准温度，进气温度低，空气密度增大。低于20℃时，ECU增加喷油量，使混合气不致过稀；进气温度高，空气密度减少，高于20℃时，ECU使喷油量减少，以防止混合气偏浓。增加或减少的最大修正量约为10%，修正范围约在进气温度 -20～60℃之间。

大气压力也会影响到进气密度。当汽车行驶到高原地区时，海拔增加，大气压力降低，空气密度降低，对于同样体积的空气流量，其质量就会降低。为避免混合气过浓以及油耗过高，应根据大气压力对喷油器的喷油时间进行修正。

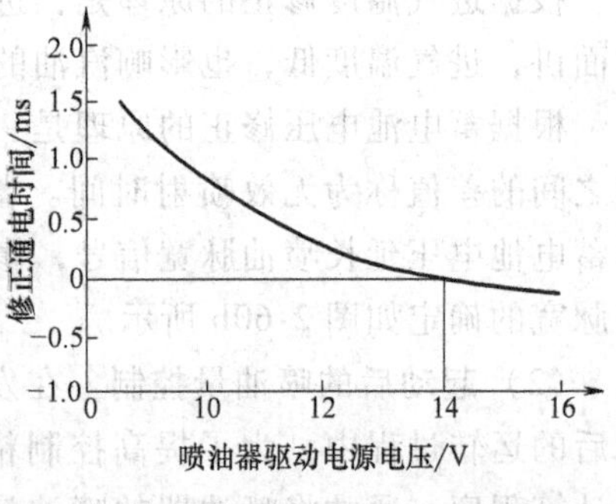

图2-62　修正通电时间与电源电压的关系

与起动时喷油量的修正相同，ECU也会根据蓄电池电压对喷油时间进行修正。修正喷油器通电时间时，ECU以14V电压为基准，当电源电压低于14V时，ECU将增加喷油脉宽，即增大修正系数，使喷油器通电（喷油）时间增长；反之，当电源电压升高时，ECU将减小喷油脉宽，使喷油时间缩短。修正喷油时间一般为 -0.15ms，即电压每升高1V，喷油时间缩短0.15ms。电源电压修正系数的确定如图2-62所示。

③ 喷油增量。当发动机运行工况发生变化时，需要在基本喷油量的基础上额外增加一部分喷油量，以加浓混合气。一般在发动机起动后、暖机过程、加速过程、大负荷等工况下，需要加浓混合气。

3. 断油控制

断油控制是电子控制单元在某些特殊工况下，暂时中断燃油喷射，以满足发动机运行时的特殊需要。断油控制包括发动机超速断油控制、减速断油控制和清除溢流控制、减转矩断油控制等。超速断油控制是指当发动机转速超过允许的极限转速时，ECU立即控制喷油器中断燃油喷射，以防止发动机超速运转而损坏机件。减速断油控制是当发动机在高转速运转过程中突然减速时，ECU自动控制喷油器中断燃油喷射，直到发动机转速下降到设定的转速时，再恢复喷油。

提示：*减速断油的目的是在发动机强制怠速时停止喷油，以减少排放和节约燃油。*

减速断油控制时，ECU根据节气门位置、发动机转速和冷却液温度等传感器信号，判断是否满足以下三个减速断油条件：节气门位置传感器信号表示节气门关闭（怠速触点接通），发动机冷却液温度达到正常工作温度，发动机转速高于燃油停供转速（由ECU根据发动机温度、负荷等参数确定）。

当三个条件全部满足时，ECU立即发出停止喷油指令，控制喷油器停止喷油。当喷油停止、发动机转速降低到燃油复供转速或节气门开启（怠速触点断开）时，ECU立即发出指令，控制喷油器恢复喷油。燃油停供转速和复供转速与冷却液温度和发动机负荷有关。冷却液温度越低，发动机负荷越大（如空调接通），燃油停供转速和复供转速就越高。控制曲线如图2-63所示。

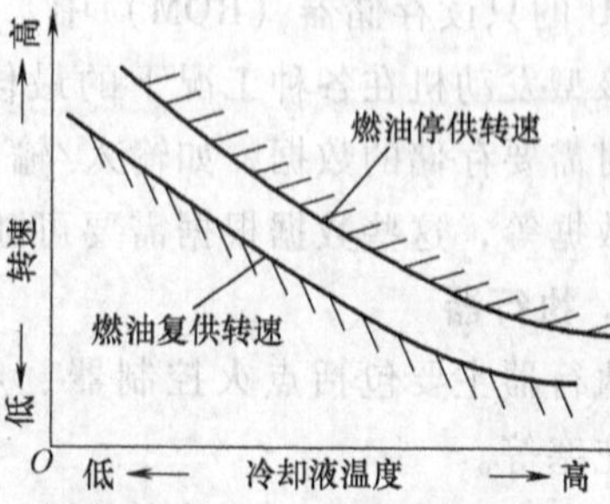

图2-63　减速断油控制曲线

2.2　汽油机电控点火系统

影响汽油发动机动力性、经济性和排放的最主要因素，除精确控制可燃混合气的空燃比，提高空气质量流量和升功率外，另一个主要因素就是点火性能。作为汽油发动机必不可少的组成部分，以传统机械式有触点点火系统为基础，点火系统的电子化经历了普通电子点火系统、微机控制电子点火系统两个发展阶段。

2.2.1　微机控制电子点火系统的组成

与电子控制燃油喷射系统一样，微机控制电子点火系统由监测发动机运行状况的传感器、处理信号和发出点火指令的电控单元ECU、对点火指令做出响应的执行器等组成。

1. 传感器

传感器用来检测与点火有关的发动机工况信息，并将检测结果输入电子控制单元，作为计算和控制点火时刻的依据。虽然各型汽车电子控制点火系统采用的传感器类型、数量、结构和安装位置不尽相同，但主要有曲轴位置传感器、凸轮轴位置传感器、空气流量传感器、节气门位置传感器、冷却液温度传感器、爆燃传感器等。这些传感器大多与燃油喷射系统、怠速控制系统等电子控制系统共用，而且都由一个ECU集中控制。

在传感器输入ECU的信号中，曲轴位置信号和凸轮轴位置信号是保证ECU控制电子点火系统正常工作最基本的信号。曲轴位置传感器向ECU提供发动机转速、曲轴转角信号，转速信号用于计算确定点火提前角，转角信号用于控制点火时刻（点火提前角）。凸轮轴位置传感器采集凸轮轴的位置信号输入ECU，以便ECU识别1缸压缩上止点，从而进行点火时刻控制和爆燃控制。由于凸轮轴位置传感器能够识别是哪一气缸活塞即将到达上止点，所以又称其为判缸传感器。爆燃传感器是电子控制点火系统专用的一个传感器，ECU可根据爆燃传感器输出的信号来判断发动机是否发生爆燃，从而对点火提前角进行修正，实现点火提前角的闭环控制。

2. 电子控制单元

现代汽车发动机大多数都采用集中控制系统，电子控制单元既是汽油喷射控制系统的控制核心，也是点火控制系统的控制核心，其作用是根据各种传感器和开关输入的信号，按预先编制的程序进行计算与分析，以判断当前发动机所处的工况与状态，输出最佳点火提前角和点火线圈初级电路导通时间的控制信号，通过执行机构实现发动机的最佳点火时间控制。在 ECU 的只读存储器（ROM）中，除存储有监控和自检等程序外，还存储有由台架试验测定的该型发动机在各种工况下的最佳点火提前角。随机存储器（RAM）用来存储微机工作时暂时需要存储的数据，如输入/输出数据、单片机运算得出的结果、故障码、点火提前角修正数据等，这些数据根据需要可随时调用或被新的数据改写。

3. 执行器

执行器主要包括点火控制器、点火线圈、分电器（有分电器微机控制电子点火系统）及火花塞等。

（1）点火控制器　点火控制器又称为点火控制单元、点火模块、点火电子组件或功率放大器，连接于 ECU 与点火线圈之间，是微机控制电子点火系统的功率输出级，它接收 ECU 输出的点火控制信号控制点火线圈初级绕组接地端的通断，并进行功率放大，以便驱动高压点火线圈工作。同时，还具有恒电流控制功能、停车断电保护功能、点火时间低速延迟功能、超压保护功能。

点火控制器的电路、功能与结构因车型的不同而异，差别较大。在普通电子点火电路中，点火顺序和点火正时是由点火控制器直接控制的。即使在微机控制的电子点火电路中，有的车型仍设有独立的（非集成在 ECU 内部）、受发动机 ECU 控制的点火控制器（点火电路），作为 ECU 的一个执行机构用线束与 ECU 相连，如图 2-64 所示。由于无分电器电子控制点火系统有两个或多个点火线圈或点火线圈初级绕组，所以点火控制器一般除具有自动断电功能、导通角控制、恒流控制等电路外，还有气缸判别电路和多个大功率晶体管及相应的控制电路。由于大功率晶体管工作电流大、温度高，故障率相对较高，为了便于散热、检修，许多无分电器点火系统将点火控制器分为控制电路和大功率晶体管输出电路这两部分，控制电路直接合入电子控制单元，大功率晶体管输出电路则自成一体，成为结构单一的点火

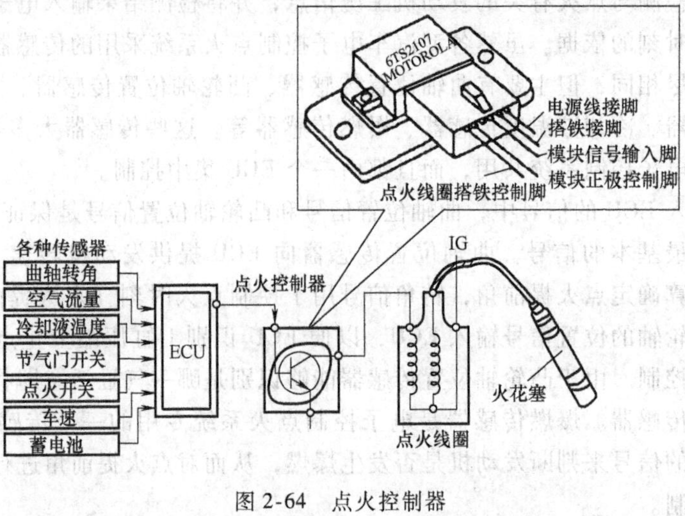

图 2-64　点火控制器

控制器或与点火线圈集成在一起。

（2）点火线圈　带分电器的微机控制电子点火系统其点火线圈的结构与普通电子点火系统的点火线圈并无什么差别，而无分电器的微机控制电子点火系统的点火线圈则有多种结构形式，因高压配电方式的不同可分为二极管分配方式的点火线圈、点火线圈分配方式的点火线圈和独立点火方式的点火线圈三种。由于无分电器的微机控制电子点火系统有两个或多个点火线圈初级绕组，发动机的一个工作循环，每个点火线圈初级绕组只通断一次（独立点火）或两次（同时点火），所以点火线圈初级绕组能够有较长的通电时间，点火线圈可以采用完全的闭磁路结构，以提高能量利用率，其结构及磁路如图2-65所示。

闭磁路点火线圈将其初级绕组和次级绕组共同缠绕在口字形或日字形铁心上，初级绕组在铁心中产生的磁通通过铁心构成闭合回路。铁心中留有一小空气隙，其目的是为了减少铁心的磁滞现象。由于口字形和日字形铁心的点火线圈，其磁路均由磁阻可以忽略不计的铁心构成，故而漏磁少，能量转换效率高。因此，闭磁路点火线圈在电子点火系统中应用越来越多。

分电器及高压线的结构原理与普通电子点火系统基本相同，不再赘述。

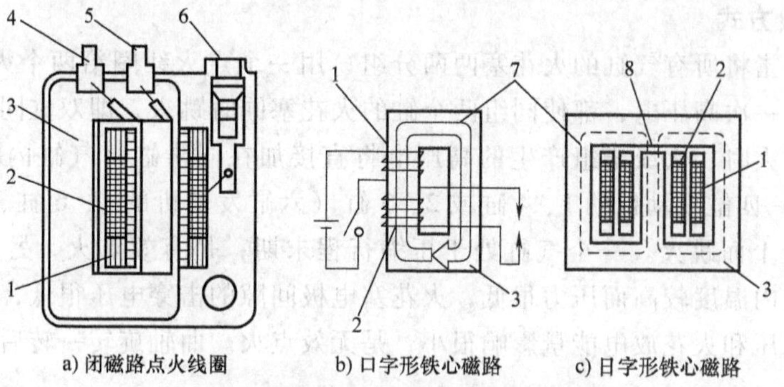

图2-65　闭磁路点火线圈的结构及磁路

1—初级绕组　2—次级绕组　3—铁心　4—低压接线柱（+）　5—低压接线柱（-）

6—高压接线柱　7—磁路　8—空气隙

2.2.2　微机控制电子点火系统电路

微机控制电子点火系统，分为有分电器微机控制电子点火系统和无分电器微机控制电子点火系统两种，如图2-66和图2-67所示。

无分电器点火控制系统其主要特点是完全取消了传统的分电器总成（包括分火头和分电器盖等），由ECU中附加的点火控制电路和分电电路控制点火模块实现对点火的控制，点火线圈次级绕组与火花塞直接相连，即点火线圈产生的高压电直接送给火花塞进行点火。由于没有机械传动，减少了分火头与旁电极这一中间跳火间隙的能量损耗和干扰。随着电控无分电器点火系统的出现，有分电器点火系统已趋于淘汰。这里主要介绍无分电器点火控制系统的点火电路。

提示：无分电器点火控制系统又可分为两个活塞位置同步缸共用一个点火线圈的同时点火方式和每缸一个点火线圈的独立点火方式。

无分电器点火控制系统两种点火方式，如图2-68所示。

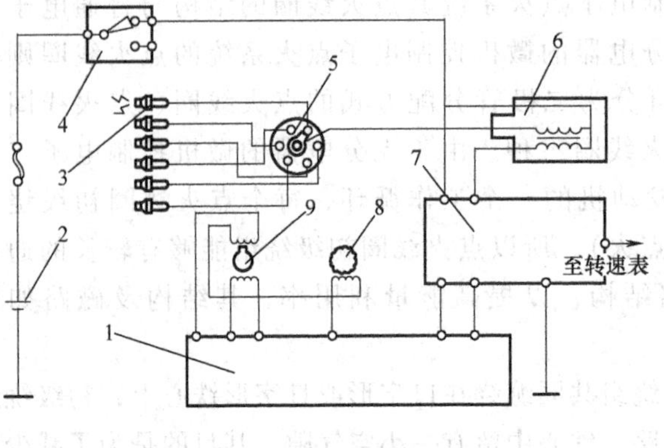

图 2-66　有分电器微机控制电子点火系统

1—ECU　2—蓄电池　3—火花塞　4—点火开关　5—分电器　6—点火线圈　7—点火模块　8—N 转子及信号线圈　9—G 转子及信号线圈

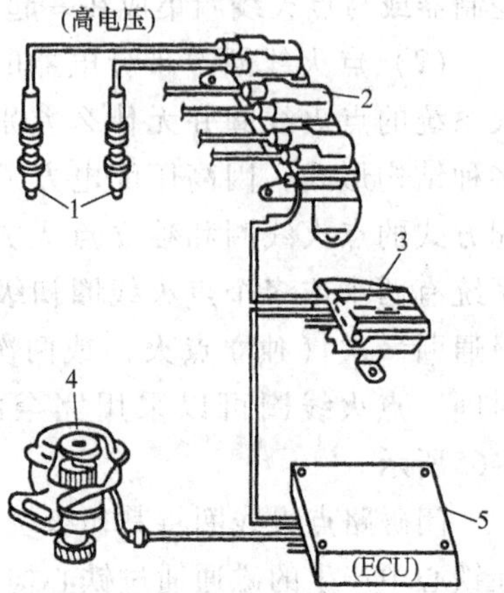

图 2-67　无分电器微机控制点火控制系统

1—火花塞　2—点火线圈　3—点火模块　4—传感器　5—ECU

1. 同时点火方式

同时点火是指将所有气缸的火花塞两两分组，用一个点火线圈给两个火花塞提供电压，点火线圈每产生一次高压电，都使同组两个缸的火花塞同时跳火，即双缸同时点火。

双缸同时点火时，次级绕组产生的高压电将直接加在同步缸（气缸内的活塞同时到达上止点位置）——四缸发动机的 1、4 缸或 2、3 缸（六缸发动机的 1、6 缸、2、5 缸或 3、4 缸）火花塞电极上而跳火。一个气缸处于压缩行程末期，是有效点火，另一个气缸处于排气行程末期，缸内温度较高而压力很低，火花塞电极间隙的击穿电压很低，对有效点火气缸火花塞的击穿电压和火花放电能量影响很小，是无效点火。曲轴旋转一转后，两缸所处行程恰好相反。

双缸同时点火，有二极管分配和点火线圈分配两种高压电分配形式。

（1）二极管分配式　四缸发动机利用二极管分配高压电的双缸同时点火电路原理如图 2-69 所示，其特点是 4 个气缸共用一个由两个初级绕组和一个次级绕组构成的特制点火线圈，点火控制器中的两只功率晶体管根据气缸识别信号和点火定时信号输出点火脉冲，按点火顺序交替控制一个初级绕组的导通与截止，次级绕组的两端通过 4 只高压二极管与火花塞构成回路，利用 4 个二极管的单向导电性交替完成对 1、4 缸和 2、3 缸配电过程。

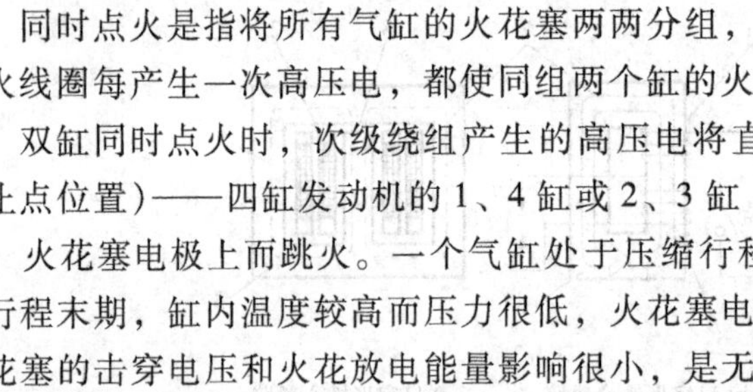

图 2-68　无分电器点火控制系统两种点火方式

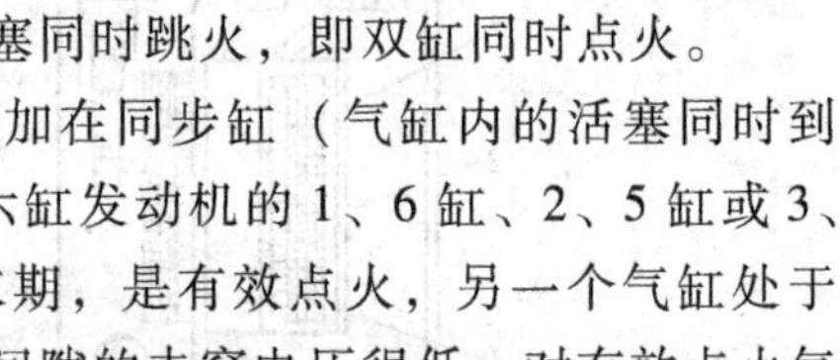

图 2-69　二极管分配同时点火电路原理

对于点火顺序为 1-3-4-2 的发动机，1、4 缸为一组，2、3 缸为另一组。当气缸识别电路输出 1、4 缸点火触发信号时，VT_1 由导通转为截止，初级绕组 W_1 断电，次级绕组产生实线箭头方向电动势 e，VD_1、VD_4 正向导通，1、4 缸火花塞跳火。当气缸识别电路输出 2、3 缸点火触发信号时，VT_2 由导通转为截止，初级绕组 W_2 断电，次级绕组产生虚线箭头方向的电动势 e'，使 VD_2、VD_3 导通，2、3 缸火花塞跳火。

二极管分配同时点火方式对点火线圈要求较高，而且发动机的气缸数必须是数字 4 的整倍数，所以在应用上受到一定的限制。

(2) 点火线圈分配式　点火线圈分配同时点火方式的电路原理如图 2-70 所示。点火线圈组件有两个（四缸发动机）或三个（六缸发动机）独立的点火线圈，每个点火线圈供给成对的两个火花塞工作（四缸发动机的 1、4 缸和 2、3 缸分别共用一个点火线圈；六缸发动机 1、6 缸、2、5 缸和 3、4 缸分别共用一个点火线圈）。点火控制器中配有与点火线圈数量相等的功率晶体管，分别控制一个点火线圈。

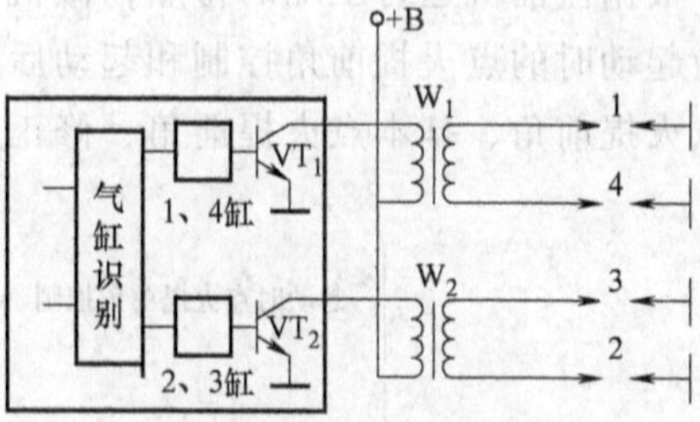

图 2-70　点火线圈分配同时点火电路原理

点火控制器根据 ECU 送入的点火信号和气缸识别信号输出点火控制脉冲，按点火顺序轮流触发功率晶体管 VT_1、VT_2 导通和截止，从而控制 W_1、W_2 两个点火线圈轮流产生高压。当气缸识别电路输出 1、4 缸点火触发信号时，VT_1 由导通转为截止，点火线圈 W_1 产生高压，使 1 缸和 4 缸的火花塞同时跳火；当气缸识别电路输出 2、3 缸点火触发信号时，VT_2 由导通转为截止，点火线圈 W_2 产生高压，2 缸和 3 缸的火花塞同时跳火。

2. 独立点火方式

如图 2-71 所示，采用独立点火方式时，每一个气缸都配有一个点火线圈，且直接安装在火花塞上方，无需高压线。点火控制器根据 ECU 送入的点火信号和气缸识别信号输出点火控制脉冲，按点火顺序轮流触发 VT_1、VT_2、VT_3、VT_4 导通和截止，控制各个点火线圈轮流产生高压，并将高压直接输送给与之连接的火花塞。

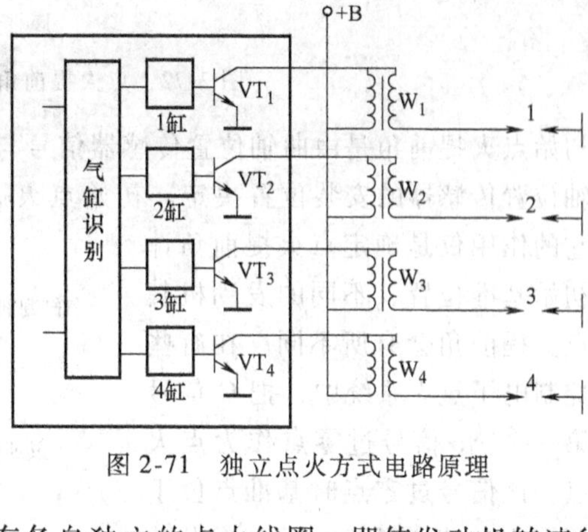

图 2-71　独立点火方式电路原理

独立点火方式的优点：省去了高压线，点火能量损耗进一步减少；由于每缸都有各自独立的点火线圈，即使发动机转速很高，点火线圈也有较长的通电时间（大的闭合角），可提供足够高的点火能量；独立点火方式可以将点火线圈直接安装在火花塞上端，这样可以省去高压导线，使点火能量的损失和点火系统的故障率进一步降低，并且由于不需要高压线，所有高压部件都可安装在发动机气缸盖上的金属屏蔽罩内，点火系对无线电的干扰可大幅度降低。独立点火方式优点突出，在汽车发动机上的使用越来越多。

2.2.3　点火提前角与闭合角控制

点火提前角和闭合角是与汽油机综合性能有关的两个重要控制参数。点火提前角与汽油机的经济性、动力性及排放性能紧密相关，最佳的点火提前角应兼顾发动机的这三项基本性能。

闭合角是影响击穿电压和点火能量的重要因素，合适的闭合角可以使点火系统在很大的发动机转速范围内都能可靠工作。

1. 点火提前角控制的基本内容

根据汽油机运行工况的特点，微机控制电子点火系统工作时 ECU 对点火提前角的控制分为起动时的点火提前角控制和起动后的点火提前角控制两种情况，实际点火提前角包含初始点火提前角、基本点火提前角、修正点火提前角，如图 2-72 所示。

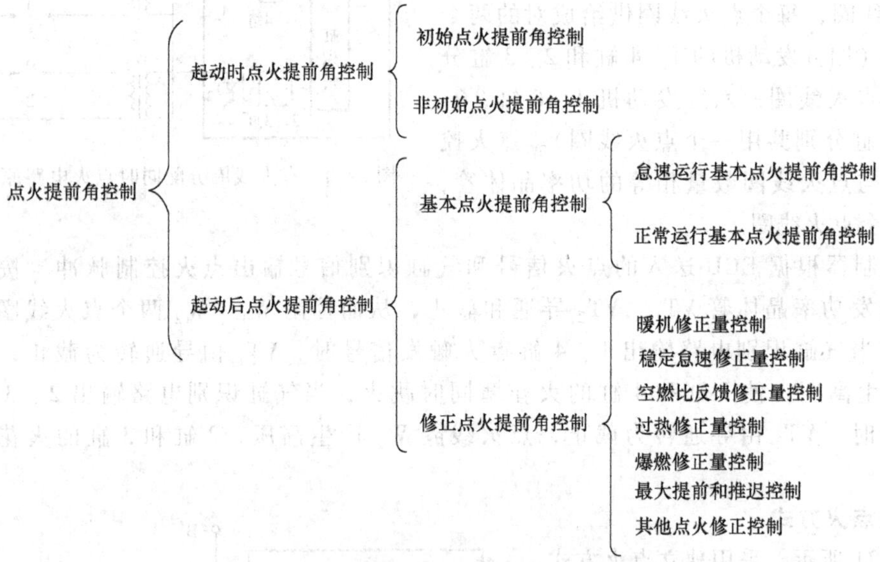

图 2-72　点火提前角控制的基本内容

初始点火提前角是由曲轴位置传感器信号与曲轴转角的对应关系而确定的点火提前角，由曲轴位置传感器的安装位置决定。初始点火提前角对最佳点火提前角计算没有实质性影响，它的作用仅是确定点火提前角计算的初始基准位置，不同的发动机其初始点火提前角会有所不同。在有些微机控制电子点火系统中，把 G 信号后的第一个 Ne 信号过零点作为点火基准点，该信号过零点时基准点位于活塞压缩上止点前 10°，那么该发动机点火系统初始点火提前角就是 10°，如图 2-73 所示。也有一些发动机微机控制电子点火系统把压缩上止点作为点火提前角计算基准点。

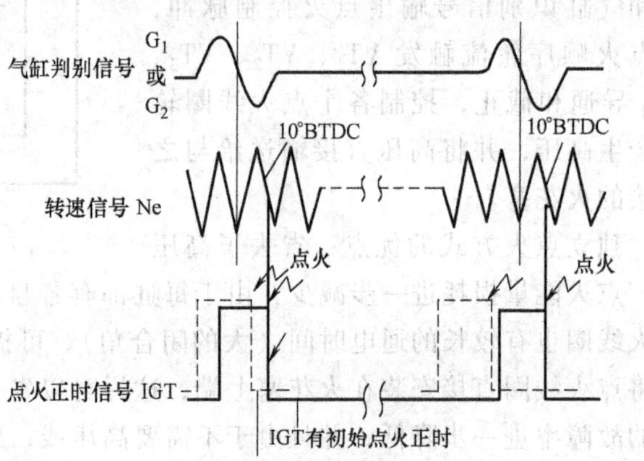

图 2-73　10°初始点火提前角

提示：基本点火提前角是在发动

机正常的工作温度、正常的转速范围内，由 ECU 根据发动机的转速和负荷通过查找和计算确定的点火提前角。

修正点火提前角是当发动机不在正常的工作温度、或不在正常的转速与负荷范围内时，由 ECU 中根据发动机转速信号和负荷信号以外的有关传感器及开关信号对点火提前角进行修正的点火提前角。

对于把 G 信号后的第一个 Ne 信号过零点作为点火基准点的点火系统，实际最佳点火提前角可用公式表示为

实际最佳点火提前角 = 初始点火提前角 + 基本点火提前角 + 点火提前角修正值

对于把压缩上止点作为点火提前角计算基准点的点火系统，实际最佳点火提前角的计算公式变为

实际最佳点火提前角 = 基本点火提前角 + 点火提前角修正值

2. 起动时点火提前角控制

起动时发动机的转速很低，不能根据转速和负荷进行点火提前角控制，而是用适应起动工况的点火提前角控制方法，其控制目标是使发动机在各种情况下都有良好的起动性能。起动时点火提前角控制有起动初始点火提前角控制和起动非初始点火提前角控制两种方式，即点火提前角固定控制和点火提前角可调控制。

(1) 起动初始点火提前角控制　由于发动机的起动转速很低，此时的发动机负荷信号（进气管压力信号或进气流量信号）不稳定，为确保有适当而又稳定的点火提前角，将点火提前角固定在初始点火提前角。ECU 根据点火开关信号、发动机转速与曲轴位置传感器信号，进行起动初始点火提前角控制，并直接由集成电路 IC 产生点火定时信号 IG_t，其电路原理如图 2-74 所示。

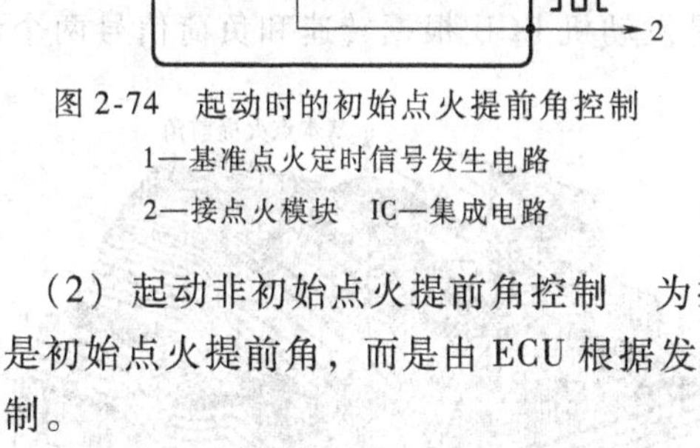

图 2-74　起动时的初始点火提前角控制
1—基准点火定时信号发生电路
2—接点火模块　IC—集成电路

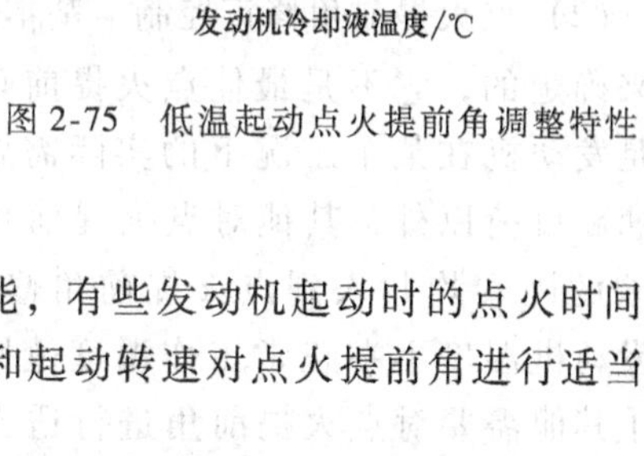

图 2-75　低温起动点火提前角调整特性

(2) 起动非初始点火提前角控制　为提高起动性能，有些发动机起动时的点火时间并非是初始点火提前角，而是由 ECU 根据发动机的温度和起动转速对点火提前角进行适当的控制。

在正常起动转速（100r/min 以上）时，主要考虑的是温度对发动机燃烧的影响。在温度低于零度以下时，从点火到迅速燃烧需较长的时间，所以需适当增大点火提前角。低温起动点火提前角调整特性如图 2-75 所示。在低起动转速（100r/min 以下）时，若继续保持原有的点火提前角，可能会出现活塞在上止点前混合气就已迅速燃烧起来，容易导致起动困难或造成回火、反转。为避免这种情况，ECU 根据起动转速的降低，同步而适当地减小初始

点火提前角，并按自适应模式确定和记录其低速起动实际点火提前角，以备下一次低转速再起动时，正确控制实际点火提前角，使发动机顺利起动。

低速起动点火提前角 = 正常起动转速点火提前角 × 起动转速/100

3. 起动后点火提前角控制

当发动机起动后，点火开关提供的起动信号消失，ECU 根据此变化随即转入起动后点火提前角控制，控制电路原理如图 2-76 所示。

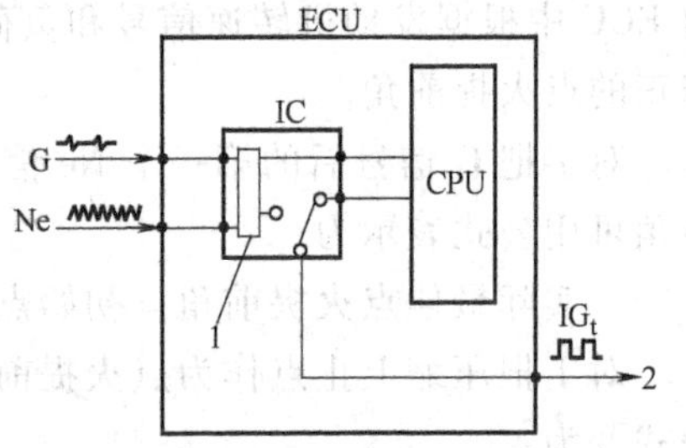

图 2-76　起动后的初始点火提前角控制

1—基准点火定时信号发生电路

2—接点火控制器　IC—集成电路

（1）基本点火提前角控制　基本点火提前角控制的目的是使发动机在各种负荷和转速下都有最佳的点火提前角，发动机怠速和正常工况下的基本点火提前角控制有所不同。

发动机处于怠速工况运行时，ECU 根据节气门位置传感器输入的怠速触点闭合信号，确认发动机处于怠速工况，然后根据转速传感器输入的转速信号、空调开关信号，从在只读存储器 ROM 中预先设定的怠速工况基本点火提前角选取数据，如图 2-77 所示。

发动机处于非怠速工况运行时，ECU 根据转速传感器输入的转速信号、空气流量（或进气管压力）信号，从在只读存储器 ROM 中预先设定的非怠速工况基本点火提前角数据表（图 2-78）或点火特性三维脉谱图（图 2-79）中选出相应的基本点火提前角。

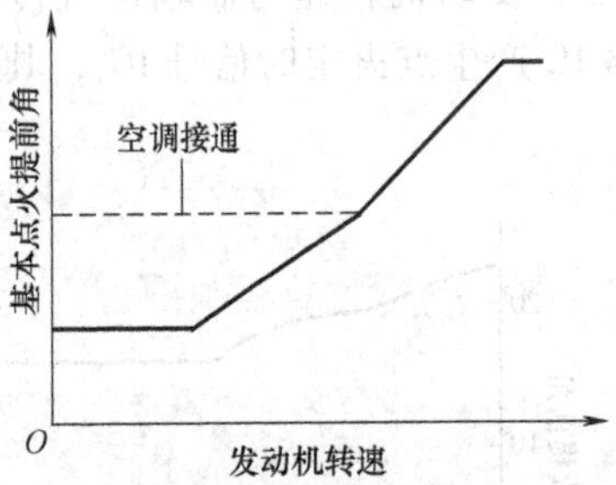

图 2-77　怠速工况的基本点火提前角

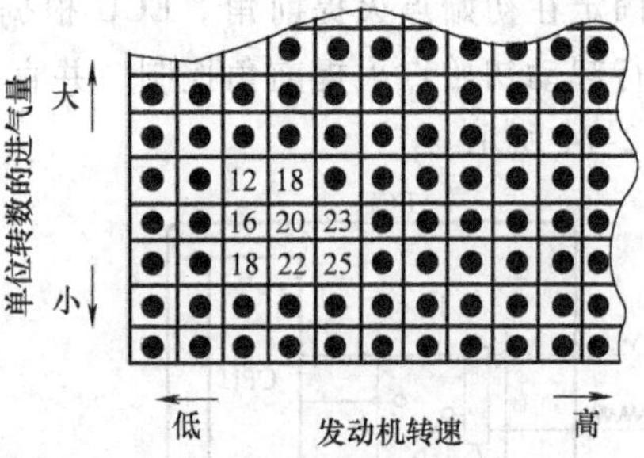

图 2-78　非怠速工况基本点火提前角数据表

（2）点火提前角修正控制　基本点火提前角是发动机 ECU 根据转速和负荷信号两个参数来确定的，它不是最佳点火提前角，只能满足发动机在某个工况下的实际需要。除了转速和负荷以外，其他对点火提前角有重要影响的因素均归入到点火提前角修正值中。当发动机温度不在正常工作温度范围，或出现了其他需要对点火提前角进行适当调整的因素时，ECU 就立刻进行点火提前角修正控制，使发动机保持在最佳的点火工作状态。点火提前角修正值通常是用基本点火提前角乘以适当的系数获得。不同型号的发动机，其修正系数和修正的项目均会有所不同，通

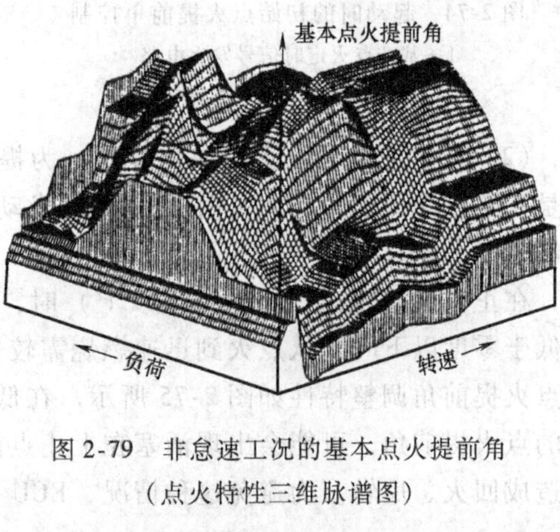

图 2-79　非怠速工况的基本点火提前角

（点火特性三维脉谱图）

常有怠速暖机修正、怠速稳定性修正、空燃比反馈修正、过热修正、爆燃修正、最大和最小提前角控制等。

① 怠速暖机修正。在发动机冷机起动后的暖机工况，由于冷却液温度还很低，混合气燃烧速度较慢，需适当增大点火提前角。随着冷却液温度逐渐升高，点火提前角修正值逐渐减小，如图2-80所示。暖机修正值大小与冷却液温度的对应关系随发动机不同而异，但变化规律基本相同。暖机工况修正的主要控制信号有冷却液温度信号、进气管压力信号或进气流量信号、节气门位置信号等。

② 怠速稳定性修正。发动机在怠速运行期间，当因负荷变化而出现怠速波动时，ECU通过适当地修正点火提前角使发动机怠速稳定。当发动机的转速低于目标怠速时，ECU根据发动机实际转速与目标怠速的差值适当增大点火提前角；反之则适当减小点火提前角。怠速稳定性修正的控制信号主要有发动机转速信号、节气门位置信号、车速信号和空调开关信号等，修正特性如图2-81所示。

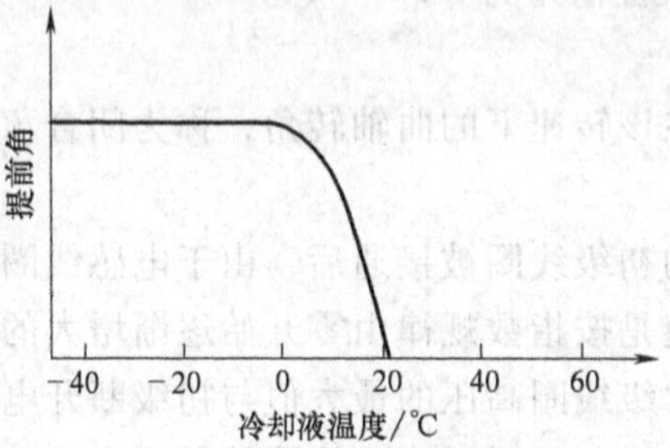

图2-80　怠速暖机修正

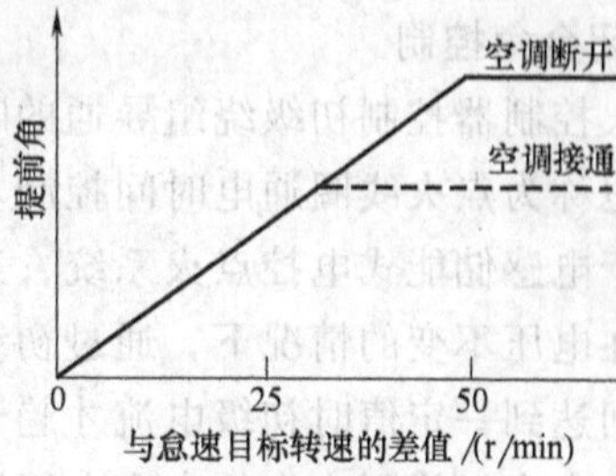

图2-81　怠速稳定性修正

③ 空燃比反馈修正。由于混合气空燃比变化对混合气的燃烧速度有影响，因此ECU需要根据氧传感器的空燃比反馈信号对点火提前角进行修正。ECU仅在空燃比大于14.7:1的情况下，才进行空燃比反馈修正，且与喷油量修正呈负相关，即当喷油量逐渐减少，空燃比从14.7:1逐渐变大时，空燃比反馈修正值由零逐渐增大，当喷油量逐渐增加，空燃比由大于14.7:1逐渐变小时，空燃比反馈修正值由大逐渐减小。在空燃比小于14.7:1时，不进行空燃比反馈修正，如图2-82所示。采用这种修正方法，不仅考虑到混合气的燃烧速度，而且也兼顾到提高发动机怠速的稳定性。空燃比反馈修正的主要控制信号有氧传感器的空燃比反馈信号、节气门位置信号、冷却液温度信号、车速信号等。

④ 过热修正。当发动机的温度过高时，为使发动机能保持正常工作而对点火提前角作适当的修正。发动机怠速时，如果温度过高，适当增大点火提前角，以避免发动机长时间过热。在发动机正常运行工况时，为避免发动机温度过高而产生爆燃，ECU适当减小点火提前角。修正特性如图2-83所示。过热修正的主要控制信号包括冷却液温度信号、节气门位置信号等。

⑤ 爆燃修正。当发动机产生爆燃时，ECU对基本点火提前角进行适当的修正（减小点火提前角），以迅速消除爆燃。这是微机控制电子点火系统根据发动机的燃烧情况所进行的反馈修正控制，其控制原理将在后面介绍。

⑥ 最大和最小提前角控制。如果发动机的实际点火提前角超出一定范围时，发动机将不能正常运转。为防止出现这种情况，点火控制系统设定了一个实际点火提前角的数值范

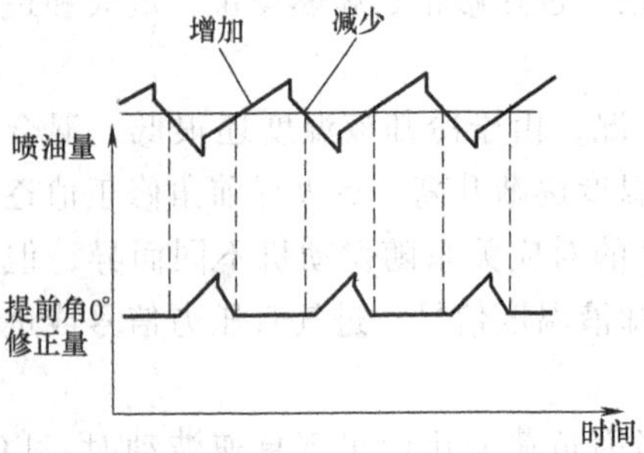

图 2-82　空燃比反馈修正

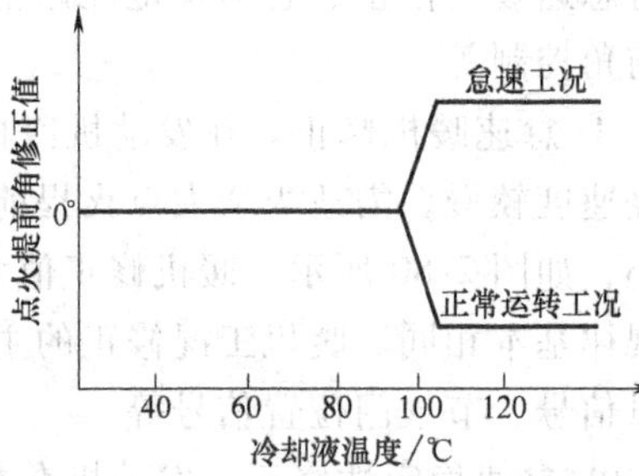

图 2-83　发动机过热修正

围，ECU 把计算得到的实际最佳点火提前角与预设限制值进行比较，如超出则以预设限值作为实际的最佳点火提前角。不同的发动机，其设定的点火提前角的最大和最小极限值不同，一般其最大点火提前角为 35° ~ 45°，最小点火提前角为 -10° ~ 0°。

4. 闭合角控制

点火控制器控制初级绕组导通的时间换算成在该转速下的曲轴转角，称为闭合角。闭合角控制也称为点火线圈通电时间控制。

对于电感储能式电控点火系统，当点火线圈的初级线圈被接通后，由于电感线圈的阻抗作用，在电压不变的情况下，通过初级线圈的电流是按指数规律由零开始逐渐增大的，只有通电时间达到一定值时初级电流才趋于饱和。而次级线圈高压的最大值与初级断开电流成正比，即点火次级线圈产生的击穿电压取决于初级线圈断开瞬间流过线圈的电流大小。为了满足汽油机对点火系统在击穿电压和点火能量上的要求，微机控制点火系统对闭合角进行控制，以保证在不同的转速下点火线圈初级电路都有足够的通电时间，这样不仅改善了点火性能，同时也能避免初级线圈过热和电能的无效损耗。

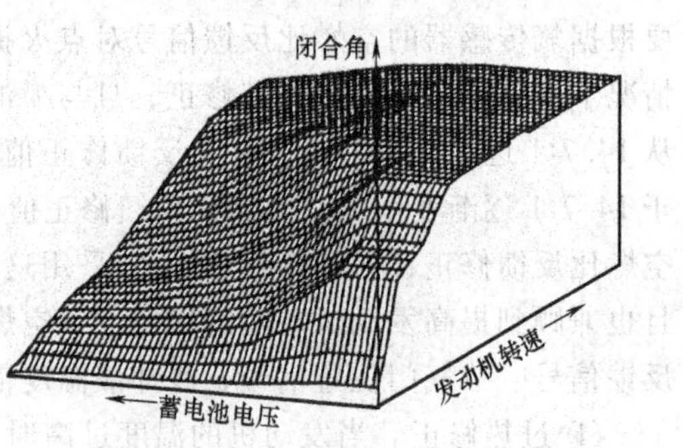

图 2-84　闭合角脉谱图

影响初级线圈通过电流的主要因素有发动机转速和蓄电池电压。由于闭合角是以曲轴转角来度量的，对于不同的转速，单位曲轴转角所代表的绝对时间各不相同。当蓄电池电压发生变化时，初级线圈接近饱和电流所需的绝对时间也将发生变化。为了达到闭合角控制的主要目标，通过试验把不同的蓄电池电压和不同转速下使初级线圈流过电流接近饱和所需要的闭合角编制成闭合角数据表（也称闭合角脉谱图）存储在 ECU 的 ROM 存储器中，如图 2-84所示。

发动机工作时，ECU 根据输入的蓄电池电压和发动机转速信号，从闭合角数据表中查出相应的数值，通过点火线圈驱动电路对初级线圈通电时间进行控制。

提示： 当发动机转速高时，适当增大闭合角；在蓄电池电压高时，减小通电时间，以限制点火线圈形成过大的初级电流，避免点火线圈温度过高而损坏；在蓄电池电压低时，则适当增加点火线圈初级通电时间，以保证能形成足够大的初级电流。

2.2.4　爆燃传感器与爆燃控制

理论与实践都证明，增大点火提前角可以提高汽油发动机的动力性和燃油经济性，但是点火提前角过大可能引起发动机爆燃。为了最大限度地发挥汽油机的潜能，应把点火提前角控制在接近临界爆燃点或有轻微的爆燃。要使点火系统达到这样的性能要求，除了必须采用电子控制的点火系统外，对点火提前角还必须采用爆燃控制。

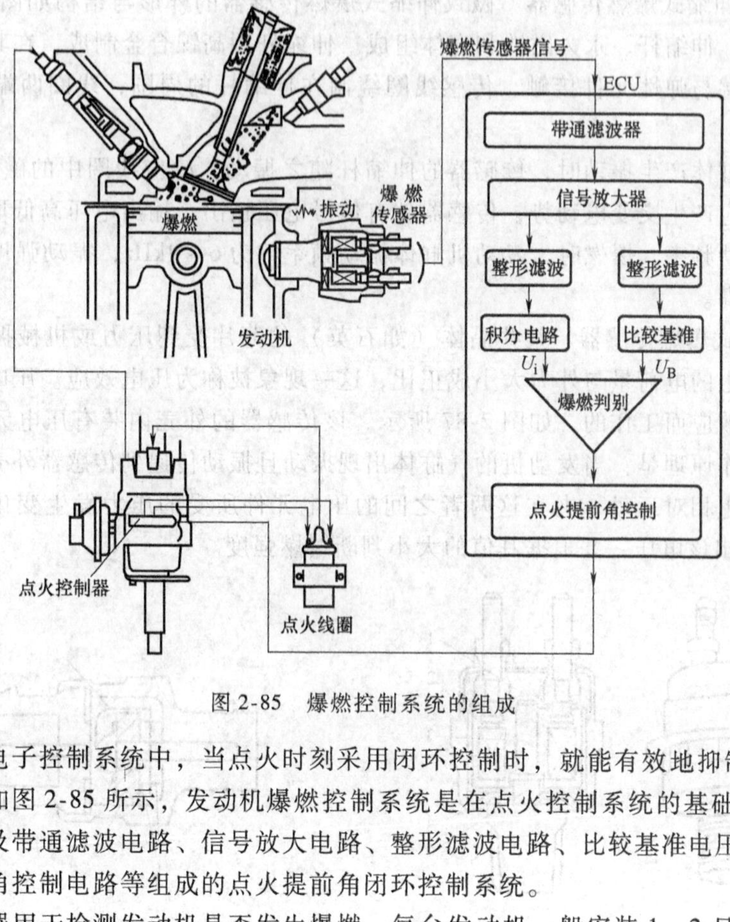

图 2-85　爆燃控制系统的组成

在发动机电子控制系统中，当点火时刻采用闭环控制时，就能有效地抑制发动机爆燃，提高动力性，如图 2-85 所示，发动机爆燃控制系统是在点火控制系统的基础上，增加了爆燃传感器，以及带通滤波电路、信号放大电路、整形滤波电路、比较基准电压形成电路、积分电路和提前角控制电路等组成的点火提前角闭环控制系统。

爆燃传感器用于检测发动机是否发生爆燃，每台发动机一般安装 1 ~ 2 只。带通滤波器只允许发动机爆燃信号（频率为 6 ~ 9kHz 的信号），或类似于爆燃的信号输入 ECU 进行处理，其他频率的信号则被衰减。信号放大器的作用是对输入 ECU 的信号进行放大，以便整形滤波电路进行处理。接近爆燃的信号经过整形滤波和比较基准电路处理后，形成判定是否发生爆燃的基准电压。爆燃信号经过整形滤波和积分电路处理后，形成的积分信号用于判定爆燃强度。

1. 爆燃传感器

爆燃传感器的作用是对发动机的爆燃信号进行检测，并将爆燃信号转变成电信号送入发动机 ECU，以便进行爆燃控制。

对发动机爆燃的检测可以采用气缸压力检测、燃烧噪声检测和发动机机体振动检测等方法。燃烧噪声检测是一种非接触式检测方法，其耐久性好，但精度和灵敏度偏低。气缸压力检测方法精度最高，但传感器的耐久性差，安装困难。发动机机体振动检测方法，也称为缸壁振动型检测方法，具有较高的检测精度，传感器安装方便灵活，耐久性也较好，是目前最常用的爆燃检测方法。

发动机机体振动检测方法所使用的爆燃传感器是一种振动加速度传感器，安装在发动机机体上，常见的爆燃传感器有两种：一种是磁致伸缩式爆燃传感器，另一种是现在广泛使用的压电式爆燃传感器。

(1) 磁致伸缩式爆燃传感器　磁致伸缩式爆燃传感器的外形与结构如图 2-86 所示，主要由磁感线圈、伸缩杆、永久磁铁和壳体组成。伸缩杆用高镍合金制成，在其一端设置有永久磁铁，另一端与弹性元件接触。传感线圈绕制在伸缩杆的周围，线圈两端与传感器端子连接。

当发动机缸体产生振动时，传感器的伸缩杆随之振动，感应线圈中的磁通量发生变化，线圈中就会感应产生交变电动势，传感器就有信号电压输出。输出电压高低取决于发动机的振动强度和振动频率，爆燃时，发动机缸体振动频率约为 6～9kHz，振动强度最大，线圈中产生的电压最高。

(2) 压电式爆燃传感器　某些晶体（如石英）的薄片受到压力或机械振动之后会产生电荷，并且产生的电荷量与外力大小成正比，这一现象被称为压电效应。压电式爆燃传感器就是利用压电效应而工作的。如图 2-87 所示，该传感器的外壳内装有压电元件、配重块及导线等。其工作原理是：当发动机的气缸体出现振动且振动传递到传感器外壳上时，外壳与配重块之间产生相对运动，夹在这两者之间的压电元件所受的压力发生变化，从而产生电压。ECU 检测出该电压，并根据其值的大小判断爆燃强度。

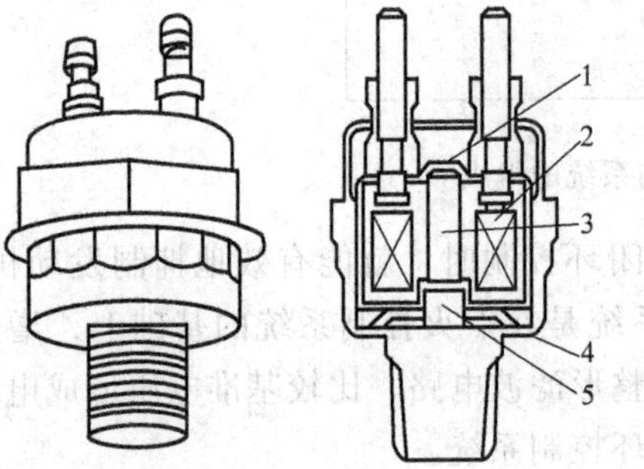

图 2-86　磁致伸缩式爆燃传感器的外形与结构

1—弹性元件　2—磁感线圈　3—伸缩杆

4—外壳　5—永久磁铁

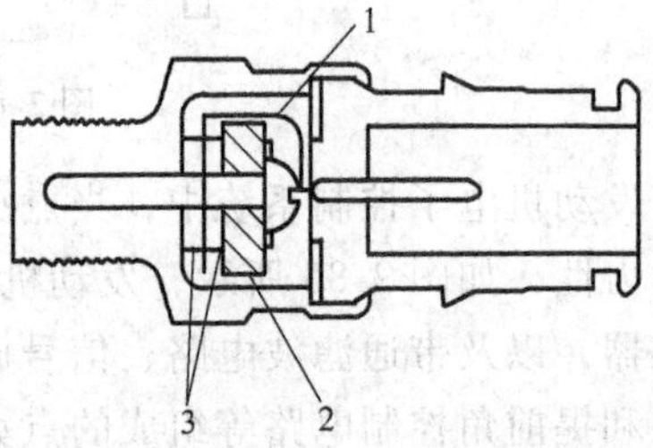

图 2-87　压电式爆燃传感器的结构

1—引线　2—配重块

3—压电元件

2. 爆燃控制方法

发动机爆燃一般仅在大负荷、中低转速（小于 3000r/min）时产生，由于爆燃传感器输出电压的振幅随发动机转速高低不同而有很大的变化，因此，判定发动机是否发生爆燃不能根据爆燃传感器输出电压的绝对值进行判别，判定爆燃的基准电压通常利用发动机即将爆燃时的传感器输出信号电压来确定。最简单的方法是首先对传感器输出信号进行滤波和半波整流，利用平均电路求得信号电压的平均值，然后再乘以常数倍（由设计制造时试验确定）即可形成基准电压。因为发动机转速升高时，爆燃传感器输出电压的幅值增大，所以基准电压并不是一个固定值，其值将随发动机转速升高而增大。发动机爆燃的强度取决于爆燃传感器输出信号电压的振幅和持续时间。爆燃信号电压值超过基准电压值的次数越多，爆燃强度越大。如图 2-88 所示，确定爆燃强度常用的方法是首先利用基准电压值对传感器输出信号进行整形处理，然后对整形后的波形进行积分，求得积分值。爆燃强度越大，积分值越大。

提示：发动机工作时，为使监测得到的爆燃信号准确无误，并非随时都在进行，而是在发出点火信号后的一定范围内（此时产生爆燃的可能性最大）进行监测。

爆燃控制系统是一个闭环控制系统，发动机工作时，ECU 根据各传感器信号，从存储器中查寻出相应的点火提前角控制点火时刻，控制结果由爆燃传感器反馈到 ECU 输入端，再由 ECU 对点火提前角进行修正。爆燃传感器的信号输入 ECU 后，ECU 便将积分值与基准电压进行比较。当积分值高于基准电压时，ECU 立即发出指令，控制点火时刻推迟，每次推迟 0.5°~1.0°曲轴转角，修正速度为 0.7°/s 左右，直到爆燃消除。爆燃强度越大，点火时间推迟越多。当积分值低于基准电压时，说明爆燃已经消除，ECU 又递增一定量的提前角控制点火，直到再次产生爆燃为止，如图 2-89a 所示。通过这种控制方法，可以将点火提前角控制在爆燃区边缘（图 2-89b），以获得最佳动力性和经济性。

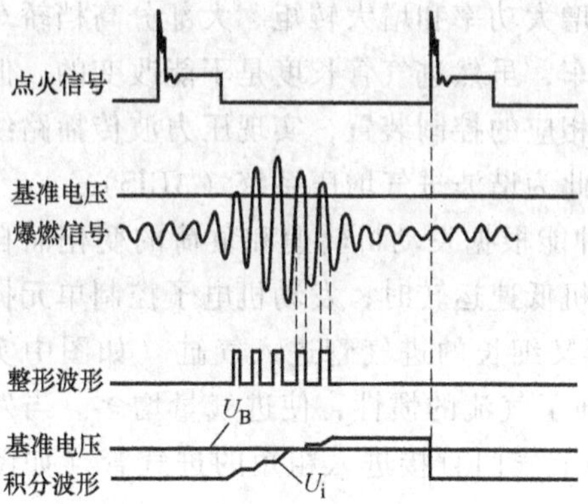

图 2-88　爆燃强度判定方法

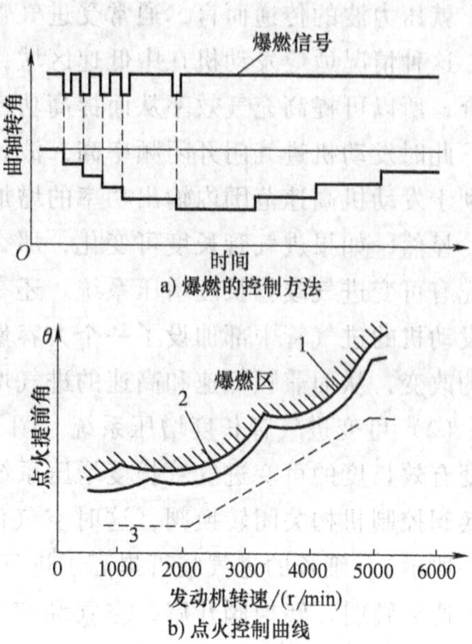

图 2-89　爆燃控制

1—点火提前角极限值　2—ECU 控制

3—传统点火系统控制

2.3　发动机辅助控制系统

辅助控制系统包括进气控制系统、怠速控制系统、排放控制系统、自诊断系统等。在此，仅介绍进气控制系统、怠速控制系统、排放控制系统，自诊断系统将在第 11 章介绍。

2.3.1　进气控制系统

在不改变发动机气缸内容积的情况下，增加进入气缸的空气量，可以增加混合气的总量，提高发动机的升功率。近十几年来，提高进入气缸空气量的进气控制系统新技术包括进气惯性增压控制系统、废气涡轮增压系统、可变气门控制系统、电子控制节气门系统等。

1. 进气惯性增压控制系统

提示：进气惯性增压控制系统利用进气的惯性效应来提高充气效率，从而提高发动机的动力性和经济性。

(1) 压力波的来源及利用方法　当气体高速流向进气门时，进气门突然关闭，进气门附近的气体流动突然停止，由于惯性，进气管仍在进气，进气门附近的气体被压缩，压力上升。当气体的惯性过后，被压缩的气体开始膨胀，向着进气气流相反的方向流动，此时压力下降。当反流的膨胀气体波传到进气管口时又被反射回来，如此反复进行就形成了压力波。

如果使上述进气脉动压力波与进气门开闭相配合，使反射的压力波集中于要打开的进气门附近，就可以使进气管内的空气产生谐振，那么在进气门打开时就会形成增压进气的效果。就压力波的传递而言，通常受进气管的长度影响。当进气管长时，形成的压力波波长就长，这种情况适应发动机在中低速区域，因为此时进气频率小，波长长的波频率小与之相互吻合，所以可提高充气效率从而提高功率。当进气管短时，压力波波长就短，适应高转速情况，此时发动机进气门开闭频率高，波长较短的压力波与之相适应亦能提高充气效率，从而有利于发动机高速范围内输出功率的增加。

显然，如果进气管长度可变化，那么就可兼顾增大功率和增大转矩，大部分高档轿车都装配有可变进气歧管长度增压系统。还有一部分轿车，虽然进气管长度是不能改变的，但是在发动机的进气管中部加设了一个大容量的气室和相应的控制装置，实现压力波传播路线长度的改变，从而兼顾低速和高速的进气增压效果，此为谐波进气增压系统（ACIS）。

(2) 可变进气管长度增压系统　图 2-90 为一种能根据发动机转速和负荷的变化而自动改变有效长度的可变进气管长度增压系统。当发动机低速运转时，发动机电子控制单元控制转换阀控制机构关闭转换阀，这时空气沿着弯曲而又细长的进气管进入气缸（如图中实线箭头所示）。细长的进气歧管提高了进气速度，增强了气流的惯性，使进气量增多。当发动机高速运转时，转换阀开启，空气经空气滤清器和节气门直接进入粗短的进气管（如图中虚线箭头所示）。

提示：可变长度进气管不仅可以提高发动机的动力性，还由于它提高了发动机在中、低速运转时的进气速度而增强了气缸内的气流强度，从而改善了燃烧过程，使发动机中低速的燃油经济性有所提高。

(3) 谐波进气增压系统（ACIS）　如图 2-91 所示，在发动机其他结构不变的基础上，在进气管中部增加了一个谐振室（大容量气室）和相应的控制装置。

如图 2-92 所示，发动机工作时，真空驱动器通过空电磁阀与真空罐相通，而真空电磁阀受 ECU 控制。当 ECU 接收到低转速信息时，就发出驱动真空电磁阀关闭的信号，切断真空驱动器与真空罐之间的真空通道，真空驱动器将进气管中的控制阀关闭。此时，进气脉动压力波在最长距离内传递，它适宜发动机在中低转速区域形成气体动力增压效果。

图 2-90　可变进气管长度示意图

1—转换阀　2—转换阀控制机构　3—ECU

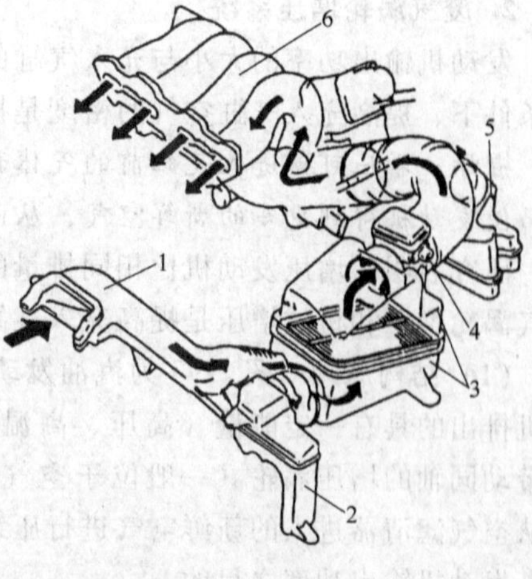

图 2-91　谐波进气增压系统结构组成图

1—进气导流管　2—副谐振室　3—空气滤清器

4—空气流量传感器　5—主谐振室　6—进气歧管

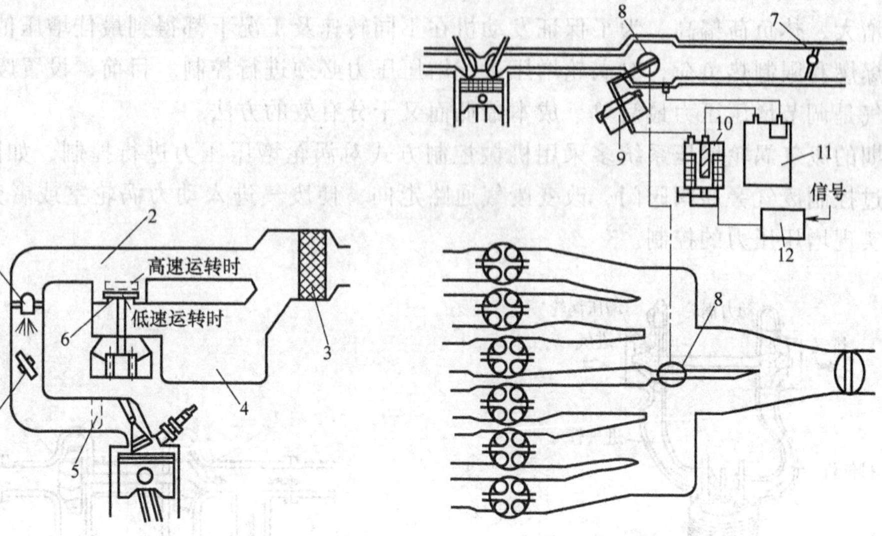

a) 工作过程　　b) 控制原理

图 2-92　谐波进气增压系统工作过程与控制原理

1—喷油器　2—进气道　3—空气滤清器　4—空气室　5—涡流　6—控制阀　7—节气门

8—进气增压控制阀　9—真空驱动器　10—真空电磁阀　11—真空罐　12—ECU

当转速较高时，ECU 发出驱动真空电磁阀开启的信号，真空驱动器与真空罐相通。真空驱动器在负压的作用下打开控制阀，此时由于大容量空气室的参与，压力波在进气门与大容量气室之间传播，缩短了传播距离，使发动机在高速区也能得到较好的气动增压效果。可见，发动机在 ECU、真空电磁阀、真空罐和真空驱动器的共同作用下实现压力波传播路线长度的改变，从而兼顾低速和高速的进气增压效果。

2. 废气涡轮增压系统

发动机输出功率的大小与充入气缸的空气质量有直接关系。在压缩比和发动机排量一定的条件下，提高充入气缸空气的密度是提高发动机功率的有效途径。

提示： 增压可使进入气缸前的气体预先被压缩，再以高密度送入气缸，由于进气密度增大而使发动机得到更多的新鲜空气，从而提高发动机输出功率。

研究表明，增压发动机比相同排量的非增压发动机功率提高了40%～60%，甚至更多。废气涡轮增压和机械增压是提高充入气缸的空气密度常用的两种方法。

（1）结构原理　图2-93为汽油发动机废气涡轮增压的原理图。废气涡轮增压是利用发动机排出的具有一定能量（高压、高温）的废气驱动涡轮增压器中的动力涡轮高速转动，再带动同轴的增压涡轮（一般位于空气流量传感器与进气门之间的进气管道）一起转动，对从空气滤清器进入的新鲜空气进行压缩，然后再送入气缸，可以显著提高进气效率，达到提高发动机输出功率之目的。

提示： 由于废气涡轮增压系统中增压器所消耗的功率是由排出的废气提供，并不消耗发动机输出的有效功率，经济性好，所以是一种低廉而有效的方法，被大多数轿车用汽油发动机所采用。

（2）涡轮增压压力的控制　采用涡轮增压技术后，由于平均有效压力增加，发动机爆燃倾向增大，热负荷偏高。为了保证发动机在不同转速及工况下都得到最佳增压值，以防止发动机爆燃和限制热负荷，对涡轮增压系统增压压力必须进行控制。目前，设置废气旁通阀旁通放气是调节增压压力最简单、成本最低而又十分有效的方法。

早期的废气涡轮增压系统多采用机械控制方式对涡轮增压压力进行控制，如图2-94所示。通过控制废气旁通阀阀门，改变废气通路走向，使废气进入动力涡轮室或者旁路排出，就可以实现增压压力的控制。

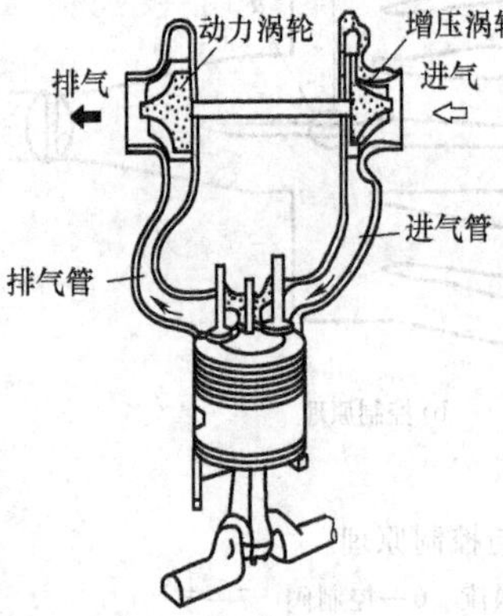

图2-93　废气涡轮增压原理图

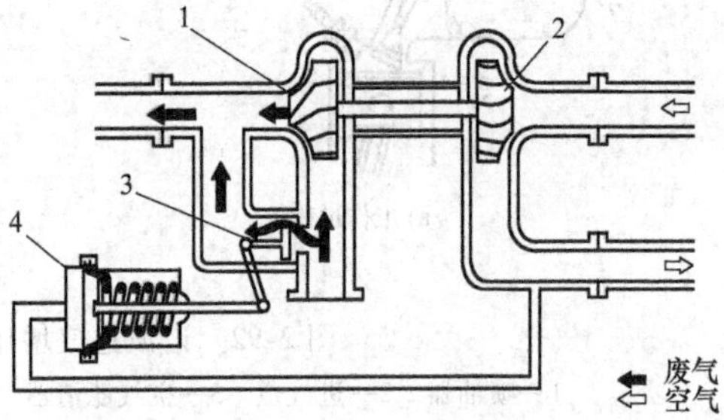

图2-94　机械式废气涡轮增压系统

1—动力涡轮　2—增压涡轮
3—废气旁通阀　4—膜片式控制阀

电子控制式废气涡轮增压系统如图2-95所示，与早期控制的主要不同之处在于，ECU可以通过使增压压力电磁阀通断电来控制膜片式控制阀，使膜片控制阀的膜片室连接到进气管，相应地得到低或高的控制压力，从而控制排气旁通阀的开关。

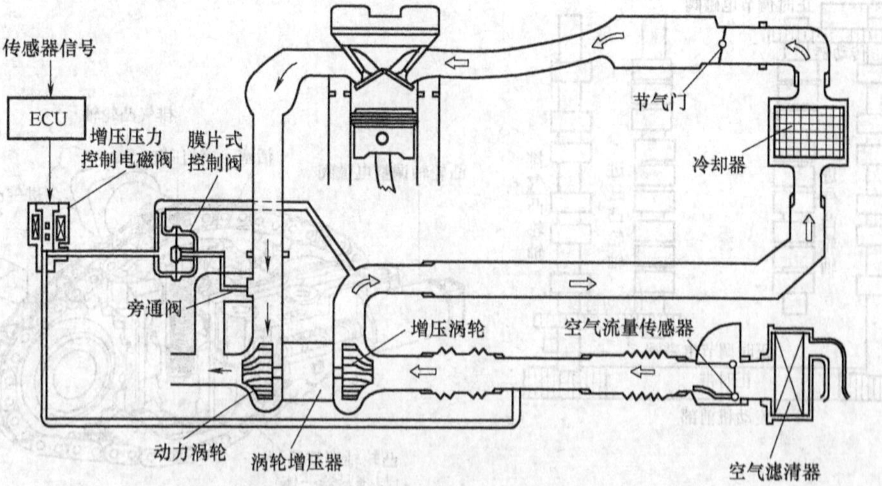

图 2-95　电子控制式废气涡轮增压系统

在 ECU 内存储着发动机增压压力特性图的有关数据，增压压力理论值随发动机转速变化。在发动机工作时，ECU 根据增压压力等传感器输入的信息，可以确定当时的实际进气增压压力，然后将实际进气压力与存储的理论值进行比较。若实际值与理论值不相符合，ECU 则输出控制信号，对增压压力电磁阀进行控制，改变膜片式控制阀上的压力，使放气旁通阀动作。当实际进气压力低于理论值时，放气旁通阀阀门关闭；当进气压力高于理论值时，放气旁通阀阀门打开。

提示：在实际控制中，为了获得较好的控制效果，基本上采用调节点火正时和调节增压压力相结合的办法。通常是当 ECU 判断出发动机爆燃时，即刻使点火提前角推迟，同时又降低增压压力。

在这两方面调节生效（爆燃消失）时，通过点火正时调节装置，又将点火提前角调节至最佳值，以便能保持发动机的更大转矩。当点火提前角到达最佳值时，再慢慢地增加充气增压压力。

3. 可变气门控制系统

随着汽油机的高速化和排放法规的日趋严格，为了兼顾高、低速和大、小负荷各种工况，气门开启相位、气门开启持续角度和气门升程三个特性参数应相应改变，为此，可变气门控制技术迅速发展起来。目前，由于各汽车生产厂家对可变气门的控制参数、控制方法不同，因此名称也不一致。

（1）大众车系可变气门正时系统　大众车系的可变气门正时系统大多采用正时链条控制，主要由调整电磁阀、可移动活塞、正时链条、凸轮轴调节器、进排气凸轮轴构成，如图 2-96 所示。

当发动机电子控制单元根据发动机的转速判定可变气门正时系统需要工作时，即给可变气门正时系统凸轮轴调整电磁阀通电，从而改变凸轮轴调整器内机油的流向，使可移动活塞上、下的机油压力发生变化，从而改变活塞的位置。活塞的上、下移动导致链条调整器上、下移动，从而推动链条上、下的长度发生变化，使进气凸轮轴发生相对转动，从而使进气门打开和关闭的时间推迟或者提前。

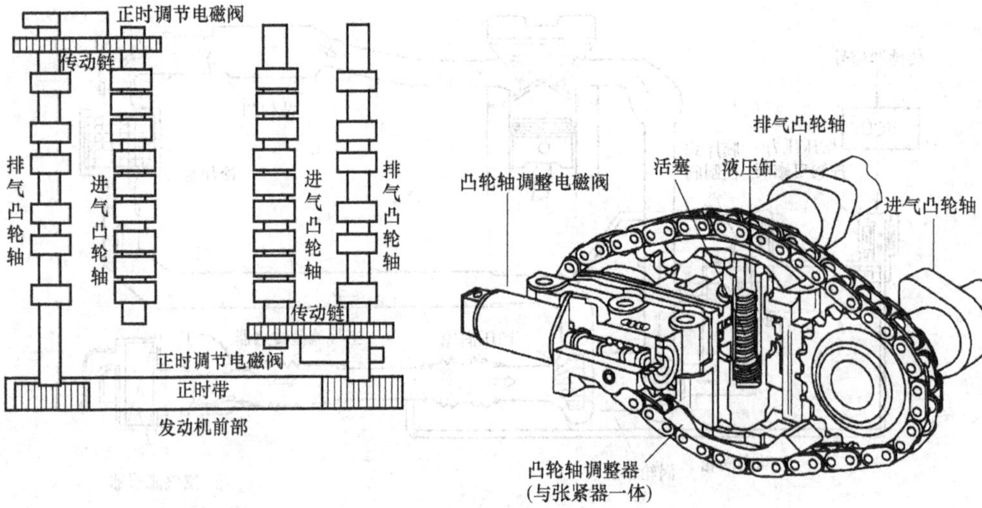

a) 安装位置　　b) 组成结构

图 2-96　大众车系可变气门正时系统

当发动机转速升高时，如图 2-97a 所示，凸轮轴调整器向上推动活塞，链条下部短、上部长。因为排气凸轮轴被正时带固定不能转动，链条带动进气凸轮轴逆时针旋转一定角度，从而使进气门打开和关闭时刻推迟，增大了进气门迟关角，有利于高速时充分利用气流惯性进行充气。

当发动机转速降低时，如图 2-97b 所示，凸轮轴调整器向下推动活塞，链条上部变短、下部变长。进气凸轮轴被顺时针旋转一定角度，进气门打开和关闭时间提前，减小了进气门迟关角。

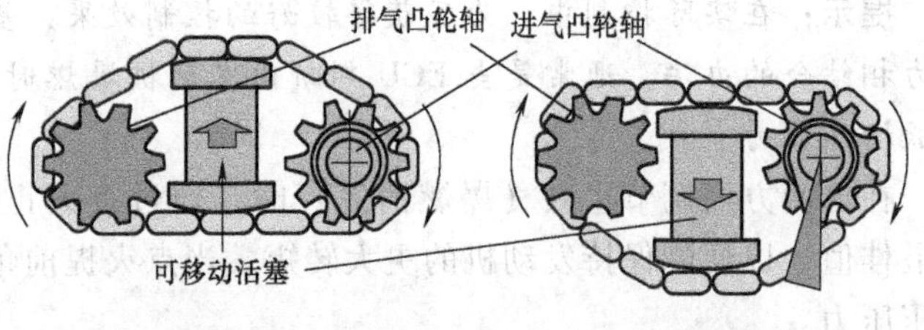

a) 高转速时　　b) 低转速时

图 2-97　大众车系可变气门正时系统工作情况

(2) 丰田 VVT-i 智能可变气门正时系统　VVT-i 智能可变气门正时系统也是一种控制进气凸轮轴气门正时的机构，在进气凸轮轴与传动链轮之间具有油压离合装置，让进气门凸轮轴与链轮之间转动的相位差在 40°范围内可以改变，通过调整凸轮轴转角对气门正时进行优化，从而提高发动机在所有转速范围内的动力性。

① VVT-i 的结构组成。VVT-i 智能可变气门正时系统结构组成如图 2-98 所示，主要由传感器、ECU 和执行机构（VVT-i 控制器、凸轮轴正时机油控制阀）三部分组成。

VVT-i 控制器结构如图 2-99 所示，由一个固定在进气凸轮轴上的叶片、一个与从动正时链轮一体的壳体、一个锁销组成。控制器有气门正时提前室和气门正时滞后室这两个液压室，通过凸轮轴正时机油控制阀的控制，它可在进气凸轮轴上的提前或滞后油路中传送机油压力，使控制器叶片沿圆周方向旋转，调整连续改变进气门正时，以获得最佳的配气相位。

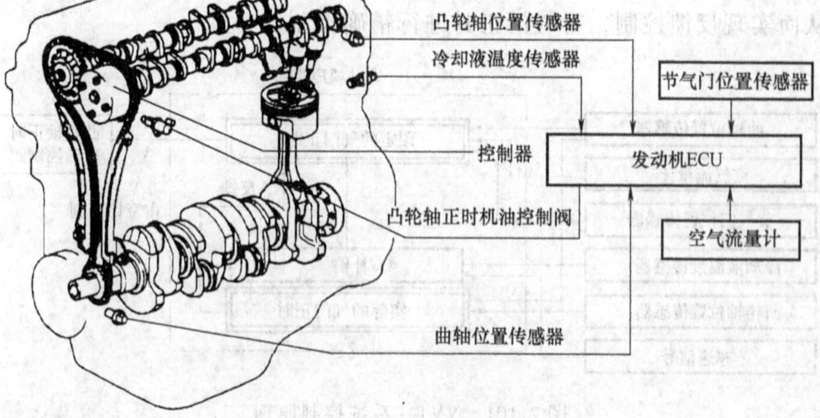

图 2-98　VVT-i 系统结构组成

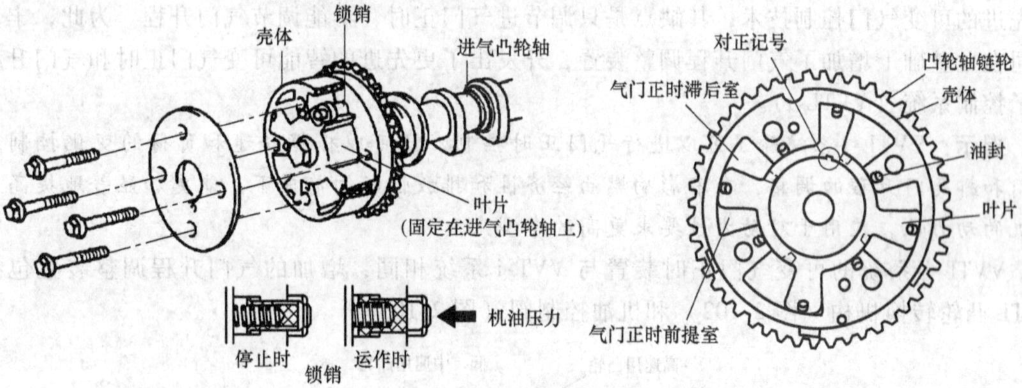

图 2-99　VVT-i 控制器（OCV）

凸轮轴正时机油控制阀由一个用来转换机油通道的滑阀、一个用来控制移动滑阀的线圈、一个柱塞及一个回位弹簧组成，其结构如图 2-100 所示。工作时，发动机 ECU 接收各传感器传来的信号，经分析、计算后发出控制指令给凸轮轴正时机油控制阀，凸轮轴正时机油控制阀以此控制控制滑阀的位置，从而控制机油液压使 VVT-i 控制器处于提前、滞后或保持位置。当发动机停机时，凸轮轴正时机油控制阀多处在滞后状态，以确保起动性能。

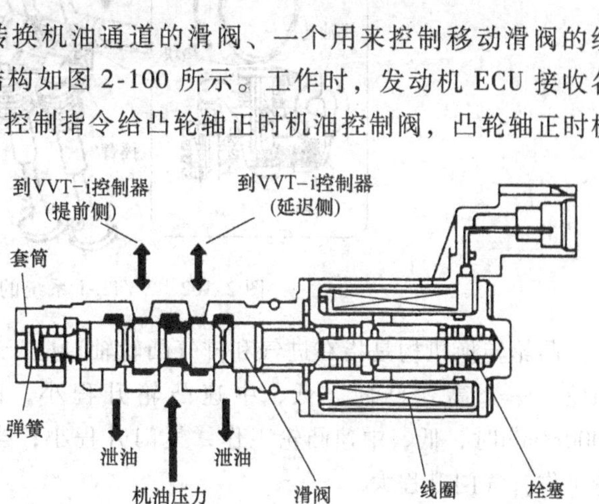

图 2-100　凸轮轴正时机油控制阀

② VVT-i 的工作原理。如图2-101 所示，发动机 ECU 根据发动机转速、进气量、节气门位置和冷却液温度计算出一个最优气门正时，向凸轮轴正时机油控制阀发出控制指令，凸轮轴正时机油控制阀根据发动机 ECU 的控制指令选择至 VVT-i 控制器的不同油路，使凸轮轴正

时提前、滞后或保持。此外，发动机 ECU 根据来自凸轮轴位置传感器和曲轴位置传感器的信号检测实际的气门正时（改进后的发动机还另外安装有 VVT 传感器以更精确地检测凸轮轴位置），从而实现反馈控制，对气门正时进行精确控制。

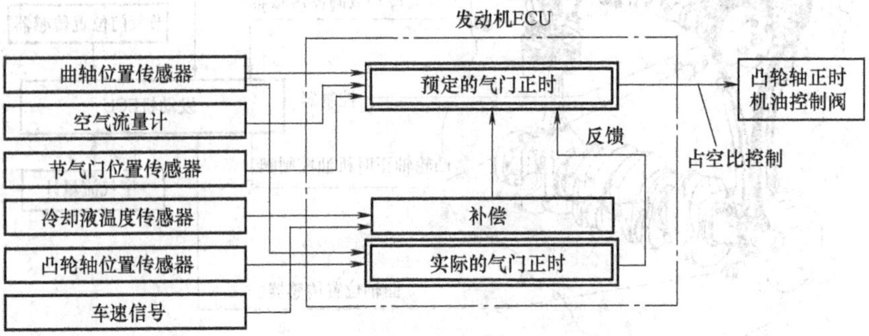

图 2-101 VVT-i 系统控制原理

VVT-i 智能可变气门正时系统在丰田多个车型上都有应用，但 VVT-i 并非目前丰田公司最先进的可变气门控制技术，其缺点是只调节进气门正时，不能调节气门升程。为此，丰田公司在此基础上增加了气门升程调整装置，开发出了更先进的智能可变气门正时和气门升程电子控制系统（VVTL-i）。

提示： VVTL-i 系统除了可以进行气门正时控制，还可以根据转速和负荷的变化控制进气门和排气门升程的调整，在不影响燃油经济性和排放性能的前提下，能更加显著地提高发动机的动力性，应用于对动力性要求更高的车型上。

VVTL-i 系统的可变气门正时装置与 VVT-i 系统相同，增加的气门升程调整装置包括 VVTL 凸轮转换机构（图 2-102）和机油控制阀（图 2-103）。

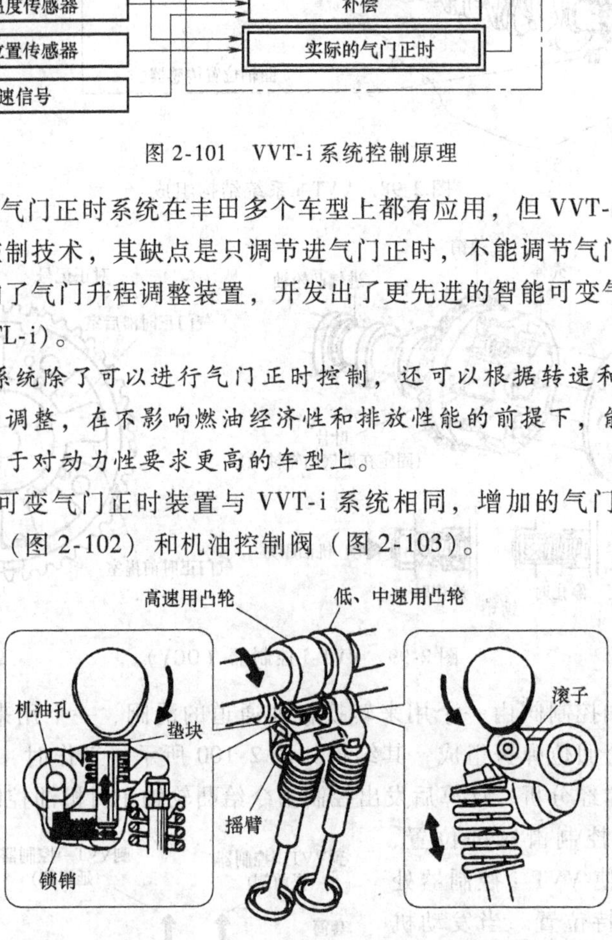

图 2-102 VVTL-i 系统的凸轮转换机构

凸轮转换机构是指在进气和排气凸轮轴对应于每一个气缸都有两个凸轮，一个低、中速凸轮，一个高速凸轮。低、中速凸轮升程小，高速凸轮升程大。当发动机转速低于 6000r/min时，低、中速凸轮工作，气门升程小；当发动机转速高于 6000r/min 时，高速凸轮工作，气门升程大。

低、中速凸轮和高速凸轮工作的转换，由凸轮转换机构实现。当发动机转速较高时，来自 VVTL 机油控制阀的油压传送到摇臂的油孔并将锁销推到垫块的下方（图 2-102），垫块被升高与高速凸轮连接，这样驱动摇臂使气门升程增大；当发动机转速较低时，来自 VVTL

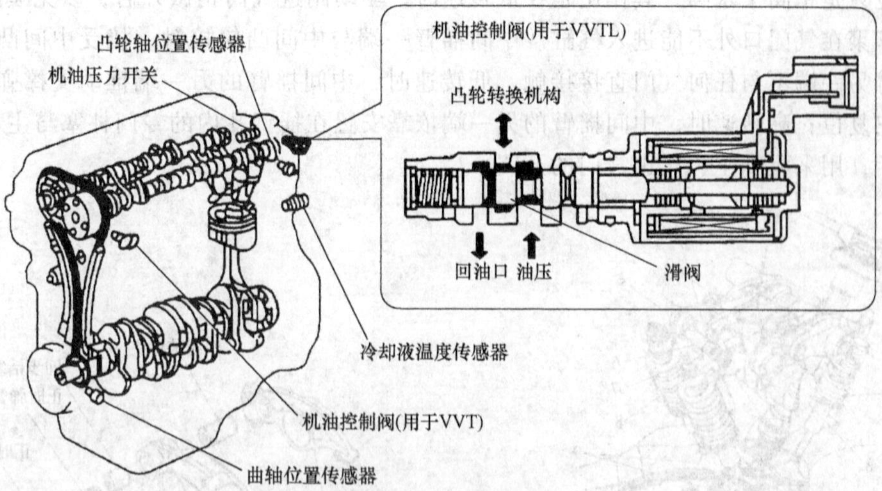

图 2-103 机油控制阀的控制

机油控制阀的油压被泄掉，锁销被弹簧推回，垫块处于自由状态，高速凸轮压下垫块时并不能将摇臂压下，这样压下摇臂的就是低、中速凸轮，此时的气门升程小。

凸轮转换机构工作时的控制油压由 VVTL 机油控制阀（图 2-103）控制，当发动机转速超过 6000r/min、冷却液温度高于 60℃时，ECU 对 VVTL 机油控制阀电磁线圈输出控制指令，使机油控制阀换向，实现油路的转换，从而实现气门升程改变。

（3）本田 VTEC 可变气门正时及气门升程电子控制系统 本田公司的 VTEC 可变气门正时及气门升程电子控制系统是世界上第一个能同时控制气门开闭时间及升程两种不同情况的气门控制系统，本田公司在其几乎所有的车型中都使用了 VTEC 技术。

提示：与普通发动机相比，VTEC 发动机有中低速用和高速用两组不同的气门驱动凸轮，由发动机控制单元根据各传感器的输入信号，通过电磁阀调节摇臂活塞液压系统同时改变进气门的正时与升程，提高发动机的燃烧效率和大负荷、高转速时的动力特性，使发动机在低速时具有较大转矩，而在高速时又能输出较大功率，显著改善了汽车的动力性和经济性。

① VTEC 的结构组成。如图 2-104 所示，VTEC 发动机每个气缸都有与普通气门一样动作的四个气门（一个主进气门和一个副进气门、两个排气门），在凸轮轴上，为每个气缸设置三个承担进气的凸轮和两个承担排气的凸轮。每个进气门均有单独的凸轮通过摇臂来驱动，与主、副进气门所接触的摇臂分别叫主、辅助摇臂。在主、辅助摇臂之间，设有一个特别的中间摇臂，它不与任何气门直接接触。三个摇臂并列排在一起，绕同一根摇臂轴转动。在主摇臂内有一油道与摇臂轴油道相通，在主摇臂的腔内有一正时活塞，在辅助摇臂的腔内有同步活塞 A 和 B，在正时活塞、同步活塞间有一正时弹簧，在主摇臂上设有一个正时板，气门摇臂组结构如图 2-105 所示。主、辅助摇臂及中间摇臂分别与凸轮轴上的三个凸轮相对应。三个凸轮分别称为主凸轮、辅助凸轮和中间凸轮（主、辅助凸轮也称为低速凸轮，中间凸轮也称为高速凸轮）。三个凸轮具有不同的型线，致使气门正时与升程也不相同。中间凸轮使气门升程最大，它是按发动机高转速、大负荷最佳输出功率状态要求设计的。主凸轮升程小于中间凸轮，它是按发动机低速工作时最佳状态要求设计的。辅助凸轮的升程最小，

最高处也只是稍高于基圆，其作用是在低转速时，驱动副进气门稍微开启，以免喷油器喷出的燃油积聚在气门口外不能进入气缸。中间摇臂一端与中间凸轮接触，接受中间凸轮驱动，中间摇臂另一端不与任何气门直接接触。低转速时，中间摇臂的另一端推动支撑弹簧空行，并依靠它复位；高转速时，中间摇臂的另一端依靠安置在摇臂孔内的专门柱塞与主、辅助摇臂联动后，用来驱动主、次进气门的开闭。

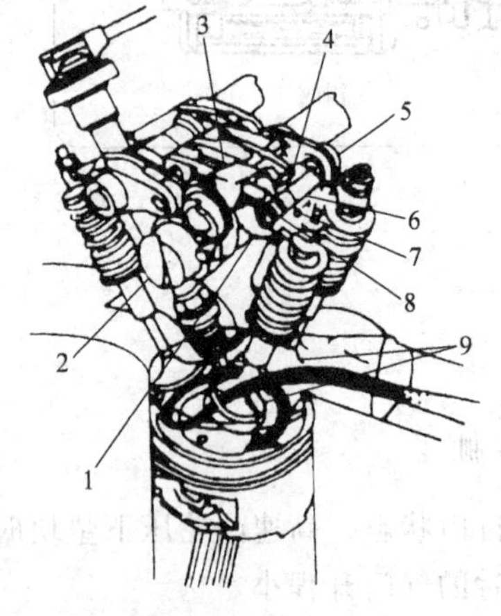

图 2-104 本田发动机 VTEC 系统

1—主摇臂 2—凸轮轴 3—正时板 4—中间摇臂 5—辅助摇臂 6—同步活塞 B 7—同步活塞 A 8—正时活塞 9—进气门

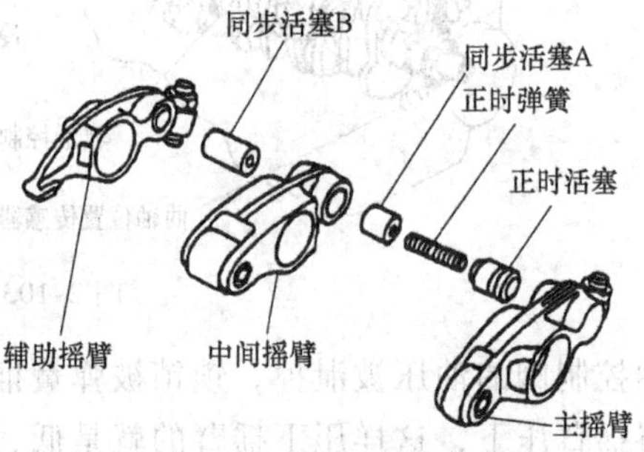

图 2-105 气门摇臂组结构示意图

如图 2-106 所示，VTEC 的控制系统主要由电控单元、VTEC 电磁阀总成和压力开关等组成。其中，VTEC 电磁阀总成（控制电磁阀、液压执行阀）的结构如图 2-107 所示。

② VTEC 的工作原理。如图 2-106 所示，工作时，发动机转速、负荷和冷却液温度等信号输入电控单元，经电控单元分析处理后决定对配气机构是否实行 VTEC 控制，即控制 VTEC 电磁阀打开或关闭，进而控制液压执行阀和气门机构的动作。另外，VTEC 电磁阀开启后，VTEC 压力开关负责检测系统是否正处在工作状态，并反馈一个信号给电控单元以监控系统工作。

发动机在低转速时，VTEC 控制电磁阀不打开，在弹簧弹力的作用下液压控制活塞在最高位置（图 2-107），摇臂液压腔的机油经回油孔流回油底壳，因此没有油压作用于正时活

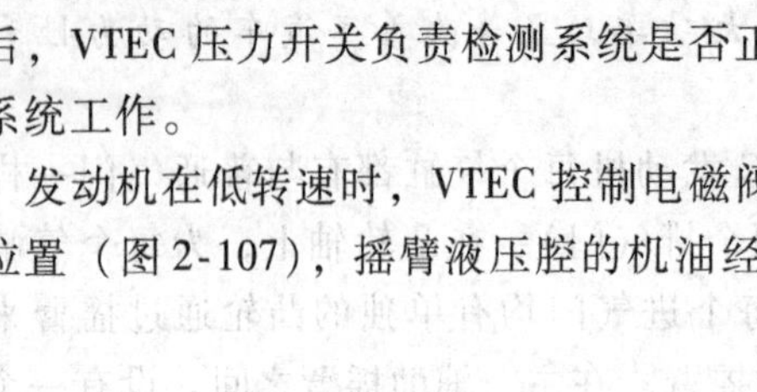

图 2-106 VTEC 控制原理图

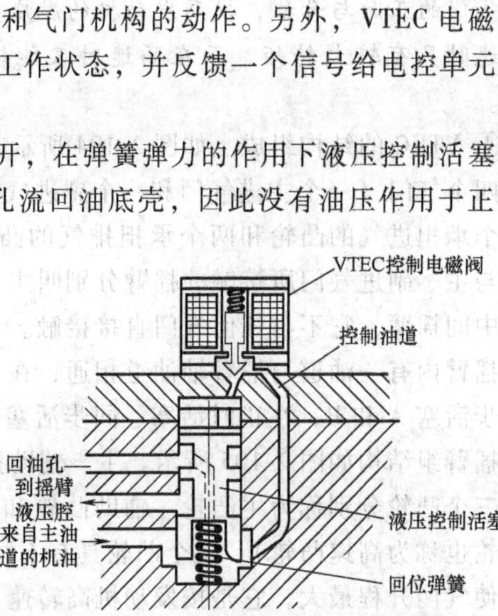

图 2-107 VTEC 电磁阀结构原理图

塞（图 2-108a）左侧，装在主摇臂上的正时板也在弹簧作用下挡住正时液压活塞向右运动。此时，主摇臂、中间摇臂和辅助摇臂是彼此分离独立动作的，凸轮 A 与凸轮 B 分别驱动主摇臂和辅助摇臂以控制气门的开闭（图 2-108b）。由于凸轮 B 的升程很小，因而副进气门只稍微打开。虽然此时中间摇臂已被凸轮 C 驱动，但由于中间摇臂与主摇臂、辅助摇臂是彼此分离的，故不影响气门的正常开闭。即在低速状态，VTEC 机构不工作，气门的开闭情况与普通顶置凸轮轴式配气机构相同。

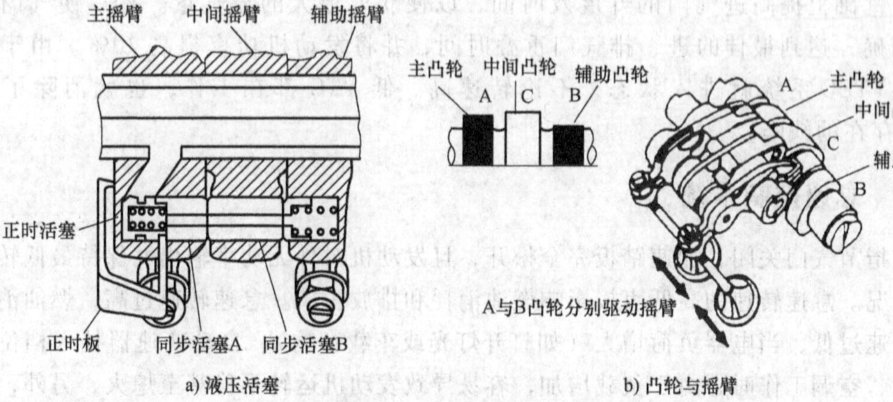

图 2-108　低速状态工作情况

当发动机高速运转时，由于离心力和惯性力，正时板克服弹簧作用力而取消对正时活塞的锁止。当发动机转速达到某一特定转速时，控制电磁阀接收到 ECU 的信号而接通油路，一部分机油便流到液压控制活塞的顶部，使活塞向下运动关闭回油道，使机油经活塞中部的孔沿摇臂轴流到各气门摇臂的液压腔，流入正时活塞左侧（图 2-107、图 2-109a），使同步活塞向右移动，将主、辅助摇臂和中间摇臂连成一体、一起动作（图 2-109b）。此时，由于凸轮 C 最高，所以便由它来驱动整个摇臂，并且使气门开启时间延长，开启的升程增大，从而达到改变气门正时和气门升程的目的。当发动机转速降低至设定值时，摇臂中的同步活塞端的油压也将由控制单元控制而降低，同步活塞将回位弹簧推回原位，三根摇臂又将彼此

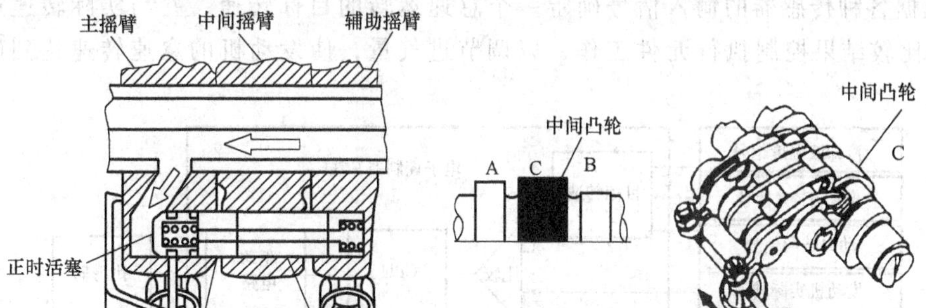

图 2-109　高速状态工作情况

分离而独立工作。

为了改善VTEC系统的性能，近年来本田推出了i-VTEC系统。简单地说，i-VTEC系统是在VTEC系统的基础上，添加一个与VVT-i原理、功用相同的VTC（可变气门正时连续调整控制）装置，即一组进气门凸轮轴正时可变控制机构，通过ECU控制程序控制进气门的开启关闭，连续改变进气门的正时。当发动机低转速时令每缸其中一个进气门关闭，使燃烧室内形成一道稀薄的混合气涡流，在火花塞周围点燃做功。发动机高转速时则在原有基础上提高进气门的开度及时间，以便获取最大的充气量。VTC使气门重叠时间更加精确，达到最佳的进、排气门重叠时间，并将发动机功率提高20%。由于发动机起动后i-VTEC系统就进入状态，不论转速高、低VTC都在工作，也就消除了原来VTEC系统存在的缺陷。

2.3.2 怠速控制系统

怠速是指节气门关闭，加速踏板完全松开，且发动机对外无功率输出并保持最低转速稳定运转的工况。怠速转速的高低直接影响燃油消耗和排放污染。怠速转速过高，燃油消耗增加。怠速转速过低，当电器负荷增大（如打开灯光或车载音响）、自动变速器挂入档位、动力转向工作、空调工作时，由于负载增加，容易导致发动机运转不稳甚至熄火，另外，也会增加排放污染。

提示： 发动机怠速控制（ISC）的目的就是在保证发动机排放要求且运转稳定的前提下，由ECU自动控制怠速工况下的空气供给量，维持发动机以稳定怠速运转，以降低燃油消耗量，即实现对热机怠速工况进气量和空燃比的闭环反馈控制。

在怠速工况时，空气通过节气门缝隙或绕过节气门的旁通怠速空气道进入发动机，并由空气流量传感器（或进气歧管绝对压力传感器）对进气量进行检测，ECU根据各传感器信号控制喷油器，保证发动机怠速稳定运转。

1. 怠速控制系统的组成与分类

（1）怠速控制系统的组成　如图2-110所示，怠速控制系统主要由传感器、ECU和执行元件三部分组成。传感器的功用是检测发动机的运行工况和负载设备的工作状况，ECU则根据各种传感器的输入信号确定一个怠速运转的目标转速，并与实际转速进行比较，根据比较结果控制执行元件工作，以调节进气量，使发动机的怠速转速达到确定的目标转速。

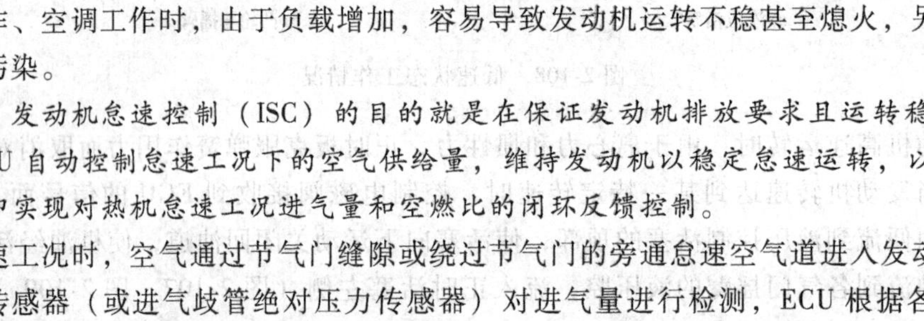

图2-110　怠速控制系统的组成

在怠速以外的其他工况下，若系统对发动机实施怠速控制，会与驾驶人通过加速踏板对进气量的调节发生干涉。因此，在怠速控制系统中，ECU 需要根据节气门位置信号和车速信号确认怠速工况，只有在节气门全关、车速为零时，才进行怠速控制。

（2）怠速控制系统的分类　怠速控制的实质就是对怠速工况下的进气量进行控制，而怠速进气量实际上是指发动机最小进气量。最小进气量有两种限制方式：节气门直动式和旁通空气式，如图 2-111 所示。

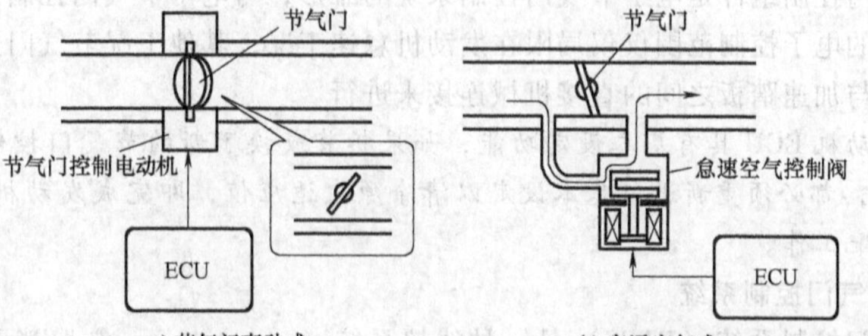

图 2-111　怠速进气量控制方法

节气门直动式通过执行元件改变节气门的最小开度来控制怠速进气量，结构简单、控制稳定性好，但反应速度较慢、动态响应性差，由于进气量对节气门开度很敏感，因此怠速稳定性不如旁通空气道控制方式，目前主要应用在大众、奥迪等欧洲车系中。

提示：*旁通空气式怠速控制系统中，设有绕过节气门的旁通怠速空气道，由执行元件控制流经怠速空气道的空气量，应用较广泛。*

2. 节气门直动式怠速控制系统

节气门直动式实现怠速控制的结构形式较多，图 2-112 所示是常见的一种。从图中可以看出，怠速执行机构由直流电动机、减速齿轮、丝杠等部件组成。怠速执行的传动轴与节气门操纵臂的全闭限制器相接触。当 ECU 控制直流电动机工作时，直流电动机转动，通过减速齿轮减速，然后又通过丝杠变角位移为传动轴的直线运动。通过传动轴的伸缩调节节气门处空气通路截面，实现怠速转速控制。

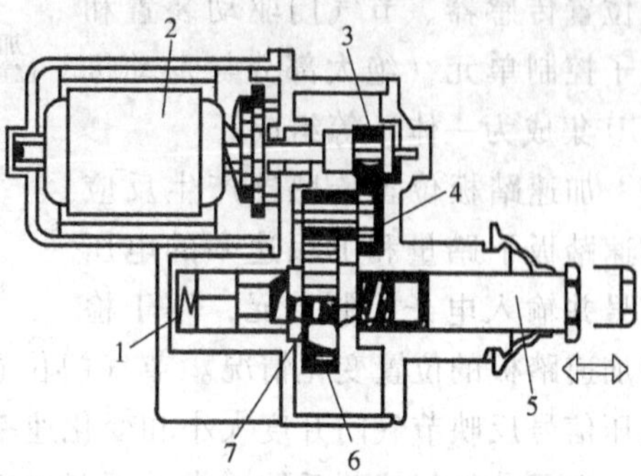

图 2-112　节气门直动式怠速控制执行机构

1—弹簧　2—直流电动机　3、4、6—减速齿轮　5—传动轴　7—丝杠

大众车系发动机采用的组合式节气门体，是另一种形式的节气门直动式怠速控制系统。如图 2-17 和图 2-18 所示为桑塔纳 2000GSi 轿车 AJR 发动机采用的节气门控制组件 J338，它将节气门电位计 G69、节气门控制器电位计 G88、节气门控制器（怠速直流电动机）V60、怠速开关 F60 及一套齿轮驱动机构合为一体。在节气门体上有一个双齿轮，由同轴的一个大齿轮和一个小齿轮组成。怠速直流电动机同轴的小齿轮与双齿轮中的大齿轮啮合，双齿轮中的小齿轮与扇形齿轮啮合，扇形齿轮与节气门同轴，驱动节气门开关。

当发动机怠速运行时，怠速开关 F60 的触点是闭合的，ECU 通过此信号判断发动机处于怠速工况，而节气门控制器电位计 G88 则向 ECU 提供怠速范围内节气门的位置情况，节气门控制器 V60 起着控制怠速的作用。当发动机因冷却液温度低、空调运转、动力转向的加入等原因而使负荷增大、实际转速低于目标转速时，节气门控制器 V60 经一套齿轮机构（小齿轮、大齿轮和扇形齿轮）推动节气门打开一个微小的开度，增加发动机的进气量，提高发动机的转速。

这种节气门控制组件是电子节气门控制系统的雏形，与电子节气门控制系统相比，只是对节气门开度的电子控制范围仅仅局限在发动机怠速工况，其他工况节气门开度的控制则还是通过节气门与加速踏板之间的直接机械连接来进行。

提示：发动机 ECU 具有基本设定功能，如果拆装或换了新的节气门控制组件或者更换了发动机 ECU，都必须重新进行基本设定以清除原自适应值，即完成发动机 ECU 与节气门控制组件的匹配工作。

3. 电子节气门控制系统

电子节气门控制系统（ETCS）是一种线控系统（x-by-wire），它取消了传统节气门与加速踏板之间采用钢丝绳或杠杆机构的直接机械连接，在电子控制单元的控制下，通过节气门体上的电动机驱动节气门，可实现节气门开度的快速精确控制，使发动机在最适当的状态下工作，从而提高了汽车的动力性、安全性及舒适性以及降低排放污染。

提示：目前，ETCS 被广泛应用于汽车的怠速控制（ISC），以及装有巡航控制（CCS）、驱动防滑控制（ASR）及车辆稳定性控制（VSC）等控制系统的汽车上，为集中控制和简化结构提供了基础，并逐渐成为标准配置。

（1）结构组成　如图 2-113 所示，ETCS 主要由节气门体、加速踏板、加速踏板位置传感器、节气门位置传感器、节气门驱动装置和电子控制单元（绝大部分与发动机 ECU 集成为一体）等组成。

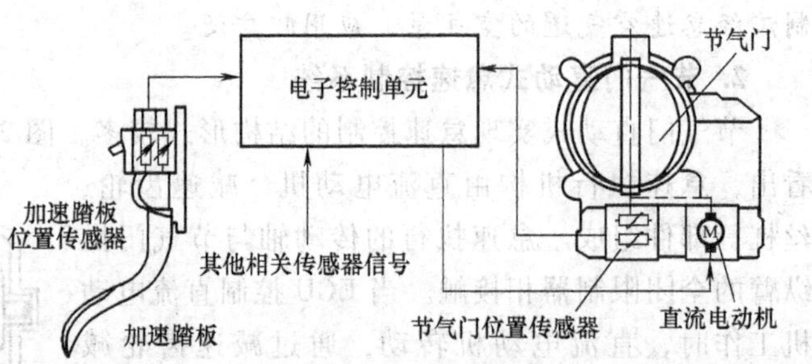

图 2-113　电子节气门控制系统

加速踏板位置传感器产生反应加速踏板下踏量和下塌速率的电压信号并输入电子控制单元，用于检测加速踏板的位置变化情况。节气门位置传感器用于将节气门的位置信息反馈给 ECU，该电压信号反映节气门开度大小和变化速率。

电子节气门控制系统通常采用双加速踏板位置传感器和节气门位置传感器实现双信号输出，传感器两两反接，可实现阻值的反向变化（两个传感器阻值变化量之和为零）。若对两个传感器施加相同的电压，两者输出的电压信号也会相应的反向变化，且其和始终等于供电电压，即两个传感器具有不同的输出特性；冗余设计的两个传感器可相互检测，当一个传感器发生故障时能及时被识别，增加了系统的可靠性，保证了行车的安全性。

电子控制单元是整个系统的核心，由信息处理模块和电动机驱动电路模块两部分组成。信息处理模块接受来自加速踏板位置传感器及其他相关传感器的电压信号，经过处理后得到节气门的最佳开度，并把相应的电压信号发送到电动机驱动电路模块。电动机驱动电路模块接受来自信息处理模块的信号，控制电动机转动相应的角度，使节气门达到或保持相应的开度。电动机驱动电路应保证电动机能双向转动。

如图 2-114a 所示，节气门体取消了传统节气门的旁通气道和怠速旁通阀，怠速空气流量采用节气门直动方式控制。节气门体上的回位弹簧可使节气门回转到一个微小的开度，以保证在系统失效后发动机仍能怠速运转。节气门驱动装置由执行电动机和机械传动机构组成（2-114b），其作用是按照 ECU 的指令动作，及时将节气门调整到适当开度。执行电动机一般选用步进电动机或直流电动机，经过两级齿轮减速来调节节气门开度。

提示： 早期以使用步进电动机为主，步进电动机精度较高、能耗低、位置保持特性较好，但其高速性能较差，不能满足节气门较高的动态响应性能的要求。所以，现在比较多地采用直流电动机，控制单元通过调节脉宽调制信号的占空比来控制直流电动机转角的大小，电动机输出转矩和脉宽调制信号的占空比成正比，精度高、反应灵敏、便于伺服控制。

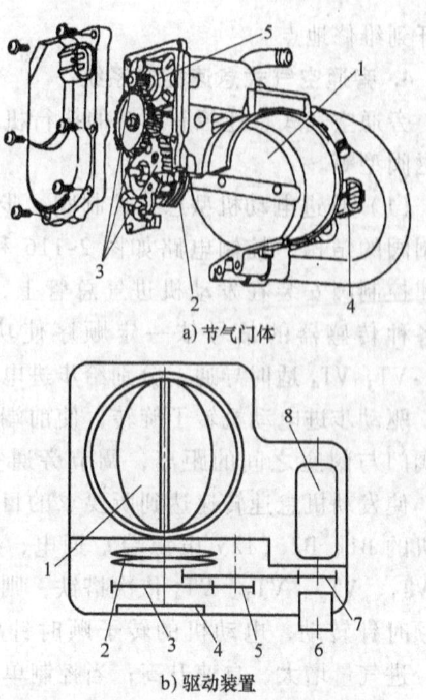

图 2-114 电子节气门控制系统节气门

1—节气门 2—回位弹簧 3—减速齿轮 4—节气门位置传感器 5—小齿轮 6—线束插座 7—驱动齿轮 8—驱动电动机

（2）工作原理 电子节气门控制系统的工作原理如图 2-115 所示，驾驶人操纵加速踏板，加速踏板位置传感器产生相应的电压信号输入电子控制单元，控制单元根据当前的工作模式、踏板移动量和变化率解析驾驶人意图，计算出对发动机转矩的基本需求，得到相应的节气门转角的基本期望值。同时，电子控制单元还获取到发动机转速、自动变速器档位、空调压缩机负载等其他各种传感器信号和 ASR、CCS 等其他控制系统的控制信号，由此计算出所需求的全部转矩，通过对节气门转角基本期望值进行修正，得到节气门的最佳开度参数，并把相应的电压信号发送到驱动电路模块，驱动控制电动机使节气门处于最佳的开度位置。节气门位置传感器随时监测节气门的位置并把节气门的开度信号反馈给电子控制单元，形成闭环反馈控制。

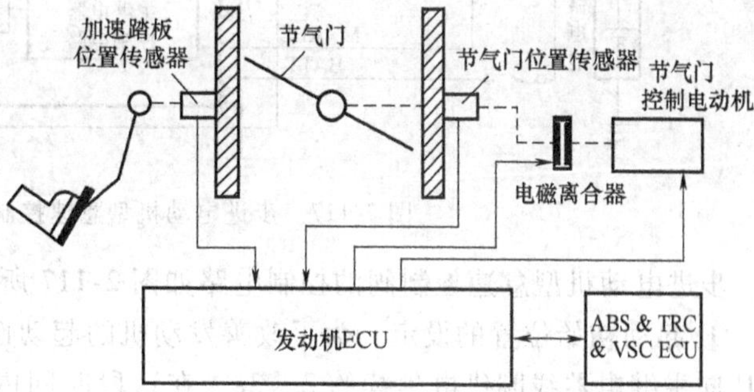

图 2-115 电子节气门控制系统工作原理

电子控制单元对系统进行监控，一旦出现故障，ECU 就会储存故障码并点亮系统故障指示灯，提示驾驶人系统有故障。同时，切断电磁离合器和节气门电动机的电源，使节气门电动机与节气门分离，节气门在回位弹簧的作用下返回到一个小开度的位置，使汽车能够慢速开到维修地点。

4. 旁通空气式怠速控制系统

旁通空气式怠速控制系统的执行机构主要有步进电动机型、旋转电磁阀型、占空比控制电磁阀型等。

（1）步进电动机型怠速控制阀　步进电动机型怠速控制阀的结构、控制电路如图 2-116 和图 2-117 所示，怠速控制阀安装在发动机进气总管上，发动机 ECU 根据各种传感器的信号依一定顺序使功率晶体管 VT_1-VT_2-VT_3-VT_4 适时导通，分别给步进电动机定子线圈供电，驱动步进电动机转子旋转，使前端的阀门移动，改变阀门与阀座之间的距离，调节旁通空气道的空气流量，使发动机怠速转速达到所要求的目标转速。当步进电机的 B1、B2（12V 电源端）通电，控制单元将晶体管 VT_1、VT_2、VT_3、VT_4 依次搭铁，则步进电动机的转子顺时针转动，电动机的转子顺时针转动，使阀芯缩入，进气量增大，怠速升高；当控制单元以相反的顺序依次使 4 个晶体管搭铁时，则步进电动机的转子逆时针转动，使阀芯伸出，进气量减小，怠速降低。

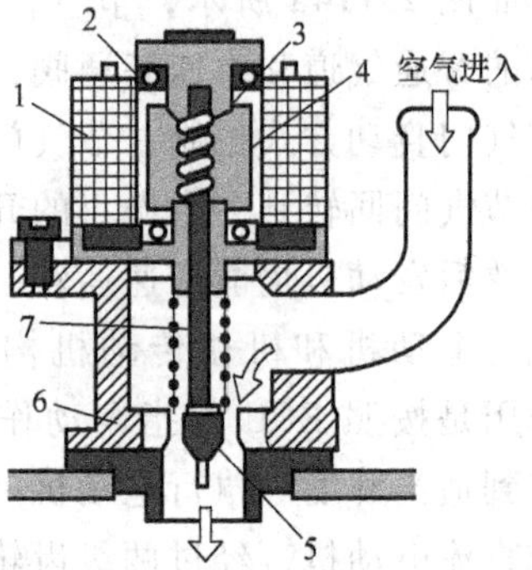

图 2-116　步进电动机型怠速控制阀

1—电磁线圈　2—轴承　3—进给丝杆　4—转子　5—阀芯　6—阀座　7—阀轴

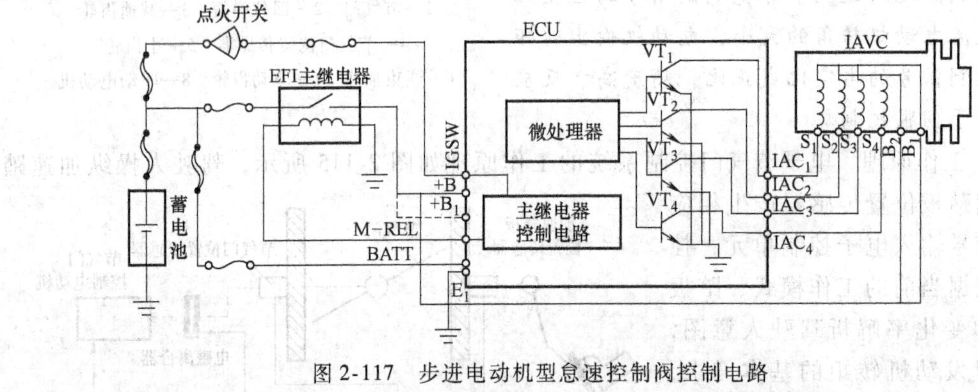

图 2-117　步进电动机型怠速控制阀控制电路

步进电动机型怠速控制阀的控制电路如图 2-117 所示，控制内容如下：

① 起动初始位置的设定。为了改善发动机的起动性能，关闭点火开关使发动机熄火后，ECU 向主继电器线圈供电延续约 2～3s。在这段时间内，蓄电池继续给 ECU 和步进电动机供电，ECU 使怠速控制阀回到起动初始（全开）位置，然后主继电器线圈断电，蓄电池停止给 ECU 和步进电动机供电，怠速控制阀保持全开，为下次起动作好准备。

② 起动控制。发动机起动时，由于怠速控制阀预先设定在全开位置，在起动期间经怠速空气道可供给最大的怠速空气量，有利于发动机起动。但怠速控制阀如果始终保持在全开位置，发动机起动后的怠速转速就会过高，所以在起动期间 ECU 根据冷却液温度的高低控制步进电动机，调节控制阀的开度，使之达到起动后暖机控制的最佳位置，此位置随冷却液温度的升高而减小，控制特性（步进电动机的步数与冷却液温度的关系曲线）存储在 ECU 内。

③ 暖机控制。暖机控制又称为快怠速控制，在暖机过程中，ECU 根据冷却液温度信号

按内存的控制特性控制怠速控制阀开度，随着温度上升，怠速控制阀开度逐渐减小。当冷却液温度达到 70℃时，暖机控制过程结束。

④ 怠速稳定控制。怠速稳定控制又称反馈控制。ECU 内有一个预先编程的目标转速，它根据冷却液温度、空调开关、空档起动开关等信号而变化。怠速控制过程就是将目标转速和实际转速进行比较并使实际转速逼近于目标转速的过程。在发动机怠速运转时，ECU 将接收到的转速信号与确定的目标转速进行比较，其差值超过一定值（一般为 20r/min）时，ECU 将通过步进电动机控制怠速控制阀，调节怠速空气供给量，使发动机的实际转速与目标转速相同。

⑤ 负荷变化的预控制。发动机在怠速运转时，如变速器档位、动力转向、空调工作状态的变化都将使发动机的负荷发生可以预见的变化。为了避免发动机怠速转速波动或熄火，在发动机负荷出现变化时，不待发动机转速变化，ECU 就会根据各负载设备开关信号通过步进电动机提前调节怠速控制阀的开度，增大进气量，提高发动机的怠速转速，保持发动机怠速运转的稳定性。而当这些负荷不再存在时，ECU 又会减小怠速控制阀的开度，使发动机恢复加载前的转速。

⑥ 电器负载增多时的怠速控制。在怠速运转时，如使用的电器负载增大到一定程度，蓄电池电压就会降低。为了保证电控系统正常的供电电压，ECU 根据蓄电池电压调节怠速控制阀的开度，提高发动机的怠速转速，以提高发电机的输出功率。

⑦ 学习控制。在发动机使用过程中，由于磨损等原因会导致怠速控制阀的性能发生改变，怠速控制阀的位置相同时，但实际的怠速转速会与设定的目标转速略有不同。在此情况下，ECU 在利用反馈控制使怠速转速回归到目标值的同时，还可将步进电动机转过的步数存储在 ROM 存储器中，以便在此后的怠速控制过程中使用。

（2）旋转电磁阀型怠速控制阀

旋转电磁阀型怠速控制阀的结构如图 2-118 所示。控制阀安装在阀轴的中部，阀轴的一端装有圆柱形永久磁铁，永久磁铁对应的圆周位置上装有位置相对的两个线圈。由 ECU 控制两个线圈的通电或断电，改变两个线圈产生的磁场强度，两线圈产生的磁场与永久磁铁磁场相互作用，即可改变控制阀的位置，从而调节怠速空气口的开度，以实现怠速空气量的控制。

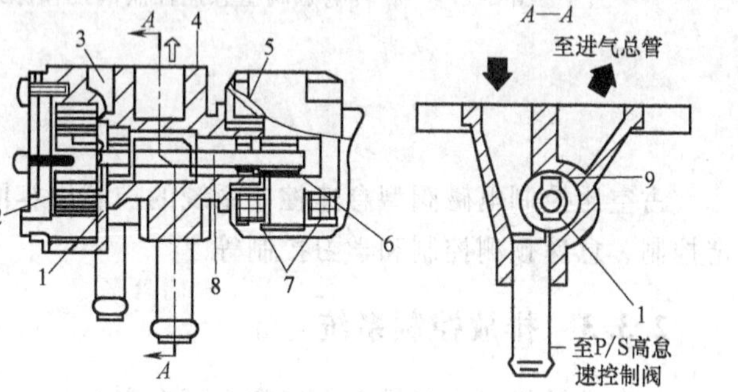

图 2-118　旋转电磁阀型怠速控制阀

1—控制阀　2—双金属片　3—冷却液腔　4—阀体
5、7—线圈　6—永久磁铁　8—阀轴　9—怠速空气口

旋转电磁阀型怠速控制阀工作原理如图 2-119 所示，ECU 控制旋转电磁阀型怠速控制阀工作时，控制阀的开度是通过控制两个线圈的平均通电时间即占空比（指在一个通电周期内通电时间与通电周期之比）来实现的。通电周期一般是固定的，所以占空比增大，即是延长通电时间。当占空比为 50% 时，两线圈的平均通电时间相等，两者产生的磁场强度相同，电磁力相互抵消，阀轴不发生偏转。当占空比大于 50%，两个线圈的平均通电时间不同，产生的磁场强度也不同，所以使阀轴偏转一定角度，控制阀开启怠速空气口。占空比越大，两个线圈产生的磁场强度相差越

多，控制阀开度越大。因此，ECU 通过控制脉冲信号的占空比即可改变控制阀开度，从而控制怠速时的空气量。控制阀从全闭位置到全开位置之间，旋转角度限定在90°以内，ECU 控制的占空比调整范围约为18% ~82%。

旋转电磁阀控制旁通空气式怠速控制系统的控制内容主要包括起动控制、暖机控制、怠速稳定控制、怠速预测控制和学习控制，具体内容与步进电动机控制旁通空气式怠速控制系统基本相同。

（3）占空比控制电磁阀型怠速控制阀　占空比控制电磁阀型怠速控制阀的结构如图2-120所示，主要由控制阀、阀杆、线圈和弹簧等组成。控制阀与阀杆制成一体，当线圈通电时，线圈产生的电磁力将阀杆吸起，使控制阀打开。控制阀的开度取决于线圈产生的电磁力大小，与旋转阀型怠速控制阀相同，ECU 也是通过控制输入线圈脉冲信号的占空比来控制磁场强度，以调节控制阀的开度，从而实现对怠速空气量的控制。

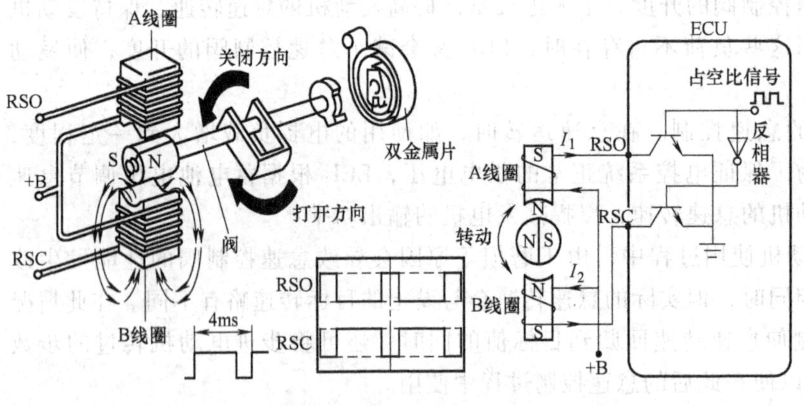

图 2-119　旋转电磁阀型怠速控制阀工作原理

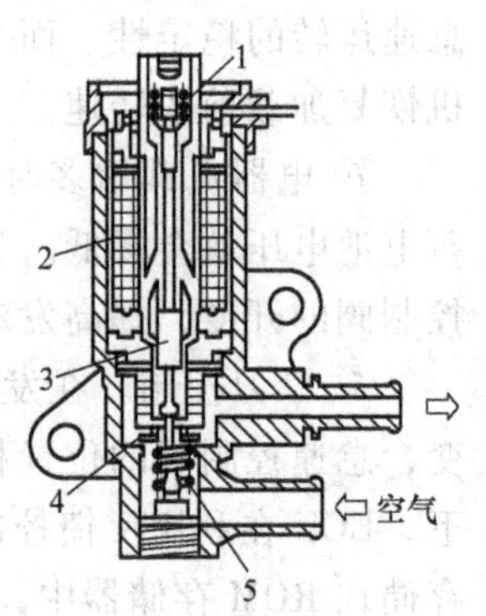

图 2-120　占空比控制电磁阀型怠速控制阀

1、5—弹簧　2—线圈　3—阀杆　4—控制阀

占空比控制电磁阀型怠速控制系统的控制内容同样也包括起动控制、暖机控制、怠速稳定控制、怠速预测控制和学习控制等。

2.3.3　排放控制系统

汽车发动机工作时排入大气的主要有害成分是一氧化碳（CO）、碳氢化合物（HC）、氮氧化合物（NO_x）。对汽车发动机排放的控制和净化，各国都进行了大量的研究工作，除了对发动机本身的改进之外，现代汽车采取了多种排放控制系统来减少汽车的排气污染，主要有燃油蒸发排放控制系统、废气再循环（EGR）控制系统及三元催化转化（TWC）控制系统等。

1. 燃油蒸发排放控制系统

燃油蒸发排放控制系统又称为汽油蒸气控制回收系统，其功能是收集燃油箱内蒸发的燃油蒸气，并将燃油蒸气导入气缸参加燃烧，从而防止燃油蒸气直接排入大气造成污染。

提示：早期的燃油蒸发排放控制系统多利用真空进行控制，而现在多采用发动机 ECU 进行控制。之所以有这样的变化，是因为必须对燃油蒸气进入发动机进气管的时机和进入量进行控制，以避免破坏发动机正常工作时的混合气成分，影响发动机正常工作。采用 ECU 控制能够实现燃油蒸发进入时机和进入量更加精确的控制。

利用真空进行控制的燃油蒸发排放控制系统的组成如图 2-121 所示。燃油箱盖上只有空气阀，而不设蒸气放出阀。活性炭罐与油箱之间设有通气管和单向阀，燃油箱内的燃油蒸气超过一定压力时，顶开单向阀经通气管进入活性炭罐，活性炭罐内的活性炭将燃油蒸气吸附在炭罐内。发动机工作时，活性炭罐内的燃油蒸气可以经过流通截面较大的真空控制阀和流通截面较小的常通定量排放孔被吸入进气管。真空控制阀为一膜片阀，膜片上方为真空室，真空控制阀与进气管之间的真空管路中设有受 ECU 控制的电磁阀，用以调节真空控制阀上方真空室的真空度，改变真空控制阀的开度，从而控制吸入进气管的燃油蒸气量。为防止活性炭罐内的燃油蒸气被吸入进气管后使混合气变浓，活性炭罐下方设有进气滤芯并与大气相通，使部分清洁空气与活性炭罐内的燃油蒸气一起被吸入进气管。

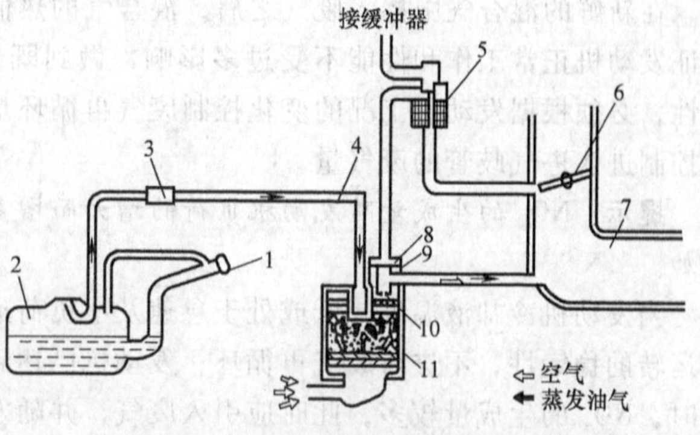

图 2-121　燃油蒸发排放控制系统的组成

1—油箱盖　2—油箱　3—单向阀　4—通气管　5—电磁阀　6—节气门　7—进气管　8—真空阀　9—真空控制阀　10—定量排放孔　11—活性炭罐

桑塔纳 2000GSi AJR 发动机采用的燃油蒸发排放控制系统的活性炭罐上不设真空控制阀，而是将受 ECU 控制的活性炭罐电磁阀直接装在活性炭罐与进气管之间的吸气管中，结构组成如图 2-122 所示。在活性炭罐电磁阀内设有电磁线圈，ECU 根据发动机不同工况，改变输送给电磁线圈脉冲信号的占空比，从而改变活性炭罐电磁阀开度的大小，此外，活性炭罐电磁阀的开度同时还受电磁阀两端压力差的影响。当发动机工作时，电控单元发出一定占空比的脉冲信号，使活性炭罐电磁阀周期性地开启和关闭。

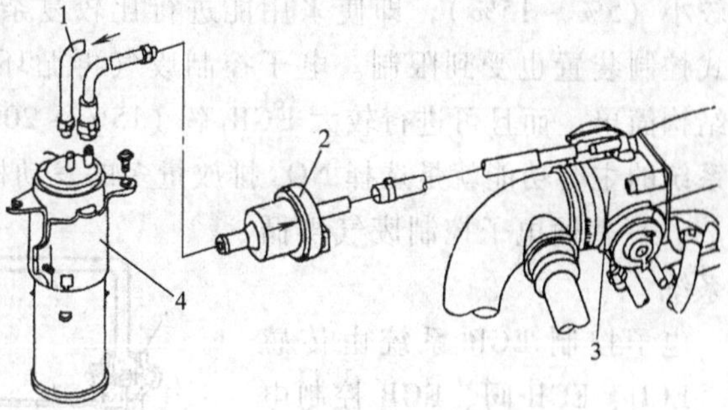

图 2-122　桑塔纳 2000GSi AJR 发动机活性炭罐及其电磁阀

1—油箱通气管　2—活性炭罐电磁阀　3—节气门体　4—活性炭罐

当活性炭罐电磁阀开启时，在发动机进气歧管与环境大气压力之间产生的负压作用下，储存在活性炭罐中的饱和燃油蒸气就会与新鲜空气形成再生气流，经过吸气管吸入燃烧室燃烧，从而避免燃油蒸气排入大气污染环境。

2. 废气再循环（EGR）控制系统

NO_x 是空气中的氮气与氧气在高温、高压条件下生成的。废气再循环（EGR）是指发动机废气的一部分再送回进气歧管，并与新鲜的混合气混合后一起进入气缸参加燃烧。由于废气中含有大量的 CO_2，而 CO_2 不能燃烧却吸收大量的热，使气缸中混合气的燃烧温度下降，从而减少 NO_x 的排放量。

提示：目前废气再循环是减少 NO_x 排放的主要方法。

在新鲜的混合气中掺入废气之后，混合气的热值降低，致使发动机的有效功率下降。为保证发动机正常工作和性能不受过多影响，做到既能减少 NO_x 的排放又能保持发动机的动力性，必须根据发动机工况的变化控制废气再循环量，即根据发动机的进气温度及负荷适当地控制进入进气歧管的废气量。

提示：NO_x 的生成量随发动机负荷的增大而增多，因此，再循环的废气量也应随负荷而增加。

当发动机冷却液温度较低或处于怠速及小负荷运转时，NO_x 的生成量少，为了保持发动机运转的稳定性，不进行废气再循环；发动机已达到正常工作温度，而且处于大负荷运转工况时，NO_x 的生成量较多，此时应引入废气，并随发动机负荷的增大相应地增加引入的废气量。在全负荷或高转速下工作时，为了使发动机有足够的动力性，也不进行废气再循环。

再循环的废气量由 EGR 阀控制。EGR 阀安装在废气再循环通道上（图 2-123），废气再循环通道的一端通排气管，另一端连接进气歧管。当 EGR 阀开启时，部分废气从排气管经废气再循环通道进入进气歧管，进行废气再循环。EGR 阀一旦关闭，废气再循环随即终止。

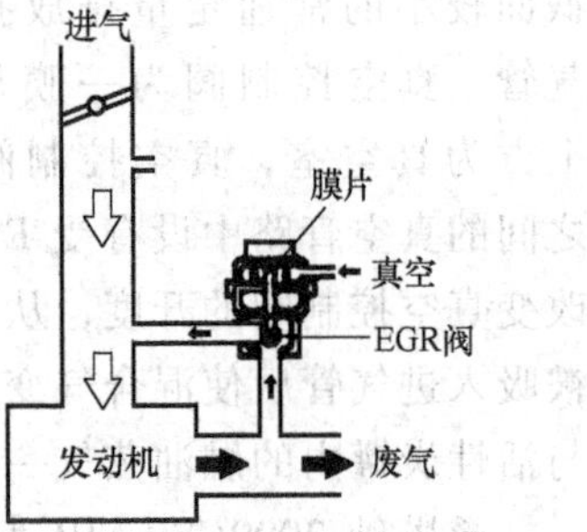

图 2-123　EGR 阀及其安装位置

再循环的废气量用 EGR 率表示，其定义为再循环的废气量占整个进气量的百分比。一般机械式控制装置的 EGR 率较小（5% ~15%），即使采用能进行比较复杂控制的机械式控制装置也受到限制。电子控制废气再循环系统，不仅结构简单，而且可进行较大 EGR 率（15% ~20%）的废气再循环。电子控制式废气再循环系统的主要功能就是选择 NO_x 排放量多的发动机运转范围，进行适量的 EGR 控制。

（1）普通电子控制废气再循环系统

电子控制 EGR 系统由传感器、ECU、EGR 阀、EGR 控制电磁阀及相应的废气管道和真空管道等组成，如图 2-124 所示。ECU 根据点火开关、曲轴位置传感器、节气门位置传感器和冷却液温度传感器等输入信号，判定发动机运转工况，并对 EGR 控制电磁阀通电或断电。当 ECU 对 EGR 控制电磁阀通电时，电磁阀开启，进气管的真空经真空通道传送到 EGR 阀膜片室，使 EGR 阀开启，部分废气经废气再循环通道进入进气歧管。当 ECU 对 EGR 控制电磁阀断电时，电磁阀关闭，隔断了通向 EGR 阀

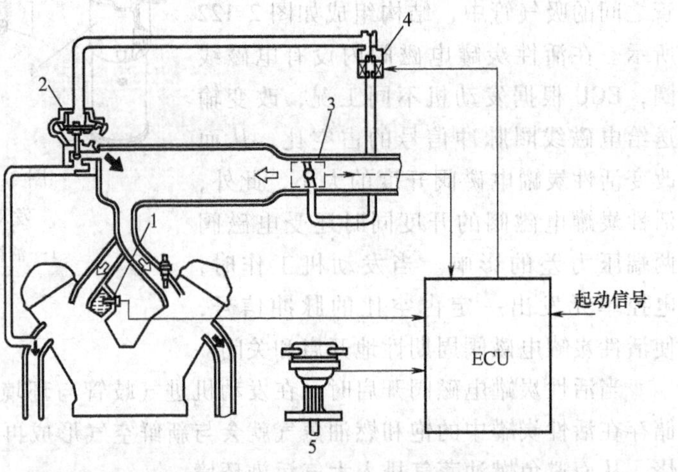

图 2-124　电子控制 EGR 系统

1—冷却液温度传感器　2—EGR 阀　3—节气门位置传感器

4—EGR 控制电磁阀　5—曲轴转速和转角传感器

膜片室的真空通道，EGR 阀关闭，不进行废气再循环。这种 EGR 系统只能控制是否进行废气再循环，而不能控制 EGR 率。

当发动机处于以下工况时不进行废气再循环：起动状态，发动机冷却液温度低于 50℃，节气门位置传感器的怠速触点接通，发动机低速、小负荷运转（转速低于 1000r/min 左右），发动机高速运转（转速高于 4500r/min），突然加速或减速。

（2）可变 EGR 率废气再循环系统

可变 EGR 率废气再循环控制的工作原理是根据发动机台架试验确定的 EGR 率与发动机转速、进气量的对应关系，将有关数据存入发动机 ECU 的 ROM 中。发动机工作时，ECU 根据各种传感器送来的信号确定发动机在哪一种工况工作，经过查表和计算修正、输出适当的指令，控制电磁阀的开度，以调节 EGR 率。

可变 EGR 率的废气再循环控制系统主要由 EGR 控制阀、VCM 真空控制阀、ECU 及各种传感器等组成，如图 2-125 所示。

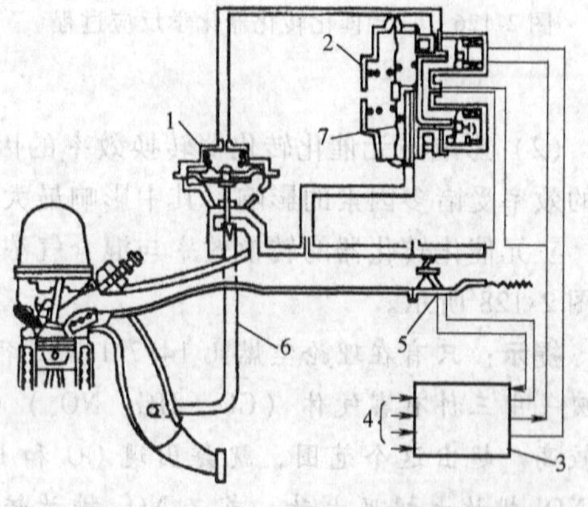

图 2-125　可变 EGR 率的废气再循环控制系统

1—EGR 控制阀　2—VCM 真空控制阀　3—ECU　4—传感器输入信号　5—节气门位置传感器　6—EGR 管路　7—定压室

发动机工作时，ECU 向 VCM 真空电磁阀提供不同占空比的脉冲信号，通过控制 VCM 真空电磁阀相对通电时间来控制 EGR 控制阀膜片室的真空度，进而改变 EGR 控制阀的开启开度，以此调节 EGR 率。脉冲电压信号的占空比越大，电磁线圈通电相对时间越长，膜片室的真空度越小，EGR 控制阀开启高度越小，进入气缸中的废气越少，EGR 率越低。因此，ECU 只要控制施加在 VCM 阀电磁线圈上脉冲电压的占空比，即可实现对 EGR 率的控制。

上述两种形式的废气再循环控制系统均属开环控制，EGR 率只能预先设定，不能检测发动机各种工况下实际的 EGR 率。

提示： 目前，在更为先进的 EGR 控制系统中广泛采用了闭环反馈控制式废气再循环系统，控制系统以 EGR 率或 EGR 控制阀的开度作为反馈信号进行闭环控制。

3. 三元催化转化器与空燃比反馈控制系统

三元催化转化器（TWC）安装在排气管中部消声器内，其功能是利用含有铂（Pt）或钯（Pd）、铑（Rh）等贵重金属的催化剂在 300 ~ 900℃ 的温度下将发动机废气中的 NO_x、HC、CO 有害气体转化为无害气体，从而实现对废气的净化，其化学反应过程如图 2-126 所示。

（1）三元催化转化器的结构原理　如图 2-127 所示，三元催化转化器一般由金属外壳、隔热减振衬垫、催化剂载体和催化剂组成。载体一般由陶瓷制造（也有金属的）而成，可分为颗粒形和蜂巢形两种类型，三元催化剂（铂或钯和铑的混合物）涂附在载体表面上。颗粒形将催化剂沉积在颗粒状氧化铝载体表面，蜂巢形将催化剂沉积在蜂巢状氧化铝载体表面。作为催化剂载体的氧化铝表面都有形状复杂的表面，以增大催化剂与废气的实际接触面积。废气通过时，三元催化转化器利用铂（或钯）作为氧化催化剂使尾气中的 CO、HC 氧化，同时又利用铑作为还原催化剂使尾气中的 NO_x 还原，生成 CO_2、H_2O、N_2 等无害气体。

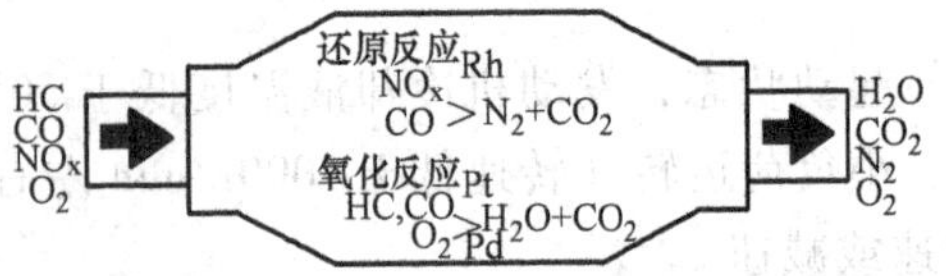

图 2-126　三元催化转化器化学反应过程

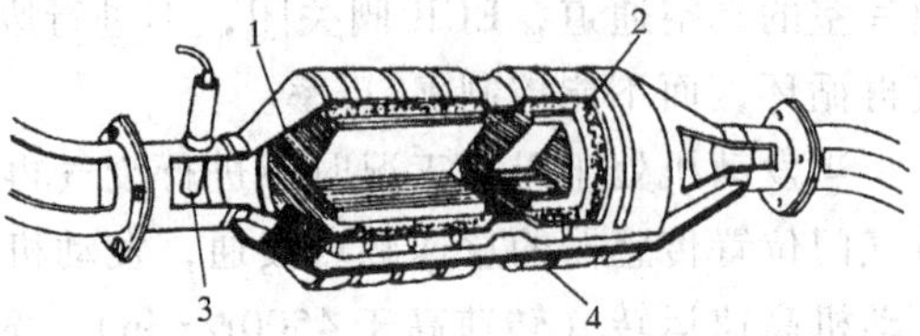

图 2-127　三元催化转化器的结构

1—载体（催化剂）　2—衬垫　3—氧传感器　4—外壳

（2）影响三元催化转化器转换效率的因素　三元催化转化器将有害气体转变成无害气体的效率受诸多因素的影响，其中影响最大的是混合气的浓度和排气温度。

三元催化转化器的转换效率与混合气浓度的关系曲线如图 2-128 所示。

提示：只有在理论空燃比 14.7:1 附近很窄的范围内，对废气中三种有害气体（CO、HC、NO_x）的转化效率均比较高。超出这个范围，就会出现 CO 和 HC 排放较低、而 NO_x 排放大幅度上升，或者 NO_x 排放较低、而 CO 和 HC 排放大幅度上升的情况。为将实际空燃比精确控制在标准的理论空燃比附近，在装用三元催化转化器的汽车上，一般都装有用来检测废气中氧浓度的氧传感器，以使 ECU 对空燃比进行反馈控制，即电控燃油喷射系统的闭环控制。

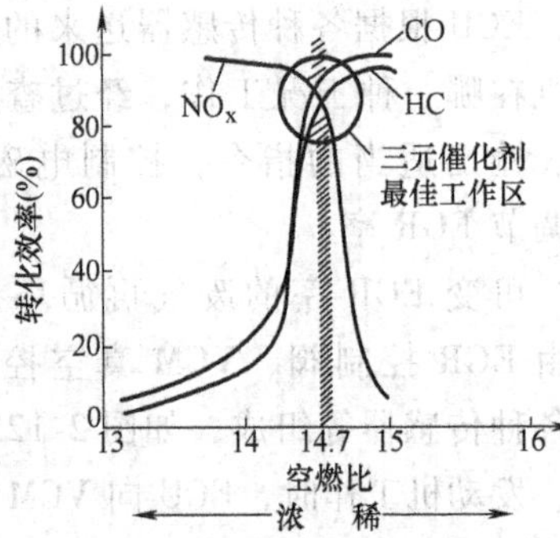

图 2-128　TWC 转化效率与混合气浓度的关系

电控燃油喷射系统的闭环控制原理如图 2-129 所示。在开环电控燃油喷射系统中，ECU 只是根据转速信号、进气量信号、冷却液温度信号等确定喷油量，以控制空燃比，但并不对实际控制的空燃比是否精确进行检测。在闭环电控燃油喷射系统中，氧传感器安装在三元催化转化器与发动机之间的排气管上，将检测到的废气中氧浓度信号输送给 ECU，ECU 根据此信号对喷油器的喷油量进行修正，使实际的空燃比更接近理论空燃比。

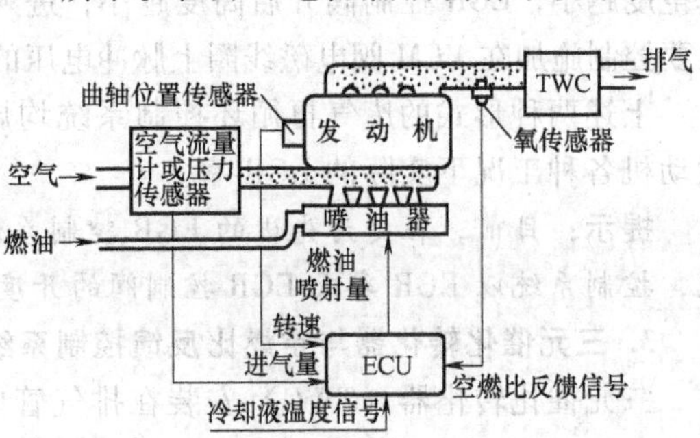

图 2-129　电控燃油喷射系统的闭环控制原理

在装有氧传感器的电控燃油喷射发动机上，电控燃油喷射系统并不是在所有工况下都进行闭环控制，在发动机起动工况、怠速工况、暖机工况、加速工况、全负荷工况、减速断油工况等时，发动机不可能以理论空燃比工作，仍采用开环控制方式。另外，氧传感器温度在 400℃以下，氧传感器或其电路发生故障时，也只能采用开环控制。电控燃油喷射系统进行开环控制还是进行闭环控制，由 ECU 根据相关输入信号确定。

三元催化转化器也经常由于排气中的铅化物、炭烟、焦油等引起损坏。硫、铅、磷、锌等极易吸附在催化剂上，催化剂对之非常敏感，易慢性中毒，从而使活性降低。因此，为了提高催化转化器的使用寿命，应使用无铅汽油和对磷有严格控制的专用电喷机油。

2.4　汽油机缸内喷射技术

随着石油资源越来越紧缺，人们对汽车燃油经济性的要求越来越高，为此，一种新型的汽油机燃烧方式应运而生，即汽油机稀薄燃烧技术，而实现稀薄燃烧的理想方式是汽油缸内直接喷射。无论从提高汽油机动力性能的角度，还是从节省燃油和减少废气排放的角度来看，缸内直喷式汽油机在进气道喷射技术的基础上，又将汽油机技术向前推进了一大步，从而成为汽油机发展历史上又一个重要的里程碑。

2.4.1　稀薄燃烧

直喷式汽油发动机与直喷式柴油机相似，安装在燃烧室内的喷油器将汽油直接喷注在燃烧室内，空气则通过进气门进入燃烧室与汽油混合成可燃混合气，如图2-130所示。

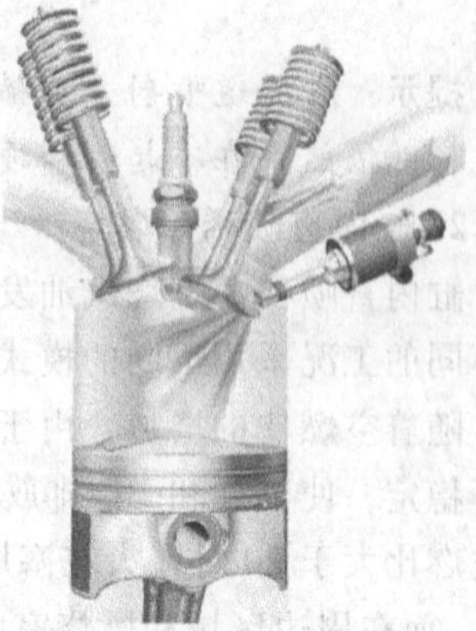

图2-130　汽油缸内直接喷射

提示： 汽油缸内直接喷射是实现稀薄燃烧的理想方式，缸内直喷发动机的关键技术是稀薄燃烧技术。

目前，为了降低汽车排放污染，发动机普遍采用的是空燃比闭环控制加三元催化转化器，这要求空燃比为14.7:1，是以牺牲燃油经济性为代价的。随着对发动机动力性和环保要求的越来越高，增压技术和可变气门技术显得力不从心。因此，曾在20世纪80年代风行一时的汽油机稀薄燃烧问题被再次提出。

从理论上来说，空燃比大于理论空燃比14.7时的燃烧即为稀薄燃烧。传统汽油机（包括化油器式和大部分进气道喷射式汽油机）为保证各缸不失火，混合气不能太稀，空燃比的范围在12.6~17之间，其混合气是均质的。稀薄燃烧是一个范围很广的概念，只要空燃比大于17，就可以称为稀薄燃烧。在稀薄燃烧的条件下，爆燃不易发生，可以采用较高的压缩比，再加上汽油能在过量的空气里充分燃烧，使燃烧更加完全。

提示： 稀薄燃烧技术的最大特点就是燃烧效率高，可以提升发动机的功率输出，经济性好（达到甚至于超过了柴油发动机）、排放低。

按燃烧供给方式，稀薄燃烧可分为进气道喷射（PFI）分层稀薄燃烧、缸内直喷（GDI）稀薄燃烧、均质混合气压燃（HCCI）三种类型。目前，均质混合气压燃（HCCI）汽油机的商品化还没有成功的先例，因此，在这里仅介绍进气道喷射分层稀薄燃烧和缸内直喷稀薄燃烧。

1. 进气道喷射分层稀薄燃烧

为了保证可靠点火，点燃式稀薄燃烧汽油机在点火瞬间火花塞周围必须形成易于点燃的空燃比为12~13.5的混合气，这就要求混合气在气缸内非均匀分布。而要实现混合气的非均匀分布，必须使混合气在气缸内分层。进气道喷射分层主要通过对进气系统的合理配置、依靠气流的运动（涡流分层和滚流分层）结合适时的喷油来实现。为了适应稀薄燃烧，必须提高压缩比，为此，进气道喷射分层稀薄燃烧发动机在结构上有相应的改进，如采用高压缩比燃烧室、采用四气门结构、采用可变配气相位机构、加装燃烧压力传感器、用宽量程氧传感器取代普通氧传感器等。

进气道喷射分层稀薄燃烧汽油机一般只能在空燃比小于 25 的范围内工作，并且存在燃油经济性较差和排放较高的缺点。另外，由于进气道喷射汽油机在 0.3～0.5MPa 的压力下将汽油以较大的油滴（直径为 150～300μm）喷向进气门的背部和进气口附近的壁面上，只有少量的汽油能够在油滴到达壁面形成油膜之前直接在空气中蒸发，汽油的蒸发和与空气的混合主要依靠进气门和进气道壁面的高温以及进气门打开时灼热的废气倒流和冲击。这种混合气形成方式在发动机稳定工况下尚可满足要求，但在变工况和发动机冷起动时汽油的蒸发和油气混合严重不足，不得不过量喷油，从而造成大量未燃 HC 经排气门进入三元催化转化器。

提示： 进气道喷射分层稀薄燃烧汽油机仍没有从根本上完全摆脱传统的混合气外部形成方式，并依然存在冷起动和暖机时 HC 排放高的问题。

2. 缸内直喷稀薄燃烧

缸内直喷稀薄燃烧汽油发动机有分层充气、均质稀混合气、均质混合气三种工作模式，在不同的工况采用不同的模式。

随着空燃比的增加，由于混合气过稀，均质混合气难以点燃且燃烧速度减慢，会造成燃烧不稳定，使油耗和 HC 排放上升。为了提高稀薄燃烧界限，可采用分层充气燃烧，以保证在空燃比大于 20 时在火花塞周围形成易于着火的较浓的可燃混合气（空燃比在 12～13.5 之间），而在周边区域和燃烧室的大部分区域是较稀混合气或空气，即燃烧室中混合气浓度有组织地分成各种层次。分层燃烧（分层充气）的汽油机可稳定在空燃比为 20～25 的范围内工作，空燃比的稀限可提高到 40 以上。

提示： 分层燃烧模式是缸内直喷发动机实现稀薄燃烧的主要方式，也是最有特色、燃油经济性得以提高的工作模式。

典型的缸内直喷发动机混合气控制策略如图 2-131 所示。在中小负荷工况下，燃油于压缩行程后期喷入，这时缸内形成分层稀薄混合气，使汽油机在部分负荷下具有良好的经济性；在大负荷和全负荷工况下，喷油是在进气行程早期进行的，燃油能够在较长的时间内完成蒸发扩散，根据运行工况的需要，实现均质稀薄混合气燃烧（过量空气系数在 1.3～1.4 之间）或均质混合气燃烧（过量空气系数 1.0）或均质浓混合气（过量空气系数小于 1.0），以保持汽油机升功率高、动力性好的优点。

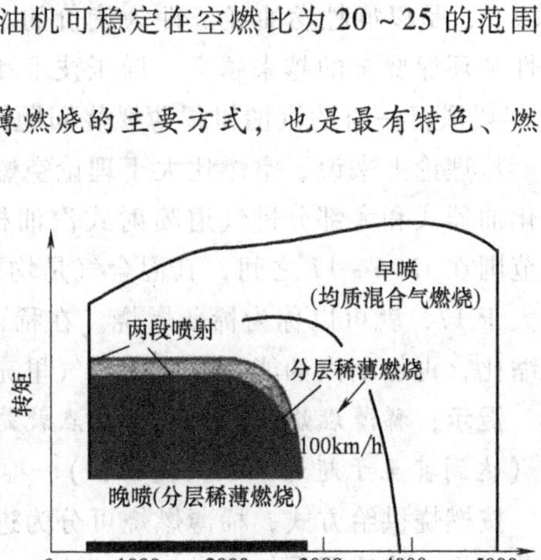

图 2-131　典型的混合气控制策略

提示： 综上所述，稀薄燃烧不一定由缸内直喷来实现，但缸内直喷通常采用稀薄燃烧技术，稀薄燃烧技术是缸内直喷发动机的关键技术。

2.4.2　结构与性能特点

迄今为止，汽油机的发展历经三代，传统化油器式和进气道喷射式汽油机都是在气缸外形成可燃混合气，然后进入气缸内燃烧。而缸内直喷发动机则将汽油直接喷入气缸，利用缸内气流运动、燃油喷射雾化、燃烧室表面引导形成可燃混合气后进行稀薄燃烧，具有节省燃油、减少废气排放、提升动力性能等优点。缸内直喷发动机采用稀薄燃烧技术，压缩比高、燃烧温度高、气缸压力大，与进气道喷射相比，发动机的机械部分、进排气系统、燃油喷射系统、点火系统等方面均有较大的改进。

1. 结构特点

（1）燃油喷束、气流运动和燃烧室形状　如何有效而稳定、可靠地实现部分负荷时缸内混合气的分层是缸内直喷式汽油机成功进行稀薄燃烧的关键，重点是必须在不同的发动机负荷（喷油持续时间）和转速（活塞速度）情况下，协调喷射油束、活塞顶燃烧室凹坑几何形状和充量运动三者之间的关系，确保在火花塞附近及时、可靠、稳定地形成足够数量和良好品质的可燃混合气。混合气的分层通常通过以下三种方式（图 2-132）实现：

① 壁面引导。喷油器与火花塞距离较远，火花塞一般布置在气缸中心，主要是利用特殊的活塞顶凹坑形状配合气体滚流运动，将燃油蒸气导向火花塞并在火花周围形成合适浓度的混合气。

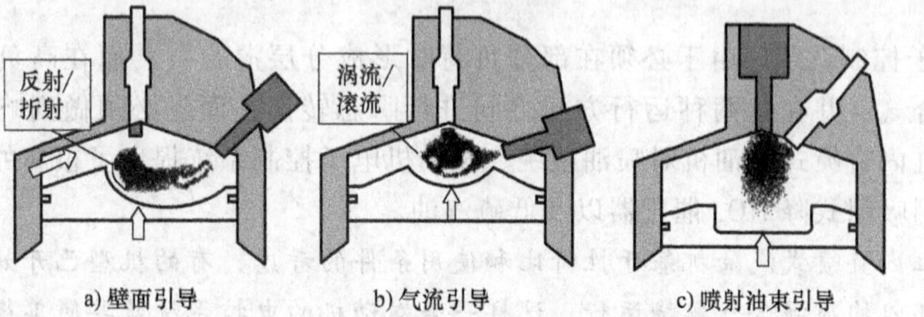

图 2-132　实现混合气分层充气的三种方式

② 气流引导。喷油器与火花塞距离较远，火花塞一般布置在气缸中心，综合利用进气道和活塞表面，在缸内形成滚流与涡流相结合的气流运动来实现混合气分层。

③ 喷射油束引导。喷油器和火花塞的位置较近，喷油器一般位于气缸中心，火花塞位于喷射油束的边缘。其特点是火花塞周围容易形成较浓的混合气，同时主要采用强的涡流来保持分层混合气的稳定性。

提示： 在实际的发动机燃烧系统中，以上三种混合气组织形式不能截然分开，而是两种或三种组合在一起，只是每一种形式的权重不同而已。

在进气行程和压缩行程中缸内瞬时流场的组织非常重要，用来产生混合气分层的缸内流场主要有进气滚流和进气涡流两种。进气滚流是进气通过进气道的导向而在气缸中形成的绕垂直于气缸中心线的轴线旋转的充量运动。进气涡流是进气通过进气道的导向而在气缸中形成的绕气缸轴线旋转的充量运动，这种进气涡流既适合于分层混合气形成，也是均质混合气形成所需要的。发动机的基本结构对于气体流动方案的选择起着决定性的作用，需视燃烧系统的布置方式及燃烧过程的组织如何以利于协调三者之间的相互配合来选择。在四气门汽油机上，若气门夹角较大，则大多采用滚流支持的直喷式燃烧过程比较有利，而气门夹角较小时则采用涡流支持的直喷式燃烧过程。对于两气门汽油机而言，则大多选择涡流支持的直喷式燃烧过程。

（2）燃油喷射系统　因为不仅要实现高负荷时在进气行程期间的喷射，而且还要满足部分负荷时在压缩行程后期的喷射要求，因此，汽油机的缸内直接喷射方式对燃油喷射系统的要求要明显高于进气道喷射方式，其喷油压力需达到 5 ~ 10MPa。高压燃油泵和喷油器是缸内直喷式汽油机的重要部件，特别是喷油器的喷雾品质是保证良好混合气形成，以实现分层与稀燃的关键之一。

共轨式高压燃油直接喷射系统是目前缸内直喷式汽油机应用最为广泛的一种喷油系统（图 2-133），其工作原理与当今柴油机使用的高压共轨喷油系统相同，只是燃油共轨压力要低得多。这种共轨式喷油系统将燃油的高压产生与油量计量两大基本功能分离，分别由燃油泵和喷油器承担，特别适合缸内直喷式汽油机需要根据负荷在进气和压缩行程喷射实现分层混合气和均质混合气运行之间的转换，为喷油系统与充量运动和燃烧过程的匹配提供了极大的自由度。因此，缸内直喷式汽油机几乎都采用这种共轨喷油系统。

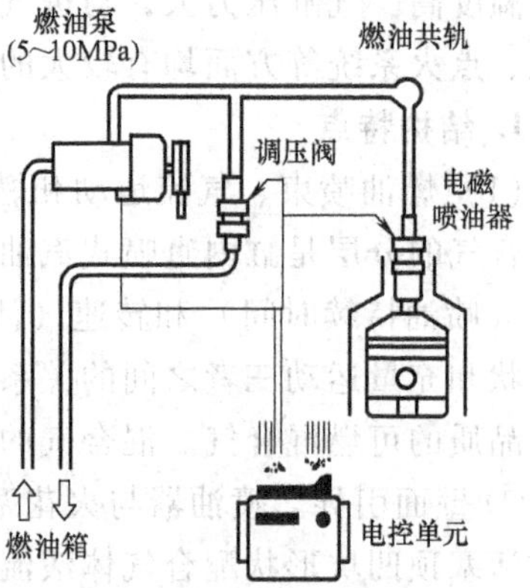

图 2-133　共轨式高压燃油直喷系统

（3）电子控制系统　由于必须在部分负荷时形成分层混合气，而在高负荷和全负荷时形成均质混合气，并在这两种运行方式之间进行瞬态转换，而且必须做到响应快、转换平顺，因此，缸内直喷式汽油机对喷油系统、发动机电子控制系统提出了很高的要求，而且还必须专门配用吸附式降 NO_x 催化器以及低硫汽油。

提示： 缸内直喷式汽油机基于性价比和使用条件的考虑，有的机型已开始采用在所有运行工况下全部以均质混合气燃烧运行，这样一来发动机的电控系统就要简单得多，也无需应用吸附式降 NO_x 催化器以及低硫汽油，电控单元和三元催化转化器基本上可与进气道喷射机型通用，从而成本要明显优于以分层混合气燃烧运行的机型，只是其油耗略为逊色，但仍要比进气道喷射汽油机低 5% ~9%。

2. 性能特点

（1）充气效率和压缩比较高，动力性、经济性好　缸内直喷发动机将汽油直接喷入气缸，油滴的蒸发主要依靠从缸内空气中吸热，而非从壁面吸热，因而能起到冷却充质的效果使混合气的温度降低、体积减小，有利于抑制爆燃倾向、提高压缩比，有利于提高充气效率。与进气道喷射汽油机相比，缸内直喷式汽油机的充气效率提高了 10%，而爆燃倾向的降低表现在受爆燃限制的点火时刻可提前若干曲轴转角，因而压缩比可提高 1.5 ~ 2，达到 12 ~ 14（进气道喷射发动机压缩比很难突破 10，还需要使用 95 号汽油），有利于提高汽油机的热效率，降低油耗约 2%。如果加装涡轮增压系统，充气效率将进一步提高，空气密度加大，氧含量提高，燃烧条件进一步改善，动力性、经济性和净化性将明显提高。

（2）燃烧充分，排放较低　缸内直喷发动机可解决进气道喷射汽油机变工况和冷起动时油气混合不足、HC 排放较高的问题。早期的缸内直喷式汽油机因喷射技术水平的限制，喷雾油滴的直径约为 80μm，一滴这样大小的油滴在 200℃ 的空气中需要大约 55ms 才能完全蒸发。显然，蒸发时间过长，油气混合不能主要依靠喷雾来实现。随着汽油喷射技术的进步，缸内直喷式汽油机喷油压力已达到 5 ~ 10MPa，又采用带旋流的喷油器，雾化性能得以提高，喷雾的油滴直径约为 20μm，喷雾锥角可达 50° ~ 100°，常压下的贯穿度约为 100mm。此时，直径 20μm 的油滴在同样情况下仅需 3.4ms 即可完全蒸发，因而汽油的蒸发和与空气的混合主要依靠喷雾来实现，再加上缸内空气运动的辅助，对温度的依赖较弱，变工况和冷起动时不再需要过量喷油，燃油能充分燃烧，有害物特别是未燃碳氢（UBHC）的排放也将大为降低。

（3）泵气损失小，热效率高　由于汽油直接喷入气缸内，可实现稀薄混合气分层燃烧，使得中小负荷工况时的空燃比可提高到 40，从而采用像柴油机那样的质调节方式，利用喷入缸内的燃油量调节负荷大小，不需要关小节气门来限制进气量，可以显著减小中小负荷时的泵气损失（减少 15% 左右），有利于降低燃油消耗。同时，在高空燃比情况下，由于混合气物性的改变、绝热指数的增加以及混合气分层致使热损失减少，使得发动机的热效率进一步提高。由于汽车发动机经常在低负荷工况下运行，因此分层混合气燃烧的直喷式汽油机可使平均油耗降低 15% ~20%。

除此之外其优点还有，由于燃料与空气的混合更充分、燃烧更彻底，带来了发动机动力性能的提升。同排量下，最大功率可提高 15%；由于燃油直接喷入气缸，可以对各缸空燃比进行精确而相对独立的控制，因此各缸工作的均匀性得以改善；由于汽油直接喷入缸内，发动机基本在第二个工作循环就能正常运转起来（进气道喷射发动机则至少需要 10 个循环以上才能着火），具有良好的瞬态响应，冷起动迅速，加速响应快。

提示：缸内直喷发动机具有柴油机的经济性并保持了汽油机的特点，相对于技术成熟的进气道喷射发动机具有显著优点。但是，缸内直喷发动机也存在着中、小负荷时 HC、NO_x 排放较多、颗粒排放增加等缺点，排放、燃烧稳定性等方面的问题限制了它的普遍应用。目前，缸内直喷技术完全替代进气道喷射技术仍存在一些技术挑战。

2.4.3　基本结构组成

发动机进气系统、燃油喷射系统、排气后处理系统等构成了缸内直喷式汽油机的核心技术，而先进的电控直接喷射系统是发动机能在不同模式下运行，并在分层燃烧与均质燃烧之间平顺转换的基础。下面以博世缸内直喷系统为例介绍各相关系统的基本结构特点及工作原理。

博世公司在 ME7 型进气道喷射汽油机电控系统的基础上，专门为缸内直喷式汽油机开发了 Motronic MED7 型电控直接喷射系统，如图 2-134 所示，主要特点是为汽油直接喷射集成了控制高压喷油器的驱动级。

这种高压喷油系统是一种共轨蓄压式喷射系统，燃油能够按电控单元的指令在任何时刻以所需要的压力由喷油器精确计量并直接喷入气缸，而所要求的发动机输出转矩（即负荷大小）是由电控单元根据加速踏板位置传感器发出的信号调节喷油量来实现的。为了使发动机能够实现分层燃烧与均质燃烧两种运行方式，必须将进气量调节与加速踏板调节（负荷调节）分开，以便能够在低负荷工况时节气门全开，实现发动机无节流运行，而在高负荷工况时又能用节气门来调节进气量。进气质量可由电子节气门自由调节，并用热膜式空气流量计来精确测量。而混合气空燃比控制由宽量程氧传感器通过 ECU 反馈控制实现，进行过量空气系数为 1 的均质运行或分层稀薄运行调节，以及吸附式降 NO_x 催化器再生的精确控制。为了降低发动机的 NO_x 排放，应尽可能采用高的废气再循环率，因此采用一个进气管压力传感器来进行废气再循环的检测。

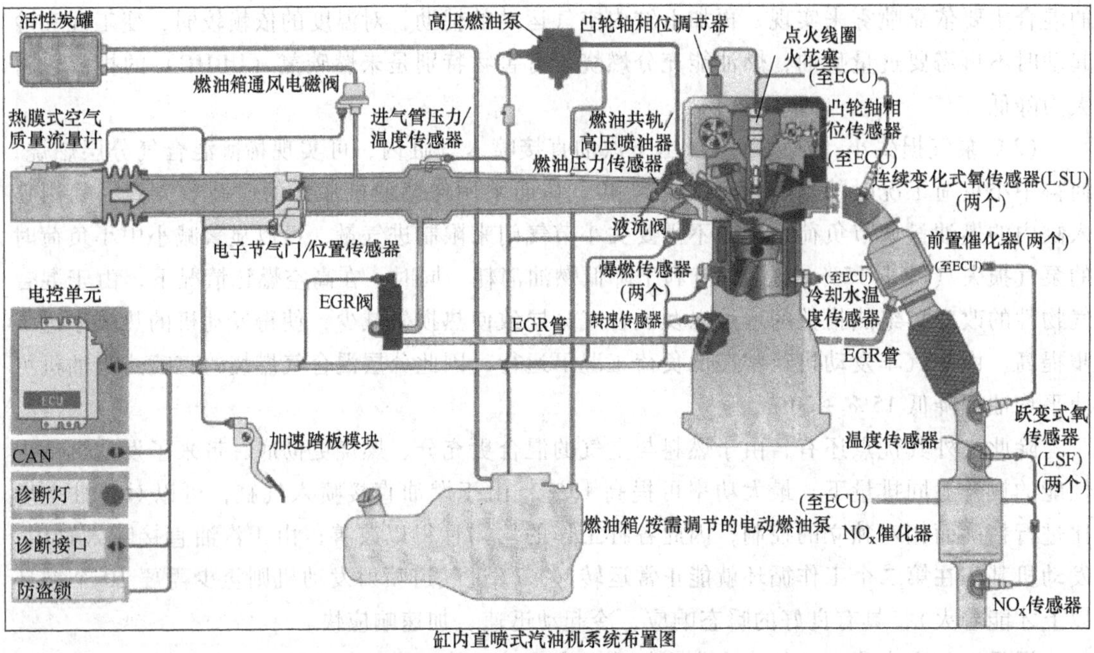

缸内直喷式汽油机系统布置图

图 2-134　博世 Motronic MED7 型电控直接喷射系统

1. 进气系统

从图 2-134 可知，装配 MotronicMED7 电控系统的缸内直喷发动机的进气系统包括热膜空气质量流量传感器、电子节气门、进气管压力传感器、废气再循环阀和进气滚流阀（或涡流阀）等，其中，热膜式空气质量流量传感器、电子节气门、进气管压力传感器、废气再循环阀这 4 种部件与进气道喷射汽油机相似。

有的发动机采用双进气道可切换式进气歧管，用于提高发动机输出功率和转矩。进气歧管是否切换取决于发动机负荷、转速和冷却液温度。双进气道可切换式进气歧管如图 2-135 所示，进气歧管内部有 4 个翻板，这 4 个翻板由伺服电动机通过一根共同的切换轴来驱动。伺服电动机内集成有电位计，它用于将翻板位置信息反馈给发动机控制单元。进气歧管翻板会影响混合气形成，从而影响排放，由 OBD 来监控。

分层模式和均质稀混合气模式时，进气歧管翻板关闭了进气歧管的下半部分，吸入的空气通过涡旋板的上方引入到燃烧室内。均质混合气模式时，进气歧管翻板打开，吸入的空气通过涡旋板上、下方的通道引入到燃烧室内。

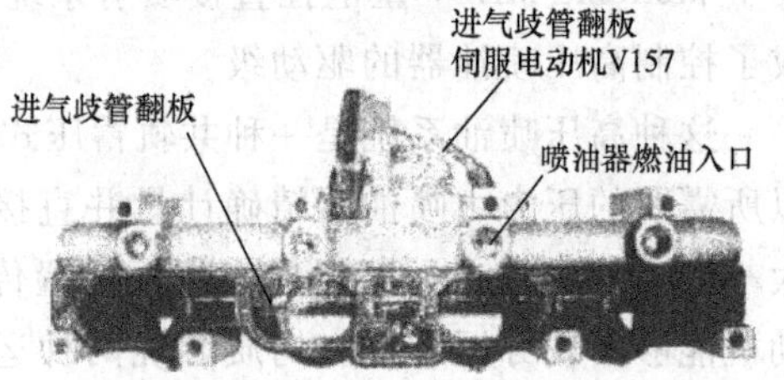

图 2-135　双进气道可切换式进气歧管

2. 燃油喷射系统

缸内直喷式汽油机对燃油喷射系统提出的主要要求是，必须将燃油压力产生过程与计量喷射过程完全脱钩。

提示： 蓄压共轨式喷油系统具有很大的控制自由度，可以最好地满足这些要求，能够在任意一个时刻通过喷油器将存储在共轨中达到运行工况所要求压力的燃油精确计量直接喷入燃烧室。

燃油喷射系统主要由燃油箱、电动燃油泵、燃油滤清器、高压燃油泵、燃油压力调节器、燃油共轨、高压喷油器、燃油高压传感器等组成，如图 2-134 所示（图中燃油滤清器、燃油压力调节器未画出），可分为低压燃油系统和高压燃油系统两部分。低压燃油系统是指电动燃油泵至高压燃油泵之间的油路系统，高压燃油系统是指高压燃油泵至高压喷油器之间的油路系统。

工作时，首先由燃油箱内的低压电动燃油泵产生 350 ~ 400kPa 的油压，按需要向由发动机直接驱动的高压燃油泵供油，它可将燃油压力提高到 5 ~ 10MPa。喷油器直接连接在燃油共轨上，由电控单元发出的控制信号（喷油脉宽）来确定喷油始点和喷油量。共轨中的燃油压力由燃油压力传感器采集，并由同样安装在共轨上的燃油压力调节器调节到喷油脉谱图所规定的压力值。燃油压力调节器根据负荷状况调节共轨通往回油管路的通道截面，以控制回油量。

图 2-136 是博世公司一种可调节供油量的燃油喷射系统，在低压进油油路中安装了一个压力传感器，在电动燃油泵上面安装有燃油泵控制单元，其功能是根据低压压力传感器的输出信号通过脉宽调制信号来控制电动燃油泵只供应实际所必需的燃油量（低压油路内的油压不超过 500kPa），这不仅避免了油箱中燃油温度的升高，而且减少了电功率的消耗。而在冷、热机起动发动机时，低压燃油系统内的油压可以在短时间内达到 650kPa，有利于顺利起动。

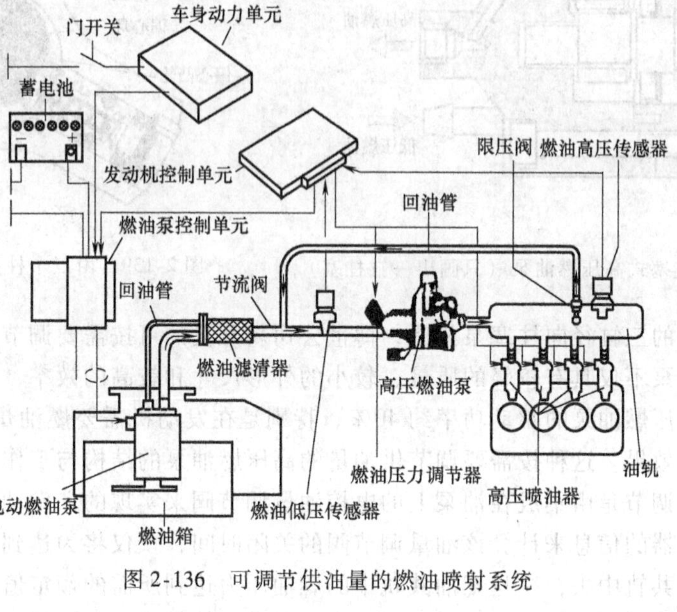

图 2-136　可调节供油量的燃油喷射系统

如图 2-137 所示为缸内直喷发动机的高压燃油泵、燃油共轨和喷油器三大高压部件。

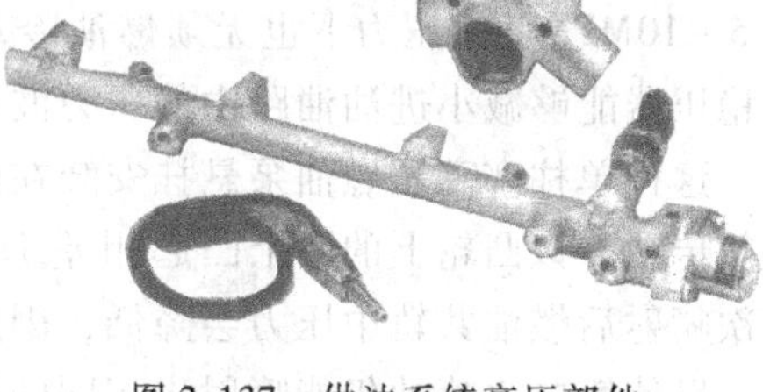
图 2-137　供油系统高压部件

（1）电动燃油泵和高压燃油泵　电动燃油泵提供发动机工作所需要的相应数量的低压燃油并根据要求调节系统压力，通常采用与进气道喷射汽油机一样的电动燃油泵。高压燃油泵的任务是将来自低压油路 350 ~ 400kPa 的燃油压力提高到 5 ~10MPa 供入燃油共轨，其平均供油量是实际喷油量的两倍左右，并要求泵油流量变化小，以减小共轨中的压力波动。高压燃油泵有轴向柱塞泵、径向柱塞泵、直立柱塞泵三种。

径向柱塞式高压燃油泵的基本结构如图 2-138 所示，柱塞经滑动底座支承在凸轮上，进油阀直接集成在柱塞副上方。由于三个柱塞径向均匀布置，对驱动轴的径向作用力可部分抵消。

提示： 径向柱塞泵长度较短，可由发动机凸轮轴直接驱动，因此，这种泵在使用寿命和工作效率方面均有优势，是现代直喷式汽油机应用最广的一种高压燃油泵。

径向柱塞泵的供油量波动性主要取决于柱塞的数目，为了减小供油波动，至少需要三个柱塞交替泵油，如图 2-139 所示为三缸泵的结构示意图，每个柱塞都配有一个相应的机构。单缸泵、三缸泵和五缸泵的对比试验表明，三缸泵在性能和成本的综合优势最强。此外，与用电动机驱动方案相比，径向柱塞泵由发动机凸轮轴直接驱动，在装配、效率和成本等方面更为有利。

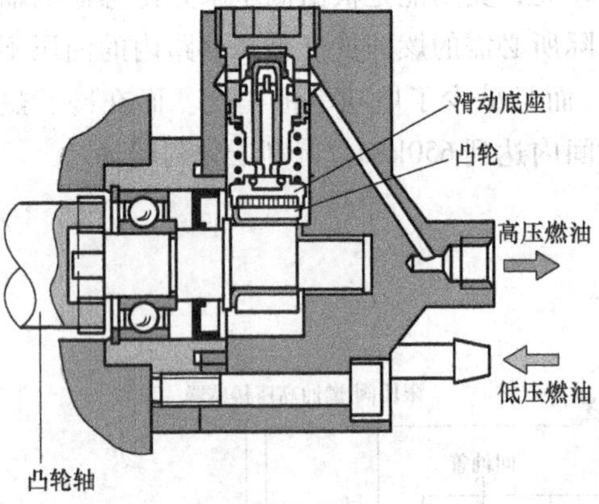

图 2-138　径向柱塞式高压燃油泵（只画出一缸柱塞）

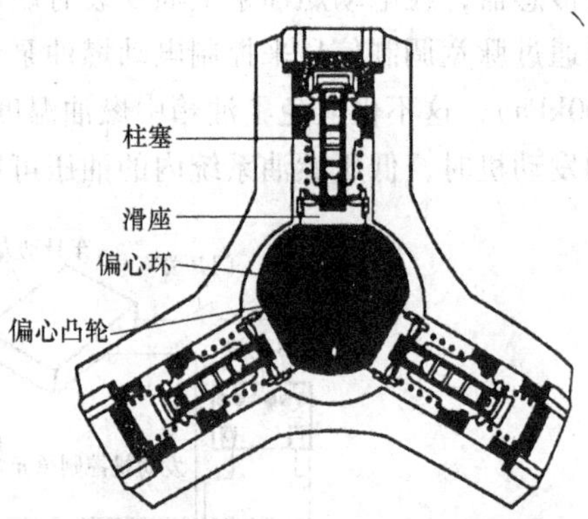

图 2-139　由三个柱塞构成的三缸泵

与这种传统的三缸径向柱塞泵相比，博世公司新开发的可按需要调节供油量的 HDP2 型单柱塞高压燃油泵不仅具有较轻的质量、较小的外形尺寸和较高的效率，而且泵油量能按需调节，可降低高压燃油泵的驱动功率约 40%，特别是在发动机需要燃油量较少的运转工况，具有明显的节油效果。这种按需要调节供油量的高压燃油泵的结构与工作原理如图 2-140 所示，其泵油量的调节是由集成在油泵上的电控油量调节阀来实现的。发动机电控单元根据燃油共轨压力传感器的信息来计算该油量调节阀的关闭时间，仅仅将为达到喷油压力所必需的燃油量泵入燃油共轨中去，一旦燃油共轨中的燃油压力达到所需的额定值，油量调节阀即被打开，多余的燃油被剩下的柱塞行程泵回到高压燃油泵的进油油路中去，这样不仅节省了高压燃油泵的功率消耗，具有明显的节油效果，而且避免了油箱中燃油温度的升高，使得即使在 5～10MPa 共轨压力下也无须燃油冷却器。进油阀上方低压进油腔的弹簧-膜片式低压燃油稳压器能够减小进油油路中的压力波动，提高泵油量精度。

这种单柱塞高压燃油泵悬挂安装在凸轮轴相位调节器的旁边，由位于进气凸轮轴轴端的凸轮传动。该凸轮上的两个凸起相差 180°，由于两次相邻的喷射只有一次泵油行程，在第一次喷射后燃油共轨中压力会降低，因此，第二次喷射的喷油时间由发动机电控单元进行修正，以使第二次喷油仍能喷射出相同的燃油量，以保证喷油精度。

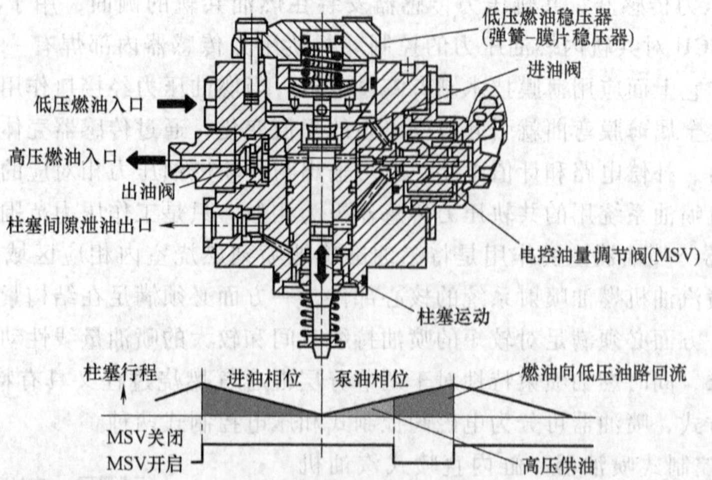

图 2-140　HDP2 型单柱塞高压燃油泵的结构及其工作原理

（2）燃油共轨　燃油共轨是一种管状铸铝件，并具有与高压燃油泵、喷油器、燃油压力调节阀和燃油压力传感器连接的接头（图 2-141），其任务是将一定压力的燃油分配到喷油器，并且提供足够大的容积来补偿压力波动，燃油分配管（轨）是高压储存器，也是喷油器、燃油压力传感器等部件的安装支架以及高、低压系统的连接部分。

提示：燃油共轨蓄压容积的设计遵循这样的准则：一方面要求具有较大的蓄压容积，以便能抑制向喷油器周期性供油而引起的压力波动以及高压泵供油的波动性，尽量保持共轨燃油压力的平稳；另一方面，又要求具有尽量小的蓄压容积，以便共轨压力能够足够迅速地建立起发动机运转所需要的燃油压力。

一般来讲，就排量为 2.2L 的直喷式汽油机而言，共轨蓄压容积为 45mL 较为合适。

（3）共轨压力调节器　共轨压力调节器安装在燃油共轨上，它的任务是在发动机整个运转范围内调节共轨压力（一般为 5～10MPa），而与高压燃油泵的供油量和喷油器的喷油量无关，这是通过调节其节流阀和阀座之间的横截面积控制回油体积流量来实现的，其基本结构如图 2-142 所示。

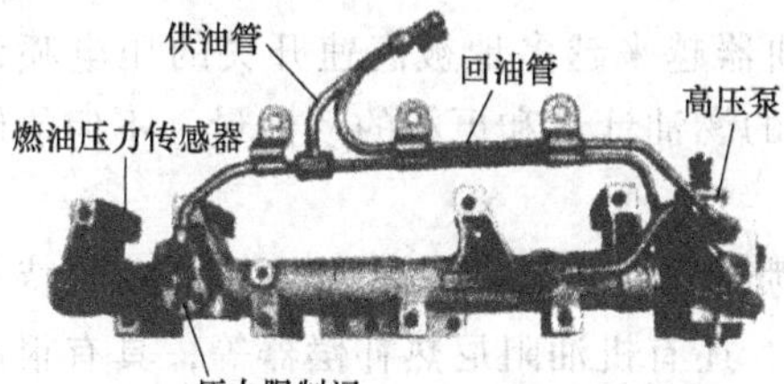

图 2-141　燃油共轨

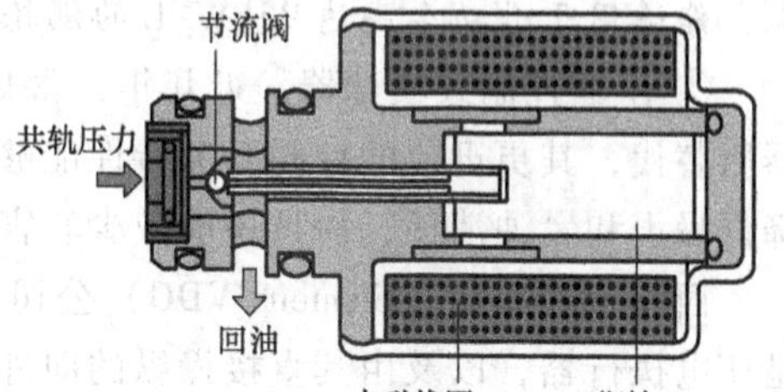

图 2-142　共轨压力调节器

由于作用在节流阀上的电磁线圈的电磁力与液压力保持着动态平衡，所以共轨压力和励磁电流之间存在着直接关系，可采用脉宽调制信号来控制电磁线圈中的励磁电流，从而达到调节共轨压力的目的。由于这种方式产生的磁性衔铁的强迫振动没有摩擦力，并且能几乎无滞后地动作，因而具有非常高的燃油共轨压力调节精度。

(4) 共轨压力传感器　共轨压力传感器安装在燃油共轨的侧面，用于测量燃油共轨中的油压，以便 ECU 对共轨内燃油压力的控制。共轨压力传感器内部焊有一片贵金属薄膜作为传感元件，在它上面应用薄膜技术制有测量电阻，当燃油压力经接口作用到贵金属薄膜的一侧时，由于贵金属薄膜弯曲就引起应变电阻的阻值变化，通过传感器壳体中的专用集成电路上的平衡电路、补偿电路和计值电路，即可输出与共轨燃油压力相对应的电信号，这与直喷式柴油机共轨喷油系统用的共轨压力传感器极为相似，只是工作压力范围不同而已。

(5) 喷油器　喷油器主要作用是将燃油准确地喷到燃烧室内相应区域并形成细雾。喷油器是缸内直喷汽油机燃油喷射系统的核心部件，一方面必须满足在结构紧凑的气缸盖上的装配条件，另一方面必须满足对较短的喷油持续时间和较大的喷油量线性动态流量范围等方面特别高的要求，同时燃油喷束特性对于调节分层混合气燃烧过程又具有特别重要的作用。按针阀控制的方式，喷油器可分为电磁阀控制式和压电控制式两种。

① 电磁阀控制式喷油器。缸内直喷式汽油机通常采用电磁阀控制式喷油器，主要由电磁线圈、压力弹簧、阀针、阀座、供电接头等构成，如图 2-143 所示。这种喷油器内部设有燃油旋流腔，燃油通过在其中产生的旋转涡流来实现微粒化并减小喷束的贯穿度。喷油器工作时，电磁线圈通电所产生的电磁力使铁心克服弹簧力而移动，与铁心一体的针阀被打开，具有一定压力的燃油便从喷口喷入燃烧室。电磁线圈断电，电磁力消失，铁心在弹簧力作用下迅速回位，针阀关闭，停止喷油。针阀的运动质量较小，能达到高频率喷油所需快速开关的要求，从而能在最大喷油持续时间情况下获得 12:1 的喷油量线性动态流量范围（最大喷油量/最小喷油量），能够满足一般缸内直喷式汽油机的要求。这种喷油器的头部细长，并选用尽可能小的喷油器套直径，有利于在发动机气缸盖上的布置。

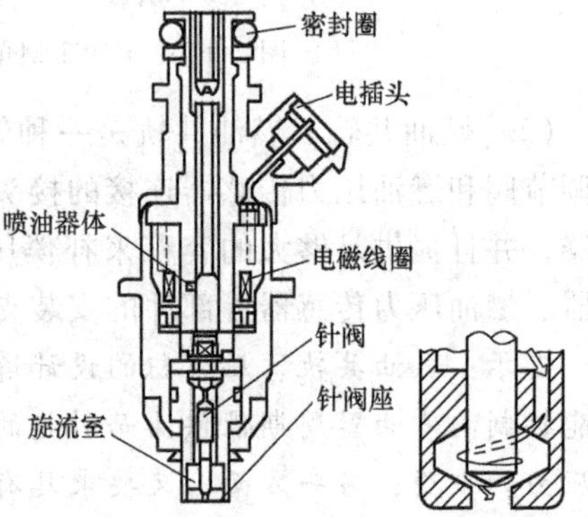

图 2-143　喷油器及其燃油旋流腔

提示： 随着缸内直喷式汽油机升功率的提高，对喷油器喷油量的线性动态流量范围的要求已有明显提高。为此，喷油量动态范围大于 20 的新一代电磁阀控制式喷油器也被开发出来，能适用于升功率高达 95kW/L 的涡轮增压汽油机。

② 压电控制式喷油器。近几年，常规的电磁喷油器越来越多地被高速开关的压电喷油器所替代，其更迅速的针阀开关特性能够获得更精确的燃油计量和更小的喷油量，不但能够降低噪声和燃油消耗，而且还能减少有害物排放。

西门子威迪欧（Siemens VDO）公司开发的压电喷油器如图 2-144 所示，其最大的特点是压电执行器，以及由其直接操纵的向外开启的针阀，还有机油阻尼热补偿器等，具有很高的抗结焦能力和非常短的开关时间（200μs），并能够实现多次喷射以及喷嘴针阀的全升程和部分升程。这种结构类型的压电执行器要求只承受压应力，为了避免在快速收缩时产生拉应力，用一个管状弹簧从外部给压电堆施加预压应力，如图 2-145 所示。当发动机电控单元给压电执行器施加一个电压，它就会膨胀，并向图示的方向伸长。由于其最大伸长量很小（大约只有其总长度的 0.1%），因此，现在的压电喷油器都包含有用于加大行程的机械和液压传动元件，有的还有液压伺服回路、补偿元件和增压装置。

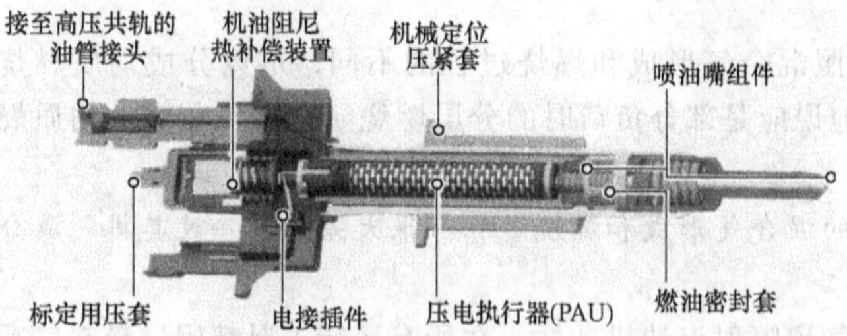

图 2-144　压电喷油器

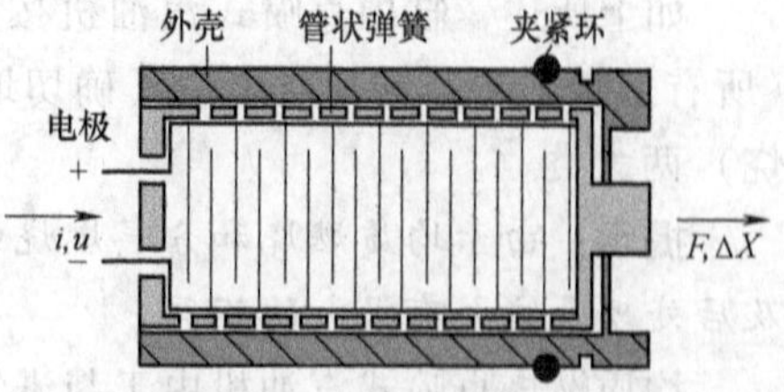

图 2-145　压电执行器

提示： 这种压电喷油器具有重复性较好的高计量精度、稳定的锥形油束和高的抗结焦能力，特别适合于油束引导燃烧过程，能够在很大的运行范围内实现充量分层运转，从而获得良好的经济性。

M272-DE 直喷式汽油机燃油系统如图 2-146 所示，它装有燃油冷却器，发动机工作时，压力调节器或者高压燃油泵的油量调节阀将多余的燃油送至燃油冷却器冷却，然后回到高压燃油泵低压端，防止燃油温度过高。这种燃油喷射系统还有燃油分配器，作用是保持 V6 发动机左右两个燃油共轨的压力平衡。

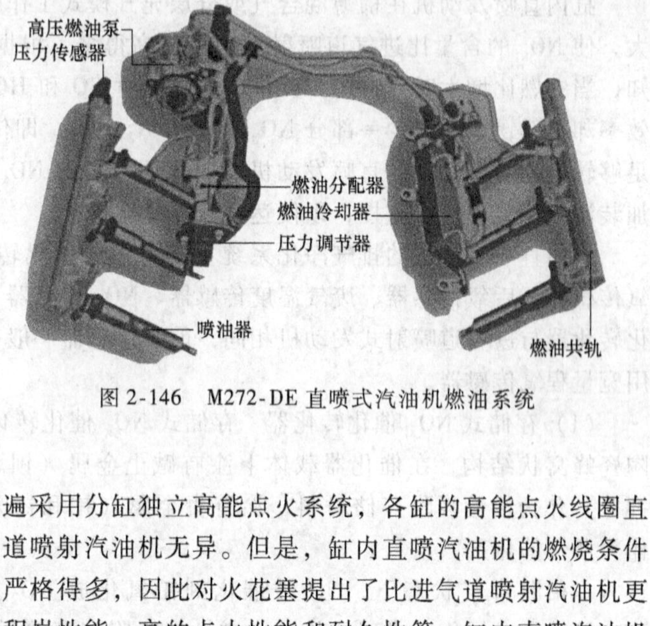

图 2-146　M272-DE 直喷式汽油机燃油系统

3. 点火系统

缸内直喷式汽油机的点火系统普遍采用分缸独立高能点火系统，各缸的高能点火线圈直接与火花塞相连，与现代先进的进气道喷射汽油机无异。但是，缸内直喷汽油机的燃烧条件要比理想空燃比的进气道喷射汽油机严格得多，因此对火花塞提出了比进气道喷射汽油机更高的要求，如高的耐热性能、高的抗积炭性能、高的点火性能和耐久性等。缸内直喷汽油机在分层燃烧过程中所需要的点火性能，相当于进气道喷射汽油机在稀薄燃烧时所需要的点火性能。为了实现分层燃烧，较浓的混合气集中在火花塞的周围，导致火花塞更容易积炭。因为喷油和点火的定时控制变得非常复杂，缸内直喷汽油机要通过调节混合气的供给和点火定时来控制积炭。所以火花塞的点火点应该位于燃烧室的较深部位，以改善燃烧。高负荷时，火花塞温度比普通类型的汽油机更高，因此需要火花塞具有好的耐热性。

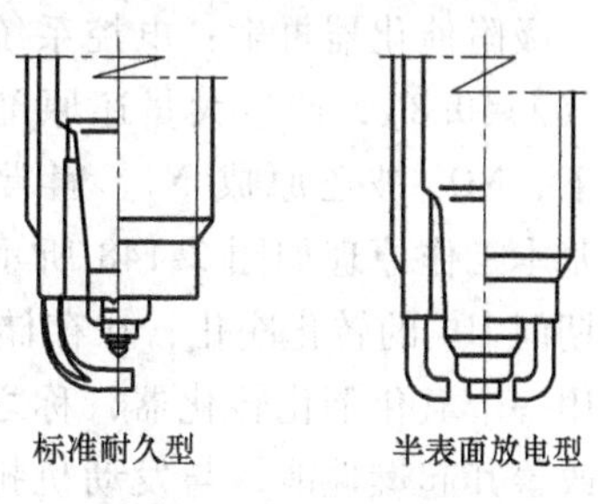

图 2-147　用于缸内直喷汽油机的火花塞

目前，缸内直喷式汽油机使用的火花塞有两种：铱合金电极的标准耐久型火花塞和半表面放电型火花塞，如图 2-147 所示。

提示： 无论是铱合金电极的标准耐久型火花塞还是半表面放电型火花塞，与进气道喷射汽油机使用的火花塞都是有区别的，在维修保养时绝对不能任意换用。

4. 排气后处理系统

如上所述，缸内直喷式汽油机按照混合气形成和燃烧过程的不同，可以分成均质燃烧（所有运转工况）和分层燃烧（确切地说应是部分负荷时的分层燃烧 + 中高负荷时的均质燃烧）两大类。

提示： 由于均质燃烧和分层燃烧的混合气形成和燃烧过程有很大差异，导致其排气成分及后处理系统也有很大的不同。

均质燃烧直喷式汽油机由于与进气道喷射汽油机一样，在所有运转工况都用过量空气系数为 1 的混合气运行，无论是 HC 还是 NO_x 排放都与进气道喷射汽油机差不多，因此排气后处理相对比较简单，可采用进气道喷射汽油机已经广泛应用的三元催化转化器系统来进行排气后处理。

缸内直喷发动机在稀薄混合气或分层充气模式工作时，发动机燃烧温度较高，空燃比较大，使 NO_x 的含量比进气道喷射发动机要高得多。根据三元催化转化器的工作特性曲线可知，当空燃比增大时，传统三元催化转化器对 CO 和 HC 的转化效率很高，而对 NO_x 的转化效率却很低，只有很少一部分 NO_x 转化为 N_2、O_2，即传统三元催化转化器无法对 NO_x 进行足够转换。为此，缸内直喷发动机需要采用专用的 NO_x 存储式催化转化器来进行转化，并加装温度传感器进行监控，以便达到欧Ⅳ排放标准。

缸内直喷发动机的排气净化系统主要由三元催化转化器、存储式 NO_x 催化转化器、前氧传感器、后氧传感器、废气温度传感器、NO_x 传感器及其控制单元等组成。其中，三元催化转化器与进气道喷射式发动机相同，前氧传感器一般采用传统的氧传感器，后氧传感器采用宽量程氧传感器。

（1）存储式 NO_x 催化转化器　存储式 NO_x 催化转化器与三元催化转化器相当，均为细陶瓷蜂窝状结构，在催化器载体上涂有碱土金属（钡、钾等）作为活性吸附存储材料；涂有贵金属（铂和铑）作为活性催化剂。

在稀混合气状态下，NO 被催化剂铂氧化成 NO_2，NO_2 被碱土金属化合成硝酸盐被可逆性地吸附在存储材料上。

吸附催化器再生：电控系统使混合气暂短进入浓状态（$\lambda \leqslant 0.8$），产生大量还原剂 HC、CO 等，在铑的催化下，NO_2 被还原成 N_2。通常每工作 1min，再生 2s。其基本工作原理如图 2-148 所示。通常，为了改善冷起动期间 HC 的转化净化，在存储式 NO_x 催化转化器之前应用一个氧化催化转化器，称之为前置催化转化器，并为改善其起燃性能，与发动机排气管直接紧密耦联，这样存储式 NO_x 催化转化器就能布置在汽车地板下，避免过热，从而能提高其承担 NO_x 吸附存储和催化还原的活性材料的耐久性。

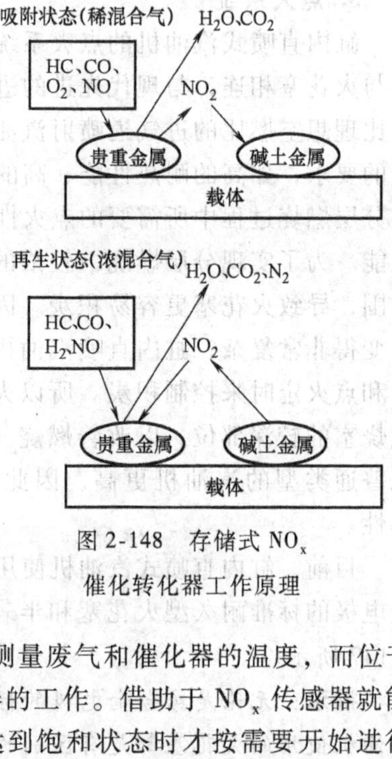

图 2-148　存储式 NO_x 催化转化器工作原理

位于前置催化器后面的温度传感器用于测量废气和催化器的温度，而位于存储式 NO_x 催化转化器之后的 NO_x 传感器用于监控催化器的工作。借助于 NO_x 传感器就能够直接监测 NO_x 的吸附存储过程，当 NO_x 的吸附存储量达到饱和状态时才按需要开始进行

NO_x 的再生，使得在每个稀薄—加浓循环中，NO_x 的再生总是与原始排放的波动和催化转化器的吸附催化剂活性老化程度相匹配，既提高了 NO_x 的催化转化效率，又能减少再生频率降低燃油消耗。

（2）NO_x 传感器及其控制单元　NO_x 传感器采用电池电动势原理检测 NO_x 的浓度，其构造原理如图 2-149 所示。工作时，在第一个泵单元，氧成分恒定，过量空气系数通过泵电流来量取。废气流经扩散网到达 O_2 测量单元，该单元通过还原电极将 NO_x 分解成氧气和氮气，通过氧-泵电流就可确定 NO_x 的浓度。

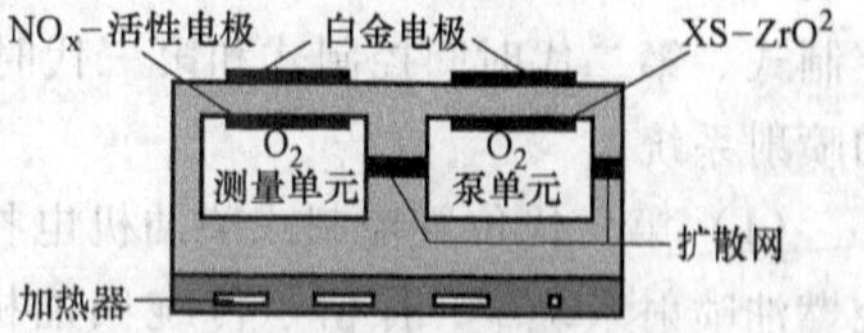

图 2-149　NO_x 传感器结构原理

NO_x 传感器控制单元安装于汽车底板外部 NO_x 传感器的附近，其功用是对传感器信号进行预加工，然后将该信息经 CAN 总线传至发动机 ECU，ECU 通过这个信息来识别所存储的 NO_x 的饱和程度，执行还原过程。

（3）废气温度传感器　废气温度传感器安装在三元催化转化器与存储式 NO_x 催化转化器之间，用于监测废气温度，使发动机切换到分层充气模式。这种传感器的测温部分装有正温度系数的热敏电阻，当温度升高时，热敏电阻的电阻值上升，反之则电阻值下降。

2.5　柴油机电控燃油喷射系统

和汽油机电控技术一样，柴油机电控技术也是在解决能源危机和排放污染两大难题的背景下，在飞速发展的电子控制技术平台上发展起来的。汽油机电控技术的发展和日趋成熟也为柴油机电控技术的发展提供了宝贵经验。

提示：与传统柴油机相比，采用电控技术的现代柴油机可以实现更为复杂的控制规律，具有燃油经济性更高、排放污染更低、工作更可靠、运转更稳定、低温起动更容易等优势。

近年来，电子控制技术在柴油机中起到越来越重要的作用，柴油机电控技术的发展势头令人瞩目。

2.5.1　概述

从 20 世纪 50 年代中期开始，汽车排放污染问题已引起汽车发达国家的重视。20 世纪 70 年代两次波及全世界的石油危机，使人们意识到石油资源的有限性和节约石油能源的重要性。在此历史条件下，柴油机因其燃油经济性好、CO 和 HC 排放量低的特点，引起了国外各大汽车公司和研究机构的重视，对轻型柴油机研究的投入在不断加大。

现代汽车柴油机发展面临的主要问题是进一步降低油耗、NO_x、颗粒排放和噪声，解决这些问题，就必须实现柴油机循环喷油量的高精度控制、喷油正时和喷油速率的优化控制、喷油压力的独立控制（不受喷油量和转速的影响），柴油机传统的机械式燃料供给系统无法实现上述要求。

提示：汽油机电控技术发展的经验证明，只有以计算机为电控单元的电子控制技术才能使柴油机的动力性、经济性、排放性及噪声等方面的指标进一步得到改善，从而提高柴油机与汽油机竞争汽车动力的优势。

1. 柴油机电控技术的发展历程

20世纪80年代以来，电控技术在柴油机燃油供给系统中的应用，按对供（喷）油量、供（喷）油正时、供（喷）油速率和喷油压力等的控制方式，经历了“位置控制”、“时间控制”、“时间-压力控制”（或“压力控制”）三个阶段。或者说，先后出现了第一代位置控制式、第二代时间控制式和第三代时间-压力控制（或压力控制）式这三种柴油机电控燃油喷射系统。

（1）第一代位置控制式柴油机电控燃油喷射系统　在采用位置控制的第一代柴油机电控燃油喷射系统中，保留了传统柴油机供给系统的基本组成和结构（喷油泵—高压油管—喷油器系统），只是在原有的喷油泵基础上增加了传感器、电控单元、电子调速器或电/液控制执行元件等组成的控制系统，将原来的机械调速器控制改变为电子控制，使控制精度和响应速度得以提高。其优点是柴油机的结构几乎无需改动，故生产继承性好，便于对现有机器进行升级改造。其缺点是控制自由度小，控制精度差（实际的喷油量、喷油正时和喷油规律难以精确控制），系统响应慢，喷油压力无法独立控制且不稳定，也很难大幅度地提高喷射压力，传统柴油机燃油供给系统固有的喷射特性仍然没有改变。

（2）第二代时间控制式柴油机电控燃油喷射系统　在采用时间控制的第二代柴油机电控燃油喷射系统中，也是保留了传统燃油供给系统的基本组成与结构，通过传感器、电控单元、高速电磁阀和有关电/液控制执行元件等组成数字式高频调节系统，由电磁阀的通、断电时刻和通、断电时间控制喷油泵的供（喷）油量和供（喷）油正时（即实现了时间控制），其控制自由度和控制精度都是位置控制所无法比拟的，但供（喷）油压力还是无法独立控制。在低速、小负荷时，其喷油压力不高，而且难以实现多次喷射，不利于降低振动和噪声。

（3）第三代时间-压力控制（或压力控制）式柴油机电控燃油喷射系统　第三代柴油机电控燃油喷射系统，20世纪90年代中期开始推向市场。时间-压力控制（或压力控制）式柴油机电控燃油喷射系统，基本改变了传统柴油机燃油供给系统的组成和结构，主要以电控共轨（各缸喷油器共用一个高压油管）式燃油喷射系统为特征，由电子控制单元（ECU）直接对喷油器的喷油量、喷油正时、喷油速率和喷油规律、喷油压力等进行时间-压力控制（或压力控制）。这种系统具有下述优点：可实现高压喷射，喷射压力可比一般直列泵系统高出一倍，最高已达200MPa；喷射压力独立于发动机转速，可以改善发动机低速、低负荷性能；可以实现预喷射，调节喷油速率，实现理想喷油规律；喷油定时和喷油量可自由选定；具有良好的喷射特性，可优化燃烧过程，使发动机油耗、烟度、噪声及排放等性能指标得到明显改善，并有利于改进发动机转矩特性；结构简单，可靠性好，适应性强。

提示：随着柴油机电控技术的发展，第三代柴油机电控系统从单一的燃油喷射控制扩展到包括进气控制、增压控制、怠速控制、排放控制、起动控制、巡航控制、故障自诊断、失效保护等在内的全方位集中控制，使柴油机的燃油经济性和升功率进一步提高，CO、HC排和NO_x的排放量进一步降低，柴油机在比质量、振动和噪声等方面与汽油机的差距日益缩小，几乎达到了汽油机的水平。

2. 柴油机与汽油机电控技术的比较

由于使用的燃料不同，结构（尤其燃料供给系统）和工作特点也存在很大差异，柴油机与汽油机采用的电控技术也各有特点。

(1) 对混合气浓度的控制方式不同 汽油机一般要求混合气浓度在空燃比为14.7的状态下工作，所以汽油机普遍采用带氧传感器的闭环电控燃油喷射系统。柴油机对混合气浓度一般没有相对固定的要求，所以对混合气浓度控制并不严格。

(2) 对喷油压力的要求不同 由于柴油与汽油的性质不同，为保证混合气的形成质量，柴油机与汽油机对喷油压力的要求相差很大。汽油机多点喷射系统的喷油压力一般为0.25～0.35MPa，而柴油机的喷油压力高达100～200MPa，如何建立更高的喷油压力是柴油机技术发展的重点和难点。

(3) 对燃烧过程的控制途径不同 汽油机主要通过控制点火正时和点火能量来控制燃烧过程，而柴油机则是通过控制喷油正时、喷油持续时间和喷油速率来控制燃烧过程。

(4) 柴油喷射的电控执行器较复杂 柴油机燃油喷射具有高压、高频、脉动等特点。其喷射压力高达200MPa，为汽油机喷射压力的100倍以上。同时柴油机需要对喷油量、喷油正时、喷油压力等多参数进行综合控制，而且柴油机对喷油正时的精度要求很高。这就导致了柴油喷射的电控执行器要复杂得多，其软件的难度也大于汽油机。

(5) 柴油机电控燃油喷射系统形式多样 传统的柴油机具有直列泵、分配泵、泵喷油器、单缸泵等结构完全不同的系统。实施电控技术的执行机构比较复杂，形成了柴油喷射系统的多样化。

3. 柴油机电子控制系统的组成

与汽油机电子控制系统一样，不同的柴油机电子控制系统，其基本组成大体上是相同的，均由传感器、电子控制单元（ECU）和执行器三大部分组成，与被控对象（柴油机或动力装置）构成闭环反馈控制系统，如图2-150所示。

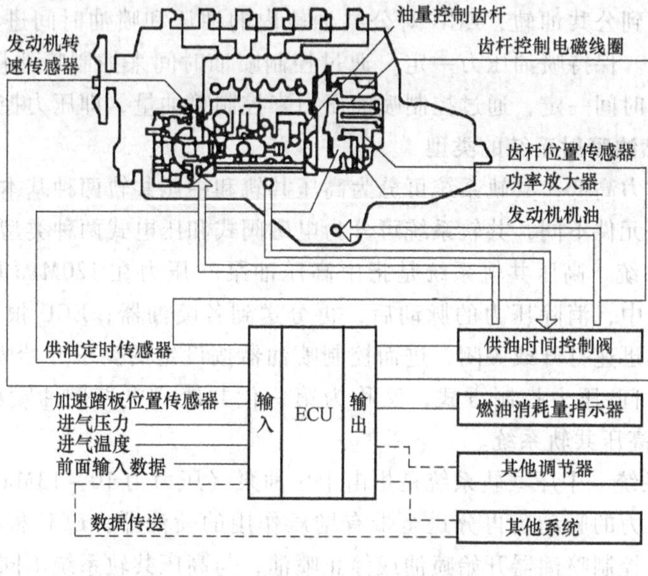

图2-150 柴油机电子控制燃油喷射系统

(1) 传感器 传感器实时检测柴油机、车辆的运行状态，并将检测结果转换成电信号输送给电子控制单元（ECU）。根据用途和功能，现代汽车柴油机电控系统中使用的传感器分为三种类型：运行工况传感器，如转速传感器、加速踏板位置传感器、凸轮轴/曲轴位置传感器等，修正信号传感器，如冷却液温度传感器、燃油温度传感器、进气温度传感器、进气压力传感器等；反馈信号传感器，如供油齿条位置传感器、滑套位置传感器、燃油压力传感器、分配泵正时活塞位置传感器、着火正时传感器等。

（2）电子控制单元（ECU） ECU 的功用是根据各传感器输入信号和内存程序，计算出供（喷）油量和供（喷）油开始时刻，并向执行元件发出指令信号。柴油机电控系统在运算原理、控制原理、存储原理、数据传输原理及程序设计等方面与汽油机电控系统相同。

（3）执行器 执行器是执行 ECU 的指令，对被控制对象实施调控的元件。柴油机电控系统中所用的执行器与汽油机有很大的不同，特别是在燃油喷射控制中所用的执行器。

提示：由于柴油机缸内混合的特征对循环喷油量、喷油正时的精度要求很高，柴油机燃油喷射又具有高压、高频和脉动等特点，再加上柴油机燃油喷射装置的多样性，这些都使得现代汽车柴油机电控系统在燃油喷射控制中所用的执行器远比汽油机复杂，技术含量也要高得多。可以说，柴油机电控技术的关键和难点就是执行器。

2.5.2 电控共轨式燃油喷射系统

在传统柴油机燃料供给系统中，高压油管中柴油的压力随发动机的转速、负荷等因素而变化，使实际的喷油量、喷油正时、喷油规律无法实现精确控制，而由于高压油泵与各缸喷油器间一般均有独立的高压油管，控制各高压油管中柴油的压力比较困难。为此，现代柴油机采用了共轨技术。

共轨技术不仅是指用一个公共油轨（简称共轨）给各缸喷油器输送燃油，还包括用高压（或中压）油泵、压力传感器和 ECU 组成的闭环电子控制系统独立且精确地控制喷油压力的供油方式。在电控共轨式燃油喷射系统（以下简称共轨系统）中，由高压（或中压）油泵将高压燃油输送到公共油轨，ECU 对公共油轨内的油压和喷油时间进行控制，以提高对喷油量的控制精度。保持喷油压力一定，通过控制喷油时间来控制喷油量，即时间-压力控制方式；保持喷油时间一定，通过控制喷油压力来控制喷油量，即压力控制方式。

1. 电控共轨式燃油喷射系统的类型

按照共轨中的压力高低，共轨系统可分为高压共轨和中压共轨两种基本类型。按控制喷油器喷油的电控执行元件不同，共轨系统可分为电磁阀式和压电式两种类型。

（1）高压共轨系统 高压共轨系统是指由高压油泵（压力在 120MPa 以上）直接产生高压燃油输送至共轨中，消除压力的脉动后，再分送到各喷油器；ECU 根据柴油机的工作需要控制高速电磁阀迅速打开或关闭，进而控制喷油器按设定的要求开始喷油或停止喷油。此类系统一般采用时间-压力控制方式，又称为第一代共轨式电控燃油喷射系统，如图 2-151 所示为博世公司高压共轨系统。

（2）中压共轨系统 中压共轨系统是指由中压油泵（压力为 10～13Ma）将中压燃油输送到共轨中，消除压力的脉动后再分送至带有增压作用的喷油器；ECU 根据柴油机的工作需要通过高速电磁阀控制喷油器开始喷油或停止喷油，与高压共轨系统不同的是在喷油开始前，喷油器内的增压装置先对来自共轨的中压柴油进行增压，使之达到规定的喷油压力（120～150MPa）。此类系统一般通过控制共轨中的油压来控制喷油量，即采用压力控制方式，也是第二代共轨式电控燃油喷射系统。

（3）压电式共轨系统 第一代和第二代共轨系统均属电磁阀式共轨系统，即利用电磁

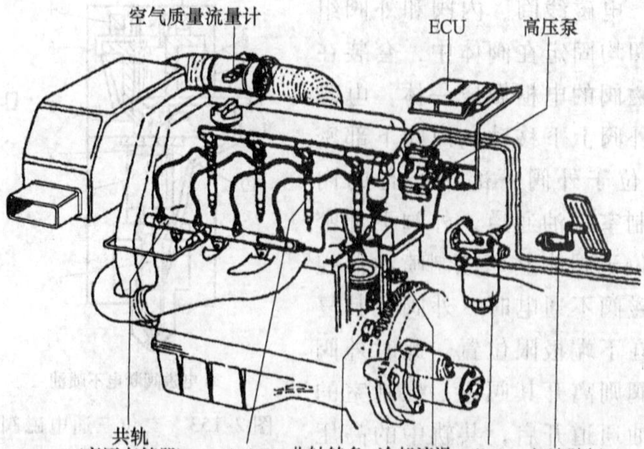

图 2-151　博世公司高压共轨系统

阀作为执行元件，通过控制喷油器喷油的开始与结束来实现燃油喷射控制。而在压电式共轨系统中，则是利用压电晶体作为执行元件，通过控制喷油器针阀的升程（或喷油开始与结束）来实现燃油喷射控制。压电式共轨系统也被称为第三代共轨式电控燃油喷射系统。

2. 高压共轨系统

（1）高压共轨系统的基本组成　高压共轨系统主要由高压油泵、共轨、喷油器和各种电子元件组成，如图 2-152 所示。高压油泵从油箱中吸出柴油并将油压提高到约 120MPa 后输入共轨，高压油泵的供油量一般几倍于实际喷油量，以保证供油的可靠性，多余的燃油经回油管流回油箱。高压油泵的出口端装有一个用来调节共轨中油压的调压阀，ECU 根据柴油机的转速、负荷等控制调压阀的开度，从而调节高压油泵输送给共轨的油量，实现对共轨中油压的控制，以保证供油压力稳定在目标值，使喷油压差保持不变。此外，ECU 还根据燃油压力传感器信号对共轨中的油压进行闭环控制。

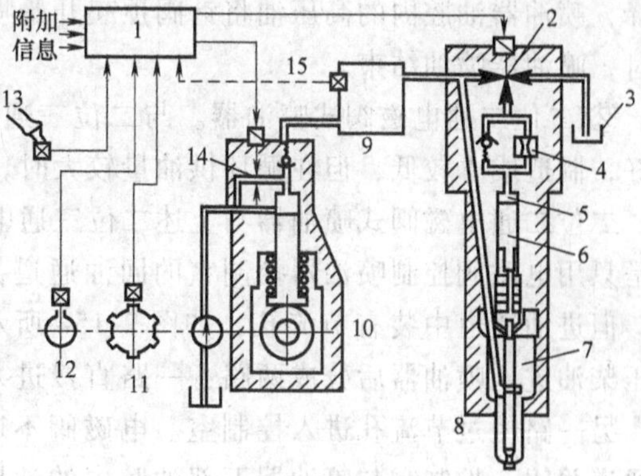

图 2-152　高压共轨系统

1—ECU　2—三通电磁阀　3—油箱　4—节流孔　5—控制室　6—控制活塞　7—喷油器针阀偶件　8—喷油器　9—共轨　10—高压油泵　11—曲轴位置传感器　12—凸轮轴位置传感器　13—加速踏板位置传感器　14—调压阀　15—燃油压力传感器

提示： 柴油机高压共轨系统采用的喷油器均为电/液控制式，它主要由高速电磁阀和各种液压伺服机构组成。ECU 通过控制高速电磁阀工作对喷油器喷油的开始时刻和喷油时间进行控制。液压伺服机构的工作油液就是共轨中的高压柴油。

（2）高压共轨喷油器　高压共轨系统中所用的电/液控制式喷油器有两种类型：二位三通电磁阀式、二位二通电磁阀式。

① 二位三通电磁阀式喷油器。如图 2-153 所示，二位三通电磁阀安装在喷油器顶部，

电磁阀主要由阀体、电磁线圈、内阀和外阀组成，内阀和电磁线圈均固定在阀体中，套装在内阀上的外阀与电磁阀的电枢做成一体，电磁阀通电和断电时，外阀上下移动。内阀下部密封锥面与其阀座（位于外阀下部中心孔的内侧）控制喷油器控制室进油通道，外阀下部密封锥面与其阀座（位于阀体上）控制喷油器控制室回油通道。电磁阀不通电时，外阀在其复位弹簧作用下保持在下端极限位置，此时外阀与其阀座压紧，内阀则离开其阀座，控制室的回油通道关闭、进油通道开启，共轨中的高压柴油进入控制室；尽管喷油器下部的油腔始终与共轨中保持相等的高压（油腔与油轨经油道连通），但喷油器针阀的承压锥面比控制活塞上部承压面小，加之针阀上作用着复位弹簧弹力，所以电磁阀断电使高压油进入控制室时，喷油器不喷油。当ECU接通电磁阀电路时，产生的电磁力将外阀向上吸起，外阀离开其阀座，内阀则与其阀座压紧，控制室的回油通道开启、进油通道关闭，从而使控制室油压迅速下降，喷油器油腔内的高压油将针阀顶起开始喷油，直到电磁阀再次断电使高压油进入控制室时，喷油器喷油结束。

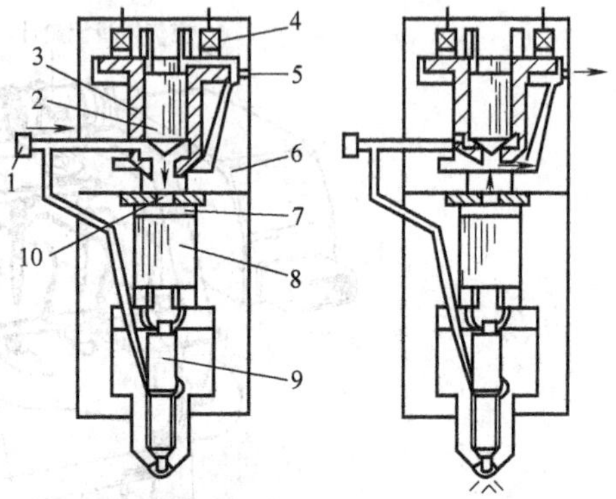

a) 电磁阀断电不喷油　　b) 电磁阀通电喷油

图2-153　二位三通电磁阀式高压共轨喷油器

1—共轨　2—内阀　3—外阀　4—电磁线圈　5—回油管　6—阀体　7—控制室　8—控制活塞　9—针阀　10—量孔

② 二位二通电磁阀式喷油器。与二位三通电磁阀相比，二位二通电磁阀的控制灵活性较好，制造成本较低，但在循环供油量较大时，其效率较低。

二位二通电磁阀式喷油器与上述二位三通电磁阀式喷油器的结构原理基本相同。主要区别是只用电磁阀控制喷油器控制室的回油通道，而不控制进油通道，但进油通道中装有节流孔，如图2-154所示。来自共轨中的高压柴油进入喷油器后分成两路：一路直接进入喷油器下部的油腔，另一路经过节流孔进入控制室。电磁阀不通电时，控制室回油通道关闭，控制室与喷油器下部油腔内的油压相等，在控制活塞（相当于一个顶杆）上部油压和复位弹簧力作用下，使喷油器针阀关闭，喷油器不喷油；电磁阀通电时，控制室回油通道开启，作用在液压活塞上部的油压迅速下降，喷油器下部油腔内的高压燃油将针阀顶开，使喷油器开始喷油，直到电磁阀再次断电时喷油结束。

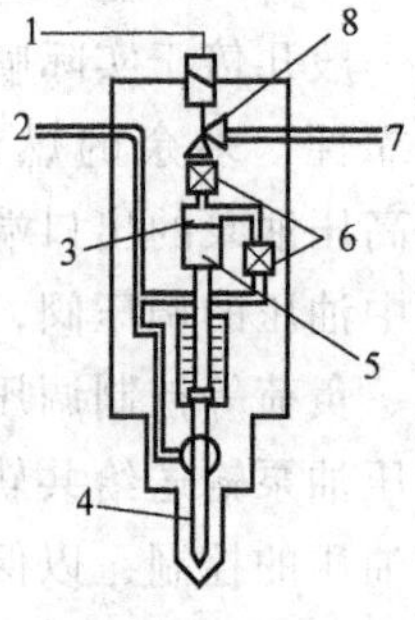

图2-154　二位二通电磁阀式喷油器

1—控制信号线　2—进油通道　3—控制室　4—针阀　5—控制活塞　6—节流孔　7—回油通道　8—电磁阀

在喷油器控制室的进、回油通道中各有一个节流孔，进油通道中的节流孔（图2-154右侧）比回油通道中的节流孔（图2-154上部）小，否则即使电磁阀开启回油通道，控制室的油压也不会下降，喷油器也就无法喷油。

提示：回油通道中的节流孔主要是控制喷油规律，当电磁阀通电开启控制室回油通道后，节流孔可减缓控制室油压下降的速度，从而减慢针阀上升的速度，满足喷油规律“先缓”的要求。

3. 中压共轨系统

在后期开发的柴油机共轨式电控燃油喷射系统中，为降低对供油压力的要求，喷油量控制采用“压力控制”方式的中压共轨系统，如图 2-155 所示。中压共轨系统主要由低压油泵、蓄压式电/液控制喷油器、调压阀、共轨等组成。ECU 根据各传感器信号控制调压阀，以调节共轨中的油压；ECU 同时通过控制安装在喷油器上的电磁阀工作，使喷油持续时间保持不变，以实现喷油量的压力控制。

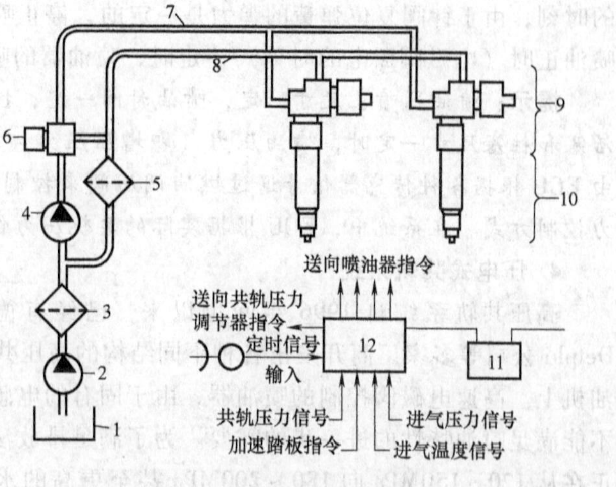

图 2-155　中压共轨系统

1—油箱　2—低压油泵　3—燃油滤清器　4—中压油泵　5—热交换器　6—调压阀　7—公共油轨　8—回油管　9—电磁阀和油压增压器　10—喷油器　11—蓄电池　12—ECU

在中压共轨系统中，由于共轨中的油压不能满足柴油机对喷油压力的要求，因此采用具有增压功能的蓄压式电/液控制喷油器。用于中压共轨系统的蓄压式电/液控制喷油器工作原理如图 2-156 所示。喷油器上部装有一个电控的三通电磁阀，电磁阀通电时，增压活塞上方进油通道开启而回油通道关闭，共轨中的中压柴油进入喷油器的增压活塞上方，由于增压活塞上方面积大于柱塞下方的面积，因此可将柱塞下方蓄压室中的燃油压力提高（提高 10～16 倍，可达 100～160MPa）并充满喷油器柱塞偶件的油腔，但此时由于在针阀上部油压和复位弹簧力作用下，针阀关闭，喷油器不喷油（图 2-156a）；当电磁阀断电时，增压活塞上方回油通道开启而进油通道关闭，针阀上部油压迅速下降，喷油器油腔内

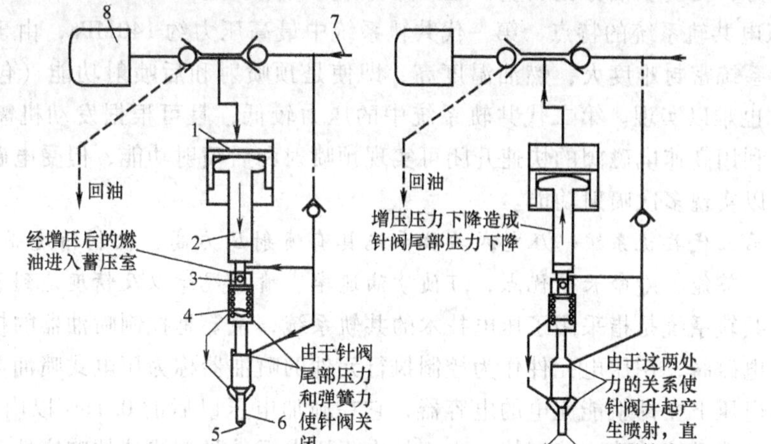

a) 不喷油　　b) 喷油

图 2-156　蓄压式电/液控制喷油器工作原理

1—增压活塞　2—增压柱塞　3—止回阀　4—蓄压室　5—针阀密封锥面　6—喷油器针阀　7—公共油轨　8—电磁阀

的高压燃油将针阀顶开，喷油器开始喷油（图 2-156b），直到喷油器油腔内的油压下降到一定值时，柱塞上方的燃油压力和弹簧力使针阀关闭，喷油结束。喷油时刻取决于电磁阀断电的时刻，由于针阀复位弹簧的弹力是一定的，停止喷油时喷油器油腔内的压力也一定，所以喷油正时（电磁阀断电的时刻）一定时，喷油器的喷油时间也就固定。

提示：喷油器喷孔尺寸一定，喷油时间一定，控制喷油压力即可控制喷油量；而在增压活塞和柱塞尺寸一定时，喷油压力（即增压压力）取决于共轨中的油压，共轨中的油压是由 ECU 根据各种传感器信号通过燃油调压阀来控制的，所以将此种喷油量控制方式称为压力控制方式。在系统中，ECU 根据实际的共轨压力信号对压力进行闭环控制。

4. 压电式共轨系统

高压共轨系统自 1996 年问世以来，已经有德国博世公司、日本 Denso 公司、美国 Deiphi 公司等多家厂商开发出各种不同结构的高压共轨电控喷油系统，已广泛应用于多种柴油机上。高速电磁阀控制的喷油器，由于固有的电感效应，使其响应速度、控制精度等都已不能满足喷油特性的进一步的需要。为了满足排放法规的高要求，高压共轨系统的喷射压力正在从 120～150MPa 向 180～200MPa 甚至更高的水平发展。高压喷射在改善排放的同时，由于其燃烧急速而使气缸燃烧压力急剧上升，发动机噪声和振动急剧增大。这种噪声和振动对于车用柴油机，尤其轿车柴油机是不可容忍的。

提示：实现预喷射、后喷射甚至多次喷射以控制喷油速率和喷油规律，是共轨式电控燃油喷射系统的重要功能之一。

共轨系统必须在燃油的主喷射之前有适当的、多次的预喷射，以此来控制预燃速度，减缓气缸燃烧压力上升速率。为了有效地减少炭烟和微粒的排放，在主喷射之后，还需要有适当、多次后喷射。而实现预喷射、后喷射、多次喷射的关键，就是要求电控系统的执行元件必须有很好的灵敏性（即更高的响应速度），能在很短的时间内完成多次切换。此外，电控系统对喷油量的控制应有更精确的控制精度，即要求能控制的最小供油量要足够小。进一步提高喷射压力，提高喷油雾化质量，也是降低排放污染的重要措施。

（1）压电共轨系统的特点　第一代共轨系统中最高压力约 140MPa，由于始终保持很高压力，导致系统密封难度大，燃油温度高，即使是预喷射和后喷射功能（包括主喷射在内三次喷射）也难以实现。第二代共轨系统中的压力较低，且可根据发动机需求而调节共轨中的压力，利用高速电磁阀的快速开闭可实现预喷射和后喷射功能，但受电磁阀工作特性的限制，也难以实现多次喷射功能。

提示：第三代共轨系统—压电式共轨系统具有喷射压力高、控制精度高、切换频率高、响应速度快、节能、寿命长等优点，可使喷油速率、喷射规律以及精度达到最优。

压电式共轨系统是指采用了压电技术的共轨系统，主要是控制喷油器的执行元件用压电元件取代了电磁阀，用压电元件作为控制执行元件的喷油器称为压电式喷油器。由于压电元件像一个在电压下立即就能充电的电容器，它在施加电压以后的 0.1ms 以内就会发生形变，所以压电式共轨系统的响应速度快。也正是由于压电元件具有快速的响应性，才能实现高频率切换（切换频率为电磁阀的 5 倍）和高精度控制，压电式喷油器每个工作循环喷射次数可达 5 次（电磁阀式喷油器为 3 次），最小喷射间隔时间可达 0.1ms，最小喷射量可控制在 0.5mm^3 以下。此外，压电式共轨系统压力从 20～200MPa 弹性调节，最高喷射压力达到 180MPa。

新款奥迪 A6 轿车装用的 3.0L TDI 柴油机采用了博世公司生产的压电式共轨系统（图 2-157），该系统可降低柴油机废气排放高达 20%，提高功率 5%，降低油耗 3%，降低噪声 3dB。柴油机工作时，柴油由低压电动燃油泵输送给具有泵油量调节功能的高压油泵，分配单元将进入的燃油分成两路：一路供给泵油元件，另一路用于冷却传动机构和润滑轴承。高压油泵将燃油压缩至最高压力达 160MPa，并将其输入共轨。拧紧在共轨上的燃油压力传感器，用于燃油压力的闭环控制，而安装在共轨上的调压阀则用于调节共轨中的油压。

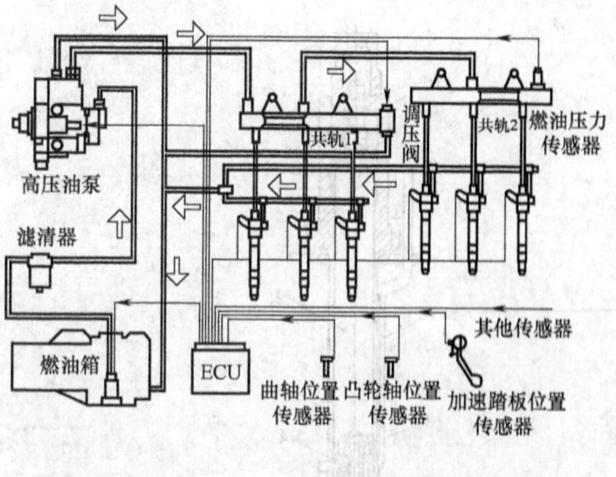

图 2-157　奥迪 A6 3.0L TDI 柴油机压电式共轨系统

（2）压电式喷油器　柴油机压电式喷油器与汽油机压电式喷油器的工作原理相同，都是利用压电效应原理工作的。利用压电元件快速响应的能力，通过压电元件通、断电多次切换，可实现柴油的多次喷射，以满足最佳喷油规律的要求。

① 用压电元件控制油道的喷油器。此类喷油器的结构原理与前述高压共轨、中压共轨系统采用电磁阀控制的喷油器基本相同，只是用压电元件取代了电磁阀，所以高压共轨和中压共轨系统均可使用。博世公司生产的压电式共轨系统一般采用此类喷油器。

② 用压电元件控制针阀升程的喷油器。此类喷油器在直喷式的汽油机和柴油机上均已得到应用，其结构如图 2-158 所示。传统的柴油机喷油器，都是利用燃油压力作用在针阀中部的承压锥面上，来使针阀开启实现喷油。而用压电元件控制针阀升程的喷油器，则是利用压电元件直接控制针阀升程来实现喷油。因此，用压电元件控制针阀升程的喷油器，针阀中部无承压锥面和相应的压力室，称之为无压力室喷油器（VCO 喷油器）。VCO 喷油器无增压功能，只适用高压柴油共轨系统。

VCO 喷油器下部结构如图 2-159 所示。由 ECU 控制给压电元件施加正向电压时，压电元件膨胀而使喷油器针阀关闭，喷油器不喷油；给压电元件施加反向电压时，压电元件收缩而使喷油器针阀开启，喷油器开始喷油。为保证喷油器不喷油时，压电元件能将针阀压紧，依靠给压电元件施加正向电压显然会导致电能损耗。所以在喷油器顶部设有差动螺纹，可通过差动螺纹来调整压电元件的刚度（即预压力），而石英测量垫片则用来精确测量差动螺纹的调整量。

此外，采用其他喷油器的共轨系统，通过改变共轨中的油压或喷油器喷油时间来控制喷油量，而采用压电元件控制针阀升程式喷油器的共轨系统，则是利用压电元件直接控制针阀升程来改变喷油孔流通截面，从而实现对喷油量的控制。

提示：在喷油压力和喷油时间一定的前提下，喷油器的喷油量与喷油器针阀的升程成正比，而喷油器针阀的升程与施加在压电元件两端的反向电压成正比，所以通过控制给压电元件施加的反向电压，即可控制喷油量。

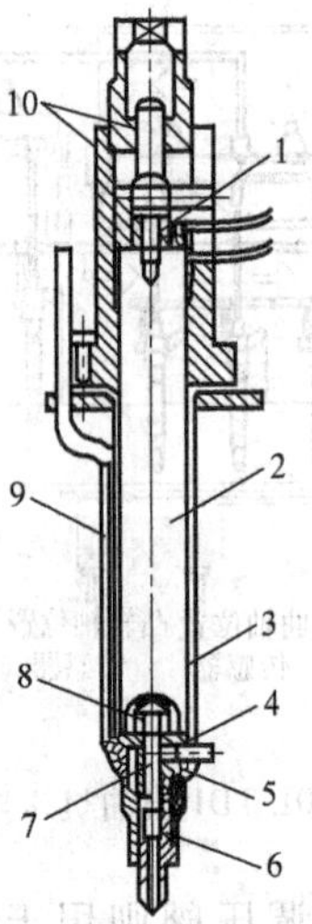

图 2-158 VCO 喷油器

1—石英测量垫片 2—压电执行器 3—外壳 4—密封垫 5—紧固螺套 6—针阀体 7—压杆 8—压帽 9—高压油管 10—差动螺纹

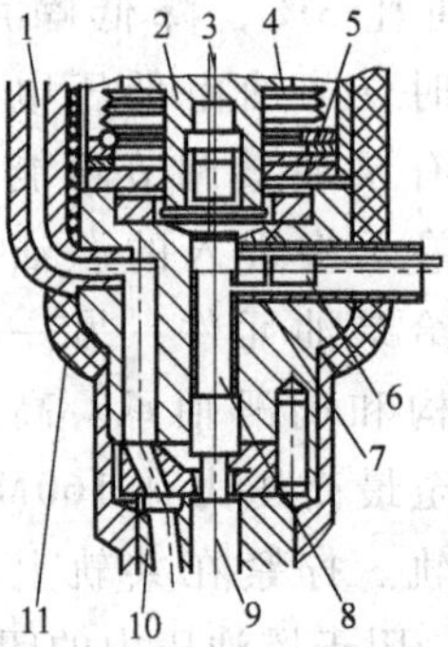

图 2-159 VCO 喷油器下部结构

1—高压油管 2—压电元件 3—压帽 4—碟形弹簧 5—膜片 6—磁铁 7—霍尔式针阀位置传感器 8—压杆 9—针阀 10—针阀体 11—外壳

复习思考题

1. 电子控制燃油喷射系统是如何分类的？
2. 简述电子控制燃油喷射系统的基本组成。
3. 热丝式、热膜式空气流量传感器的结构与工作原理有何相同点和不同点？
4. 进气歧管压力传感器的功用是什么？它是如何工作的？
5. 触点与线性可变电阻组合式节气门位置传感器是如何工作的？
6. 热敏电阻式温度传感器是如何工作的？
7. 燃油供给系统由哪几个部分组成？工作时燃油按怎样的路线流动？
8. 对电动燃油泵进行控制的目的是什么？
9. 为什么要安装燃油压力调节器？它是如何工作的？
10. 喷油器是如何工作的？喷油器喷油量的大小与哪些因素有关？
11. 喷油器的两种驱动方式各有何特点？
12. 在发动机控制系统中为什么要安装曲轴位置传感器？
13. 凸轮轴位置传感器的作用是什么？
14. 与磁感应式曲轴位置传感器相比，霍尔式曲轴位置传感器有何特点？
15. 氧传感器的作用是什么？
16. 氧化锆式氧传感器是如何工作的？其输出信号有何特点？
17. 氧化钛式氧传感器是如何工作的？其输出信号有何特点？
18. 开发宽量程氧传感器有什么意义？
19. 极限电流型氧传感器是如何工作的？
20. 双电池极限电流型氧传感器是如何工作的？
21. 电子控制单元是如何进行控制工作的？其两种控制方式各有何特点？
22. 顺序喷油是如何进行的？

23. 发动机起动时的喷油量是如何控制的？
24. 发动机起动后（运转过程中）的喷油量是如何控制的？
25. 点火控制器的作用是什么？结构上有什么特点？
26. 双缸同时点火有什么特点？高压电的分配有哪两种形式？各自是如何工作的？
27. 独立点火有什么优点？
28. 发动机实际最佳点火提前角是如何构成的？
29. 发动机起动时的点火提前角是如何控制的？
30. 发动机起动后的点火提前角是如何控制的？
31. 闭合角是如何控制的？
32. 爆燃控制是如何进行的？
33. 进气惯性增压控制系统是如何利用进气的惯性效应来提高充气效率的？
34. 废气涡轮增压的目的是什么？它是如何实现涡轮增压压力的控制的？
35. 采用可变气门控制技术对发动机性能的提升有什么意义？
36. 丰田 VVT-i 智能可变气门正时系统是如何实现气门正时优化的？
37. 本田 VTEC 可变气门正时及气门升程电子控制系统是如何实现气门开闭时间及升程同时控制的？
38. 以大众车系发动机为例，说明节气门直动式怠速控制系统是如何实现怠速控制的。
39. 电子节气门控制系统有什么特点？
40. 旁通空气式怠速控制系统是如何实现怠速控制的？
41. 燃油蒸发排放控制系统是如何工作的？
42. 为什么要对废气再循环量进行控制？废气再循环控制系统是如何实现的？
43. 影响三元催化转化器转换效率的因素有哪些？是如何影响的？
44. 稀薄燃烧的特点是什么？缸内直喷稀薄燃烧是如何实现的？
45. 简要分析缸内直喷发动机的结构与性能特点。
46. 缸内直喷发动机的进气系统有什么特点？
47. 缸内直喷发动机的燃油喷射系统由哪几个部分组成？与进气道喷射发动机相比，有何特点？
48. 与进气道喷射发动机相比，缸内直喷式汽油机的火花塞有什么特点？
49. 与进气道喷射发动机相比，缸内直喷式汽油机的排气后处理系统有什么特点？
50. 与汽油机相比，柴油机电控技术有什么特点？
51. 简要分析柴油机高压共轨系统的基本组成。
52. 压电共轨系统有什么特点？

第3章　汽车行驶稳定性控制系统

学习目标

- 了解 ABS、ASR 的基础理论。
- 了解 ABS、ASR 的组成和分类。
- 掌握 ABS 的结构和工作原理。
- 掌握 ASR 的结构和工作原理。
- 了解 ESP 的功能。
- 掌握 ESP 的结构和工作原理。

3.1　防抱死制动系统

3.1.1　概述

汽车防抱死制动系统（Anti-Lock Brake System，ABS），是汽车上的一种主动安全装置。其作用是在汽车制动时防止车轮抱死，以缩短制动距离，提高汽车制动过程中的方向稳定性和转向控制能力，改善汽车的行驶安全性。

1. ABS 的基础理论

（1）汽车制动时的附着条件　汽车制动时，车轮制动器的制动力矩阻止车轮转动，因此有地面制动力 F_X 作用于车轮使汽车减速。地面制动力 F_X 与汽车的行驶方向相反，是使汽车减速的外力。地面制动力越大，汽车的制动效能越高。

当制动器制动力矩较小时，随着制动器制动力矩的增大，地面制动力 F_X 也相应增大，此时轮胎在路面上滚动。但随着制动器制动力矩的继续增大，地面制动力将受到地面与轮胎之间的附着力 F_φ 的限制而不再增长，当地面制动力 F_X 达到附着力 F_φ 时，车轮便被抱死而在路面上滑移。因此地面制动力 F_X 只能小于或等于附着力 F_φ

$$F_X \leqslant F_\varphi \tag{3-1}$$

可见，增大附着力 F_φ 是提高制动效能的关键。附着力 F_φ 是地面阻止车轮滑动所能提供的切向反作用力的极限值。附着力 F_φ 正比于地面对车轮的法向反作用力 F_Z 以及车轮与地面之间的附着系数 φ，即

$$F_\varphi = F_Z\varphi \tag{3-2}$$

提示：在地面对车轮的法向反作用力 F_Z 一定的情况下，附着力的大小取决于附着系数 φ。附着系数 φ 的大小与路面和轮胎的性质有关，还与车轮的滑移率有关。

（2）车轮滑移率　汽车行驶时车轮有三种运动状态：当汽车低速滑行时，可以认为车轮是作纯滚动；当汽车处于驱动状态时，驱动车轮在滚动的同时存在一定程度的滑转；当汽车处于制动状态时，车轮在滚动的同时存在一定程度的滑移。

车轮滑移率就是表示制动过程中车轮滑移程度的。滑移率是指车速与车轮速度的差值与

车速之比。滑移率 s 的表达式为

$$s=\frac{v-v_{\omega}}{v}\times 100\% =\frac{v-r\omega}{v}\times 100\% \tag{3-3}$$

式中　v——车速（m/s）；

v_{ω}——车轮速度（m/s）；

r——车轮半径（m）；

ω——车轮转动角速度（rad/s）。

车轮在路面上纯滚动时，$v=v_{\omega}$，$s=0$；车轮完全抱死时（即在路面上纯滑移），$\omega=0$，车轮滑移率 $s=100\%$；车轮在路面上边滚动边滑移时，$v>v_{\omega}$，车轮滑移率 $0<s<100\%$。车轮滑移率越大，说明车轮运动中滑动成分所占比例越大。

提示： 汽车制动时，在路面附着系数以及作用于车轮上的垂直载荷一定的情况下，车轮制动器的制动力矩越大，车轮的滑移率将越大。

（3）附着系数与滑移率的关系　车轮与地面之间的附着系数 φ 会随着车轮滑移率的变化而变化，干燥硬实路面附着系数与滑移率的关系如图 3-1 所示。

从图中可以看出，开始时随着滑移率的增大，纵向附着系数 φ_x 迅速增大，当滑移率达到约 20% 时，纵向附着系数达到最大值，被称为峰值附着系数，用 φ_p 表示。此后随着滑移率的继续增大，纵向附着系数逐渐减小，进入到制动非稳定区。当滑移率达到 100%，即车轮完全被抱死滑移时，其附着系数称为滑动附着系数，用 φ_s 表示。通常情况下滑动附着系数总是小于峰值附着系数，在干燥硬实路面上 φ_s 一般比 φ_p 小 10% ~20%；在潮湿硬实路面上 φ_s 一般比 φ_p 小 20% ~30%。

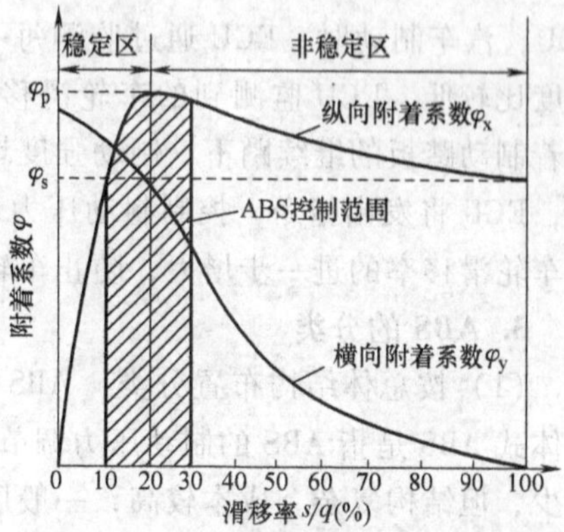

图 3-1　干燥硬实路面附着系数与滑移率的关系

从图中还可以看出，当滑移率为 0 时，横向附着系数 φ_y 最大，随着滑移率的增大，横向附着系数逐渐减小，当滑移率达到 100% 时，横向附着系数接近于零。

（4）汽车采用 ABS 的必要性　由附着系数与滑移率之间的关系可知，汽车制动时如果车轮完全抱死，就纵向附着系数而言，其滑动附着系数低于峰值附着系数，这将使车轮完全抱死时的制动距离比具有峰值附着系数时的制动距离变长；就横向附着系数而言，由于在车轮抱死时的横向附着系数接近于零，汽车几乎失去了横向附着能力，因此使汽车的方向稳定性变差，一旦汽车遇到横向干扰力的作用，就可能产生侧滑、甩尾甚至回转等情况。另外，一旦转向车轮抱死，汽车不会按照转向轮偏转的方向行驶，而是沿汽车行驶惯性力的方向向前滑动，从而使汽车失去转向控制能力。

提示： 汽车制动时车轮抱死会使制动距离变长，方向稳定性变差，失去转向控制能力，因此制动时应避免车轮抱死。汽车上采用 ABS 的目的就是避免制动时车轮抱死，将滑移率控制在 10% ~30%，在此范围内既有最大的纵向附着系数，使制动距离最短，又有较大的横向附着系数，以获得较好的横向稳定性和转向控制能力。

2. ABS 的组成和工作过程

ABS 是在传统制动系统的基础上，增加了一套制动时防止车轮抱死的系统，如图 3-2 所示。ABS 通常由轮速传感器、ECU、制动压力调节器和 ABS 警告灯等组成。

提示：装有 ABS 的汽车并非只要制动 ABS 就起作用，当制动强度较低时，ABS 不起作用，只有当制动强度达到一定程度 ABS 才起作用。

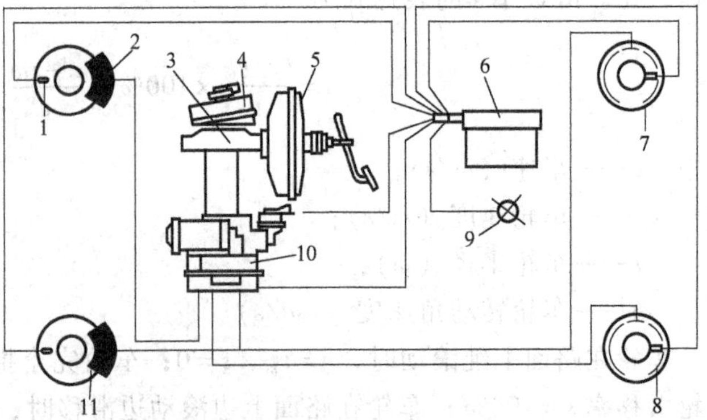

图 3-2　典型 ABS 的组成

1—轮速传感器　2—右前制动器　3—制动主缸　4—制动液罐　5—真空助力器　6—电子控制单元（ECU）　7—右后制动器　8—左后制动器　9—ABS 警告灯　10—制动压力调节器　11—左前制动器

汽车行驶时，轮速传感器会将每一个车轮的转速信号送至 ECU，汽车制动时，ECU 通过监测每一个车轮的轮速信号判断车轮的运动状态，如果制动强度比较低，ECU 监测到的车轮滑移率较小，ABS 不起作用，此时的制动就是常规制动。随着制动踏板的继续踏下，制动强度增大，如果 ECU 监测到某一车轮滑移率增大到一定程度，ECU 将发出指令，控制制动压力调节器，使该车轮的制动压力降低或保持不变，防止该车轮滑移率的进一步增大，防止车轮抱死，将车轮滑移率控制在 10% ~30% 的理想范围。

3. ABS 的分类

（1）按总体结构布置分类　ABS 按总体结构布置分类可以分为整体式和分开式两类。整体式 ABS 是指 ABS 的制动压力调节器与制动主缸构成一个整体，这种结构紧凑、管路接头少，但结构复杂，成本较高，一般用于高级轿车。分开式 ABS 是指 ABS 的制动压力调节器与制动主缸分开布置，通过制动管路连接。分开式制动压力调节器在车上布置灵活，成本较低，但制动管路接头较多。目前大多数汽车采用分开式 ABS。

（2）按控制通道和传感器数目分类　所谓控制通道是指在 ABS 系统中能够独立进行制动压力调节的制动管路。按照控制通道数目分，ABS 可以分为四通道式、三通道式、二通道式和一通道式。

1）四通道式。四通道式 ABS 又可分为以下两种形式：

① 前后管路布置四通道式（图 3-3a）。四通道 ABS 都有 4 个轮速传感器，可以检测每一个车轮的运动状态。在通往 4 个车轮制动器轮缸的管路中，各设一路制动压力调节电磁阀，可以对每一个车轮制动器的制动压力进行单独调节，构成四通道控制形式。

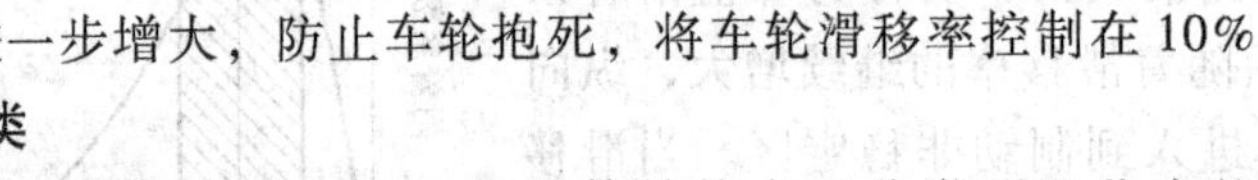

a) 前后管路布置　　b) X 管路布置

图 3-3　四通道 ABS

1—制动压力调节器　2—轮速传感器

提示： 由于四通道 ABS 可以单独对每一个车轮进行制动压力控制，ECU 通过轮速传感器信号监测到哪一个车轮趋于抱死，就通过制动压力调节器限制哪一个车轮的制动压力，因此附着系数利用率高，制动时可以最大程度地利用每一个车轮的最大附着力，使制动距离最短。

四通道 ABS 的缺点是在某些情况下左右两侧制动力不平衡，例如左右两侧车轮接触的路面附着系数不同，或左右两侧车轮的垂直载荷相差过大，就会造成两侧制动力相差较大，产生制动跑偏，影响汽车制动时的行驶稳定性。

② X 管路布置四通道式（图 3-3b）。这种形式与前一种的区别仅在于制动管路的布置不是前后管路布置，而是 X 管路布置。

2）三通道式。三通道式 ABS 又可分为以下三种形式：

① 四传感器、前后管路布置、前轮独立控制、后轮低选控制三通道式（图 3-4a）。三通道式 ABS 的两个前轮分别为两个通道，可以单独进行制动压力控制，两个后轮共用一个通道，两个后轮制动压力始终相等。

a) 四传感器、前后管路布置、前轮独立控制、后轮低选控制　b) 三传感器、前后管路布置、前轮独立控制、后轮低选控制　c) 四传感器、X管路布置、前轮独立控制、后轮低选控制

图 3-4　三通道 ABS

前轮独立控制的好处是由于轿车前轴的垂直载荷较大，再加上制动时的载荷转移，使前轮的制动力占汽车总制动力的比例较大（可达 70%），前轮独立控制有利于充分利用两前轮的附着系数，缩短制动距离。然而前轮独立控制可能导致制动过程中两前轮的制动力不相等，但由于两前轮制动力不平衡对汽车行驶时方向稳定性的影响相对较较小，可以通过驾驶人的转向操纵对此造成的影响进行修正。

后轮低选控制是指在制动过程中，ECU 监测到两个后轮中的任何一个首先趋于抱死，就同时对两个后轮的制动压力进行控制，这就是所谓的后轮低选原则。

提示： 后轮低选原则可以保证汽车在各种条件下两侧后轮的制动力相等，保证了汽车在各种条件下制动时都具有良好的方向稳定性。

后轮低选原则的缺点是附着条件较好一侧后轮的附着系数不能充分利用，与四通道、四轮独立控制的 ABS 系统相比，制动距离稍长。

② 三传感器、前后管路布置、前轮独立控制、后轮低选控制三通道式（图 3-4b）。这种形式与前一种的区别仅在于省去了一个轮速传感器，两个后轮共用一个安装在后桥主减速器上或者变速器输出轴上的轮速传感器。

③ 四传感器、X 管路布置、前轮独立控制、后轮低选控制三通道式（图 3-4c）。这种形式看起来像是四通道式，但实际上却是三通道式。虽然两后轮的车轮制动器分别与两条制动管路连接，管路彼此独立，并且在每一条制动管路都有一路制动压力调节电磁阀，但制动过程中 ECU 是按照低选原则对两侧后轮的制动压力同时进行控制，相当于两后轮制动器为一个通道。

3）二通道式。二通道式 ABS 根据传感器数量、制动管路布置形式的不同，又可分为 4 种形式（图 3-5）。二通道式 ABS 结构简单，成本低廉，但在制动时的方向稳定性、转向控制能力和制动效能等方面难以得到兼顾，因此很少采用。

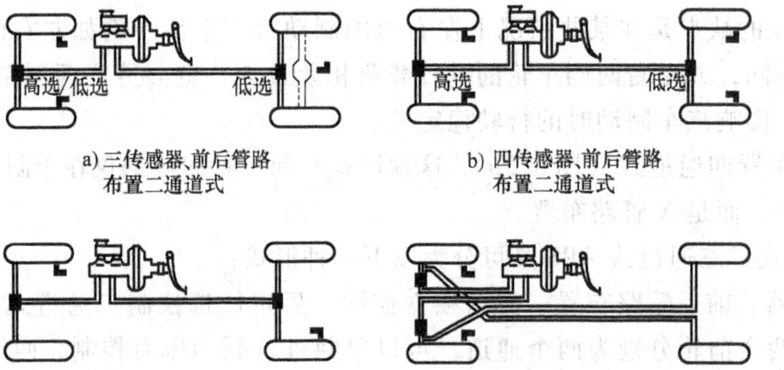

a) 三传感器、前后管路布置二通道式　b) 四传感器、前后管路布置二通道式

c) 二传感器、前后管路布置二通道式　d) 二传感器、X管路布置二通道式

图 3-5　二通道 ABS

4）一通道式。一通道 ABS（图 3-6）在后轮制动管路中设置一个制动压力调节器调节两后轮的制动压力，在后桥主减速器上安装一个轮速传感器，或者在两个后轮上各安装一个轮速传感器。一通道 ABS 通常都是按照低选原则对两后轮进行控制，这样使得附着条件较好的一侧后轮的附着系数不能得到充分利用，缩短制动距离的效果并不明显，但可以提高汽车制动时的方向稳定性。

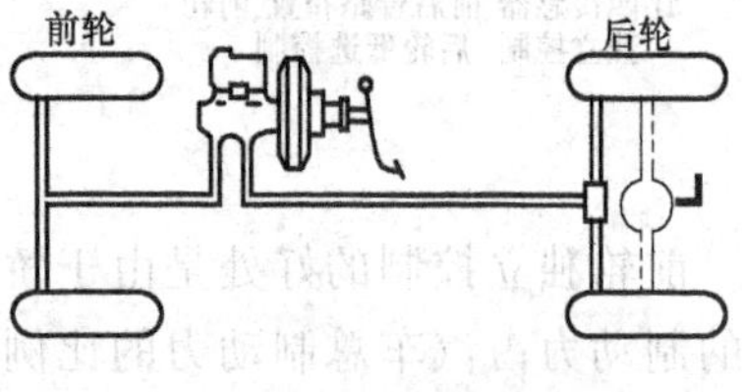

图 3-6　一通道 ABS

一通道式 ABS 对两个前轮没有进行控制，前轮的制动就是常规制动，因此在制动时前轮容易抱死，转向操纵性差。但由于对后轮采用了低选控制，能够明显提高制动时的方向稳定性，并且结构简单、成本低廉，所以某些轻型载货车上有应用。

4. ABS 的控制技术

（1）ABS 的控制方式　ABS 有多种控制方式，其目的都是根据轮速、减速度、车速等信号，判断制动时车轮的运动状态，并通过调节车轮制动器轮缸的制动压力，将车轮滑移率控制在 10% ~30% 的范围内，从而获得最佳制动性能。

目前 ABS 的控制方式有车轮滑移率控制方式、逻辑门限值控制方式、最优化控制方式、滑模动态变结构控制方式和模糊控制方式等。其中车轮滑移率控制方式和模糊控制方式需要使用成本较高的多普勒雷达检测车速，因此采用较少。在剩下的三种控制方式中，逻辑门限值控制方式由于实时响应好，执行机构比较容易实现而应用广泛。

提示：逻辑门限值控制方式通常是将车轮的减速度（或角减速度）和加速度（或角加速度）作为主要控制门限，而将车轮滑移率作为辅助控制门限。

通过检测车轮的角速度来计算车轮速度和加、减速度，以及车轮的参考滑移率。ABS 工作时，将这些控制参数与预先设定的门限值进行比较，根据比较结果控制制动压力调节器的电磁阀动作来改变制动力的大小，并在控制过程中记录前一控制周期（在制动过程中，从制动减压、保压到增压为一个控制周期）的各个控制参数，再根据这些参数值确定下一个控制周期的控制条件。

（2）ABS 的控制过程　根据道路附着条件的不同，ABS 的控制过程通常分为高附着系数路面控制、低附着系数路面控制和附着系数由高到低的路面控制情况。下面以图 3-7 所示的高附着系数路面控制为例说明 ABS 的控制过程。

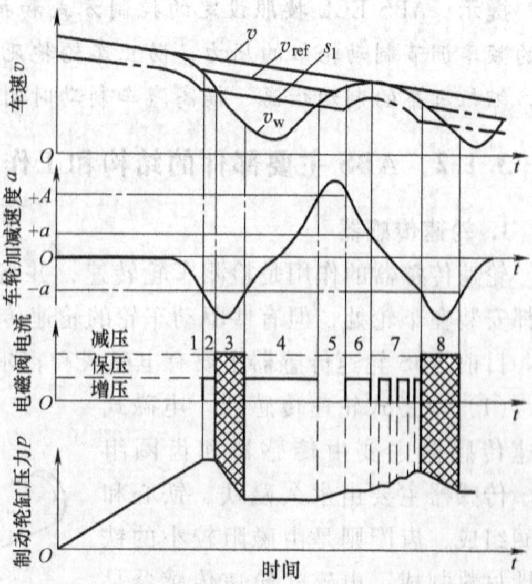

图 3-7　高附着系数路面 ABS 的控制过程

v—车速　v_{ref}—参考车速　s_1—滑移率门限值

v_W—车轮速度　$+A$、$+a$—车轮加速度门限值

$-a$—车轮减速度门限值

在制动初始阶段，车轮制动轮缸的制动压力随制动踏板力的增大而增大，车轮速度 v_W 下降，减速度增大，如图 3-7 中第 1 阶段曲线所示。由于制动力较小，ABS 未起作用，此阶段为常规制动。

当减速度增加到设定门限值 $-a$ 时，ABS ECU 发出指令，使相应的电磁阀转换到“保压”状态，控制过程进入第 2 阶段，保压阶段。取此时的车轮速度为初始参考车速，然后按照给定的斜率计算并确定参考车速 v_{ref}，由参考车速可以计算出任意时刻的车轮滑移率，称为参考滑移率。

将参考滑移率与设定的滑移率门限值 s_1 进行比较，如果参考滑移率小于滑移率门限值，表明车轮还工作在附着系数与滑移率关系曲线（图 3-1）的稳定区，则继续维持“保压”状态，以充分利用路面附着系数。当参考滑移率大于滑移率门限值时，说明车轮已工作在附着系数与滑移率关系曲线的不稳定区，ABS ECU 发出指令，使相应的电磁阀转换到“减压”状态，控制过程进入第 3 阶段，减压阶段。

减压后车轮制动力下降，在汽车惯性力作用下车轮减速度开始向正值方向变化，当车轮减速度的绝对值小于车轮减速度门限值 $-a$ 的绝对值时，ABS ECU 使相应的电磁阀再次转换到“保压”状态，控制过程进入第 4 阶段。

进入第 4 阶段后，由于汽车惯性力的作用，车轮减速度的绝对值越来越小而变为正值（加速度），如果车轮加速度未能超过第一个加速度控制门限值 $+a$，则判定路面情况为低附着系数，此时按照低附着系数路面的控制过程进行控制；如果车轮加速度超过第一个加速度控制门限值 $+a$，则继续“保压”；如果车轮加速度超过第二个加速度控制门限值 $+A$ 时，ABS ECU 使制动压力控制进入第 5 个阶段，“增压”阶段。

增压后，车轮加速度下降，当车轮加速度低于加速度控制门限 $+A$ 时，控制过程进入第 6 阶段，“保压”阶段，直至车轮加速度降低到加速度控制门限值 $+a$，第 6 阶段结束。

此后，为了充分利用路面附着系数，进入“增压”和“保压”快速转换的第 7 阶段。由于制动压力的增大，车轮减速度大于设定门限值 $-a$ 时，控制过程进入第 8 个阶段，“减压”阶段，ABS 进入第二个控制周期，控制过程与上述相同。

提示：ABS ECU 按照设定的控制方式和控制过程，控制制动压力调节器以每秒 2 ~ 10 次的频率调节制动轮缸的压力，防止车轮抱死滑移，将各车轮的滑移率控制在理想滑移率附近，缩短汽车的制动距离，提高汽车制动时的方向稳定性和转向控制能力。

3.1.2 ABS 主要部件的结构和工作原理

1. 轮速传感器

轮速传感器的作用是检测车轮转速，并将车轮转速信号送入 ABS ECU。轮速传感器一般都安装在车轮处，但有些驱动车轮的轮速传感器安装在主减速器或变速器等传动系统部件中。目前 ABS 轮速传感器主要有电磁式和霍尔式两种。

（1）电磁式轮速传感器　电磁式轮速传感器主要由传感器和齿圈组成。传感器主要由永久磁铁、铁心和线圈组成，齿圈则是由磁阻较小的铁磁性材料制成。电磁式轮速传感器是根据电磁感应原理工作的。

安装在车轮处的轮速传感器如图 3-8 所示，齿圈安装在随车轮一起转动的部件上，如半轴、轮毂、制动盘等，传感器安装在固定的部件上，如半轴套管、转向节、制动底板等。

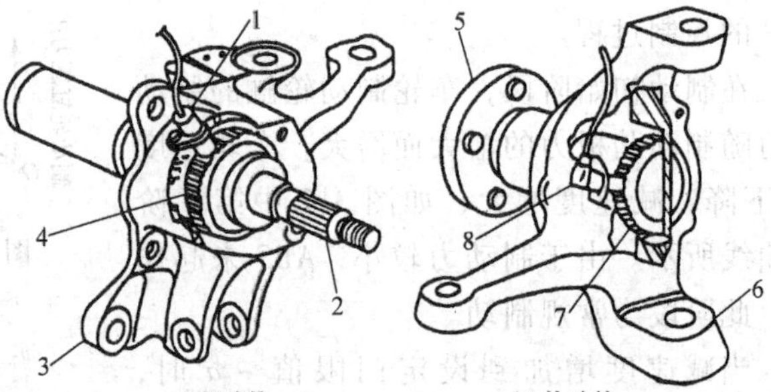

图 3-8　安装在车轮处的轮速传感器

1—电磁式轮速传感器　2—半轴　3—悬架支承　4—齿圈　5—轮毂　6—转向节　7—齿圈　8—电磁式轮速传感器

安装在传动系统部件中的轮速传感器如图 3-9 所示，传感器安装在主减速器或变速器壳体上，齿圈安装在变速器输出轴上，或借用主减速器从动齿轮作为齿圈。

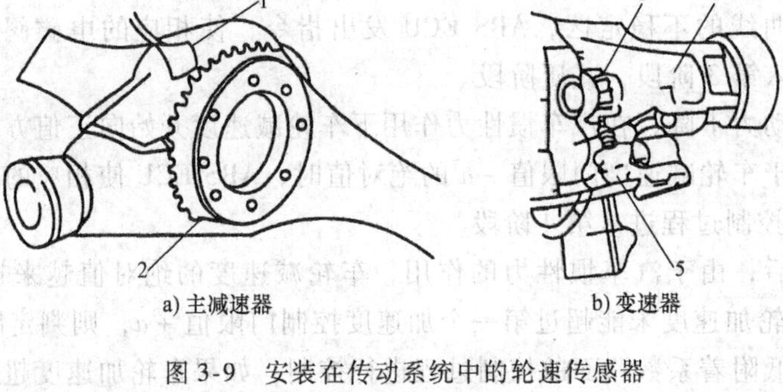

图 3-9　安装在传动系统中的轮速传感器

1—电磁式轮速传感器　2—主减速器从动齿轮　3—齿圈　4—变速器　5—电磁式轮速传感器

提示：传感器与齿圈之间的间隙很小，通常只有约 0.4 ~ 2.0mm，为保证传感器间隙的正确，传感器的安装位置必须正确，并按照规定的力矩拧紧安装螺栓，否则会影响传感器的正常信号输出。

电磁式轮速传感器的优点是结构简单，成本低。

（2）霍尔式轮速传感器　霍尔式轮速传感器也是由传感器和齿圈组成，传感器则由永久磁铁、霍尔元件和集成电路等组成，霍尔式轮速传感器根据霍尔效应原理产生轮速信号。

霍尔式轮速传感器的优点如下：

1）输出的信号电压不随转速的变化而变化，在汽车电源电压为12V的条件下，信号的幅值保持在11.5～12V，即使车速很低时也是如此。

2）传感器频率响应可达20kHz，在ABS中相当于车速为1000km/h时所检测的信号频率，因此不会出现高速时频率响应差的问题。

3）由于霍尔式轮速传感器输出的电压信号强弱不随转速变化，且幅值较高，因此抗电磁干扰能力较强。

霍尔式轮速传感器的缺点是结构复杂，成本较高，并且工作时需要有电源电压。

2. 电子控制单元

ABS电子控制单元（ECU）主要用于接收轮速传感器和其他传感器的输入信号，根据设定的控制逻辑，通过计算和逻辑分析、判断后输出控制指令，控制制动压力调节器调节制动压力。

ABS ECU主要由输入电路、计算电路、输出电路、安全保护电路等组成。图3-10所示为ABS ECU的电路框图（三通道四传感器式）。

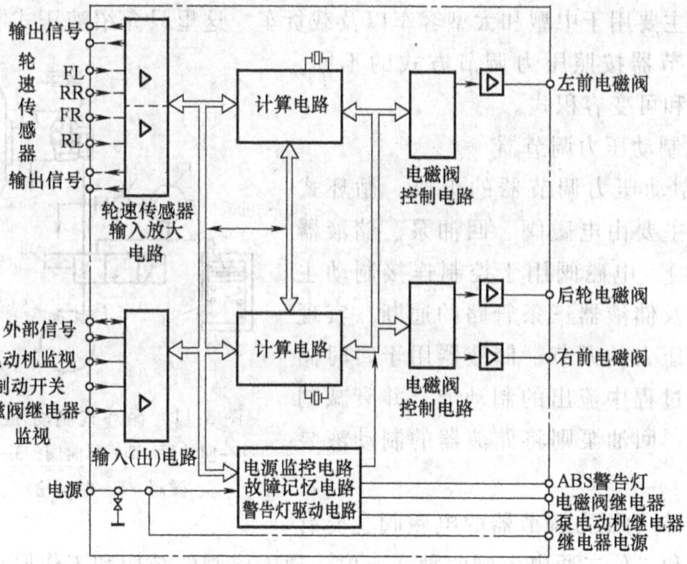

图3-10　ABS ECU电路框图（三通道四传感器式）

（1）输入电路　输入电路由低通滤波电路和整形、放大电路组成，用于对轮速传感器等输入的信号进行处理，并将模拟信号转变成数字信号输入计算电路。

（2）计算电路　计算电路的作用是根据轮速传感器和其他传感器的输入信号，按照设定的控制逻辑，经计算和逻辑分析、判断后输出控制指令。

计算电路一般由两个微处理器（CPU）组成，以保证系统工作安全可靠。两个微处理器接收同样的输入信号，在进行运算和处理过程中，通过交互式通信，对两个微处理器的处理结果进行比较，如果处理结果不一致，微处理器立即使ABS停止工作，防止系统发生故障后导致错误控制，此时制动系统相当于没有ABS的普通制动系统。

计算电路不仅能够监测ECU内部的工作情况，还能监测轮速传感器和泵电动机继电器、电磁阀继电器等执行器的工作电路。当监测到这些电路工作不正常时，立即向安全保护电路输出指令，使 ABS 停止工作。

（3）输出电路　输出电路的主要功能是将计算电路输出的数字控制信号（如制动压力增加、保持、降低）转变成模拟信号，通过功率放大器驱动执行器工作。

（4）安全保护电路　安全保护电路由电源监控、故障记忆、继电器驱动和 ABS 警告灯驱动等电路组成。安全保护电路接收汽车电源的电压信号，对电源电压是否稳定在规定范围内进行监控，同时将 12V 或 14V 电源电压变成 ECU 内部需要的 5V 标准电压。

提示：当 ABS 出现故障时，安全保护电路还能够根据微处理器的指令，切断有关继电器的电源电路，使 ABS 停止工作，恢复常规制动功能，起到失效保护作用。同时，接通仪表板上的 ABS 警告灯，并且将故障信息存储在存储器内，以便进行自诊断检测时读取故障信息。

3. 制动压力调节器

制动压力调节器是 ABS 的执行器，其功用是接收 ECU 的指令，通过电磁阀自动调节车轮制动器的制动压力。

制动压力调节器根据动力来源的不同可分为液压式和气压式，液压式主要用于轿车和轻型货车，气压式主要用于中型和大型客车以及载货车。这里只介绍液压式制动压力调节器。

制动压力调节器按照压力调节方式的不同，可以分为循环式和可变容积式。

（1）循环式制动压力调节器

1）循环式制动压力调节器的组成。循环式制动压力调节器主要由电磁阀、回油泵、储液器等组成（图 3-11）。电磁阀用于控制连接制动主缸和制动轮缸以及储液器三条管路的通断，实现对制动轮缸制动压力的调节；储液器用于暂时储存制动轮缸减压过程中流出的制动液，并衰减制动液的压力波动；回油泵则将储液器的制动液泵回制动主缸。

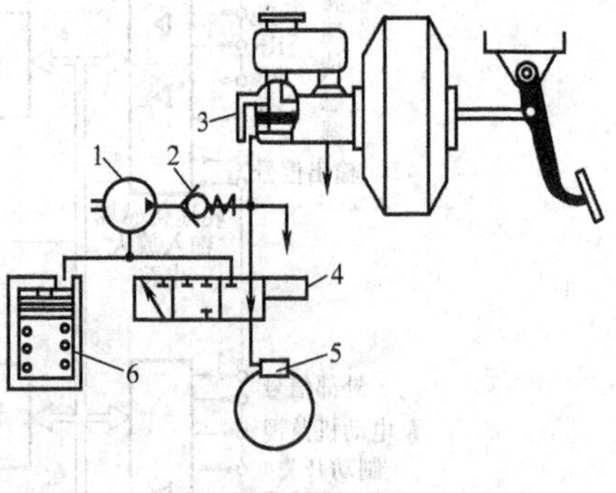

图 3-11　循环式制动压力调节器的组成

1—回油泵　2—单向阀　3—制动主缸　4—电磁阀　5—制动轮缸　6—储液器

① 电磁阀。制动压力调节器的电磁阀主要有三位三通电磁阀和二位二通电磁阀两种。三位三通电磁阀的结构和工作原理如图 3-12 所示，电磁线圈不通电时（图 3-12a），衔铁套筒在主弹簧的作用下位于最下端，进液阀开，回液阀关，进液口（通制动主缸）与出液口（通轮缸）相通；电磁线圈通小电流（2A）时（图 3-12b），衔铁套筒在较小电磁吸力作用下压缩主弹簧上移一定距离，使进液阀关闭，副弹簧伸张，仍然保持回液阀关闭，此时进液口、出液口、回液口（通储液器）互不相通；电磁线圈通大电流（5A）时（图 3-12c），电磁吸力使主弹簧进一步压缩，衔铁套筒进一步上移，使回液阀打开，出液口与回液口相通。

② 回油泵和储液器。回油泵和储液器如图 3-13 所示，回油泵由永磁电动机和柱塞泵组成，当电动机工作时，带动凸轮旋转，驱动柱塞向下运动，柱塞下方的制动液受到压缩，顶开出液阀，制动液被泵回制动主缸；当凸轮基圆与柱塞接触时，柱塞在弹簧力的作用下向上运动，出液阀关闭，储液器内的制动液进入柱塞泵泵腔。

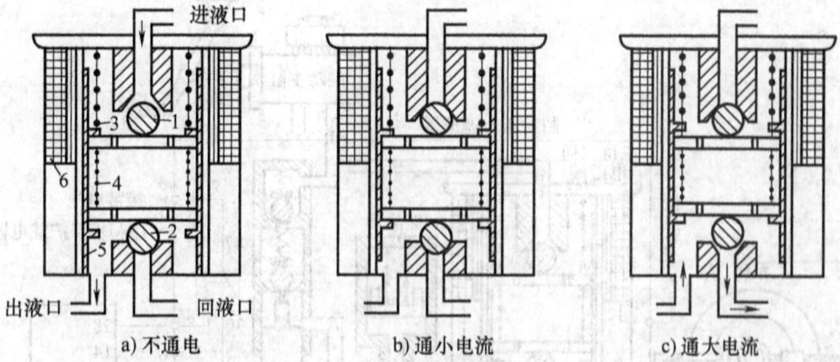

图 3-12　三位三通电磁阀的工作过程

1—进液阀　2—回液阀　3—主弹簧　4—副弹簧　5—衔铁套筒　6—电磁线圈

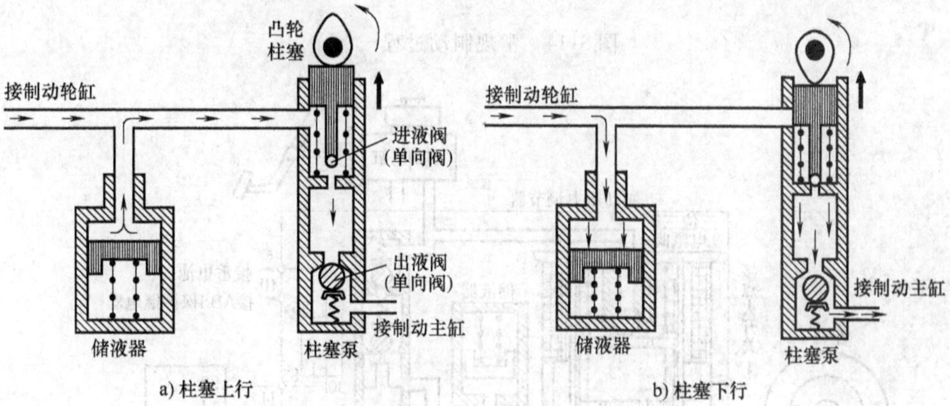

图 3-13　回油泵和储液器

储液器内有活塞和弹簧，当制动轮缸的制动液流入储液器时，推动活塞并压缩弹簧向下移动，使储液器的储液容积增大，暂时存储制动液，减小回流制动液的压力波动。

提示： 储液器有高压和低压之分，为了区分，通常将低压储液器直接称为储液器，而高压储液器称为蓄能器。循环式制动压力调节器使用的是储液器，而可变容积式制动压力调节器内除了有储液器以外还有蓄能器。

2）循环式制动压力调节器的工作过程

① 常规制动过程。常规制动过程如图 3-14 所示，根据 ABS ECU 的指令，制动压力调节器的电磁线圈不通电，制动主缸的管路经电磁阀与制动轮缸管路相通，制动轮缸的压力随制动主缸压力的变化而变化。此时回油泵不工作。

② 保压过程。在 ABS 工作过程中，当需要对制动轮缸保持制动压力时，根据 ABS ECU 的指令，给电磁阀通入小电流，进液阀和回液阀都关闭（图 3-15），制动轮缸内的制动压力保持不变，回油泵不工作。

③ 减压过程。当需要对制动轮缸进行减压时，ABS ECU 发出指令，使制动压力调节器电磁阀通入大电流，回液阀打开（进液阀保持关闭），如图 3-16 所示。此时制动主缸与制动轮缸之间的通路被切断，而制动轮缸与储液器之间的管路被接通，制动轮缸中的部分制动

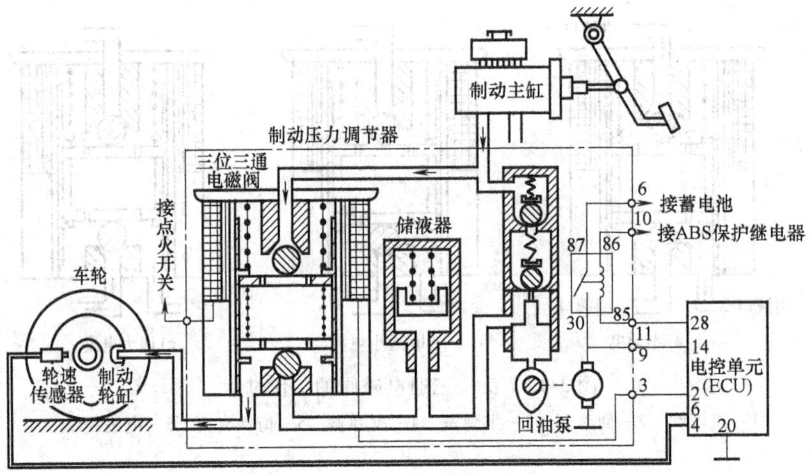

图 3-14　常规制动过程

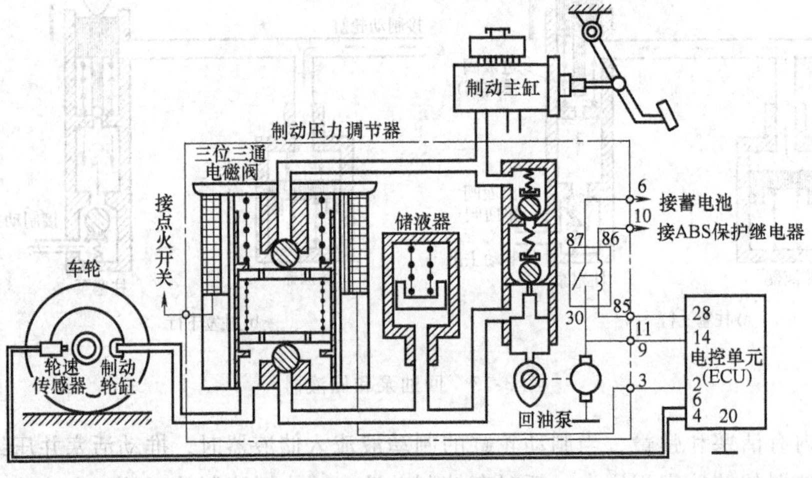

图 3-15　保压过程

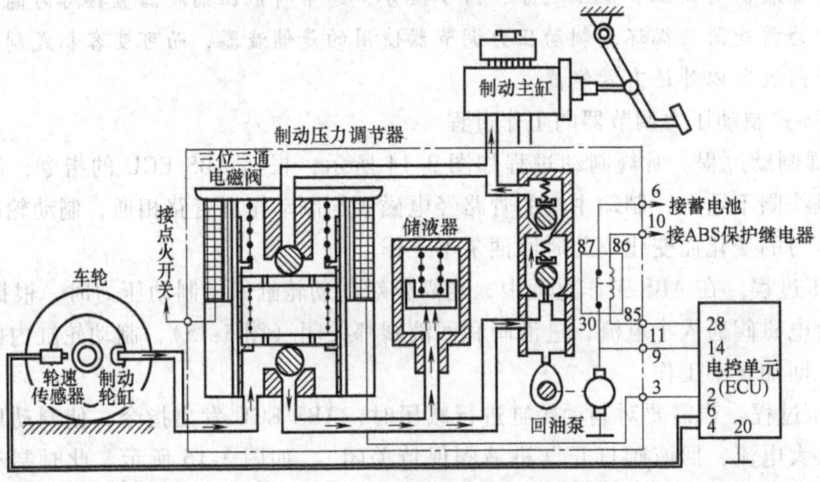

图 3-16　减压过程

液流入储液器，从而减小了该车轮的制动压力。ABS ECU 同时启动回油泵工作，将流入储液器的制动液泵回制动主缸。

提示：由于减压过程中由制动轮缸流入储液器的制动液被回油泵又“循环”回制动主缸，因此这种制动压力调节器称为循环式制动压力调节器。制动液在循环回制动主缸的过程中，会造成制动主缸内的制动液压力波动，因而制动踏板会有反弹的感觉，踏板反弹的频率约为 3 ~4 次/s。

④ 增压过程。当需要对制动轮缸增加制动压力时，ABS ECU 发出指令，使电磁阀断电，进液阀打开，回液阀关闭，来自制动主缸的制动液可以再次进入制动轮缸，使制动轮缸的压力增大，如图 3-14 所示。

（2）可变容积式制动压力调节器

1）可变容积式制动压力调节器的组成。可变容积式制动压力调节器主要由电磁阀、控制活塞、液压泵、储液器和蓄能器等组成。

2）可变容积式制动压力调节器的工作过程

① 常规制动过程。常规制动过程如图 3-17 所示，电磁阀线圈中没有电流通过，电磁阀中的柱塞在弹簧力的作用下位于最左端位置，将控制活塞的大端工作腔与储液器接通，控制活塞大端工作腔内的控制油液可以进入储液器，控制活塞在其右端回位弹簧的作用下运动到最左端位置，控制活塞左端的推杆将单向阀顶开，使制动主缸与制动轮缸之间的管路连通，制动主缸内的制动液可以直接进入制动轮缸，制动轮缸的制动压力随制动主缸的压力的变化而变化。

② 保压过程。保压过程如图 3-18 所示，当需要保持制动压力时，ABS ECU 发出指令，给制动压力调节器的电磁线圈通入小电流，电磁阀中的柱塞在电磁吸力和弹簧力的共同作用下处于中间位置，因此将通向蓄能器、控制活塞工作腔以及储液器的油路全部封闭，来自储能器和液压泵的控制油液不能进入控制活塞大端工作腔，控制活塞大端工作腔的控制油液被密封，工作腔内的油压保持不变，控制活塞保持一定位置不动，因此控制活塞小端工作腔的

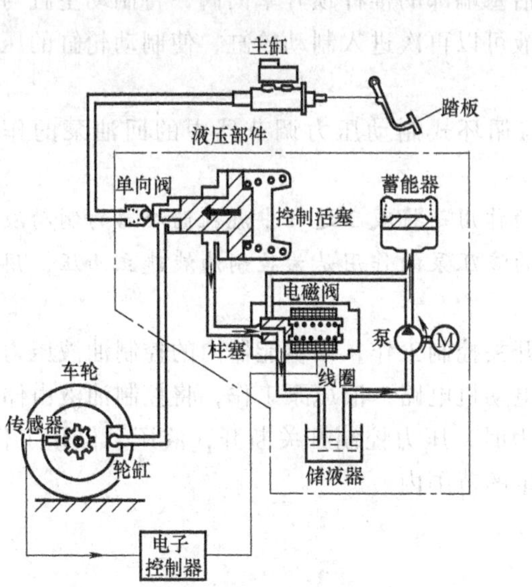

图 3-17　常规制动过程

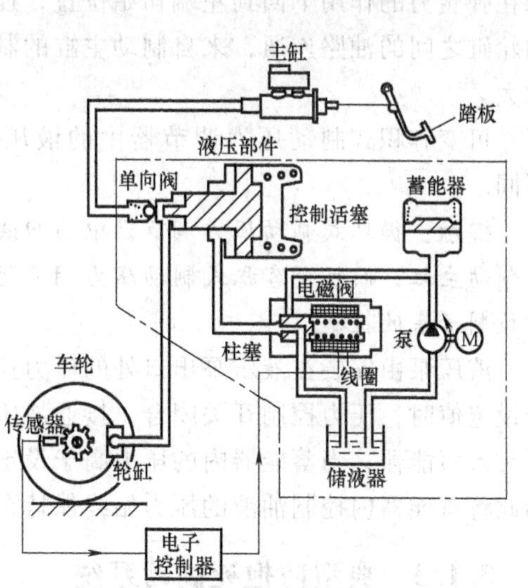

图 3-18　保压过程

容积不发生变化，而此时单向阀仍处于关闭状态，所以制动轮缸的油压保持不变。

③ 减压过程。减压过程如图 3-19 所示，在 ABS 工作过程中，当需要减小制动轮缸的制动压力时，ABS ECU 给制动压力调节器的电磁线圈通入大电流，电磁阀中的柱塞在电磁吸力的作用下克服弹簧力移至右端位置，将蓄能器与控制活塞工作腔之间的油路接通，同时将通向储液器的油路关闭。液压泵开始工作，来自蓄能器或液压泵的高压控制油液进入控制活塞大端的工作腔，克服弹簧弹力，推动控制活塞右移。控制活塞右移的过程可分为两个阶段，开始时随着控制活塞的右移单向阀落座关闭，制动主缸与制动轮缸之间的通路被切断，制动主缸的制动液不可能再进入制动轮缸，这是第一个阶段；此后，随着控制活塞继续右移，控制活塞小端工作腔的容积增大，制动轮缸内的部分制动液进入控制活塞小端工作腔，制动轮缸的制动液压力下降。轮缸制动压力减小的程度取决于控制活塞向右移动的距离，移动距离越大，控制活塞小端形成的减压容积就越大，轮缸制动压力降低得也越大。

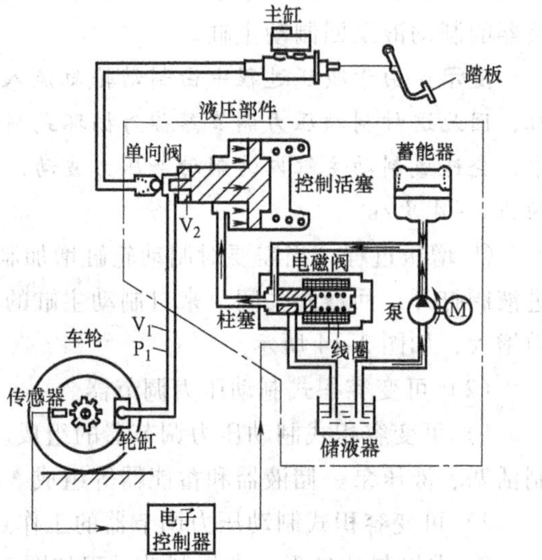

图 3-19　减压过程

提示：由于这种制动压力调节器工作时是通过改变控制活塞小端的容积调节轮缸的制动压力的，因此被称为可变容积式制动压力调节器。

④ 增压过程。增压过程如图 3-17 所示，当需要增大制动压力时，ABS ECU 切断制动压力调节器电磁线圈的电流，电磁阀中的柱塞在弹簧力的作用下回到左端原始位置，将控制活塞大端工作腔与储液器的管路接通，控制活塞大端工作腔内的控制油液流入储液器，控制活塞在弹簧力的作用下回到左端初始位置，控制活塞端部的推杆顶开单向阀，将制动主缸与制动轮缸之间的油路连通，来自制动主缸的制动液可以再次进入制动轮缸，使制动轮缸的压力增大。

可变容积式制动压力调节器中的液压泵与循环式制动压力调节器中的回油泵的作用不同。

提示：循环式制动压力调节器中的回油泵的作用是将减压过程中流入储液器的制动液泵回制动主缸，而可变容积式制动压力调节器中的液压泵的作用是为控制油液建立油压，用于对控制活塞的控制。

液压泵由安装在液压泵出口处的压力控制开关控制工作，当蓄能器内的控制油液压力低于设定值时，压力控制开关闭合，接通液压泵电动机电路，液压泵工作，将控制油液由储液器泵入蓄能器；当蓄能器内的压力高于设定压力时，压力控制开关断开，液压泵停止工作，如此将蓄能器内控制油液的压力始终保持在规定的范围内。

3.1.3　典型防抱死制动系统

MK20-1 型 ABS 用于上海桑塔纳 2000GSi、上海赛欧及一汽大众的捷达、都市先锋等汽车上。

1. MK20-1 型 ABS 的组成

MK20-1 型 ABS 为三通道、前轮独立控制、后轮低选控制式 ABS。主要由 4 个轮速传感器、ABS 控制器、ABS 故障警告灯、制动装置警告灯等组成。

（1）轮速传感器　4 个轮速传感器为电磁式，前轮速传感器的齿圈（43 个齿）安装在半轴上，传感器安装在转向节上。后轮速传感器的齿圈（43 个齿）安装在后轮毂上，传感器安装在固定支架上。

（2）ABS 控制器　MK20-1 型 ABS 将电子控制单元和制动压力调节器组合在一起，形成了 ABS 控制器，主要包括 ABS 电子控制单元（J104）、液压控制单元（N55）、液压泵（V64）等。

电子控制单元（J104）主要由一个主控 CPU、一个辅控 CPU、稳压模块电路、电磁阀电源模块电路、电磁阀驱动模块电路、回油泵电动机驱动模块电路、信号处理模块电路、安全保护电路等组成。其中的主控 CPU 为 16 位，辅控 CPU 为 8 位。如果两个 CPU 的处理结果不一致，CPU 立即发出控制指令使 ABS 退出工作。液压泵（V64）采用柱塞式结构，由四极四刷永磁直流电动机驱动，储液器采用弹簧活塞式结构。液压控制单元（N55）主要由 8 个二位二通电磁阀组成，每一个车轮的制动轮缸的制动压力由两个电磁阀控制，一个是进油阀，一个是出油阀。进油阀为常开电磁阀，出油阀为常闭电磁阀。MK20-1 型 ABS 的液压管路系统如图 3-20 所示，制动管路采用 X 管路布置方式，左前轮与右后轮为一条制动管路，右前轮与左后轮为一条制动管路。

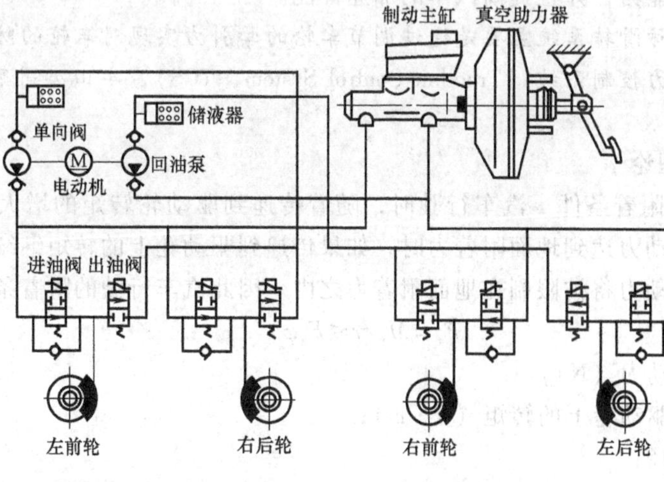

图 3-20　MK20-1 型 ABS 的液压管路系统

（3）ABS 故障警告灯和制动装置警告灯　ABS 故障警告灯为黄色，用于指示 ABS 自诊断系统是否检测到 ABS 有故障。制动装置警告灯为红色，用于指示制动液位过低或驻车制动装置未解除。

2. MK20-1 型 ABS 的工作原理

（1）常规制动过程　制动开始时，驾驶人踏下制动踏板，制动主缸产生制动油压，由于制动压力较低，车轮的滑移率没有达到 ABS 起作用的条件，ABS ECU 不给任何电磁阀通电，来自制动主缸的制动液通过常开的进油阀进入轮缸，出油阀处于关闭状态，制动过程为常规制动，制动轮缸内的压力随制动主缸压力的升高而升高。

（2）保压过程　当驾驶人继续踏下制动踏板，油压继续升高到车轮出现抱死趋势时，ABS ECU 发出指令，给进油阀通电，进油阀关闭，出油阀仍然不通电，因此出油阀仍然关闭。制动轮缸的油压保持不变。

（3）减压过程　当保持制动压力不变车轮仍有抱死趋势时，ABS ECU 发出指令，给出油阀通电，出油阀打开，而进油阀继续保持通电，进油阀关闭，制动轮缸内的部分制动液经出油阀进入储液器，并由液压泵泵入制动主缸，因此制动轮缸内的制动压力降低。

（4）增压过程　当减压后如果车轮转速增加到一定值时，ABS ECU 发出指令，使进油阀和出油阀都断电，因此进油阀打开，来自制动主缸和液压泵的制动液再次进入制动轮缸，制动轮缸的制动压力增加。

3.2　驱动防滑转系统

3.2.1　概述

驱动防滑转系统（Anti-Slip Regulation，ASR），其作用是在汽车驱动过程中，将车轮的滑转率控制在理想范围（10% ~30%）内，防止车轮滑转，以提高汽车在驱动过程中的方向稳定性和转向控制能力，并且提高汽车的加速性能。

提示：由于驱动防滑转系统主要是通过调节车轮的牵引力实现对车轮的防滑转控制，因此该系统也称为牵引力控制系统（Traction Control System，TCS），丰田公司则称其为 TRAC 或 TRC。

1. ASR 的基础理论

（1）汽车行驶的附着条件　汽车行驶时，随着传递到驱动轮转矩的增大，汽车的驱动力随之增大，但当驱动力达到地面附着力时，如果传递到驱动轮上的转矩继续增大，驱动轮将在地面上滑转，驱动力将被限制在地面附着力之内。因此汽车行驶的附着条件是

$$F_t = M_n / r \leqslant F_z \varphi \tag{3-4}$$

式中　F_t——汽车驱动力（N）；
M_n——作用于驱动轮上的转矩（N · m）；
r——车轮半径；
F_z——地面对车轮的法向反作用力；
φ——车轮与地面之间的附着系数。

（2）车轮滑转率　指车轮速度与车速的差值与车轮速度之比。滑转率 s_d 的表达式为

$$s_d = \frac{v_\omega - v}{v_\omega} \times 100\% = \frac{r\omega - v}{r\omega} \times 100\% \tag{3-5}$$

式中　v_ω——车轮速度（m/s）；
v——车速（m/s）；

r——车轮半径（m）；

ω——车轮转动角速度（rad/s）。

车轮在路面上纯滚动时，$v_\omega=v$，$s_d=0$；车轮在地面上完全滑转时，车速 $v=0$，车轮滑转率 $s_d=100\%$；车轮在路面上边滚动边滑转时，$v_\omega>v$，车轮滑转率 $0<s_d<100\%$。车轮滑转率越大，说明车轮驱动过程中滑转成分所占比例越大。

（3）附着系数与车轮滑转率之间的关系　驱动时车轮与路面之间的附着系数与滑转率之间的关系与制动时相似，如图 3-21 所示。

提示：在完全滑转的情况下，不仅会由于纵向附着系数比峰值时下降导致所能够提供的地面驱动力减小，而且由于横向附着系数接近于零导致汽车行驶稳定性和操纵性能的下降，对于后轮驱动汽车会失去方向稳定性，对于前轮驱动汽车会失去转向控制能力。

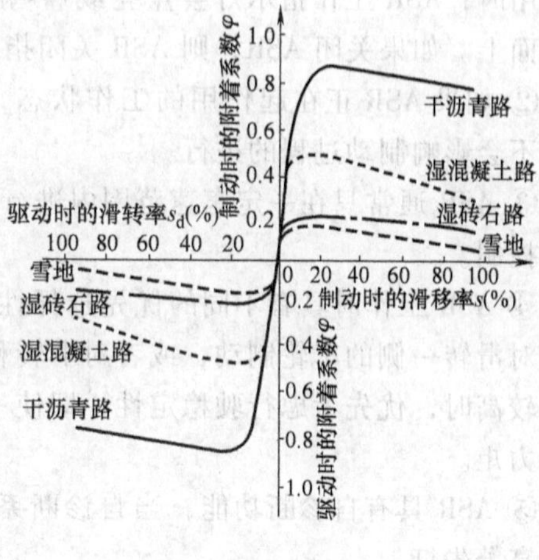

图 3-21　纵向附着系数与滑移率和滑转率的关系

在汽车上装备 ASR 的目的就是在汽车起步、加速或在附着系数较低的路面上驱动时，将车轮的滑转率控制在 10%～30%，使车轮与路面保持较高的附着力，提高汽车的牵引力和操控性。ASR 有如下优点：

① 提高了汽车的动力性。汽车在起步、行驶过程中可获得最佳的驱动力，尤其是在附着系数较小的路面，汽车起步、加速及爬坡能力得到改善。

② 提高了汽车的行驶稳定性和前轮驱动汽车的转向控制能力。

③ 减少了轮胎磨损，降低了发动机油耗。

2. ASR 的控制方式

ASR 工作时将驱动轮滑转率控制在最佳范围的方式有以下几种。

（1）对发动机输出转矩进行控制　当驱动轮滑转率超过理想滑转率范围时，ASR 减小发动机输出转矩。减小发动机输出转矩的手段如下：

① 调节发动机进气量，如通过副节气门调节发动机进气量。

② 调节燃油量，如减少或中断喷油。

③ 调节点火时间，如减小点火提前角。

通过改变副节气门的开度调节发动机进气量，虽然反应速度较慢，但不会影响发动机的正常工作。调节燃油量和点火提前角虽然反应速度快，但调节燃油量可能使发动机燃烧不稳定，推迟点火提前角可能造成燃烧不完全。

（2）对滑转车轮进行制动控制　当驱动轮滑转时，ASR 控制执行机构对滑转车轮进行制动，就可以阻止车轮进一步滑转，将车轮滑转率控制在理想范围内。

（3）对防滑差速器进行锁止控制　这种防滑差速器具有多片离合器式差速锁，差速器的锁止由液压油将多片离合器压紧实现。通过控制油压的高低，就可以实现锁止程度从 0% 到 100% 的变化。控制油压来自 ASR 的蓄能器，压力的大小由 ECU 控制油压电磁阀进行调节。当一侧驱动轮滑转或两侧驱动轮有不同程度的滑转时，ECU 控制电磁阀调节差速器的锁止程度，以提高汽车的驱动力和行驶稳定性。

提示：上述控制方式中，前两种采用较多，并且常采用这两种方式相结合的方式。在实际控制过程中，根据驱动状态可以两种方式分别起作用，也可以两种方式同时起作用。

3. ASR 的特点

① ASR 有一个开关可以控制其工作或者不工作。如果 ASR 开关在接通状态下，当 ASR 起作用时，ASR 工作指示灯会点亮或蜂鸣器响，以提示驾驶人汽车正行驶在附着系数较低的路面上。如果关闭 ASR，则 ASR 关闭指示灯点亮。

② 如果 ASR 正在起作用的工作状态，驾驶人对车辆进行制动，ASR 将会自动退出工作，不会影响制动过程的进行。

③ ASR 通常只在一定车速范围内进行防滑转调节，当车速较高时，ASR 将自动退出防滑转控制。

④ ASR 工作时具有不同的优先选择性，当车速较低时，优先考虑提高牵引力，因此可以只对滑转一侧的车轮制动，或者对滑转程度不同的两侧驱动轮施加不同的制动力矩。但当车速较高时，优先考虑行驶稳定性，即使一侧车轮滑转时，也同时对两侧驱动轮施加相等的制动力矩。

⑤ ASR 具有自诊断功能，当自诊断系统诊断出系统有故障时，ASR 将自动退出工作，并点亮警告灯。

⑥ ASR 和 ABS 都是通过控制作用于被控车轮上的力矩，而将车轮的滑移率或滑转率控制在理想范围内，以提高附着系数的利用率，从而缩短汽车制动距离或提高汽车的加速性能，改善汽车的行驶方向稳定性和转向控制能力。

3.2.2　ASR 的基本组成和工作原理

目前，ABS 已基本成为汽车的标准配置，但 ASR 单独应用较少，只要装有 ASR 的汽车，通常都装有 ABS。由于 ASR 和 ABS 有许多共同之处，例如都需要轮速传感器信号，都需要对车轮进行制动压力调节等，因此在装备 ASR 的汽车上通常将 ASR 和 ABS 组合在一起，构成具有制动防抱死和驱动防滑转功能的防滑控制（ABS/ASR）系统。

1. ASR 的组成

ASR 由传感器和开关、ECU、执行器组成。典型的 ASR 如图 3-22 所示，传感器包括 4 个轮速传感器（与 ABS 共用）和主、辅节气门位置传感器；开关有 ASR 选择开关；ABS/ASR ECU 是两个系统共用的 ECU；执行器包括 ASR 制动执行器、副节气门执行器、ASR 工作指示灯和 ASR 关闭指示灯。

2. ASR 的工作原理

提示：ASR 工作时，ABS/ASR ECU 根据轮速传感器信号，确定驱动车轮的滑转率。当 ABS/ASR ECU 判定驱动车轮的滑转率超过设定的极限值时，根据控制策略确定对发动机转矩进行控制或者对驱动车轮进行制动，或者两种控制措施同时进行。

（1）对发动机输出转矩进行控制　对发动机输出转矩进行控制常用的方法是减小发动机进气量，通常在主节气门前方设置一个副节气门（图 3-23），ABS/ASR ECU 控制副节气门驱动步进电动机使副节气门关小，减小发动机的进气量，降低发动机的输出转矩。当

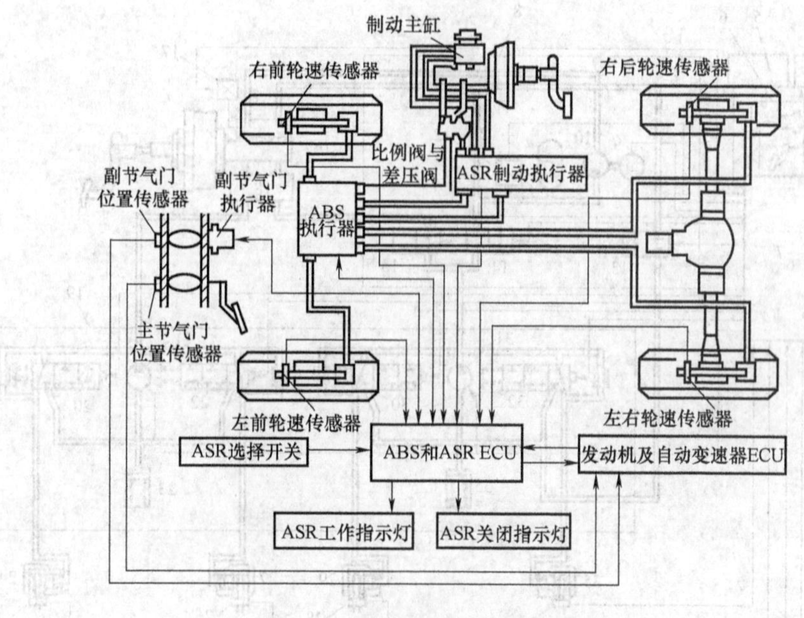

图 3-22　典型 ASR 的组成

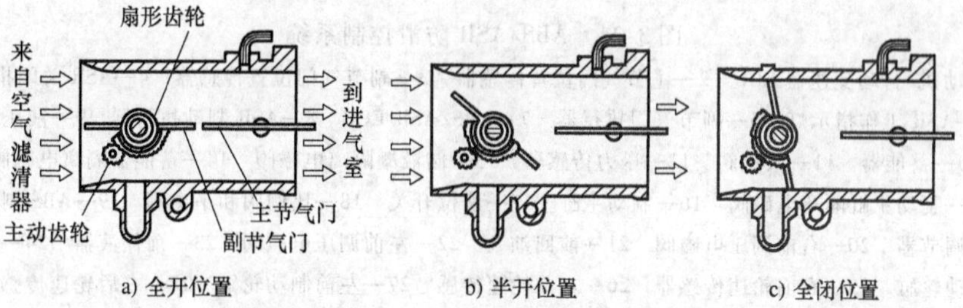

图 3-23　副节气门的工作情况

ASR 不起作用时，ABS/ASR ECU 使副节气门完全打开，不影响发动机的正常工作。

（2）对滑转车轮进行制动控制　当 ABS/ASR ECU 判定需要对滑转车轮进行制动时，ABS/ASR ECU 将控制 ASR 制动执行器使高压制动液进入滑转车轮的制动轮缸对车轮进行制动。ASR 制动执行器由两部分组成（图 3-24）：一部分是制动供能总成，由液压泵 9、蓄能器 10 和压力传感器 12 组成；另一部分是电磁阀总成，由三个二位二通电磁阀组成。

制动供能总成的作用是为车轮制动器提供高压液压源。液压泵工作时，将制动液泵入蓄能器中，当蓄能器内的压力达到规定值时，压力传感器将压力信号传至 ABS/ASR ECU，ECU 使液压泵停止工作；当压力传感器检测到系统压力低于规定值时，ECU 使液压泵重新工作，从而保证制动供能总成内总是保持恒定的油压。

电磁阀总成的作用是控制 ASR 工作时的制动油路，其中的储液罐隔离电磁阀 13 和蓄能器隔离电磁阀 14 为常闭电磁阀，制动主缸隔离电磁阀 15 为常开电磁阀。ASR 制动压力执行器工作时可分为增压、保压、减压三个过程。

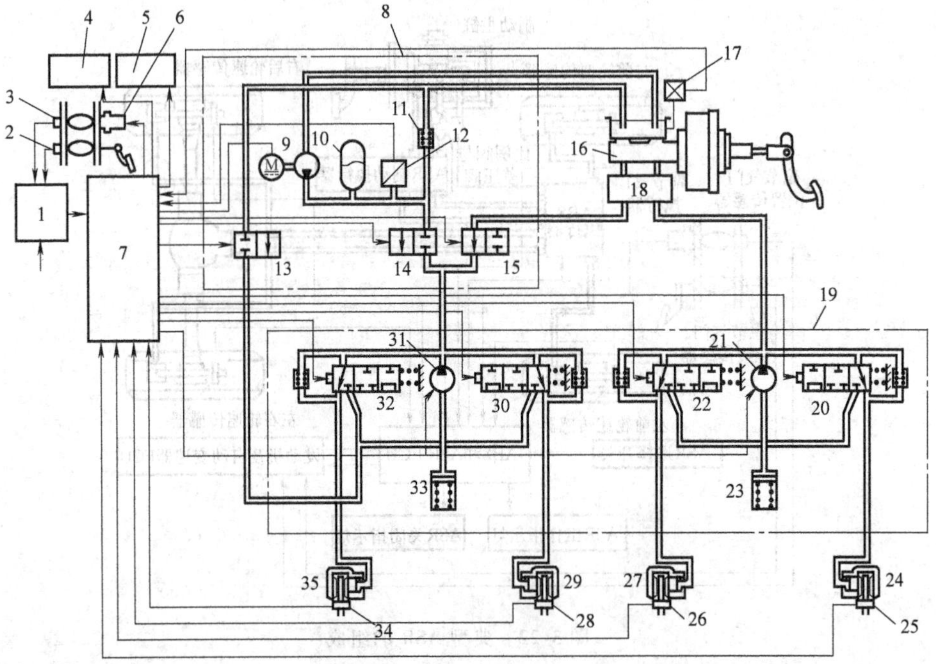

图 3-24 ABS/ASR 防滑控制系统

1—发动机/自动变速器 ECU 2—主节气门位置传感器 3—副节气门位置传感器 4—ASR 关闭指示灯 5—ASR 工作指示灯 6—副节气门执行器 7—ABS/ASR ECU 8—ASR 制动执行器 9—液压泵 10—蓄能器 11—限压阀 12—压力传感器 13—储液罐隔离电磁阀 14—蓄能器隔离电磁阀 15—制动主缸隔离电磁阀 16—制动主缸 17—液位开关 18—比例阀和平衡阀 19—ABS 制动压力调节器 20—右前调压电磁阀 21—前回油泵 22—左前调压电磁阀 23—前储液器 24—右前制动轮缸 25—右前轮速传感器 26—左前轮速传感 27—左前制动轮缸 28—右后轮速传感器 29—右后制动轮缸 30—右后调压电磁阀 31—后回油泵 32—左后调压电磁阀 33—后储液器 34—左后轮速传感器 35—左后制动轮缸

1）增压过程。当 ABS/ASR ECU 需要对滑转车轮进行制动时，就使 ASR 制动执行器中的三个电磁阀都通电，制动主缸隔离电磁阀 15 将制动主缸至后制动轮缸的制动管路封闭，蓄能器隔离电磁阀 14 将蓄能器至 ABS 制动压力调节器的制动管路接通，储液罐隔离电磁阀 13 将 ABS 制动压力调节器至制动主缸储液罐之间的回油管路接通。蓄能器中具有一定压力的制动液就会经蓄能器隔离电磁阀 14，然后经 ABS 制动压力调节器的两个三位三通电磁阀 30 和 32 进入两个后轮制动轮缸对后驱动轮进行制动，并且随着电磁阀通电时间的延长，制动轮缸内的压力逐渐增大。如果只需要对某一个驱动车轮进行制动，ABS/ASR ECU 只要给另一驱动车轮的 ABS 制动压力调节器的电磁阀通以小电流，ASR 制动供能总成的制动液就不能进入这一车轮的制动轮缸使该车轮制动。

2）保压过程。当 ABS/ASR ECU 判定需要保持两驱动车轮的制动压力时，就使 ABS 制动压力调节器中的两个电磁阀 30 和 32 通以小电流，两电磁阀都处于中间位置，将两后制动轮缸的进、出液管路都封闭，两后制动轮缸的制动压力就保持不变。

3）减压过程。当 ABS/ASR ECU 判定需要减小两驱动车轮的制动压力时，就使两个电磁阀30和32通以大电流，电磁阀将两后制动轮缸的进液管路封闭，而将两后制动轮缸的出液管路连通，两后制动轮缸中的制动液经电磁阀30和32、电磁阀13流回到制动主缸储液罐，两后制动轮缸的制动压力减小。

当ABS/ASR ECU判定ASR不需要起作用时，就使各电磁阀均不通电（图3-24所示状态），后制动轮缸中的制动液经电磁阀30和32、电磁阀15流回制动主缸，驱动车轮的制动完全解除。

3. ABS/ASR防滑控制系统的工作过程

ABS/ASR防滑控制系统是由ABS和ASR两个系统组成的，虽然它们的许多部件是共用的，两个系统工作时需要相互协同，但并不影响彼此的控制功能。ABS/ASR防滑控制系统工作时可分为以下几个过程：

（1）常规制动　这意味着ABS和ASR都不工作，ABS/ASR ECU不给ABS制动压力调节器的四个三位三通电磁阀以及ASR制动执行器的三个二位二通电磁阀通电。ABS制动压力调节器三位三通电磁阀将制动主缸与制动轮缸之间的液压管路接通，另外由于ASR制动执行器中的制动主缸隔离电磁阀也处于常开状态，保证制动主缸与制动压力调节器之间的油路畅通，因此来自制动主缸的制动液可以不受任何限制地直接进入各制动轮缸使车轮制动（图3-24）。

（2）ABS工作　这意味着ASR不工作，ABS/ASR ECU不给ASR制动执行器的三个二位二通电磁阀通电，ASR制动执行器中的制动主缸隔离电磁阀处于常开状态，ABS/ASR ECU根据轮速传感器信号计算车轮的滑移状态，然后确定对制动轮缸进行“保压”“减压”或者“增压”控制，并通过对ABS制动压力调节器的三位三通电磁阀通以小电流、通以大电流或者不通电实现（图3-24）。

（3）ASR工作　这意味着ABS不工作，如上所述，ABS/ASR ECU通过控制副节气门步进电动机控制副节气门开度来控制发动机的输出转矩，以及通过控制ASR制动执行器对滑转的驱动车轮进行制动。

3.3　电子制动力分配

电子制动力分配（Electronic Brakeforce Distribution，EBD）是在ABS的基础上开发出来的，用电子控制技术替代传统的制动力分配比例阀，能够实现制动时前、后桥制动力分配比例的自动调节，使前、后桥制动强度相等，因而可以最大限度地利用前后桥的附着条件，缩短制动距离，提高车辆制动时的安全性和稳定性。

提示：电子制动力分配不需要增加任何硬件配置，只需要改进ABS的软件即可实现。

3.3.1　调节制动力分配比例的必要性

对于没有装ABS的汽车而言，汽车制动时如果前轮先抱死车辆将失去转向控制能力，后轮先抱死则会发生侧滑甚至甩尾，因此理想的前、后桥制动力分配关系应该总是使前后桥的制动强度相等，即图3-25中的理想前、后桥制动力分配曲线（I线）。由于制动时轴荷的转移，I线是一条曲线，但实际上前、后桥制动力分配关系由制动主缸和车轮制动器等确定，只能是一条直线（β线）。

为了解决 β 线与 I 线不重合这一问题，在 EBD 出现之前，通常在前、后桥制动管路间增加比例阀来调节前、后桥制动力的分配比例（图 3-26），使 β 线靠近 I 线，避免制动时后轮先抱死。但由于机械式比例阀调节性能的限制，后桥的附着利用率仍然不是最好，图中的阴影部分即为附着损失。

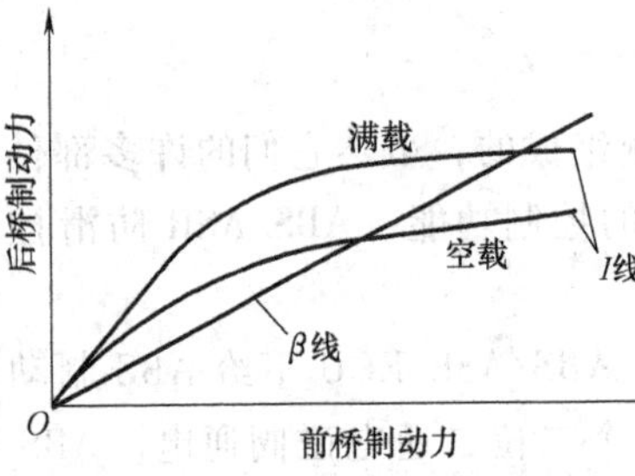

图 3-25　前、后桥制动力分配曲线

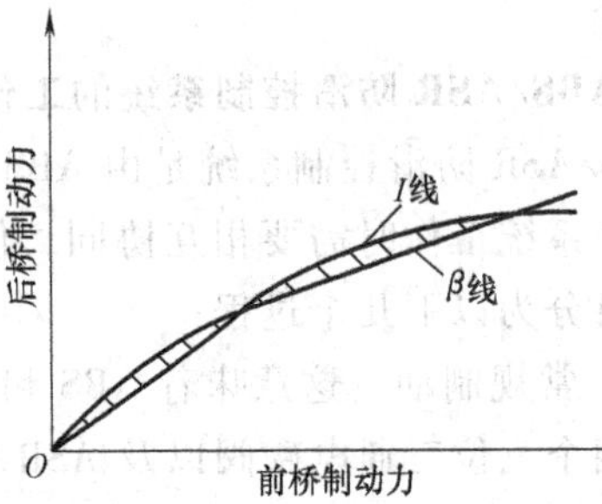

图 3-26　有比例阀的前、后桥制动力分配曲线

提示：对于装有 ABS 的汽车而言，汽车制动过程可以分为两个阶段，即常规制动阶段和 ABS 起作用阶段。当 ABS 起作用时，ABS 将根据每一个车轮的滑移情况调节各个车轮制动轮缸内的制动压力，EBD 不起作用。在常规制动阶段，EBD 起作用（图 3-27），自动调节前、后桥制动力的分配比例，使前、后桥制动强度相等，因而可以最大限度地利用前后桥的附着条件，推迟 ABS 起作用的时间，缩短制动距离。

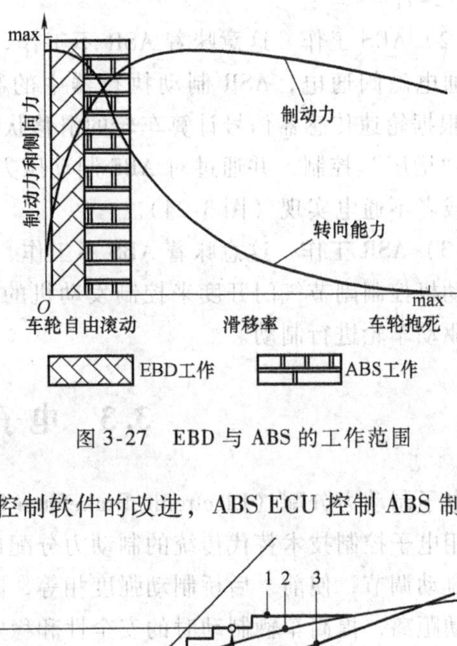

图 3-27　EBD 与 ABS 的工作范围

3.3.2　EBD 的工作原理

EBD 是借用 ABS 进行工作的，通过对 ABS 控制软件的改进，ABS ECU 控制 ABS 制动压力调节器自动调节前、后桥制动力，使其前、后桥制动力实际分配曲线尽可能靠近理想分配曲线。

制动初期，EBD 不对前、后桥制动力分配比例进行调节，前、后桥制动力按照固定的比例分配，前、后桥制动力分配呈直线关系，如图 3-28 所示。当超过该直线与理想制动力分配曲线的交点 P 以后，EBD 开始调节前、后桥制动力分配比例，ECU 不断计算汽车在各种行驶状况下前轮和后轮的滑移率，如果在制

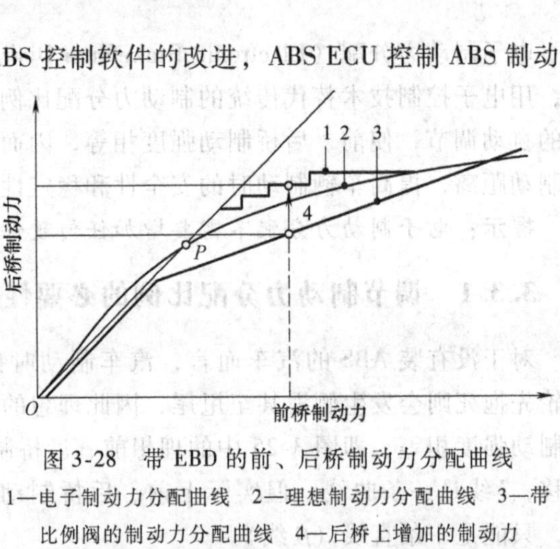

图 3-28　带 EBD 的前、后桥制动力分配曲线
1—电子制动力分配曲线　2—理想制动力分配曲线　3—带比例阀的制动力分配曲线　4—后桥上增加的制动力

动过程中后轮与前轮的滑移率之比超过设定的阈值，则后轮的 ABS 制动压力调节器的制动液进液阀关闭，以阻止后轮轮缸中的制动液压力继续增加。

如果驾驶人继续踏下制动踏板，即增加制动压力，则前轮滑移率增大，后轮与前轮的滑移率之比再次减小，后轮制动液进液阀重新开启，后轮制动压力再次增加。如此反复，使实际的制动力分配曲线接近理想制动力分配曲线。

3.4 电子稳定程序

ESP 是 Electronic Stability Program 的缩写，意为电子稳定程序，应用于大众、奥迪、奔驰等车系。与此功能相似的系统在其他车系上的名称有所不同：例如丰田的车辆稳定性控制（Vehicle Stability Control，VSC）系统、宝马的动态稳定控制（Dynamic Stability Control，DSC）系统、沃尔沃的动态稳定循迹控制（Dynamic Stability Tracing Control，DSTC）系统和三菱的主动稳定控制（Active Stability Control，ASC）系统等。

3.4.1 ESP 的功能

汽车操纵失控是非常危险的，因为汽车操纵失控时，汽车不能按照驾驶人的驾驶意图行驶，很容易导致交通事故的发生。当汽车在弯路上高速行驶时，或者虽然车速不高但路面较滑时，或者为躲避障碍物而急转弯时，由于离心力的作用，会使汽车侧滑。

假如汽车只有前轮侧滑，后轮没有侧滑，或者虽然前、后轮都侧滑，但前轮的侧滑程度大于后轮，就会使汽车绕其垂直轴转动，转动方向与汽车转弯的方向相反，从而导致汽车不能按照驾驶人的意图行驶，即不能沿驾驶人给定的转向轮偏转路线行驶，汽车将驶出转弯路面的外侧（图 3-29a），这种情况会造成不足转向。

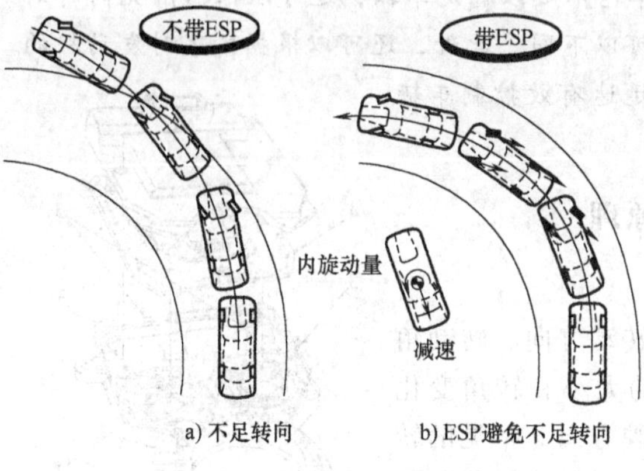

图 3-29　避免不足转向的原理

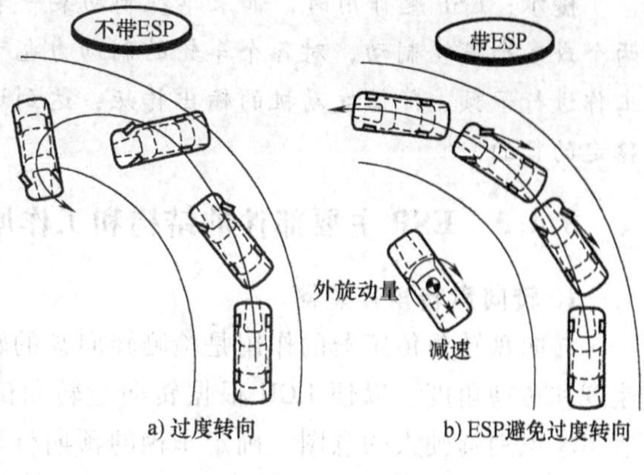

图 3-30　避免过度转向的原理

如果汽车只有后轮侧滑，前轮没有侧滑，或者虽然前、后轮都侧滑，但后轮的侧滑程度大于前轮，也会使汽车绕其垂直轴转动，但转动方向与汽车转弯的方向相同，同样会导致汽车不能按照驾驶人的意图行驶，汽车将驶出转弯路面的内侧（图 3-30a），这种情况会造成过度转向。

提示：无论是不足转向还是过度转向都可能使汽车操纵失控，导致严重的交通事故。

ESP的功能就是当检测到汽车没有按照驾驶人的意图行驶时，通过有选择地制动或者干预发动机的工作来稳定车辆，使汽车按照驾驶人的意图行驶，改善汽车的操纵稳定性，提高汽车的行驶安全性。

3.4.2 ESP的基本组成和基本原理

ESP是与ABS和ASR组合在一起的系统，可以认为ESP是ABS和ASR功能的延伸。ESP也是由传感器、ECU和执行器组成的，但ESP大部分元器件与ABS和ASR共用。传感器在原来ABS和ASR的基础上增加转向盘转角传感器、横摆角速度传感器、侧向加速度传感器等；ECU增加ESP的控制功能；执行器则在原来ABS和ASR执行器的基础上改进功能，使ASR制动供能装置可以对每一个车轮都能进行单独制动（ASR只能对驱动车轮进行制动）。

ESP工作时，首先通过转向盘转角传感器和轮速传感器信号识别转弯方向、角度、速度，从而判断驾驶人的意图；与此同时，ESP通过横摆角速度传感器和侧向加速度传感器识别车辆绕其垂直轴转动的方向、角速度以及旋转角度等，从而确定车辆的实际运动方向。ECU将车辆实际运动方向与驾驶人的意图进行比较，如果车辆实际绕其垂直轴转动的角度小于由转向盘转角和轮速确定的车辆应该绕其垂直轴的转角，则判断为不足转向，ECU立即指令执行器使汽车内侧后轮制动，地面制动力将对汽车产生一个与转向方向相同的力矩，纠正不足转向，使汽车回到正常的路线，按照驾驶人的意图行驶（图3-29b）。反之，如果车辆实际绕其垂直轴转动的角度大于由转向盘转角和轮速确定的车辆应该绕其垂直轴的转角，则判断为过度转向，ECU立即指令执行器使汽车外侧前轮制动，地面制动力将对汽车产生一个与转向方向相反的力矩，纠正过度转向，使汽车回到正常的路线，按照驾驶人的意图行驶（图3-30b）。

提示：ESP起作用时，如果单独制动某一车轮不足以稳定车辆，还可以根据情况同时对两个或多个车轮制动，对各个车轮的制动力也可以不同。此外，还可以根据情况对发动机的工作进行干预，降低发动机的输出转矩，达到迅速有效控制车辆稳定的目的。

3.4.3 ESP主要部件的结构和工作原理

1. 转向盘转角传感器

转向盘转角传感器的作用是检测转向盘的转动方向、转动角速度和转动角度，以便ECU根据转向盘转角的大小和转角变化速率来识别驾驶人的意图，确定车辆的预期行驶方向。常见的转向盘转角传感器有电位器式、光电式、电磁式、霍尔式、磁阻式等。图3-31所示为各向异性磁阻（AMR）式转向盘转角传感器，转向轴带动传动齿轮1转动，齿轮1驱动两个齿数不等（差一个齿）的测量齿轮2转动，两个驱动齿轮中有磁铁3，磁铁上方有各向异性磁阻传感器5及集成电路4，当转向盘转动时，带动驱动齿轮2中的磁铁3转动，各向异性磁阻传感器5中的磁场变化，使磁阻传感器的电阻变化，电阻的变化即反映了测量齿轮的

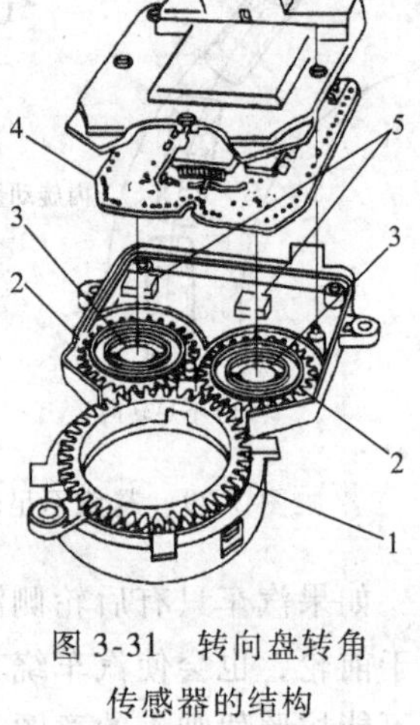

图3-31 转向盘转角传感器的结构

1—传动齿轮 2—测量齿轮 3—磁铁 4—集成电路 5—各向异性磁阻传感器

位置，也就反映了转向盘的旋转角度。由于两个测量齿轮的齿数不同，其转速不同，故产生的信号的相位不同，因此可以判断转向盘的转动方向。

2. 横摆角速度传感器

横摆角速度传感器也称为横摆率传感器、偏航率传感器、陀螺仪等，其作用是检测车辆绕其垂直轴转动的角速度，以便ECU根据横摆角速度信号和侧向加速度等信号判断车辆的实际行驶方向。

图3-32中的MM2型横摆角速度传感器为MEMS微机械陀螺仪，采用MEMS技术制造。MEMS是英文Micro Electro Mechanical systems的缩写，即微电子机械系统。MEMS是使用微电子技术和微加工技术相结合的制造技术，可以制造出各种性能优异、价格低廉、微型化的传感器、执行器、驱动器和微系统。

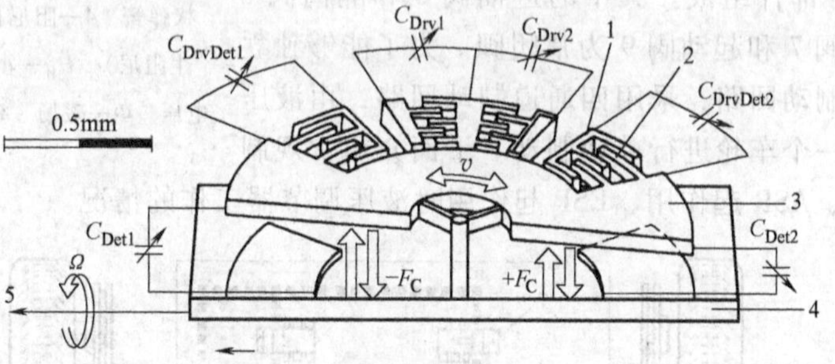

图3-32 MM2型横摆角速度传感器的结构及原理

1—固定梳齿 2—转子梳齿 3—转子 4—基座 5—测量轴

C_{Drv}—驱动电极电容 C_{Det}—检测电容 Ω—横摆角速度 F_C—哥氏力 v—扭转振动速度

MM2型横摆角速度传感器是在硅晶体上运用MEMS技术制成一个带有梳齿的转子，转子在中心由挠性支轴支撑，转子上的梳齿与固定在基座上的固定梳齿形成梳状结构。在转子与基座之间具有检测电容C_{Det}。

MM2型横摆角速度传感器采用静电驱动、电容检测的方式工作。通过在固定梳齿与转子梳齿之间施加交变驱动电压信号，就会产生静电力，在静电力的驱动下，转子将绕支轴扭转振动，如果此时有横摆角速度作用于传感器，转子就会产生哥氏（Coriolis）加速度，在哥氏力F_C的作用下，转子将做俯仰运动，其频率与交变驱动电压信号的频率相同，其幅值与横摆角速度的大小成正比。转子的俯仰运动将引起转子与基座之间的间隙变化，从而引起检测电容值的变化。通过测量电容值的变化，即可检测出横摆角速度的大小。

横摆角速度传感器通常安装在变速杆旁、后座椅下方、转向柱下方偏右侧等。横摆角速度传感器有单独制造的，也有与侧向加速度传感器组合在一起的。

3. 侧向加速度传感器

侧向加速度传感器的作用是检测汽车行驶时的侧向加速度，以便ECU根据侧向加速度信号和横摆角速度信号判断车辆的实际行驶方向。图3-33为常见的霍尔式加速度传感器的原理，霍尔式加速度传感器有一个片状弹簧3，一端固定，另一端有永久磁铁2，永久磁铁2同时作为振动质量，与片状弹簧组成弹簧—质量系统。永久磁铁的上方是带有信号处理集成电路的霍尔传感器，永久磁铁的下方有一块铜阻尼板4。

如果传感器受到侧向加速度a的作用，传感器的弹簧—质量系统将离开其静止位置而偏移，偏移程度与加速度的大小有关。运动的磁铁在霍尔元件中产生霍尔电压 U_H，经信号处理电路处理后输出能够反映加速度大小的信号电压。阻尼板4的功用是产生感应涡流 I_W，其磁场与永久磁铁磁场相互作用衰减片状弹簧3的振动。

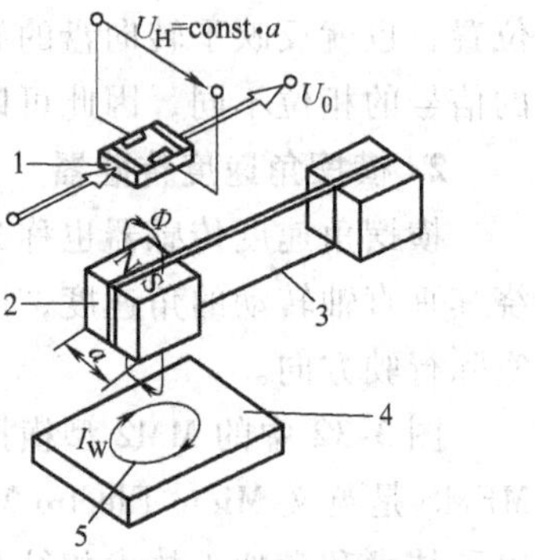

图3-33　加速度传感器的原理

1—霍尔传感器　2—永久磁铁　3—片状弹簧　4—阻尼板　5—I_W 涡流（产生阻尼）　U_H—霍尔电压　U_0—电源电压　Φ—磁场　a—检测的侧向加速度

3.4.4　执行器

ESP的执行器通常与ABS和ASR的执行器组合在一起，图3-34为典型的ABS/ASR/ESP执行器的液压调节器总成，由液压泵2、蓄能器3、进油阀6、出油阀7、隔离阀8、起动阀9等部件组成。其中的进油阀6和隔离阀8为常开阀，出油阀7和起动阀9为常闭阀。为了能够独立控制每个车轮的制动回路，采用四通道制动回路，由液压泵供能可以对每一个车轮进行单独制动。下面介绍常规制动、ABS起作用、ASR起作用、ESP起作用时液压调节器工作的情况。

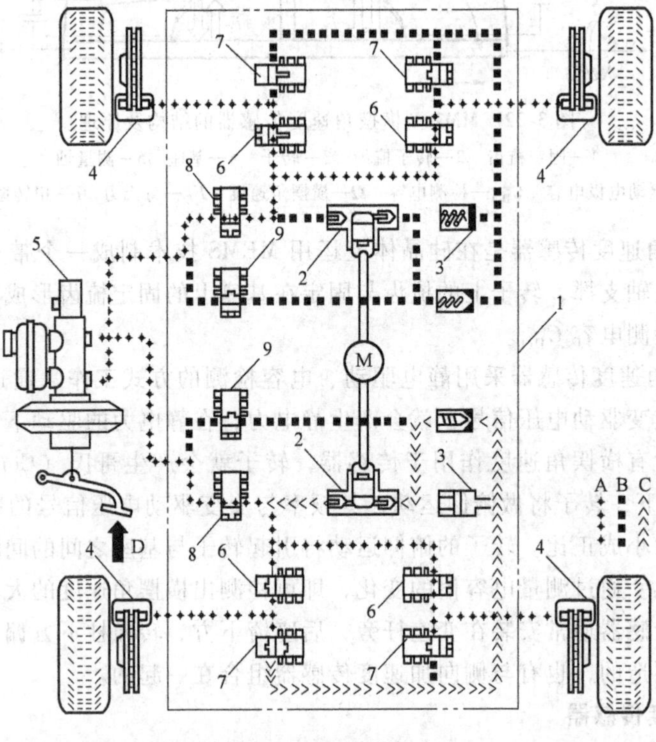

图3-34　液压调节器总成

1—液压调节器总成　2—液压泵　3—蓄能器　4—制动钳　5—制动主缸　6—进油阀　7—出油阀　8—隔离阀　9—起动阀　A—常规制动液流　B—停止的制动液流　C—液压泵产生的制动液流　D—踏下制动踏板　M—电动机

1. 常规制动

液压调节器中的所有电磁阀均不通电，由于隔离阀8和进油阀6是常开阀，因此处于打开状态，起动阀9和出油阀7是常闭阀，因此处于关闭状态。来自制动主缸5的制动液经隔离阀8→进油阀6→制动钳4，此为常规制动油路。

2. ABS起作用

如果制动过程中ABS起作用，需要对某一车轮（例如左后轮）保压，ECU使左后轮进油阀6通电关闭，左后轮出油阀7为常闭阀处于关闭状态，因此左后轮制动钳4中的制动液被密封，压力保持不变；如果左后轮需要减压，ECU使左后轮出油阀7通电打开，进油阀6通电关闭，同时使液压泵2工作，左后轮制动钳4中的制动液经出油阀7→液压泵2→后隔离阀8回到制动主缸5，制动压力降低；如果左后轮需要增压，ECU使左后轮进油阀6断电打开，出油阀7断电关闭，油路与常规制动相同。

3. ASR起作用

ASR起作用时可以通过减小发动机输出转矩和对滑转的驱动车轮制动两种措施防止车轮滑转。如果只需要对某一驱动车轮（例如左后轮）制动，ECU使液压泵2工作，后隔离阀8通电关闭，后起动阀9通电打开，右后轮进油阀6通电关闭，液压泵2将制动主缸5中的制动液经后起动阀9→液压泵2→左后轮进油阀6到达左后轮制动钳4，由于右后轮进油阀6关闭，制动液不能进入右后轮制动钳，因此只对左后驱动轮制动。如果ASR起作用时需要对两个后驱动轮都制动，则ECU只需要在上述控制过程中不给右后进油阀6通电，即可以实现对两个后驱动轮同时制动。如果ASR起作用时需要保压，则相应的进油阀6和出油阀7都关闭；如果需要减压，则进油阀6关闭，出油阀7打开，制动钳4内的制动液经后起动阀9回到制动主缸5。

4. ESP起作用

ESP起作用的情况与ASR起作用时相似，只不过ASR起作用时只对一个或两个后驱动车轮进行制动，而ESP起作用时还可以通过控制前隔离阀8、前起动阀9以及前轮进、出油阀使前轮制动，这样就可以单独对汽车的任何一个车轮或同时对几个车轮进行制动。制动时的液压回路与ASR起作用时相同。

复习思考题

1. 地面制动力与附着力有怎样的关系？
2. 说明汽车采用ABS的必要性。
3. 后轮低选控制的优、缺点是什么？
4. 当转向车轮抱死时，会对汽车的行驶产生什么样的影响？
5. 简述循环式制动压力调节器的工作过程。
6. ASR的作用是什么？
7. ASR的特点是什么？
8. 简述ASR的工作原理。
9. ESP的功能是什么？
10. ESP由哪些部分组成？
11. 简述ESP的工作原理。

第4章　汽车自动变速器

【学习目标】

- 了解自动变速器的类别与组成。
- 掌握电控液力自动变速器的结构组成与工作原理。
- 掌握无级变速器的结构组成与工作原理。
- 掌握双离合器自动变速器的结构组成与工作原理。
- 掌握电控机械式自动变速器的结构组成与工作原理。

4.1　概　　述

自动变速器（Automatic Transmission，AT）是指汽车行驶过程中离合器和变速器的操纵都实现了自动化，即可以实现自动换档的变速器。

提示：目前自动变速器的换档过程多数是由自动变速器电子控制单元控制的，实现一机多参数、多规律控制，将自动变速器与发动机共用一个电子控制单元，实现综合控制，其控制参数不仅包含发动机转速、节气门开度及车速等信号，还包含反映发动机和变速器工作环境、车辆行驶环境等的信号，可选择最佳经济性和最佳动力性等多种换档规律。

4.1.1　自动变速器的功用

1. 适时换档

电控自动变速器的应用，对驾驶人的驾驶技术要求较低，它能自动适时换档，一定程度上提高了汽车的动力性和燃油经济性。

2. 防止过载

发动机和自动变速器机械传动系统之间是靠液力变矩器传递动力的，这种液力传递转矩的方式能吸收振动和冲击，防止发动机和传动系统过载，延长了零件的使用寿命。

3. 操作简单，提高安全性

装备自动变速器的汽车，驾驶人只需操纵加速踏板，即可实现自动换档，简化了驾驶操作，减轻了劳动强度，有利于行车安全。

4. 提高汽车的通过性能

自动变速器在换档过程中不需中断动力传递，行驶比较平稳，电控式自动变速器又有驾驶模式选择功能，所以能在如雪地、松软地面等坏路上较顺利地通过，使汽车具有良好的通过性。

5. 降低汽车有害物的排放

装备自动变速器的汽车，发动机运转平稳，非稳定工况较少，空燃比相对稳定，汽车有害物排放下降。

4.1.2　自动变速器的分类及特点

在自动变速器的发展过程中出现了多种结构形式。自动变速器的驱动方式、档位数、变速齿轮的结构形式、变矩器的结构类型及换档控制形式等都有不同之处。下面从不同角度对自动变速器进行分类。

1. 按汽车驱动方式分类

自动变速器按照汽车驱动方式的不同，可分为后轮驱动自动变速器和前轮驱动自动变速器两种。后轮驱动自动变速器的变矩器和行星齿轮机构的输入轴及输出轴在同一轴线上，因此轴向尺寸较大，阀体总成则布置在行星齿轮机构下方的油底壳内。如图 4-1 所示。

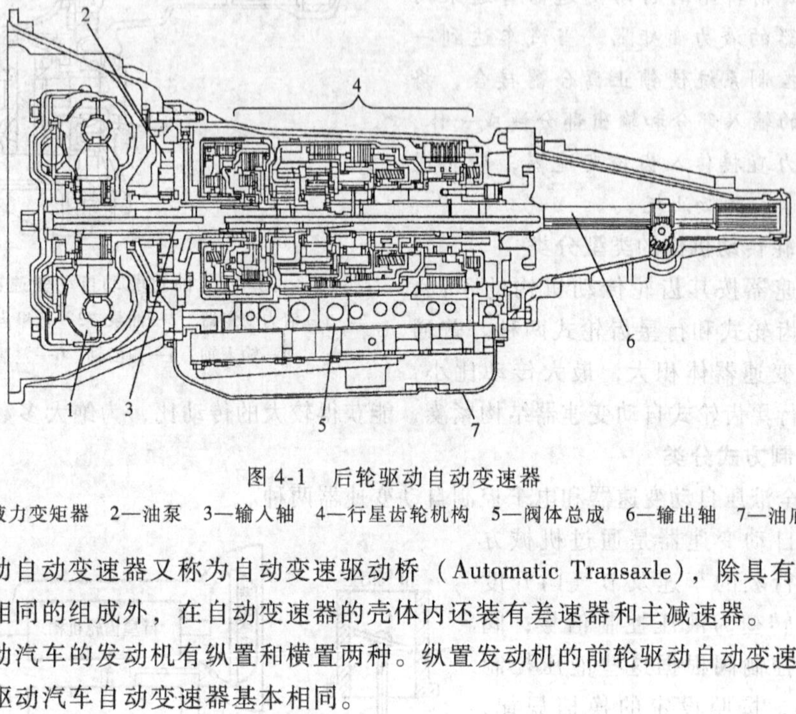

图 4-1　后轮驱动自动变速器

1—液力变矩器　2—油泵　3—输入轴　4—行星齿轮机构　5—阀体总成　6—输出轴　7—油底壳

前轮驱动自动变速器又称为自动变速驱动桥（Automatic Transaxle），除具有与后轮驱动自动变速器相同的组成外，在自动变速器的壳体内还装有差速器和主减速器。

前轮驱动汽车的发动机有纵置和横置两种。纵置发动机的前轮驱动自动变速器的结构和布置与后轮驱动汽车自动变速器基本相同。

横置发动机的前轮驱动自动变速器由于汽车横向尺寸的限制，要求有较小的轴向尺寸，因此通常将输入轴和输出轴设计成两条轴线的形式。变矩器和行星齿轮机构输入轴布置在上方，输出轴则布置在下方。这样的布置减少了变速器总体的轴向尺寸，但增加了变矩器的高度，因此可将阀体总成布置在变速器的侧面或上方，以保证汽车有足够的最小离地间隙。如图 4-2 所示。

2. 按自动变速器前进档位数分类

自动变速器按前进档的档位数的不同，可分为二档自动变速器、三档自动变速器、四档自动变速器等。早期的自动变速器通常为两个前进档或三个前进档。常用的自动变速器基本上都是 4 个前进档，即设有超速档。这种设计虽然使自动变速器的构造更加复杂，但由于设有超速档，大大改善了汽车的燃油经济性。在商用车上，大多采用五档和六档自动变速器，一些新型轿车上也开始采用五档和六档自动变速器。

3. **按变矩器的类型分类**

按液力变矩器的类型不同，自动变速器大致可分为普通液力变矩器式、综合液力变矩器式和带锁止离合器的液力变矩器式自动变速器三种。

普通液力变矩器是指由泵轮、涡轮和导轮三个元件组成的液力变矩器。综合式液力变矩器是指在导轮和固定导轮的套管之间装有单向离合器的液力变矩器，它可以自动进行变矩器工况和液力耦合器工况的转换。

提示： 目前轿车的自动变速器普遍采用带锁止离合器的液力变矩器。当汽车达到一定车速时，控制系统使锁止离合器接合，将液力变矩器的输入部分和输出部分连成一体，使发动机动力直接传入齿轮变速器，从而提高了传动效率，降低油耗。

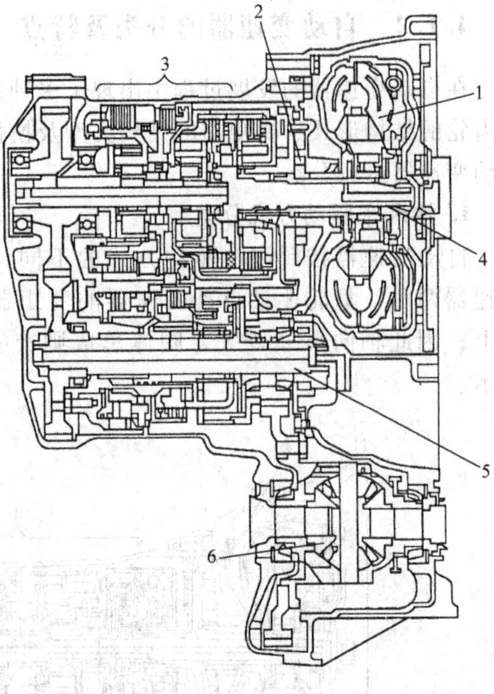

图 4-2　前轮驱动自动变速器

1—液力变矩器　2—油泵　3—行星齿轮机构

4—输入轴　5—输出轴　6—差速器

4. **按齿轮传动机构的类型分类**

自动变速器按其齿轮传动机构的不同，可分为普通齿轮式和行星齿轮式两种。普通齿轮式自动变速器体积大，最大传动比小，应用较少。行星齿轮式自动变速器结构紧凑，能获得较大的传动比，为绝大多数轿车采用。

5. **按控制方式分类**

可分为全液压自动变速器和电子控制自动变速器两种。

全液压自动变速器是通过机械方式，将汽车行驶的车速及节气门开度这两个参数转变为液压控制信号；阀体中的各个控制阀根据这些液压控制信号的大小，按照设定的换档规律，通过控制换档执行机构的动作，实现自动换档。如图 4-3 所示。

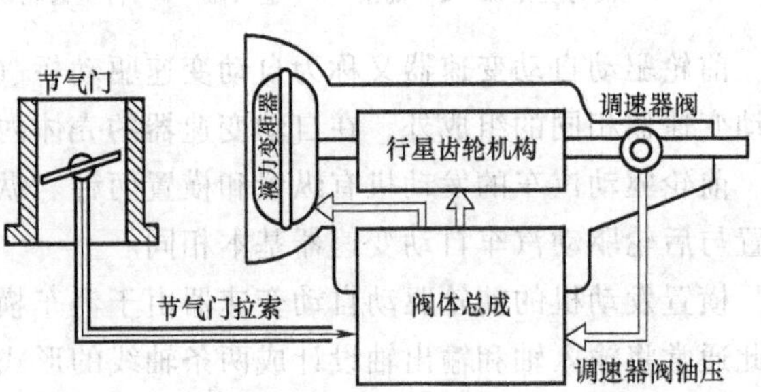

图 4-3　液力控制自动变速器控制原理图

电控自动变速器是通过各种传感器，将发动机转速、节气门开度、车速、发动机冷却液温度、自动变速器油液温度等参数转变为电信号，并输入计算机；计算机根据这些信号，按照设定的换档规律，向换档电磁阀、油压电磁阀等发出电子控制信号，换档电磁阀和油压电磁阀再将计算机的电子控制信号转变为液压控制信号，阀体中的各个控制阀根据这些液压控制信号，控制换档执行机构的动作，从而实现自动换档，如图 4-4 所示。

6. **按工作原理分类**

按工作原理不同，自动变速器分为液力自动变速器（AT）、机械自动变速器（Automatic Mechanical Transmission，AMT）、无级自动变速器（Continuously Variable Transmission，CVT）

和双离合器自动变速器（Double Clutch Transmission，DCT）四种。

提示：液力自动变速器通常指含有液力变矩器的自动变速器；机械自动变速器是在普通手动机械变速器（MT）的基础上增加了一套自动换档控制系统；无级自动变速器指传动比可以连续变化的变速器，它的种类很多，有机械式、流体式和电动式等，目前应用最多的是金属带式无级变速器；双离合器自动变速器采用圆柱齿轮变速器，通过两个离合器交替工作实现自动换档。

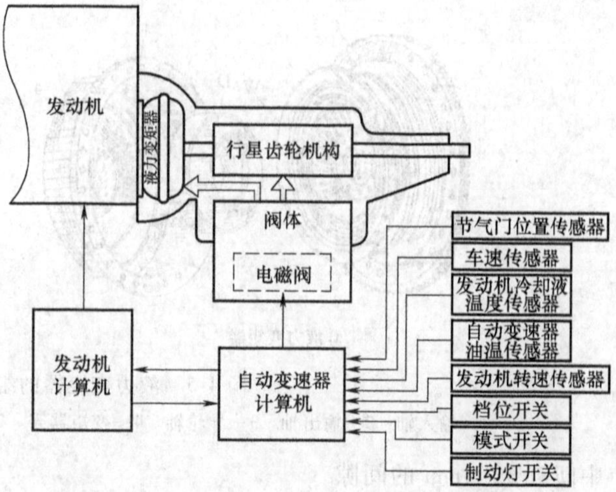

图 4-4　电子控制自动变速器控制过程原理图

4.2　电控液力自动变速器

4.2.1　概述

电控液力自动变速器（Electronic-controlled Automatic Transmission，EAT），由液力变矩器、辅助变速器与电液换档控制系统三大部分组成。

液力变矩器多采用带锁止离合器的综合式结构，可以自动调节传递转矩的大小。

辅助变速器采用行星齿轮传动，用来扩大液力变矩器的传动比范围并实现倒档传动。

电液换档控制系统是电控自动变速器的核心，电子控制装置通过传感器采集变速器及整车的相关信息，通过电磁阀来控制液压执行机构，使整个自动变速器协调工作。

4.2.2　液力变矩器

1. 液力变矩器的作用

① 起到离合器的作用，传递或切断发动机与自动变速器传动机构之间的动力传递。

② 在一定范围内无级变速、变矩，可将发动机的转矩增大 2 ~4 倍输出。

③ 起到飞轮的作用，使发动机运转平稳。

④ 将发动机转矩传递给液压控制系统的油泵，带动油泵运转。

2. 液力变矩器的组成

汽车上使用的变矩器是由泵轮、涡轮和导轮组成的，称为三元件变矩器，如图 4-5 所示。

（1）泵轮　泵轮与变矩器壳体连成一体，其内部径向装有许多扭曲的叶片，叶片内缘则装有让变速器油液平滑流过的导环。变矩器壳体与曲轴后端的驱动盘相连接。有的汽车发动机后端无飞轮，起动齿圈直接装在变矩器上。

（2）涡轮　同泵轮一样，涡轮也装有许多扭曲叶片。但涡轮叶片的扭曲方向与泵轮叶片扭曲的方向相反。涡轮中心有花键孔与变速器输入轴相联。泵轮叶片和涡轮叶片相对安

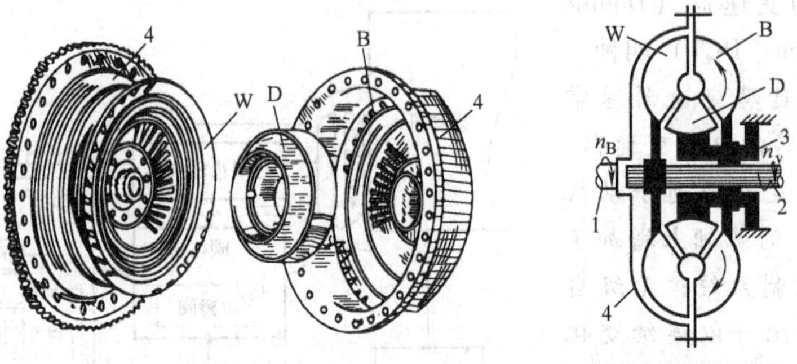

a) 液力变矩器　　b) 液力变矩器示意图

图 4-5　液力变矩器的组成

1—输入轴　2—输出轴　3—导轮轴　4—变矩器壳　B—泵轮　W—涡轮　D—导轮

装，中间有 3 ~ 4mm 的间隙。

(3) 导轮　导轮位于泵轮和涡轮之间，通过单向离合器安装在与变速器壳体连接的固定轴上。导轮上也有许多扭曲叶片。

(4) 自动变速器油（Automatic Transmission Fluid，ATF）　液力变矩器依靠液力传递动力，因此其内部总是充满了 ATF。为了防止温度过高，液力变矩器工作时 ATF 一直在不断循环。

3. 液力变矩器的工作原理

(1) 环流的产生　当发动机带动液力变矩器的泵轮旋转时，液力变矩器内的 ATF 随泵轮一起做圆周运动，形成环流。

(2) 涡流的产生　ATF 作环流运动时会产生离心力，在离心力的作用下 ATF 将从液力变矩器的内侧流向外侧，由于液力变矩器在传递动力时泵轮转速总是高于涡轮转速，因此泵轮内 ATF 产生的离心力大于涡轮内 ATF 的离心力，所以泵轮内油液在离心力的作用下将进入涡轮，形成绕循环圆流动的涡流。

(3) 螺旋流的产生　液力变矩器工作时，环流和涡流同时存在，ATF 流动的实际方向是两种液流的合成，形成一个首尾相接的螺旋形传力油流，即螺旋流。螺旋流由泵轮进入涡轮时，作用于涡轮叶片，推动涡轮旋转，然后经导轮，又回到泵轮（图 4-6），如此不断循环，这就是液力变矩器传递动力的原理。

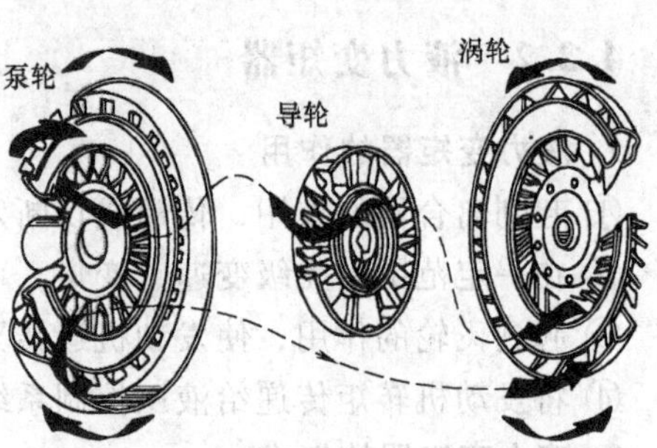

图 4-6　ATF 在液力变矩器中的循环流动

提示： *液力变矩器传递转矩的大小与涡轮和泵轮的转速差有关，转速差越大，涡流越强，传递的转矩越大。*

当汽车起步时，涡轮转速为零，泵轮与涡轮的转速差最大，传递转矩最大；当涡轮转速与泵轮转速相等时，涡流消失，液力变矩器不再传递转矩。

(4) 导轮的作用　如果液力变矩器没有导轮，则从涡轮回流的液流方向就与泵轮的旋转方向相反，会阻止泵轮的旋转，造成能量损失。为此，需要安装导轮，改变液流方向，使回流的液流方向与泵轮的旋转方向相同。

提示：由于有了导轮，作用在涡轮上的转矩 M_W，等于泵轮转矩 M_B 与导轮上的反作用力矩 M_D 之和，即 $M_W = M_B + M_D$，这就是液力变矩器能够变矩（增矩）的道理。

（5）导轮单向离合器的作用　液力变矩器工作时，来自泵轮的液流射入涡轮，冲击涡轮旋转做功。当涡轮转速为零（汽车起步）或者转速较低时，从涡轮回流的液流速度方向是涡轮运动（牵连运动）速度方向与经涡轮叶片反射液流相对于涡轮的相对速度方向的合成，此时合成速度方向对准导轮的叶片正面（凹面）试图使导轮旋转，但因为导轮被单向离合器锁止，不能转动，因而回流液流射向导轮叶片后改变了方向，使其与泵轮的旋转方向相同，此时的液力变矩器表现为变矩特性，涡轮转矩大于泵轮，可以增矩；随着涡轮转速的升高，液流牵连运动速度增加，合成运动速度方向逐渐由正对导轮的叶片正面转向与叶片平面平行，此时没有液流作用力作用于导轮，这时的液力变矩器表现为液力耦合器的特性，不再增矩，只能等转矩传递动力；当涡轮转速进一步升高，液流合成运动速度方向转向导轮叶片的背面，此时导轮单向离合器释放而自由转动，防止改变液流方向，保证回流到泵轮的液流方向与泵轮的旋转方向相同，此时的液力变矩器也表现为液力耦合器等转矩传递动力的特性。

4. 液力变矩器的特性

液力变矩器在泵轮转速 n_B 和转矩 M_B 不变的条件下，变矩比 K、传动效率 η 随涡轮转速 n_W 的变化，称为液力变矩器的特性，如图4-7所示。

K 称为变矩比，它是涡轮输出转矩与泵轮输入转矩之比，其值一般为2～4。其表达式为

$$K = M_W / M_B \tag{4-1}$$

式中　i——转速比，它是涡轮转速与泵轮转速之比，其值一般为0.8～0.9，其表达式为

$$i = n_W / n_B \leqslant 1 \tag{4-2}$$

式中　η——传动效率，它是涡轮输出功率 N_W 与泵轮输入功率 N_B 之比。

$$\eta = N_W / N_B < 1 \tag{4-3}$$

从变矩器特性曲线中可以看出：

1）变矩比 K 随着转速比 i 的增大而减小，即当行驶阻力大时，液力变矩器自动输出大转矩，而在行驶阻力小时，自动输出小转矩。这一特性对行驶阻力变化较大的汽车来说是非常适合的，此即所谓的适应性好。例如：

① 怠速时，由于泵轮转速低，液流流速低。涡轮上得到的转矩 M_W 小于汽车起步对应的阻力矩，涡轮不转，汽车不能行驶。

② 起步时，由于泵轮转速升高，液流流速升高，涡轮上得到的转矩 M_W 大于汽车起步时需要的阻力矩，涡轮开始转动，汽车起步。从图4-7中可以看出，在起步时，$i=0$，即此时 $n_W=0$，变矩比 K 最大，此时液力变矩器能产生最大输出转矩，以利于克服汽车惯性力而起步，此时的变矩比也称为起步变矩比或

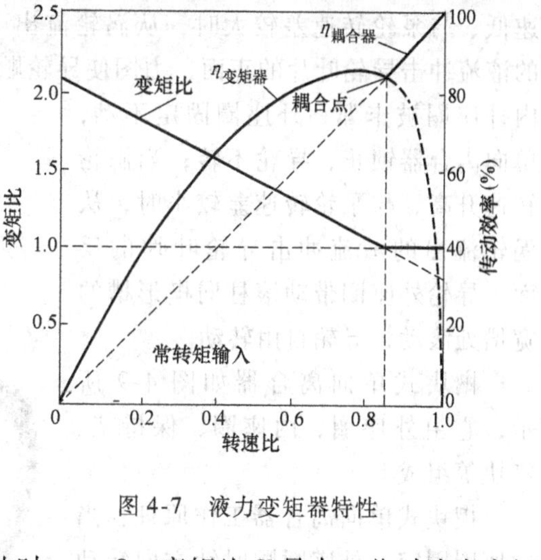

图4-7　液力变矩器特性

失速变矩比。

2）汽车起步后涡轮的转速 n_W 逐渐增大，涡轮输出转矩逐渐减小，当涡轮的转矩等于泵轮的转矩（$M_W = M_B$）时，$k=1$，此时称为耦合点；随着涡轮转速的增大，如果导轮没有单向离合器，涡轮的转矩将小于泵轮的转矩（$M_W < M_B$），$K<1$，为了防止出现这种情况，液力变矩器都装有导轮单向离合器，从而保证在耦合点之后变矩比 $K=1$。

3）变矩器的传动效率开始随转速比的增大而增大，在低速区虽然传动效率低，但是变矩比大，液力变矩器输出大转矩，有利于汽车行驶；在转速比为 0.8 左右时传动效率最高，但是此时的传动效率也仅为 85% 左右，因此，使用液力变矩器的汽车较使用具有干摩擦式离合器的汽车油耗要高。

提示：如果只有导轮，没有导轮单向离合器，则传动效率为抛物线形状，转折点在耦合点附近，超过耦合点，传动效率迅速下降，且此时的变矩比也急剧下降；有了导轮单向离合器，超过耦合点后，表现为液力耦合器的特性，变矩比 $K=1$，有很高的传动效率。因此，综合式液力变矩器既具有在低速时增矩的优点，又具有在高速时传动效率高的优点。

5. 导轮单向离合器

导轮单向离合器有滚柱式和楔块式两种形式。

滚柱式单向离合器结构如图 4-8 所示，它由外座圈、内座圈、滚柱和叠形弹簧等组成，导轮用铆钉铆在外座圈上，可以随外座圈一起转动，内座圈用花键和与油泵壳体制成一体的固定套管连接，油泵壳体固定在变速器壳体上，即内座圈与变速器壳体连接在一起，固定不动。外座圈的内表面有若干个楔形圆弧槽，在槽内装有滚柱和叠形弹簧，叠形弹簧将滚柱始终压向楔形圆弧槽较窄的区域。

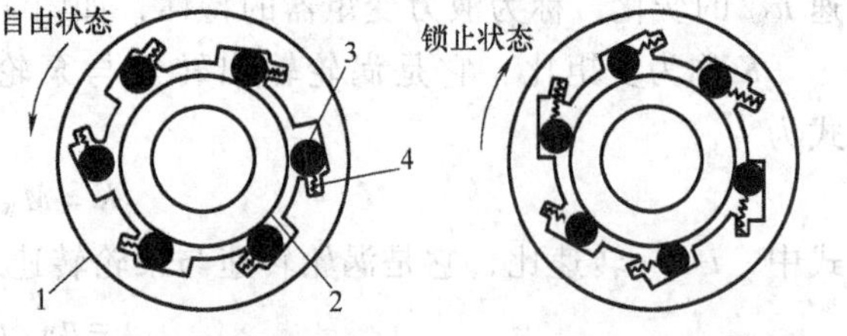

a) 离合器分离状态　　b) 离合器锁止状态

图 4-8　滚柱式单向离合器

1—外座圈　2—内座圈　3—滚柱　4—叠形弹簧

滚柱式单向离合器工作原理：涡轮转速低、与泵轮转速差较大时，从涡轮流出的液流冲击导轮叶片的正面，力图使导轮顺时针方向旋转时，滚柱向楔形槽的窄槽处滚动，内外座圈被卡紧，外座圈固定不动，单向离合器锁止，导轮不转；当涡轮转速升高、与泵轮转速差较小时，从涡轮流出的液流冲击导轮叶片的反面，导轮外座圈带动滚柱向楔形槽的宽槽处滚动，导轮自由转动。

楔块式单向离合器如图 4-9 所示，它由外座圈、内座圈、保持架、楔块等组成。

楔块式单向离合器工作原理：当内座圈固定，外座圈顺时针方向转动时，外座圈推动楔形块顺时针转动，

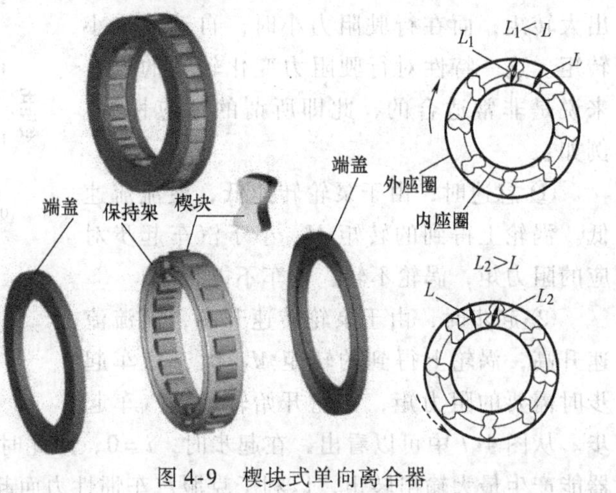

图 4-9　楔块式单向离合器

由于 $L_1 < L$，楔块不能锁止外座圈，外座圈可自由转动；当外座圈逆时针转动时，外座圈推动楔块逆时针转动，由于 $L_2 > L$，楔块起到楔子的作用，锁住了外座圈，外座圈不能转动。保持架的作用是使楔块总是朝着锁止外座圈的方向略微倾斜，以加强楔块的锁止功能。

6. 锁止离合器

液力变矩器由于采用液力传动，其传动效率比干摩擦式离合器要低得多，这会影响汽车的燃油经济性，因此现代汽车的液力变矩器上通常都加装锁止离合器。

锁止离合器的工作原理如图 4-10 所示，高速时，液力变矩器的传动油液由后端进入，从前端流出，传动油液将锁止离合器片压向前盖，锁止离合器接合，此时动力通过机械摩擦传递，动力传递路线：发动机→液力变矩器壳体→前盖→锁止离合器片→涡轮轮毂→变速器输入轴；当车辆低速行驶不需要锁止离合器锁止时，油液由液力变矩器前端进入，从后端流出，锁止离合器分离，此时液力变矩器依靠液力传递动力，动力传递路线：发动机→液力变矩器壳体→泵轮→涡轮→涡轮轮毂→变速器输入轴。

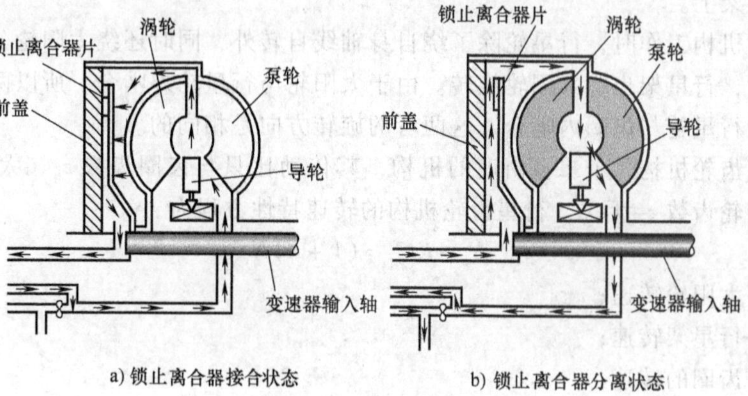

图 4-10　锁止离合器工作原理

锁止离合器的工作由 ECU 控制，ECU 根据车辆运行工况信号，通过锁止电磁阀控制液压换向阀改变液力变矩器的油路，实现锁止离合器的接合与分离。

为了减小锁止离合器接合时的冲击，通常采取两种措施，一是在锁止离合器上安装减振盘，以减小锁止离合器接合时的扭转振动；二是在锁止离合器接合时 ECU 通过油压调节电磁阀调节进入液力变矩器的油压，使油压由低逐渐升高，实现锁止离合器的平顺接合。

4.2.3　齿轮变速器

虽然液力变矩器能在一定范围内自动、无级地改变转矩比，以适应汽车行驶阻力的变化，但由于它的变矩能力与传动效率之间存在矛盾，且变矩比一般在 2 ~4 范围内，难以满足汽车实际使用的需要，故在汽车上液力变矩器仍需与机械变速机构配合使用。

提示： 自动变速器的机械变速机构一般采用内啮合的行星齿轮机构。与普通手动变速器相比，在传递同样功率的条件下，内啮合行星齿轮机构可以大大减小变速机构的尺寸和重量，并可以实现同向、同轴减速传动。此外，变速过程中动力不间断，加速性好，工作可靠。

1. 基本结构与工作原理

行星齿轮机构按照齿轮排数不同，可以分为单排和多排行星齿轮机构。多排行星齿轮机构一般由几个单排行星齿轮机构组成。在自动变速器中一般应用 2 ~ 3 个单排行星齿轮机构。单排行星齿轮机构是多排行星齿轮机构的基础，下面先介绍单排行星齿轮机构及其传动原理。

图 4-11 所示为一个单排行星齿轮机构的基本结构，由太阳轮 1、行星轮和行星架 2 及齿圈 3 组成。太阳轮位于机构的中心，行星轮与之外啮合，同时，行星轮又与齿圈啮合。通常行星轮有 3 ~ 6 个，通过滚针轴承安装在行星齿轮轴上，行星齿轮轴对称、均匀地安装在行星架上。

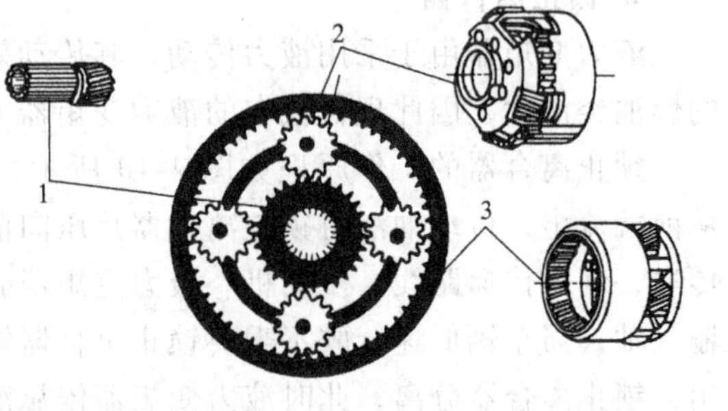

图 4-11　单排行星齿轮机构的基本结构
1—太阳轮　2—行星轮与行星架　3—齿圈

行星齿轮机构工作时，行星轮除了绕自身轴线自转外，同时还绕太阳轮公转。行星轮绕太阳轮公转时，行星架也绕太阳轮旋转。由于太阳轮与行星轮外啮合，所以两者的旋转方向是相反的；而行星轮与齿圈内啮合，这两者的旋转方向是相同的。

单排行星齿轮机构是个二自由度的机构，其传动比只与齿圈齿数 z_q、太阳轮齿数 z_t 有关，而与行星轮齿数 z_x 无关。行星齿轮机构的转速特性方程为

$$N_t + KN_q = (1 + K)N_j \tag{4-4}$$

式中　N_t——太阳轮转速；

N_j——行星架转速；

N_q——齿圈的转速；

K——行星齿轮机构参数，$K = z_q / z_t$。

由于一个方程有三个变量，如果将太阳轮、齿圈和行星架某个元件作为主动（输入）部分，让另一个元件作为从动（输出）部分，则由于第三个元件不受任何约束和限制，所以从动部分的运动是不确定的。

因此，为了得到确定的运动必须对三元件中的某个元件的运动进行约束和限制。为了便于计算行星齿轮机构的传动比，假设行星架有齿数 z_j，则根据转速特性方程，太阳轮、齿圈和行星架三者的齿数关系式为

$$z_j = z_t + z_q = z_t + Kz_t \tag{4-5}$$

可见，$z_j > z_q > z_t$。

因此，将行星齿轮机构简化为图 4-12 中的传动关系，以计算传动比。计算传动比时，元件固定者去掉该圆，剩下的按定轴轮系计算传动比。内啮合传动比为正（前进档），外啮合传动比为负（倒档）。

通过将不同的元件进行约束和限制，就可以得到不同的传动方式，见表 4-1。可见，单排行星机构有 4 个前进档，但不能满足汽车变速器各档的传动比要求。因此自动变速器常用两排或更多排的行星齿轮机构组成变速机构。

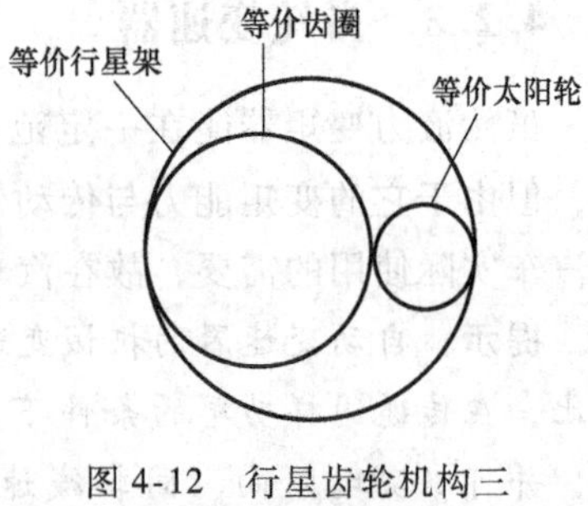

图 4-12　行星齿轮机构三元件间的传动关系

表 4-1　行星齿轮机构的传动方式

传动方式	主动件	从动件	锁定件	传动比	备注
1	太阳轮	行星架	齿圈	$1+K$	同向减速增矩
2	齿圈	行星架	太阳轮	$(1+K)/K$	同向减速增矩
3	太阳轮	齿圈	行星架	$-K$	反向减速增矩
4	行星架	齿圈	太阳轮	$K/(1+K)$	同向增速减矩
5	行星架	太阳轮	齿圈	$1/(1+K)$	同向增速减矩
6	齿圈	太阳轮	行星架	$-1/K$	反向增速减矩
7	任两个连成一体			1	同向直接传动
8	既无任一元件锁定，又无任两元件连成一体			三元件自由转动	不传递动力

2. 换档执行机构

（1）离合器　离合器是换档执行机构中进行连接的主要元件。离合器连接输入轴和行星齿轮机构，把液力变矩器输出的动力传递给行星齿轮机构，或把行星排的某两个组件连接在一起，使之成为一个整体。

① 结构。自动变速器中换档离合器为多片湿式离合器，它由离合器鼓、花键毂、摩擦片、钢片和回位弹簧组成，如图 4-13 所示。

离合器鼓是一个液压缸，鼓内有内花键齿圈，内圆轴颈上有进油孔与控制油路相通。离合器活塞为环状，内、外圆上有密封圈，安装在离合器鼓内。钢片和摩擦片交错排列，两者统称为离合器片，均用钢料制成，摩擦片的两面烧结有摩擦材料。

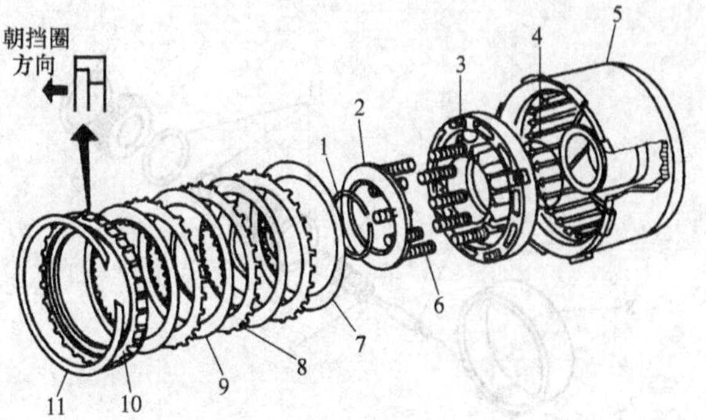

图 4-13　离合器的结构分解

1、11—卡环　2—弹簧座　3—活塞　4—O 形密封圈　5—离合器鼓　6—回位弹簧　7—碟形弹簧　8—钢片　9—摩擦片　10—压盘

为保证离合器接合柔和及散热良好，离合器片浸有 ATF，因而称为湿式离合器。钢片带有外花键齿，与离合器鼓内的内花键齿圈连接，并可轴向移动，摩擦片则以内花键齿与花键毂的外花键槽配合，也可做轴向移动。

花键毂和离合器鼓分别以一定的方式与变速器输入轴或行星齿轮机构的元件相连接。碟形弹簧的作用是使离合器接合柔和，防止换档冲击。可以通过调整卡环或压盘的厚度调整离合器的间隙。

② 工作原理。当一定压力的 ATF 经控制油道进入活塞左面的液压缸时（图 4-14），液压作用力便

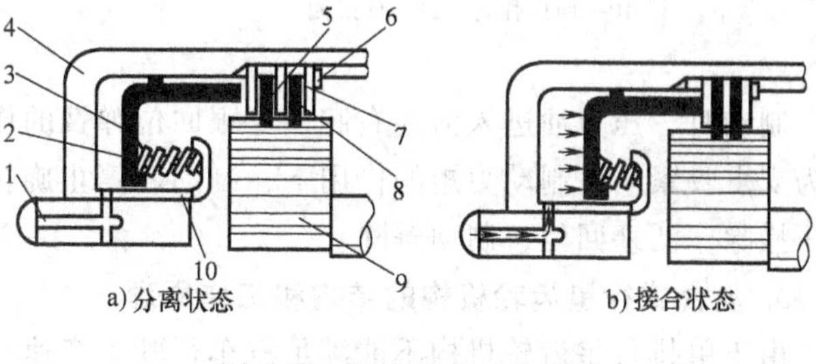

图 4-14　离合器的工作原理

1—控制油道　2—回位弹簧　3—活塞　4—离合器鼓　5—摩擦片　6—卡环　7—压盘　8—钢片　9—花键毂　10—弹簧座

克服弹簧力使活塞右移，将所有离合器片压紧，即离合器接合，与离合器主、从动部分相连的元件也被接合在一起，以相同的速度旋转。

当控制阀将作用在离合器液压缸的油压撤除后，离合器活塞在回位弹簧的作用下回复原位，并将缸内的 ATF 从进油孔排出，使离合器分离，离合器主、从动部分可以以不同的转速旋转。

（2）制动器　自动变速器中的制动器用于固定行星排中的元件。通过制动器的接合，把行星排中的某个元件和变速器壳体连接起来，使之不能转动。自动变速器中的制动器有两种：一种是片式制动器，另一种是带式制动器。

提示：片式制动器与多片式湿式离合器的结构原理相同，不同之处是离合器是将两个能够旋转的部件连接起来一起旋转，而制动器是将某一能够旋转的部件与固定件（变速器壳体）相连接而使其制动。

下面介绍带式制动器的结构和原理。

① 结构。带式制动器主要由制动带和控制液压缸组成，如图 4-15 所示。制动带是内表面带有镀层的开口式环形钢带。

② 工作原理。制动器的工作原理如图 4-16 所示，制动带开口处的一端通过支柱支承于固定在变速器壳体的调整螺钉上，另一端支承于液压缸活塞杆顶部，活塞在回位弹簧和左腔油压作用下位于右极限位置，此时，制动带和制动鼓之间有一定的间隙。

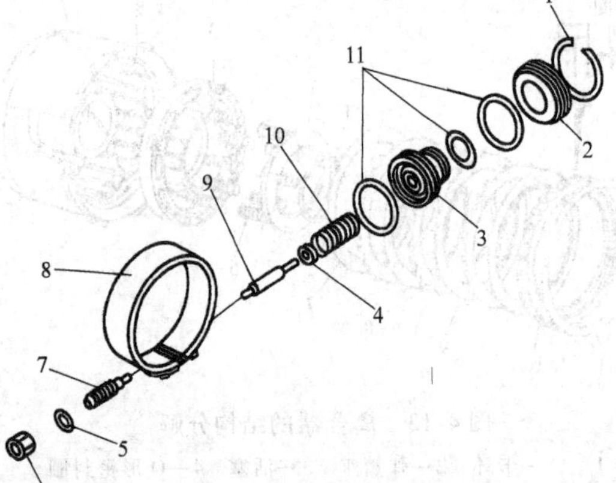

图 4-15　带式制动器的结构

1—卡环　2—活塞定位架　3—活塞　4—止推垫圈　5—垫圈　6—锁紧螺母　7—调整螺钉　8—制动带　9—活塞杆　10—回位弹簧　11—O 形圈

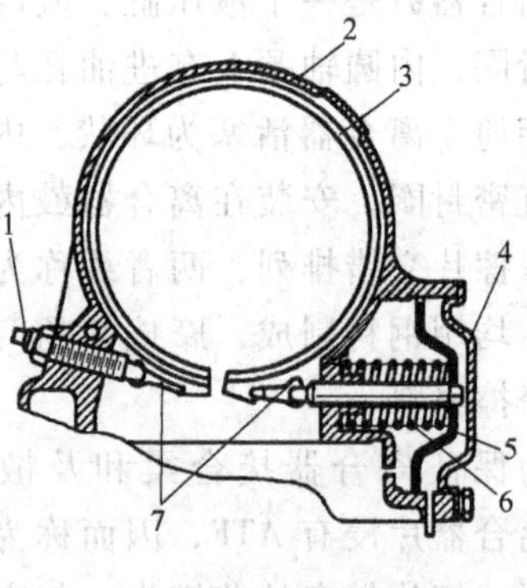

图 4-16　带式制动器的工作原理

1—调整螺钉　2—壳体　3—制动带　4—液压缸　5—活塞　6—回位弹簧　7—推杆

制动时，压力油进入活塞右腔，克服回位弹簧的作用力推动活塞左移，制动带以固定支座为支点收紧。在制动力矩的作用下，制动鼓停止旋转，行星齿轮机构某元件被锁止。随着油压撤除，活塞回位，制动解除。

3. 复合式行星齿轮机构的结构和工作原理

由于单排行星齿轮机构不能满足汽车行驶中变速、变矩的需要，为了增加档位数，可以通过增加行星齿轮机构来实现。在自动变速器中，两排或多排行星齿轮机构组合在一起，用以满足汽车行驶需要的多种传动比。

目前，复合式行星齿轮机构主要有辛普森（Simpson）式行星齿轮机构和拉威挪（Ravigneaux）式行星齿轮机构。

（1）辛普森式行星齿轮机构 典型的辛普森式行星齿轮机构如图4-17所示，行星齿轮机构有两个行星排，两行星排的太阳轮为一体，执行机构由前进离合器（C1）、直接档离合器（C2）、单向离合器（F）、二档制动器（B1）和低、倒档制动器（B2）组成。可以构成三个前进档和一个倒档。各档执行元件工作情况见表4-2。

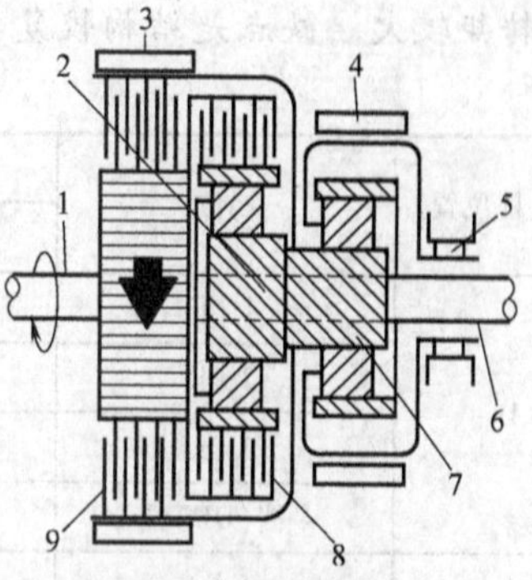

图4-17 辛普森式行星齿轮机构

1—输入轴 2—前行星排 3—二档制动器（B1） 4—低、倒档制动器（B2） 5—单向离合器（F） 6—输出轴 7—后行星排 8—前进离合器（C1） 9—直接档离合器（C2）

（2）拉威挪式行星齿轮机构 典型的拉威挪式行星齿轮机构如图4-18所示，有一大一小两个太阳轮、三个长行星齿轮和三个短行星齿轮组成的两组行星齿轮，一个共用行星架和一个共用齿圈组成，可构成四个前进档和一个倒档。各档执行元件工作情况见表4-3。

表4-2 各档执行元件工作情况

档位 \ 执行元件		C1	C2	B1	B2	F
D	1	○				○
	2	○		○		
	3	○	○			
R			○		○	

注：○表示相应的执行元件起作用。

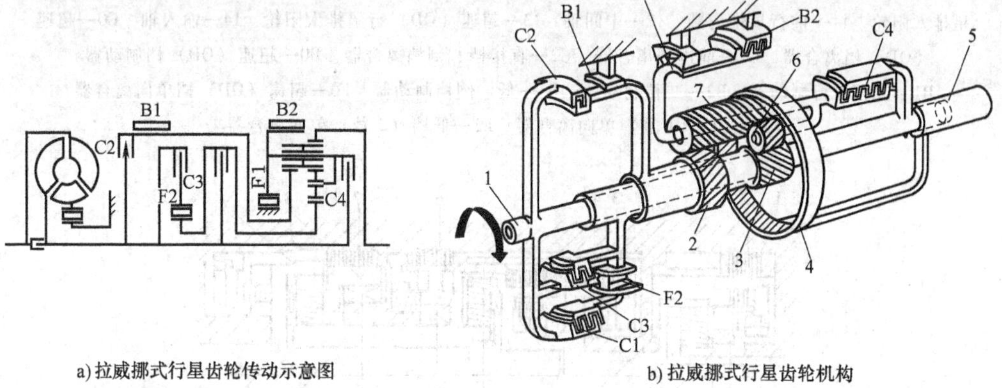

a) 拉威挪式行星齿轮传动示意图　　b) 拉威挪式行星齿轮机构

图4-18 拉威挪式行星齿轮机构

1—输入轴 2—大太阳轮 3—小太阳轮 4—齿圈 5—输出轴 6—短行星轮 7—长行星轮
C1—前进离合器 C2—倒档离合器 C3—前进强制离合器 C4—高速档离合器 B1—2档、4档离合器
B2—低档、倒档离合器 F1—低档单向离合器 F2—前进单向离合器

提示：拉威挪式行星齿轮机构有一些胜过辛普森式行星齿轮结构的特点，主要是结构紧凑，比辛普森机构少一个齿圈，且不需要太阳轮毂，此外由于相互啮合的齿数较多，因此传

递的转矩较大。缺点是结构较复杂，行星轮数目多。

表 4-3　各档执行元件工作情况

变速杆位置	档位	换档执行元件							
		C1	C2	C3	C4	B1	B2	F1	F2
D	1 档	○						○	○
	2 档	○				○			○
	3 档	○			○				○
	4 档(OD)档				○	○			
L	1 档	○					○		○
R	倒档		○				○		

注：○表示相应的执行元件起作用。

4. 四档辛普森行星齿轮变速器

四档辛普森行星齿轮变速器结构如图 4-19 所示。其元件位置如图 4-20 所示。

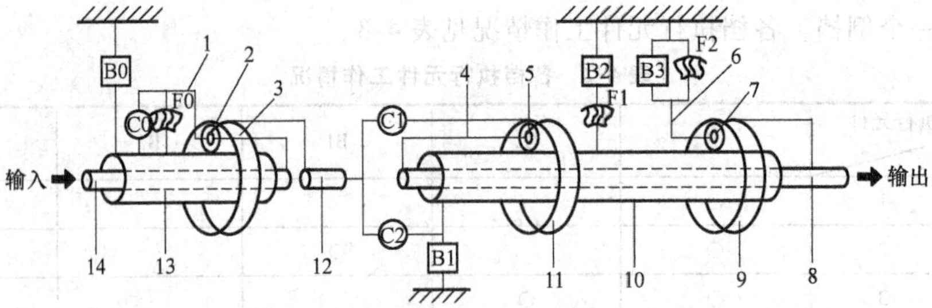

图 4-19　四档辛普森行星齿轮变速器的结构

1—超速（OD）行星排行星架　2—超速（OD）行星排行星轮　3—超速（OD）行星排齿圈　4—前行星排行星架　5—前行星排行星轮　6—后行星排行星架　7—后行星排行星轮　8—输出轴　9—后行星排齿圈　10—前后行星排太阳轮　11—前行星排齿圈　12—中间轴　13—超速（OD）行星排太阳轮　14—输入轴　C0—超速（OD）档离合器　C1—前进档离合器　C2—直接档、倒档离合器　B0—超速（OD）档制动器　B1—二档滑行制动器　B2—二档制动器　B3—低、倒档制动器　F0—超速（OD）档单向离合器　F1—二档（1 号）单向离合器　F2—低档（2 号）单向离合器

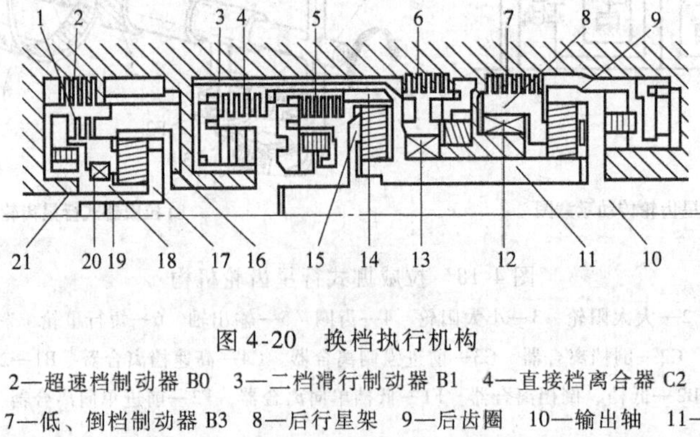

图 4-20　换档执行机构

1—超速档离合器 C0　2—超速档制动器 B0　3—二档滑行制动器 B1　4—直接档离合器 C2　5—前进档离合器 C1　6—二档制动器 B2　7—低、倒档制动器 B3　8—后行星架　9—后齿圈　10—输出轴　11—太阳轮　12—低档（2 号）单向离合器 F2　13—二档（1 号）单向离合器 F1　14—前齿圈　15—前行星架　16—超速档齿圈　17—超速档行星架　18—超速档太阳轮　19—输入轴　20—超速档单向离合器 F0　21—超速档

四档辛普森行星齿轮变速器由行星齿轮机构和换档执行机构两大部分组成。其中，四档辛普森行星齿轮机构是在原来的三档辛普森行星齿轮机构的基础上，增加一个超速行星排而成的，可以构成 4 个前进档，一个倒档。其中的 4 档为超速档。

输入轴与超速行星排的行星架相连，超速行星排的齿圈与中间轴相连，中间轴通过前进档离合器或直接档、倒档离合器与前、后行星排相连。前、后行星排共用一个太阳轮，前行星排的行星架与后行星排的齿圈相连，并与输出轴相连。

换档执行机构包括 3 个离合器、4 个制动器和 3 个单向离合器共 10 个元件。变速器在各档位时，换档执行元件的动作情况见表 4-4。

表 4-4　换档执行元件的动作情况表

变速杆位置	档位	换档执行元件										发动机制动
		C0	C1	C2	B0	B1	B2	B3	F0	F1	F2	
P	驻车档	○										
R	倒档	○		○				○	○			
N	空档	○		○								
D	1 档	○	○						○		○	
	2 档	○	○				○		○	○		
	3 档	○	○	○			○		○			
	4 档(OD)档		○	○	○		○					
2	1 档	○	○						○		○	
	2 档	○	○			○	○		○	○		○
	3 档	○	○	○			○		○			○
L	1 档	○	○					○	○		○	○
	2 档	○	○			○	○		○	○		○

注：○表示相应的执行元件起作用。

5. 五档辛普森行星齿轮变速机构

图 4-21 为五档辛普森行星齿轮变速机构，下面介绍其机构特点和工作原理。

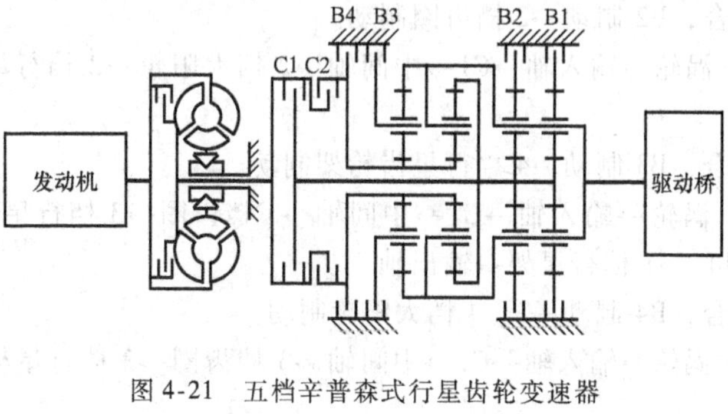

图 4-21　五档辛普森式行星齿轮变速器

（1）结构特点　由 4 排行星齿轮、3 根轴、两个离合器和 4 个制动器构成五档变速机构。

① 1、2 档太阳轮和 3 档齿圈与中间轴做成一体。

② 3、4 档太阳轮为一体并空套在中间轴上。

③ 3 档行星齿轮架与 1、2 档行星齿轮架和 4 档齿圈为一体。

④ 1、2 档行星齿轮架连接输出轴。

（2）执行元件

① C1——前进档离合器，连接输入轴和中间轴。

② C2——直接档（5 档）离合器，连接输入轴和 3、4 档太阳轮。

③ B1——1 档制动器，制动第 1（档）排齿圈。

④ B2——2 档制动器，制动第 2（档）排齿圈。

⑤ B3——3 档制动器，制动第 4（档）排行星齿轮架。

⑥ B4——4 档制动器，制动第 3、4（档）排太阳轮。

（3）档位分析　五档辛普森式行星齿轮变速器档位见表 4-5。

表 4-5　五档辛普森式行星齿轮变速器工况表

档位 \ 执行元件	C1	C2	B1	B2	B3	B4	i
N				○			
1	○		○				5. 183
2	○			○			3. 190
3	○				○		2. 067
4	○					○	1. 400
5	○	○					1. 000
R		○		○			-4. 476

注：○表示相应的执行元件起作用。

① 空档。B2 制动→2 档齿圈制动。

② 1 档。C1 接合→输入轴与中间轴连接。B1 制动→1 档齿圈制动。

动力传递路线：涡轮→输入轴→C1→中间轴→1 档太阳轮→1 档行星齿轮架→输出轴。

此外，2 档太阳轮和 3 档齿圈也随输入轴转动，但因其他两元件都可以自由转动，故不传递动力。

③ 2 档。C1 接合，B2 制动→2 档齿圈制动。

动力传递路线：涡轮→输入轴→C1→中间轴→2 档太阳轮→2 档行星齿轮架→1 档行星齿轮架→输出轴。

④ 3 档。C1 接合，B3 制动→4 档行星齿轮架制动。

动力传递路线：涡轮→输入轴→C1→中间轴→3 档齿圈→3 档行星架（3 档太阳轮→4 档太阳轮→4 档齿圈）→1 档行星架→输出轴。

⑤ 4 档。C1 接合，B4 制动→3、4 档太阳轮制动。

动力传递路线：涡轮→输入轴→C1→中间轴→3 档齿圈→3 档行星架→1 档行星架→输出轴。

⑥ 5 档（直接档）。C1 接合，输入轴与中间轴连接，三档齿圈与中间轴制成一体；C2 接合→3、4 档太阳轮与输入轴连接。3、4 档太阳轮与 3 档齿圈被 C2、C1 连接，且同时与输入轴连接，3、4 档行星排抱成一体转动，传动比为 1。

⑦ 倒档。C2 接合，B2 制动。

动力传递路线：涡轮→输入轴→C2→3、4 档太阳轮→2、3 档行星架→1 档行星架→输出轴。

4.2.4　液压控制系统

自动变速器的电液换档控制系统由液压控制系统和电子控制系统两部分组成。液压控制系统主要由以下四部分组成。

① 动力源——油泵，其作用是向执行机构、控制机构提供液压油；向液力变矩器提供工作油液；向行星齿轮变速机构提供润滑用油。

② 执行机构——液压缸，包括换档离合器液压缸和制动器液压缸。

③ 液压控制机构——若干控制阀和阀体。

④ 辅助装置——油箱、滤清器、冷却器等。

提示：在液压控制系统中，油泵在发动机的驱动下将压力油输送到控制阀体，阀体内的控制阀起油路“开关”的作用。根据汽车的工况，系统可开通或切断某些执行机构液压缸的油路，从而使离合器接合或分离，制动器制动或释放，达到换档变速的目的。

1. 油泵

自动变速器的油泵有三种类型：齿轮泵、转子泵、叶片泵。

(1) 齿轮泵的结构与原理　自动变速器中所用的齿轮泵一般是内啮合齿轮泵，如图 4-22所示，主要由泵体、主动齿轮、从动齿轮（齿圈）组成。由于从动齿轮是一个齿圈且较大，而主动齿轮是一个较小的外齿轮，所以在主、从动齿轮之间的空隙用一个月牙形隔板把这个容腔分为两部分，其中一腔是进油腔，另一腔是压油腔。齿轮泵是依靠容积变化泵油的，当主动齿轮带动从动齿轮转动时，进油腔的齿不断脱开啮合，容积增大，吸油；压油腔的齿不断进入啮合，容积减小，压油。

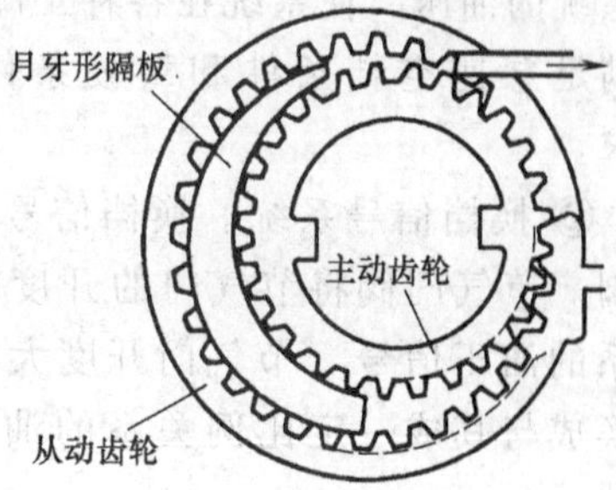

图 4-22　齿轮泵的结构

(2) 转子泵的结构和原理　转子泵主要由一对内啮合的转子组成，内转子为外齿轮，且为主动件；外转子为内齿轮，是从动件。内转子一般要比外转子少一个齿。内、外转子之间偏心安装。内转子的齿廓和外转子的齿廓由一对共轭曲线组成，因此内转子上的齿廓和外转子上的齿廓相啮合，就形成了若干密封腔，如图 4-23 所示，其工作原理也是依靠容积的变化而泵油。

(3) 叶片泵的结构和原理　叶片泵由转子、定子和叶片及端盖组成，如图 4-24 所示。定子具有圆柱形内表面，定子和转子之间有偏心距 e。叶片装在转子槽中，并可在槽中滑动。当转子回转时，由于离心力的作用，使叶片紧贴在定子内壁上，在定子、转子、叶片和端盖间就形成了若干个密封空间，随着转子的转动，从进油口到出油口，这些密封空间的容积不断变小，使油液产生高压，从出油口流出。另外这种泵还可以通过改变偏心距而改变流量。

2. 液压控制机构

对于全液式和电控式变速器来说，液压控制系统的不同之处主要是液压机构控制部分，下面分别对其进行介绍。

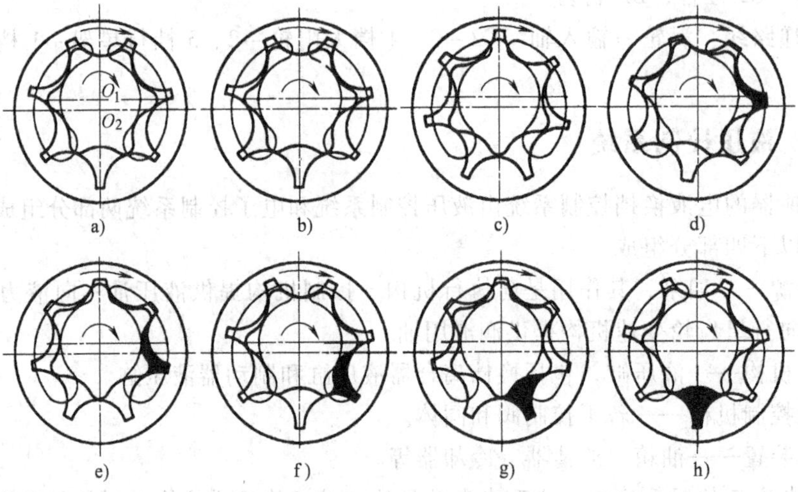

图 4-23　转子泵的结构和原理

(1) 全液式自动变速器的液压控制系统　全液式自动变速器的液压控制系统如图 4-25 所示，其液压控制机构可分为以下几部分：

① 主油路系统。主油路系统包括油泵和主油路调压阀。主油路调压阀可根据发动机转速和负荷来调节主油路系统的油压，使系统在各种工况下都保持最佳油压 P_H，以满足怠速空档条件和驾驶条件两个因素对变速器的要求。

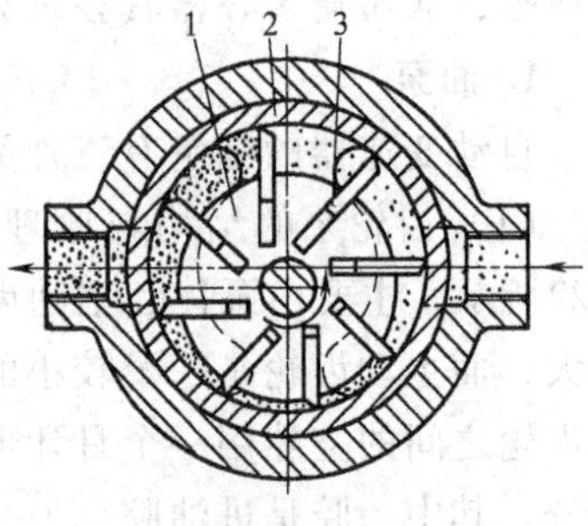

图 4-24　叶片泵的结构
1—转子　2—定子　3—叶片

② 换档信号系统。换档信号系统包括节气门阀和调速阀。节气门阀将节气门的开度转换成与其成一定比例关系的油压信号（节气门开度大、节气门阀油压高），供液压系统使用。调速阀将车速转换成与其成一定比例关系的油压信号，并传送给换档阀，以便控制变速器的升档和降档。

③ 换档阀系统。换档阀系统包括换档阀、手控制阀、强制低档阀，其中手控制阀由变速杆操纵。

④ 缓冲安全系统。包括缓冲阀、低档限流阀、单向阀等。

下面以 1—2 档换档阀为例简介换档阀的工作原理。自动变速器有一个或多个换档阀，其数量取决于前进档位数（2 档的只有一个换档阀；3 档的有两个换档阀；4 档的有三个换档阀）。

换档阀的功能是根据节气门开度和车速两个参数的变化自动控制升档或降档。换档阀的工作原理如图 4-26 所示，它是一个液控换向阀，一端为节气门阀输出压力 P_Z 和弹簧力 F，另一端为调速阀输出压力 P_V。

当 $P_Z + F > P_V$ 时，滑阀右移（图 4-26a），离合器 C 液压缸的排油口打开，液压缸排油，离合器 C 分离。同时，主油路油压 P_H 与制动器 B 的液压缸进油口连通，液压缸充油，制动器 B 起作用，此时变速器为 1 档。

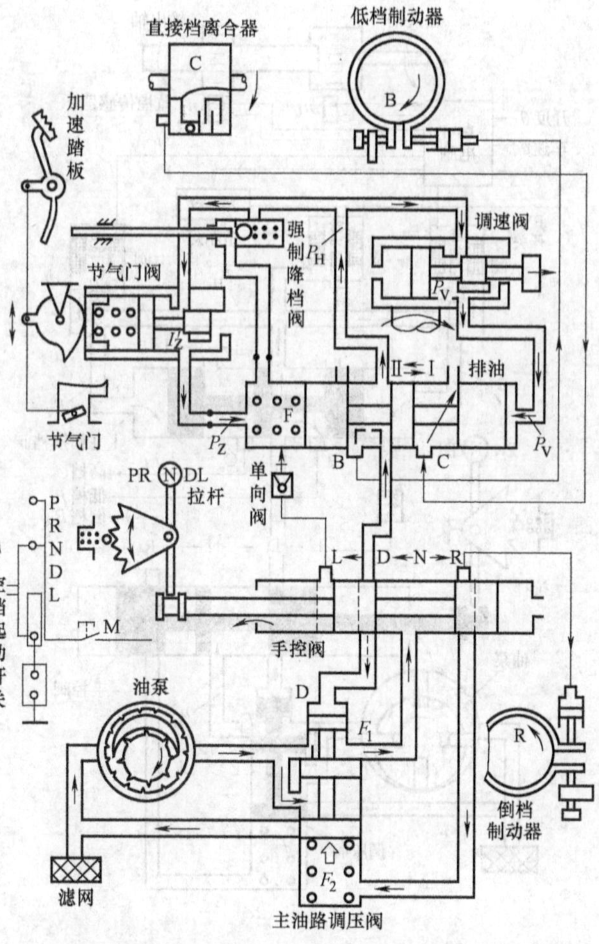

图 4-25　全液式自动变速器的液压控制系统

当 $P_Z+F<P_V$ 时，滑阀左移（图 4-26b），制动器 B 的排油口打开，液压缸排油，制动器 B 不起作用；同时，主油路油压 P_H 与离合器 C 的液压缸进油口连通，液压缸充油，离合器 C 接合，变速器换入 2 档。

（2）电控自动变速器的液压控制系统　电控自动变速器是在液压控制系统的基础上增加了电子控制系统，能够更精确地控制换档时机和提高换档品质。因而其液压控制系统（图 4-27）与全液式自动变速器的主要区别是用节气门位置传感器和车速传感器取代了节气门阀和调速阀，换档阀为电磁换档阀。

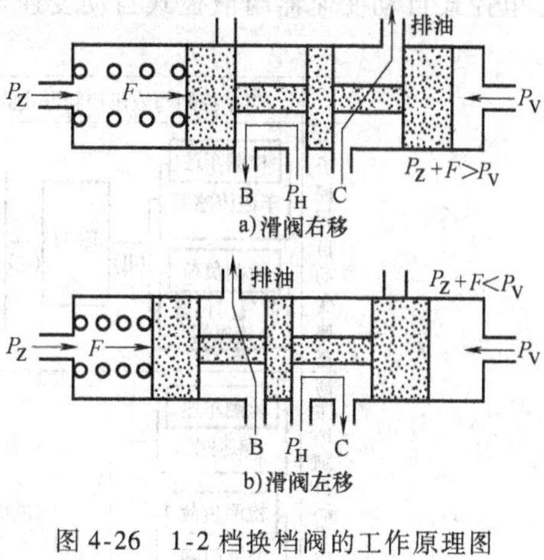

图 4-26　1-2 档换档阀的工作原理图

电子控制单元（ECU）主要根据两传感器输出的电信号确定节气门开度和车速，并控制电磁阀的开闭，从而调节换档阀两端的油压来实现换档。

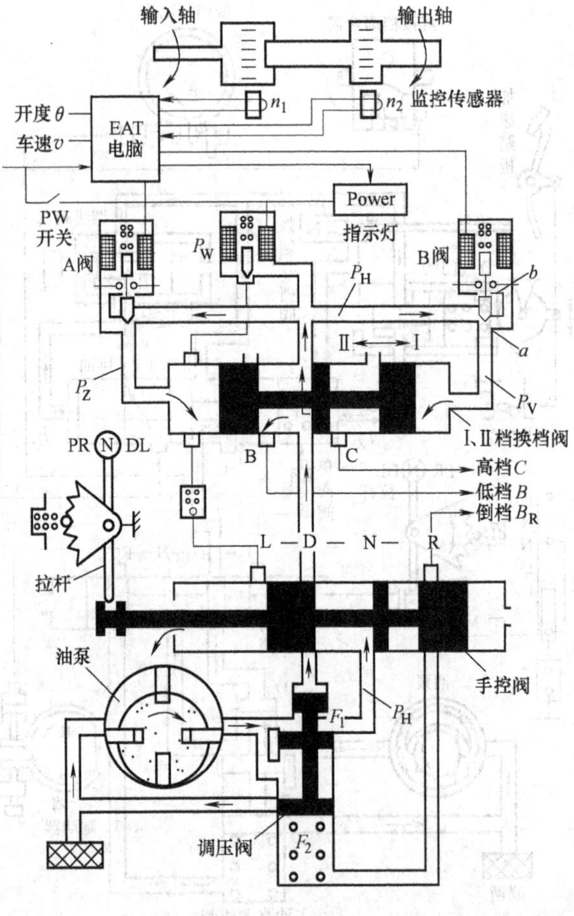

图 4-27　电控自动变速器的液压控制系统

电控式自动变速器与液控式自动变速器相比较，其区别如图 4-28 所示。

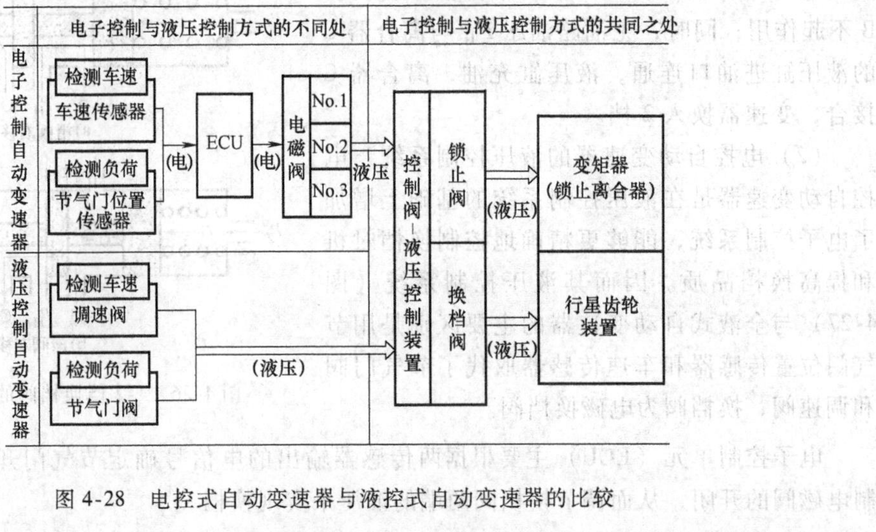

图 4-28　电控式自动变速器与液控式自动变速器的比较

① 主油路系统。主油路压力调节阀可以相同，但现代电控式自动变速器的主油路系统其压力调节阀通常为电磁式。

② 换档信号系统。节气门阀和调速阀为电子式。

③ 换档阀系统。换档阀为电液结合式，手控制阀相同或为电子式，强制低档阀为电磁式。

④ 缓冲安全系统。缓冲阀、抵档限流阀、单向阀相同。

⑤ 滤清冷却系统。冷却器、滤清器相同。

4.2.5　电子控制系统

1. 电子控制系统的组成

电子控制系统的组成如图 4-29 所示。

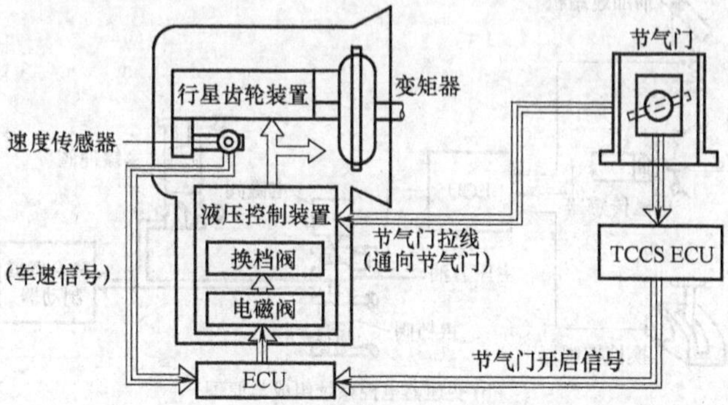

图 4-29　电控系统的组成

2. 电控系统的基本工作原理

电控变速器的 ECU 具有如下功能：控制换档时机、控制锁止时机、自诊断和失效保护等。

（1）换档时机控制　电控自动变速器的 ECU 将变速杆在各个位置（D 位、2 位或 L 位）及每个行驶模式（常规或动力）下的最佳换档模式编程存入存储器中。

ECU 根据适当的换档模式以及来自车速传感器的车速信号和来自节气门位置传感器的节气门开度信号等打开或关闭换档电磁阀，如图 4-30 所示。这样，ECU 通过操纵各电磁阀可以打开或关闭通往离合器及制动器的液压通道，使变速器得以换高档或低档。

（2）锁止离合器的控制　ECU 将各种行驶模式下锁止离合器的工作方式编程存入存储器中，根据该锁止方式，ECU 按照车速信号及节气门开度信号等打开或关闭锁止电磁阀，锁止电磁阀改变作用于变矩器的液压通道，以接合或分离锁止离合器。

（3）巡航控制信号　如果实际车速降至设定的巡航控制车速以下（大约 10km/h），则巡航控制 ECU 传递一个信号至电控变速器 ECU，命令锁止离合器分离，同时不能换入超速档。

3. 电控系统的部件

电子控制系统由传感器、电子控制单元（ECU）及执行机构组成，电子控制单元及输入与输出信号的关系如图 4-31 所示，典型电控自动变速器的控制电路如图 4-32 所示。

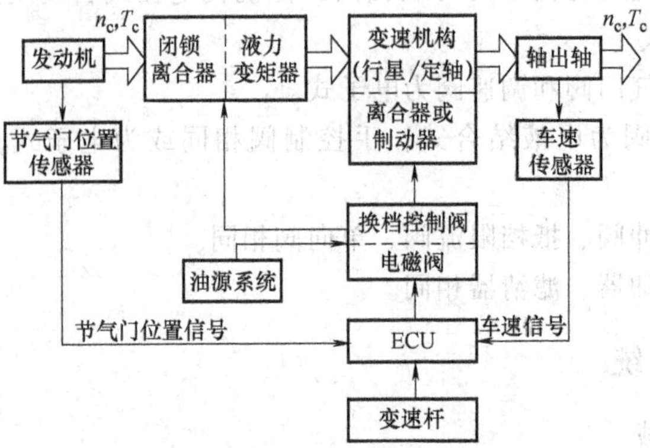

a) 变速器电控原理图

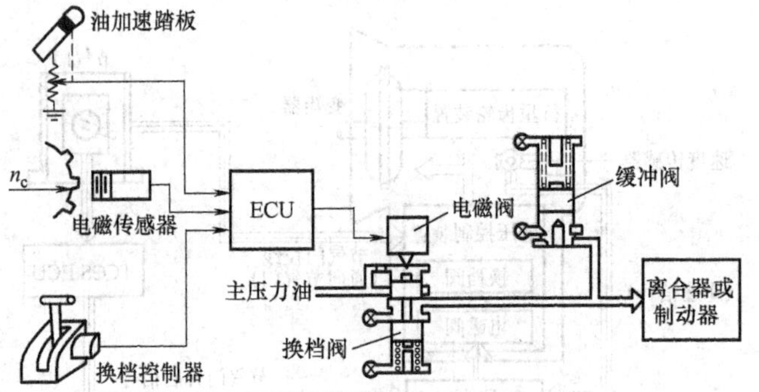

b) 变速器电控系统组成与原理

图 4-30　变速器电控原理

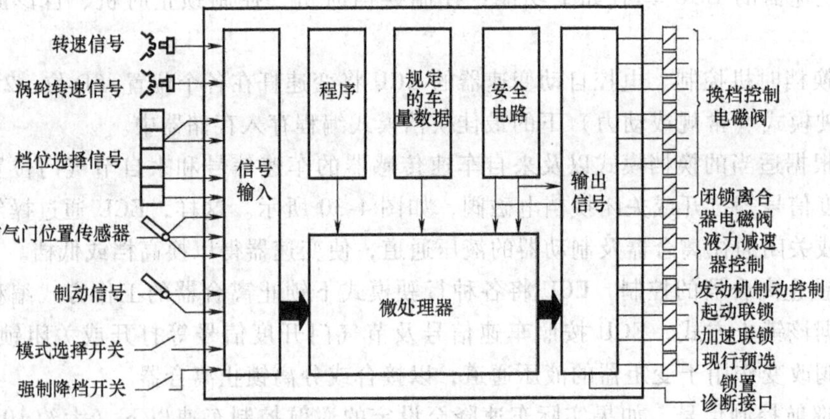

图 4-31　自动变速器电控系统

自动变速器的输入信号通常有以下几种：

(1) 车速信号（转速信号）　该信号由变速器输出轴上的车速传感器产生，多用电磁型传感器，用来检测输出轴的转速。

计算机根据车速传感器的信号计算车速，并根据车速信号控制换档。如果该传感器发生

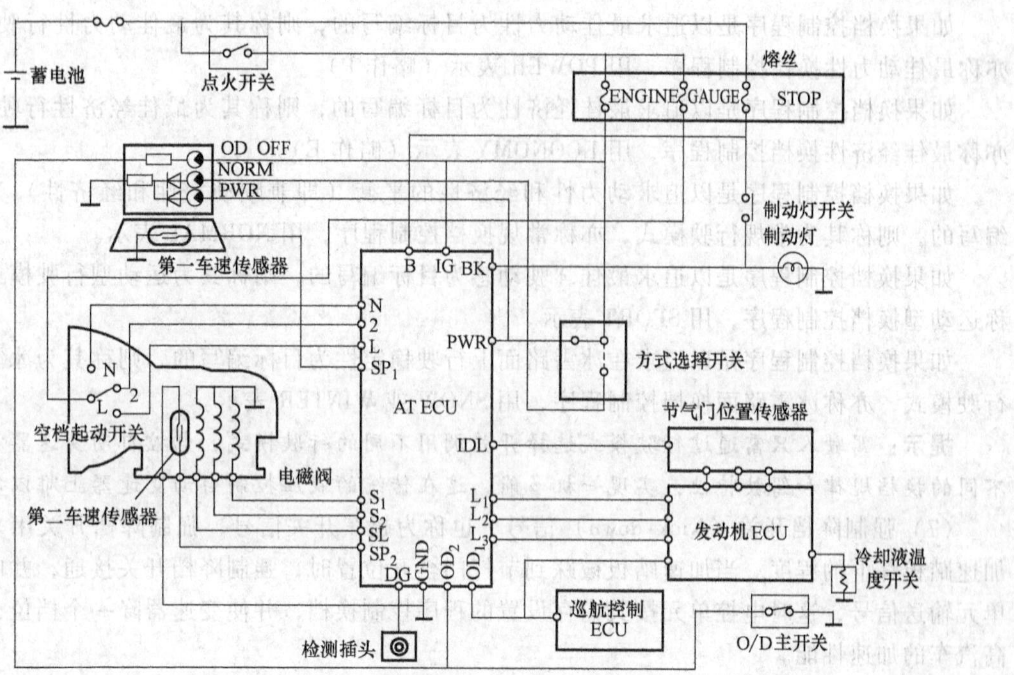

图 4-32　自动变速器的电子控制电路

故障，则变速器档位将保持在发生故障前的档位。

（2）涡轮转速信号　该信号反映液力变矩器涡轮转速的大小，以便 ECU 对液力变矩器的锁止离合器进行锁止控制。

（3）档位选择信号（亦称档位传感器）　该信号由选档控制器产生，通过传感器将驾驶人选择的变速杆位置以电信号的形式传给 ECU，在发动机起动时只能选择在空档位置。由前进档转换到倒档，或者由倒档转换到前进档时，必须先经过空档位置。

此外，若发动机转速高于怠速转速，或是加速踏板被踩下，或是发动机点火开关处于 OFF 位置时，变速器不能从空档换入其他档位。

提示：在 ECU 中具有这种选择档位的联锁，因而加速踏板必须处于怠速位置且发动机转速低于设定转速时，才能选择档位。

（4）节气门位置信号　有时也称为加速踏板位置信号，由节气门位置传感器产生，反映发动机节气门开度的大小，该信号影响换档点。

节气门位置传感器一方面用来检测节气门的开度，作为发动机负荷大小的参考信号；另一方面反映节气门开度的变化速度，以便反映驾驶人的操作意图。

（5）制动信号　制动灯开关用于判断制动踏板是否被踩下。当制动踏板被踩下时，制动灯开关输送信号给 ECU，ECU 便取消锁止离合器的锁止，确保车辆无冲击地平稳减速；同时确保变速器不能进行升档操作。

（6）行驶模式选择开关信号　行驶模式选择开关一般位于变速杆上或其附近，由驾驶人操作。

所谓行驶模式，就是自动变速器 ECU 内存储的换档控制程序。按照存储的换档控制程序所追求的目标不同，电控自动变速器有多种行驶模式可供驾驶人选择。

如果换档控制程序是以追求最佳动力性为目标编写的，则称其为最佳动力性行驶模式，亦称最佳动力性换档控制程序，用 POWER 表示（略作 P）。

如果换档控制程序是以追求最佳经济性为目标编写的，则称其为最佳经济性行驶模式，亦称最佳经济性换档控制程序，用 ECONOMY 表示（略作 E）。

如果换档控制程序是以追求动力性和经济性的平衡（即兼顾动力性和经济性）为目标编写的，则称其为常规行驶模式，亦称常规换档控制程序，用 NORMAL 表示。

如果换档控制程序是以追求最佳驾驶动感为目标编写的，则称其为运动型行驶模式，亦称运动型换档控制程序，用 SPORT 表示。

如果换档控制程序是以追求在冰雪路面上行驶稳定性为目标编写的，则称其为冰雪路面行驶模式，亦称冰雪路面换档控制程序，用 SNOW 或 WINTER 表示。

提示：驾驶人只需通过行驶模式选择开关调用不同的行驶模式，电控自动变速器就能有不同的换档规律和驾驶特性，实现一机多能，这在传统的液压控制自动变速器上难以实现。

（7）强制降档开关（Kick-down）信号　也称为超车开关信号，强制降档开关用来检测加速踏板踩下的程度。当加速踏板被踩到节气门全开位置时，强制降档开关接通，并向电控单元输送信号，这时电控单元按其内存设置的程序控制换档，并使变速器降一个档位，以提高汽车的加速性能。

该开关安装在加速踏板的下方（图 4-33），当加速踏板踩到底时，强制降档开关接通并向自动变速器 ECU 发送信号，ECU 收到其信号后，按其内存设置的程序立刻发出信号，变速器首先自动降档后，再沿最大的发动机动力特性曲线进行升档，从而产生尽可能大的功率进行加速。因此，超车时猛踩加速踏板到底，压下该开关后即可达到加速超车的目的。

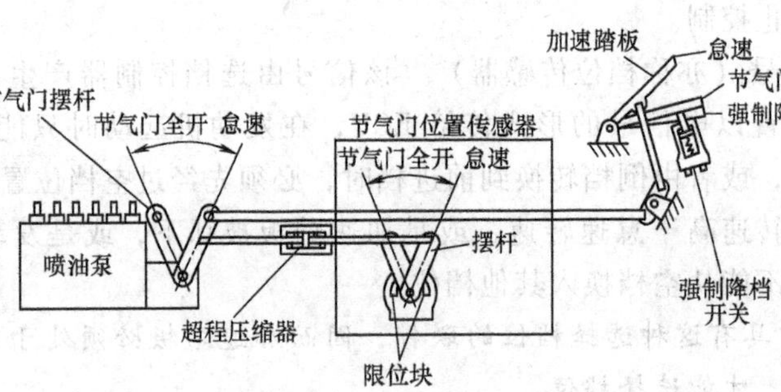

图 4-33　加速踏板和节气门位置传感器

（8）发动机冷却液温度信号　用发动机冷却液温度传感器（俗称水温传感器）检测发动机的冷却液温度。当冷却液低于预定温度时，如果变速器换入超速档，发动机性能及车辆乘坐舒适性会受到影响。为了防止这种情况发生，在冷却液达到预定温度前，ECU 阻止自动变速器升入超速档。

（9）超速档（O/D）主开关　超速档主开关一般位于变速器变速杆上，如图 4-34 所示，由驾驶人操作。

当该开关处于接通（ON）状态时，如果各种条件满足时，ECU 允许换入超速档。

4. 电磁阀

自动变速器的执行器主要是各种电磁阀。下面对常用的两种电磁阀进行介绍。

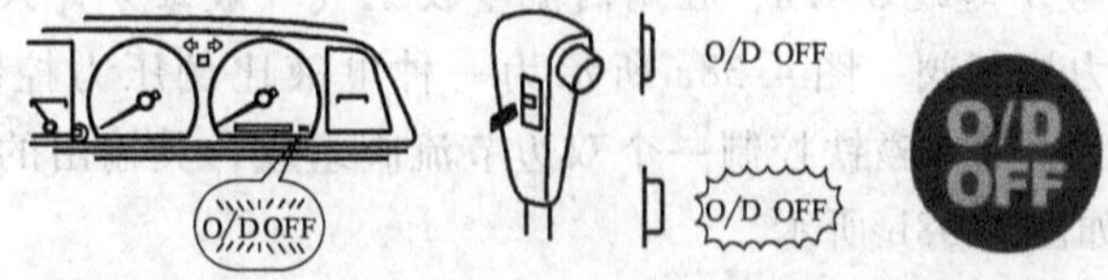

图4-34　超速档（O/D）主开关和O/D OFF指示灯

（1）换档电磁阀　换档电磁阀是将电子控制信号转换为液压控制信号的元件，安装在控制变速的液压系统阀体上，实际上是一种电控液压换向阀。它接收ECU发来的电控指令信号，通过其电磁铁的“开”（通电）与“关”（断电），控制液压换向阀实现液压油路的“通”与“断”，从而控制自动变速器中换档离合器或制动器的接合或分离，完成升档或降档操作。

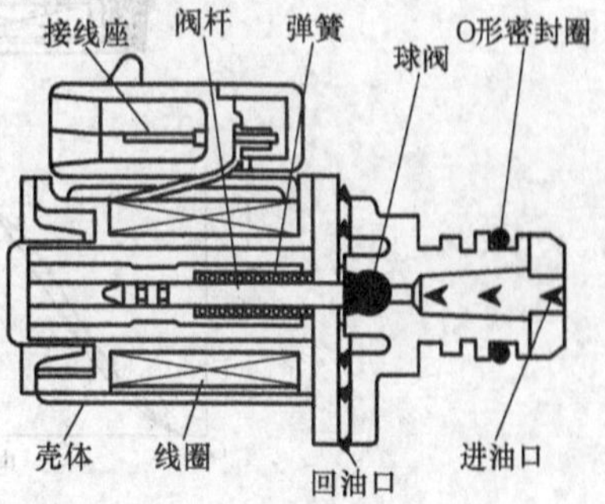

图4-35　二位二通电磁阀结构

常用的汽车换档控制电磁阀有两种类型：

① 二位二通电磁阀。二位二通电磁阀的结构如图4-35所示，工作原理如图4-36所示。

电磁阀未通电时如图4-36a所示，其阀芯在弹簧力的作用下，将进油口（压力油口）打开，系统油压不能输入到换档阀；当向电磁阀通电后如图4-36b所示，弹簧在电磁力的作用下压缩，将进油口关闭，系统油压输入到换档阀实现换档操作。一般进油口的油压为主油路油压，因而需要和节流孔一起使用，以保证主油路油压不会下降。

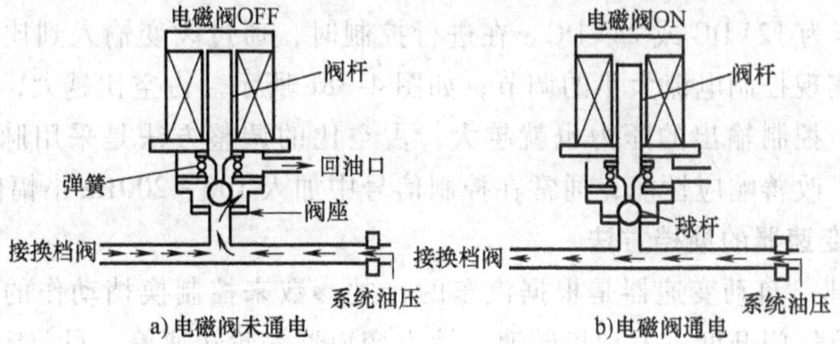

图4-36　二位二通电磁阀工作原理

② 二位三通电磁阀。二位三通电磁阀的结构如图4-37所示。其工作原理类似于二位二通电磁阀。

当未向电磁阀通电时，其阀芯在弹簧力的作用下，将压力油口堵住，则控制油口与回油口连通；当向电磁阀通电后，在电磁力的作用下压缩弹簧，将控制油口与回油路切断，与进油口的通路打开，实现换档操作。

提示： *这类换档用电磁阀响应时间要求较低，一般为50~70ms；供电电压主要有12VDC和24VDC两种，所需驱动功率一般只有1~*

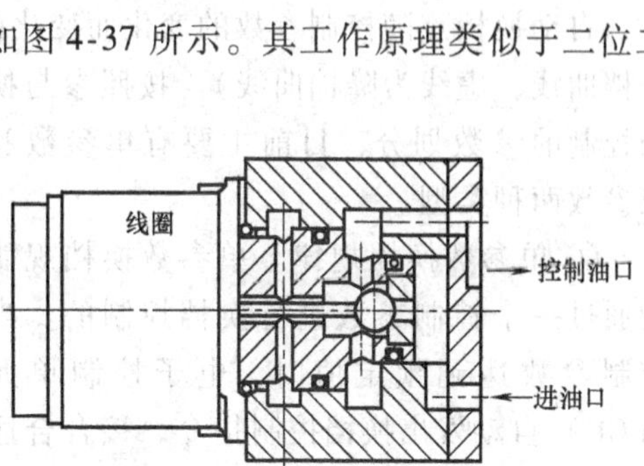

图4-37　二位三通电磁阀

3W，最高控制压力一般不超过3MPa，控制的流量较小（一般每分钟只有几升）。

（2）电液比例压力控制阀　图4-38a所示为一种电液比例压力控制阀，用于换档离合器充油压力的控制，由比例电磁铁控制一个双边节流阀组成，其输出的控制压力与输入的控制电流成比例关系，如图4-38b所示。

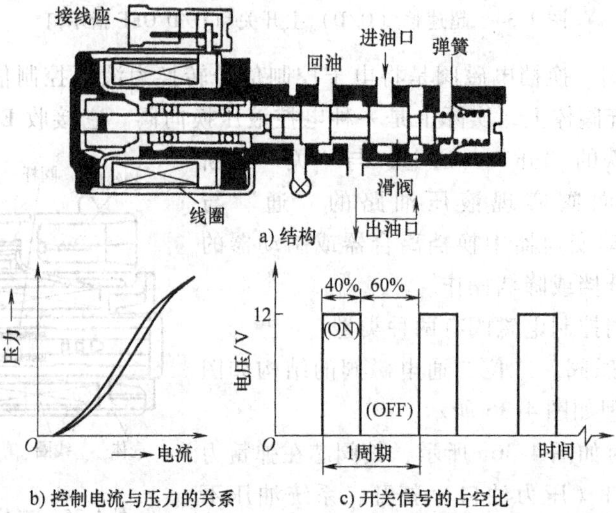

图4-38　电液比例压力控制阀

控制电磁铁的电流大小一般与该阀所控制的压力大小有关，作为换档离合器压力控制所采用的电液比例压力控制阀，最大控制压力通常在3MPa以下，所需要的控制电流小于100mA，控制电压为12VDC或24VDC。在进行控制时，通过改变输入到比例电磁阀开关电信号的占空比来实现控制电流大小的调节，如图4-38c所示。占空比越大，通过电磁铁线圈的平均电流越大，控制输出的压力也就越大。占空比的调整方法是采用脉宽调制（PWM）原理实现的。为了改善响应性能，通常在控制信号中加入100～200Hz小幅值的颤振信号。

5. 电控自动变速器的换档方法

（1）换档规律　自动变速器是根据汽车的行驶参数来控制换档动作的，这些参数主要有车速、发动机节气门开度、发动机转速、液力变矩器涡轮转速等，目前应用最多的是车速和发动机节气门开度这两个参数信号。

自动换档点随控制参数的变化而变化的规律，称为换档规律，如图4-39所示（实线为升档曲线，虚线为降档曲线）。按照参与换档控制的参数划分，目前主要有单参数和双参数两种类型。

① 单参数换档规律。单参数换档规律是通过一个控制参数进行换档控制的。当控制参数达到预定值时，电子控制单元（ECU）自动发出换档控制指令，接合合适的档位。作为控制参数，可选择节气门开度、发动机转速或车速等。

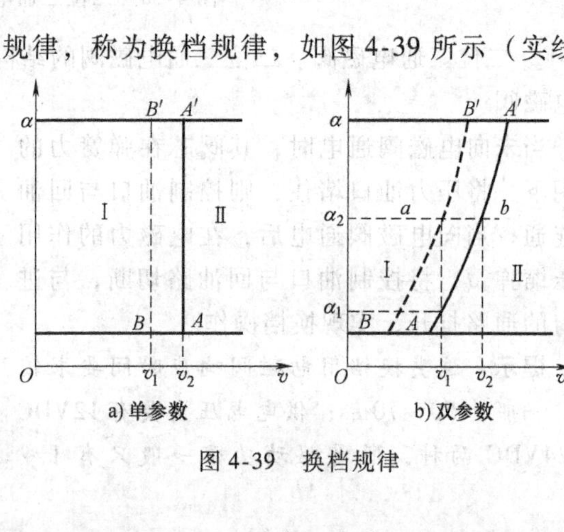

图4-39　换档规律

提示：这种单参数控制方法，系统结构最为简单，但动力性和经济性的要求难以兼顾。为保证良好的动力性能，升档点多设计在发动机最高转速点。

② 双参数换档规律。双参数换档规律是目前应用最多的形式。采用这种换档控制，当两个控制参数（具有一定的比例关系）达到一定值时就自动发出换档指令，接合合适的档位。作为控制参数，最常用的是车速（v）和发动机节气门开度（α）。实际操作中，驾驶人可以通过控制节气门开度干预换档，例如快速松开加速踏板时可以提前换入高档，而猛踩加速踏板时则可以强制换入低档。

提示：这种控制方法相对复杂，但可以选择最优的动力性或经济性进行换档，或两者兼顾。

在换档规律中，自动变速的降档点（图中的虚线）比升档点（图中的实线）晚，称为换档延迟（也称降档速差），其主要作用如下：

① 保证换档控制的相对稳定性。自动换入新档后，不会因为加速踏板振动或者是车速稍有升降时而重新换入原来的档位

② 驾驶人可以干预换档，即可以通过控制加速踏板而改变换档点，进行提前升档或降档。

③ 通过改变换档延迟可以改变换档点，以适应动力性、经济性等方面的不同需要。

按照换档延迟的变化不同，换档规律又可分为等延迟型、收敛型、发散型、组合型等几种，如图4-40所示，它们对动力性能和经济性能方面各有侧重。

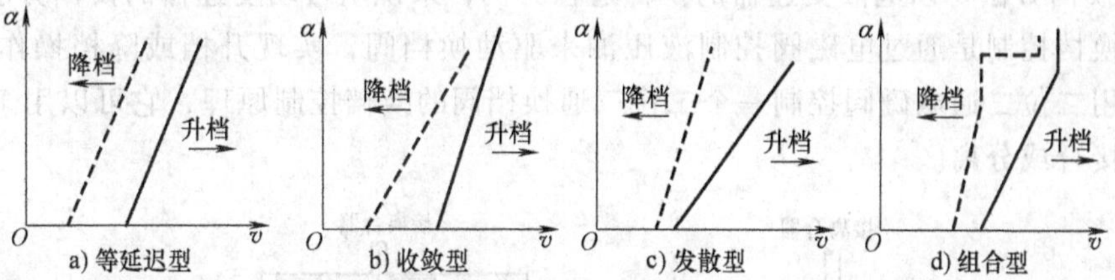

图4-40　换档规律的类型

① 等延迟型换档规律。等延迟型换档规律如图4-40a所示，换档延迟与节气门开度信号无关，不管节气门开度如何变化，换档延迟都相等。在单参数换档规律中常采用该方法，其优点是换档次数最少，主要用于城市公共交通车辆。

② 收敛型换档规律。收敛型换档规律如图4-40b所示，换档延迟随着节气门开度的增加而减小。大节气门开度时换档延迟小，因而有利于提前换入高档，动力性好；小节气门开度时换档延迟大，有利于减少换档次数；这种换档规律用于经常在大节气门开度下工作的重型汽车上。

③ 发散型换档规律。发散型换档规律如图4-40c所示，换档延迟随着节气门开度信号的增大而增大。小节气门开度时换档延迟小，因而有利于提前换入高档，燃油经济性好；大节气门开度时换档延迟大，有利于减少换档次数，这种换档规律适用于行驶阻力变化不大、经常在小节气门开度下工作的轻型汽车。

④ 组合型换档规律。组合型换档规律如图4-40d所示，是由两种以上换档规律组合而成的，它可以在不同的节气门开度下得到不同的换档规律。一般是在小节气门开度时以减少油耗和污染、提高舒适性为主；大节气门开度时则以提高动力性能为主。汽车实际上采用的

都是组合型换档规律。

图 4-41 所示为某汽车三档自动变速器所采用的组合型换档规律曲线，实线为升档点曲线，虚线为降档点曲线。换档控制器上有两种选择，即 D 位和 L 位（选择 D 位时，从 1 档到 3 档范围内自动换档，选择 L 位时在 1 档和 2 档之间自动换档）。

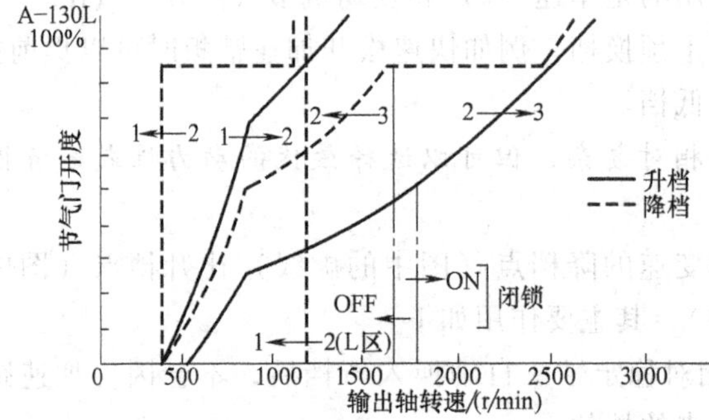

图 4-41　三档自动变速器的换档规律曲线

图中的双点画线为液力变矩器锁止离合器的闭锁与分离控制规律，采用的是单参数等延迟型控制规律，闭锁与分离点只与车速（变速器的输出轴转速）有关。

提示： 动力传动系统和汽车类型不同，换档规律也不同。换档规律的确定，一般需经过理论设计、台架和道路试验来完成。

（2）换档方法　以电液变速器的换档过程为例，来说明自动变速器的换档方法。

电液换档控制是通过电磁阀控制液压油来驱动换档阀，实现升档或降档操作。图 4-42 给出了采用二位二通电磁阀控制一个二位三通换档阀的换档控制原理，它可以用于控制换档离合器的接合或分离。

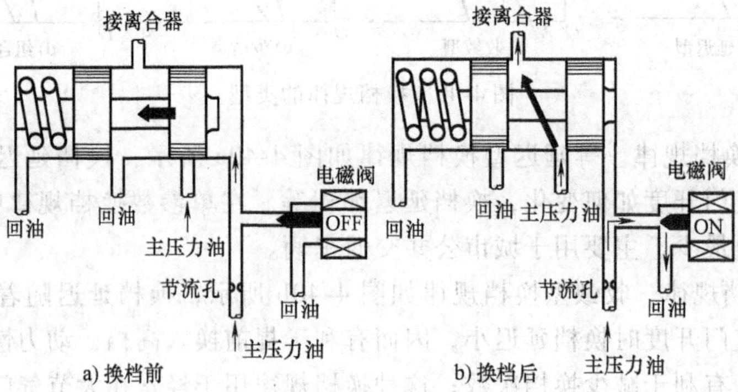

图 4-42　电液换档控制原理

当未向电磁阀发出换档控制信号时，电磁阀关闭，来自系统的主压力油进入换档阀右端，压力油对换档阀滑阀的推力使其左端的弹簧压缩，将换档阀滑阀推向左端位置，离合器液压缸进油通路与回油通路相通，使离合器处于分离状态，如图 4-42a 所示。

当向电磁阀发出换档指令后，电磁阀打开，换档阀右端的压力油被泄掉，在弹簧力作用下换档阀滑阀回到右端位置，离合器液压缸进油通路与主压力油路相通，使离合器处于接合状态，如图 4-42b 所示。此时，由于换档阀控制油路中有节流孔，因而主油路中的压力不会降低。

图 4-43 所示为一种由二位三通电磁阀控制换档阀同时控制两个离合器的原理。图 4-43a 表示电磁阀接受换档信号之前，离合器 C1 接合，C2 分离；图 4-43b 表示电磁阀接受换档信号之后，离合器 C2 接合，C1 分离。

提示：如果要求控制多个档位的多个不同离合器或制动器时，则需要有多个电磁阀和换档阀来组成换档控制系统。

4.2.6　自动变速器的使用

1. 自动变速器变速杆的使用

普通自动变速器的变速杆通常有 6 个位置，如图 4-44a 所示。其功能如下：

(1) P 位　驻车档。变速杆置于此位置时，驻车锁止机构将自动变速器输出轴锁止。

(2) R 位　倒档。变速杆置于此位置时，汽车倒向行驶。

(3) N 位　空档。变速杆置于此位置时，所有行星齿轮机构都空转，不能输出动力。

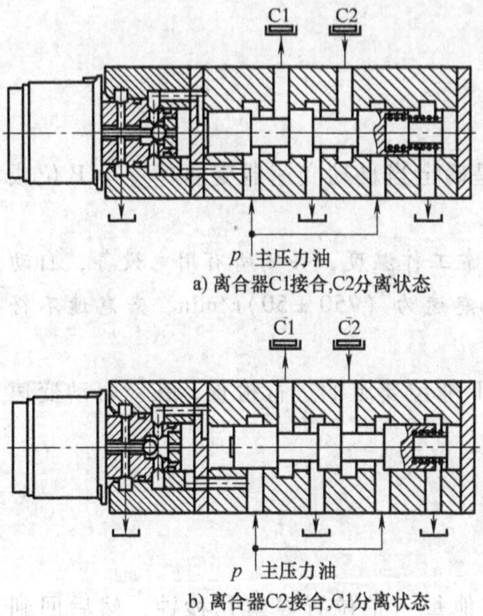

图 4-43　两个离合器的换档控制

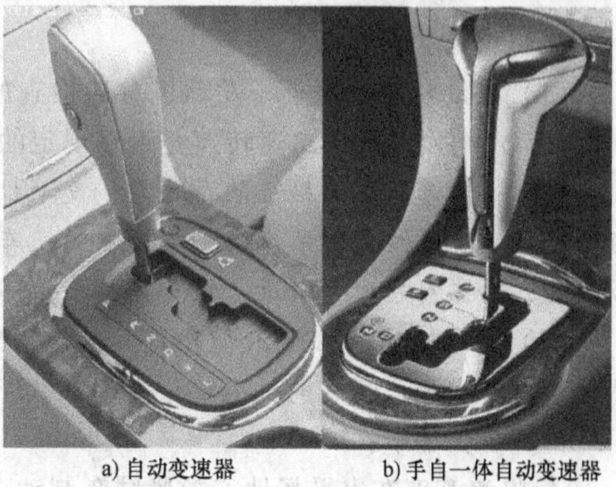

图 4-44　自动变速器变速杆

(4) D 位　前进档。变速杆置于此位置时，液压系统控制装置根据节气门开度信号和车速信号等信号自动接通相应的前进档油路，实现自动升降档。

(5) S 位（也称为 2 位）　高速发动机制动档。变速杆置于此位置时，液压控制系统只能接通前进档中的 1、2 档油路，自动变速器只能在这两个档位间自动换档，无法升入更高的档位，从而使汽车获得发动机制动效果。

(6) L 位（也称 1 位）：低速发动机制动档。变速杆置于此位置时，汽车被锁定在前进档的一档，只能在该档位行驶而无法升入高档，发动机制动效果更强。

S 和 L 这两个档位多用于山区等路况的行驶，可避免频繁换档而降低变速器的使用寿命。发动机只有在变速杆置于 N 位或 P 位时才能起动，此功能靠空档起动开关来实现。

手自一体自动变速器变速杆如图 4-44b 所示，当变速杆在 D 位移至左侧 M 位后，自动变速器的档位即可以变为手动控制，向前推一下变速杆然后放松，变速器就升一个档位；向后拉一下变速杆然后放松，变速器就降一个档位。

2. 自动变速器控制开关的使用

电控自动变速器除了移动变速杆的位置进行换档控制外，还可以通过操纵变速杆手柄上或汽车仪表板上的一些控制开关来进行一些其他的控制。不同车型的自动变速器，控制开关的数量和名称不尽相同，常见的有以下几种：

(1) 超速档开关（O/D 开关） 这一开关用来控制自动变速器的超速档。当 O/D 开关接通时，自动变速器在 D 位下最高可升至超速档；当 O/D 开关断开后，仪表板上的“O/D OFF”指示灯亮起，自动变速器最高只能升至直接档，不能升入超速档。

(2) 模式开关 大部分电子控制自动变速器都有一个模式开关，用来选择自动变速器的控制模式，即指自动变速器不同的换档规律，以适应驾驶人的不同要求。不同车型设置的模式也不相同，常见的控制模式有动力模式、经济模式、标准模式、运动模式、雪地模式等，可以根据需要进行选择。

4.2.7 自动变速器的检验

1. 基础检查

(1) 发动机怠速检查 发动机怠速检查的目的是确定当自动变速器变速杆置于 P 位或 N 位时，汽车发动机的怠速转速是否在规定的范围内。

提示： 发动机怠速检查的条件是：发动机达到正常工作温度，关闭所有用电设备，自动变速器位于空档。通常装有自动变速器的汽车发动机怠速为 (750 ± 50) r/min，若怠速不符合规定，则应对怠速系统进行检查调整。

(2) 自动变速器 ATF 液位检查 自动变速器 ATF 液位要定期进行检查，在对自动变速器进行故障检测诊断之前，也要首先检查 ATF 液位。

检查步骤如下：

① 将汽车停在水平场地，拉紧驻车制动。

② 起动发动机，保持发动机怠速运转。

③ 踩住制动踏板，将变速杆由 P 位依次移入其他每一个位置停留几秒钟，然后回到 P 位。

④ 拔出变速器油尺，将其擦净后再完全插入，然后再拔出油尺，观察油尺上的液位高度，如果变速器处于冷态，液位应在“COOL”范围内；若变速器处于热态，液位应在“HOT”范围。

提示： 正常的 ATF 通常应为粉红色，且无气味。如果 ATF 颜色变深或有焦糊味，说明已变质，应立即更换。

(3) 空档起动开关检验 空档起动开关检验的目的是检查汽车发动机是否仅在自动变速器变速杆处于 N 位或 P 位时方可起动，以及倒车灯开关是否仅在变速杆置于 R 位时才接通，从而使倒车灯点亮。

2. 失速试验

在前进档或倒档中，踩住制动踏板并完全踩下加速踏板时，发动机处于最大转矩工况，而此时自动变速器的输出轴及输入轴均静止不动，变矩器的涡轮不动，只有变矩器壳及泵轮随发动机一同转动，此工况称为失速工况，此时发动机的转速称为失速转速。

(1) 失速试验目的 失速试验的目的是检查发动机输出功率、变矩器及自动变速器中制动器和离合器等换档执行元件的工作是否正常。

(2) 准备工作

① 让汽车行驶至发动机和自动变速器均达到正常工作温度。

② 检查汽车的行车制动和驻车制动，确认其性能良好。

③ 检查自动变速器 ATF 液位高度，液面应正常。

(3) 试验步骤

① 将汽车停放在宽阔的水平路面上，前、后车轮用三角木塞住。

② 拉紧驻车制动，左脚用力踩住制动踏板。

③ 起动发动机。

④ 将变速杆拨入 D 位。

⑤ 在左脚踩紧制动踏板的同时，用右脚将加速踏板踩到底，当发动机转速不再升高时，迅速读取此时发动机的转速。

⑥ 读取发动机转速后，立即松开加速踏板。

⑦ 将变速杆拨入 P 位或 N 位，让发动机怠速运转 1min，以防止油液因温度过高而变质。

⑧ 将变速杆拨入其他档位（R 位、L 位或 2 位、1 位），做同样的试验。

在失速工况下，发动机的动力全部消耗在变矩器内油液的内部摩擦损失上，油液的温度急剧上升，因此在失速试验中，从加速踏板踩下到松开的整个过程的时间不得超过 5s，否则会使油液温度过高而变质，甚至损坏密封圈等零件。

(4) 试验结果分析 不同车型的自动变速器都有其失速转速标准。大部分自动变速器的标准失速转速为 2300r/min 左右。

提示：*若失速转速高于标准值，说明主油路油压过低或换档执行元件打滑；若失速转速低于标准值，则可能是发动机动力不足或液力变矩器有故障。*

3. 时滞试验

在发动机怠速运转时将变速杆从空档拨至前进档或倒档后，需要有一段短时间的迟滞或延时才能使自动变速器完成换档工作，这一时间称为自动变速器换档迟滞时间。

(1) 试验目的 测出迟滞时间的长短来判断主油路油压及换档执行元件的工作是否正常。

(2) 试验步骤

① 驾驶汽车行驶，使发动机和自动变速器达到正常工作温度。

② 将汽车停放在水平场地，拉紧驻车制动。

③ 保持发动机怠速运转，检查发动机怠速是否正常。

④ 将自动变速器变速杆从空档位置拨至前进档位置，用秒表测量从拨动变速杆开始到感觉到汽车振动为止所需的时间，该时间称为 N—D 时滞时间。

⑤ 将变速杆拨至 N 位，让发动机怠速运转 1min 后，再做一次同样的试验。

⑥ 上述试验进行三次，取其平均值。

⑦ 按上述方法，将变速杆由 N 位拨至 R 位，测量 N—R 时滞时间。

（3）试验结果分析　正常的N—D时滞时间约为1.2 s或更少；N—R时滞时间约1.5 s或更少。

提示：若N—D时滞时间过长，说明主油路油压过低，前进档离合器摩擦片磨损过多或前进档单向离合器工作不良；若N—R时滞时间过长，说明倒档主油路油压过低、倒档离合器或倒档制动器磨损过大或工作不良。

4. 油压试验

自动变速器控制油压正常与否，对自动变速器的工作影响很大。油压过高，会造成自动变速器换档时冲击过大，液压系统也容易损坏；油压过低，会使离合器、制动器等换档执行元件打滑，影响自动变速器的正常工作，且加速了离合器和制动器摩擦片的磨损，严重时会导致摩擦片烧坏。因此，油压试验是自动变速器检修中一项重要的检验内容。

（1）试验目的　测量液压控制系统管路中的油压，用以判断油泵、阀、离合器和制动器的工作性能好坏。

（2）准备工作

① 驾驶汽车行驶，使发动机及自动变速器达到正常工作温度。

② 将车辆停放在水平场地，检查发动机怠速和自动变速器ATF液位高度。如不正常，应进行调整。

③ 准备一个量程为2MPa的油压表。

④ 找出自动变速器各个油路测压孔的位置。通常在自动变速器外壳上有几个用方头螺塞堵住的用于测量不同油路油压的测压孔。

（3）试验步骤　测试主油路油压时，应分别测出前进档和倒档的主油路油压。前进档主油路油压的测试步骤如下：

① 拆下变速器壳体上主油路测压孔或前进档油路测压孔螺塞，接上油压表。

② 起动发动机，将变速杆拨至前进档位置，读出发动机怠速运转时的油压。该油压即为怠速工况下的前进档主油路油压。

③ 用左脚踩紧制动踏板，同时用右脚将加速踏板完全踩下，在失速工况下读取油压。该油压即为失速工况下的前进档主油路油压。

④ 将变速杆拨至空档或驻车档，让发动机怠速运转1min以上。将变速杆拨至其他前进低档位置，重复上述步骤，读出各个前进低档在怠速工况下和失速工况下的主油路油压。

倒档主油路油压的测试步骤与上述相同，只是需要把油压表装在主油路测压孔或倒档油路测压孔上，试验时变速杆拨至倒档位置。

提示：不同车型自动变速器的主油路油压不完全相同，如果测得的主油路油压与标准值不符，说明油泵或控制系统有故障。

5. 道路试验

由于自动变速器最终是以其在车辆行驶状态下所表现出来的使用性能和换档性能的优劣来加以评价的，所以，道路试验很重要，而且也是必须的试验。

（1）试验目的　道路试验是进一步检查和分析自动变速器的故障原因，以及检验修复后的自动变速器的功能是否正常的最有效的手段之一。

（2）试验内容　道路试验是对自动变速器性能的最终检验，检验内容侧重于换档点、换档冲击、振动、噪声和打滑等方面。

（3）准备工作

① 道路试验前，汽车的发动机、底盘等各总成或系统的技术状态应完好，自动变速器应已经过了各种检查和试验。

② 进行道路试验时，自动变速器中的油液温度应处于正常状态，即70～80℃。

③ 将超速档开关置于ON位置，并将模式开关置于标准模式或经济模式位置。

④ 设法找到被试车型自动变速器的换档规律图或换档点表，以便对照检查。

（4）试验方法

1）D位的升档和降档试验。将变速杆置于D位，踩下加速踏板，使节气门保持在1/2开度，使汽车加速行驶。检查内容如下：

① 自动变速器是否自动地按1→2档、2→3档、3→O/D档的规律自动升档。若自动变速器不能升入高档，说明控制系统或换档执行元件有故障。

当察觉到自动变速器升档时，记下升档车速。一般四档自动变速器在节气门开度保持在1/2时，由1档升至2档的车速为25～35km/h，由2档升至3档的车速为55～70km/h，由3档升至4档的车速为90～120km/h。

由于升档车速和节气门开度有很大的关系，即节气门开度不同时，升档车速也不同，而且不同车型的自动变速器各档位传动比的大小都不同，其升档车速也不完全一样，因此，只要升档车速基本保持在上述范围内，而且汽车行驶中加速良好，无明显的换档冲击，都可认为升档车速基本正常。

若汽车行驶中加速无力，升档车速明显低于上述范围，说明升档车速过低（即升档过早）；若汽车行驶中有明显的换档冲击，升档车速明显高于上述范围，说明升档车速过高（即升档过晚）。

提示：升档车速太低一般是控制系统的故障所致；升档车速太高则可能是控制系统的故障所致，也可能是换档执行元件发生故障。

② 升档时有无出现换档冲击、打滑及振动等现象。如果有明显的换档冲击，可能是主油路的油压过高，蓄能器或单向阀不良。

③ 锁止离合器的工作状况的检查。使自动变速器升至超速档，当车速在80km/h稳定行驶时，再踩下加速踏板，发动机转速应无明显变化。否则说明锁止离合器没起作用，通常是锁止离合器控制系统有故障。

④ 自动变速器降档检查。汽车从超速档→3档、3→2档、2→1档降档时车速是否符合标准值。

⑤ 降档时有无异常的振动和噪声。

2）S位（或2位）的升档和降档试验。将自动变速器变速杆置S位（或2位），按要求使节气门保持一定的开度，检查内容如下。

① 自动变速器是否自动地从1档升至2档，换档车速与标准值是否相符。

② 自动变速器在2档下行驶时，松开加速踏板，看有无发动机制动效果。如果无发动机制动，则说明2档制动器有故障。

③ 在升档和降档时，有无异常噪声和冲击。

3）L位（或1位）下的试验。在L位行驶时，加速或减速时有无异常噪声。当突然松开加速踏板时，检查有无发动机制动作用。如果无发动机制动作用，则说明控制系统或低倒档制动器有故障。

4）强制降档试验。使汽车在D位下中速行驶，保持节气门开度为1/3左右，迅速将加速踏板踩到底，检查自动变速器是否被强制降低一个档位（应有明显的增矩效果）。松开加速踏板，自动变速器又回到高档位。

若踩下加速踏板后没有出现强制降档，说明强制降档功能失效。如果有强制降档作用，但在降档时发动机的转速异常高（高于5000r/min），并在松开加速踏板升档过程中出现冲击，则说明换档执行元件磨损严重而打滑，应拆修自动变速器。

5）R位试验。停车后将自动变速器变速杆置于R位，应能够迅速倒车，并无打滑现象。

6）P位试验。在坡度大于9%的坡道上停车，换入P位，松开驻车制动和制动踏板后应不溜车。

6. 手动换档试验

（1）试验目的　本试验用于确定电控自动变速器故障出在电子控制系统还是其他部位。

（2）试验方法　将自动变速器换档电磁阀线束插接器拨开，使自动变速器ECU失去控制换档作用，然后通过手动换档，看自动变速器是否能正常工作。即观察发动机转速和车速的对应关系（表4-6），以判断自动变速器所处的档位。

表4-6　典型汽车发动机转速与车速的关系

档位	发动机转速/(r/min)	车速/(km/h)
1档	2000	18～22
2档	2000	34～38
3档	2000	50～55
O/D档	2000	70～75

不同车型的电子控制自动变速器在脱开换档电磁阀后，变速杆的档位与变速器实际工作档位的对应关系不尽相同，大多数型号见表4-7。

表4-7　档位和变速杆位置的对应关系

变速杆位置	档位	变速杆位置	档位
P	驻车档	D	超速档
R	倒档	S	3档
N	空档	L	1档

若变速杆的位置与自动变速器所处的档位相对应，则说明电控自动变速器的阀体及换档执行元件工作正常，电子控制自动变速器工作不良的故障原因可能是出自电子控制系统。如果手动换档试验出现异常，则说明自动变速器的液压控制系统或换档执行元件有故障，应通过其他试验方法来确定故障范围。

提示：试验结束后接上电磁阀线束插接器。同时清除电脑中的故障码，防止因脱开电磁阀线束接线器而产生的故障码保存在计算机中，影响自动变速器的故障自诊断工作。

4.3 无级变速器

4.3.1　概述

对于需要不断变化行驶速度的汽车来说，设置变速器是非常必要的。但不依靠齿轮切换变速而能够无级连续变速一直是人们追求的理想形式，为此人们进行了不断的探索，先后出现了双锥球、盘、环柱体及传动带等多样式的无级变速装置，但由于摩擦面的摩擦系数和零件承受单位压力的限制，以及工艺和控制上的问题，不能传递较大的功率，所以在汽车上的应用受到限制。1982 年，荷兰的范道尔纳（Van Doorne's Transmission b. v.）公司，首先研制成功金属带式无级变速器，并于 1987 年将其开发为商品投放市场，命名为 CVT（Continuously Variable Transmission）变速器。它采用传动带和工作直径可变的主、从动轮相配合来传递动力，可以实现传动比的连续改变，从而得到传动系统与发动机工况的最佳匹配，最大限度地利用发动机的特性，提高汽车的动力性和燃油经济性，目前 CVT 在汽车上运用越来越多。

带式无级传动装置的基本结构和传动原理如图 4-45 所示。与 V 带传动相似，它由主动、从动两个带轮及传动带组成，每个带轮由两个锥盘组成，一个锥盘固定不动，另一个锥盘可以轴向移动，当两锥盘间距变小，其传动半径变大；反之，当两锥盘间距变大，其传动半径变小，传动装置中的主、从动带轮中心距是不变的。

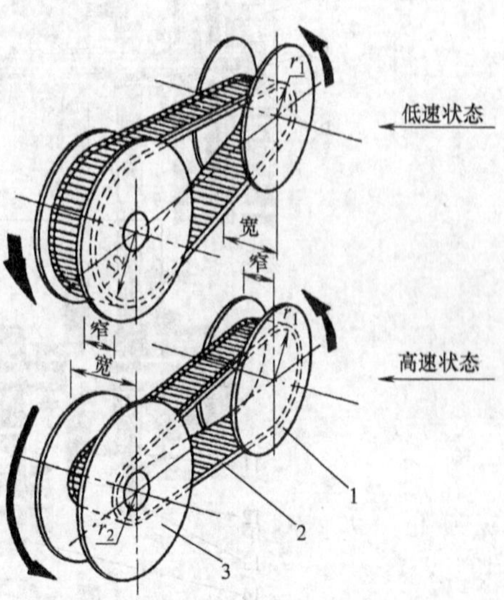

图 4-45　金属带式无级变速器的变速原理
1—主动带轮　2—金属传动带　3—从动带轮

传动装置的传动比为从动带轮的传动半径与主动带轮传动半径之比，或主、从动带轮的旋转角速度之比

$$i = r_2/r_1 = \omega_1/\omega_2 \tag{4-6}$$

提示：当主动带轮的传动半径小，而从动带轮的传动半径大时，传动比大，传动装置降速传动；如果使主动带轮传动半径增大，从动带轮传动半径减小，则传动比将随之减小，传动装置增速传动。

改变带轮传动半径的方法是通过改变带轮两锥盘之间的距离来实现的。根据需要在主、从动带轮的可移动锥盘上分别作用着轴向力 F_x 和 F_c，由于力的大小是可控制的，则带轮两锥盘的宽度也是可改变的。如果轴向力 F_x 使主动带轮两锥盘间距变小，则带轮的传动半径增大；轴向力 F_c 使从动带轮两锥盘间距尺寸变大，则传动带轮的传递半径减小，传动比也随之减小。连续变化的力使锥盘间的轴向距离可连续变化，所以传动装置的传动比也可实现连续变化。一般无级变速器可提供的传动比是 4. 69 至 0. 44，这样的变速范围仍不能满足汽车对传动系传动比变化范围的要求，另外，作为一个功能齐全的变速器还需要具有倒档，所以仍需在无级传动装置后加装主减速器和变向传动装置。在其前一般还配有电磁离合器或带有锁止离合器的液力变矩器。

4. 3. 2　无级变速器的结构组成

如图 4-46 所示为无级变速器的结构与工作原理示意图，它主要由变速传动机构和控制系统（液控单元、电子控制单元）等组成。

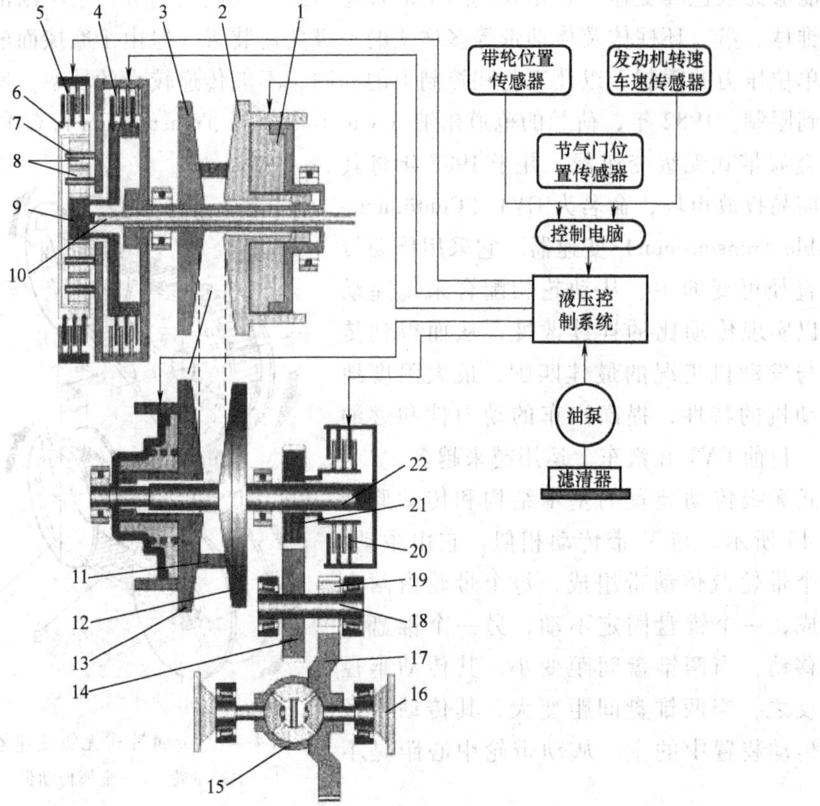

图4-46　无级变速器结构与工作原理示意图（变速杆在P位、N位）

1—主动带轮伺服液压缸　2—主动带轮可移动锥盘　3—主动带轮固定锥盘　4—前进档离合器　5—倒档制动器　6—齿圈　7—行星架　8—行星轮　9—太阳轮　10—输入轴　11—钢带　12—从动带轮固定锥盘　13—从动带轮可移动锥盘　14—中间减速从动齿轮　15—差速器　16—驱动轴法兰盘　17—主减速器从动齿轮　18—输出轴　19—主减速器主动齿轮　20—起步离合器　21—中间减速主动齿轮　22—中间轴

发动机的动力通过飞轮传给输入轴10，太阳轮9与输入轴固接在一起，随输入轴一起转动，前进档离合器4内装有钢片和摩擦片，摩擦片通过花键与太阳轮接合，钢片通过花键与前进档离合器鼓连接，行星架7通过花键固定在前进档离合器鼓上，齿圈6套在行星轮上，齿圈上有外花键，倒档制动器5的摩擦片套在齿圈的外花键上，倒档制动器的钢片通过花键套在倒档制动器鼓上，即变速器壳体上。

当前进档离合器接合时，太阳轮与行星架连接在一起，行星齿轮机构三元件以相同的转速一起转动，输入轴带动前进档离合器鼓转动，前进档离合器鼓通过花键与主动带轮相连，动力经主动带轮和钢带传至从动带轮，此时前进档离合器鼓的转向与输入轴相同，为前进档。

当制动器制动时，齿圈被固定，太阳轮带动行星架转动，由于行星架上有两排行星轮，所以行星架的转向与太阳轮转向相反，即前进档离合器鼓的转向与太阳轮转向相反，变速器输出倒档。

主动带轮可移动锥盘2可在伺服液压缸1的作用下轴向滑动，改变主动带轮的有效直径。从动带轮固定锥盘与中间轴连接在一起，从动带轮可带动中间轴转动，从动带轮可移动锥盘也可以在伺服液压缸的作用下轴向移动，改变从动带轮的有效直径。金属钢带11连接主、从动带轮。

起步离合器20通过花键连接在中间轴上，随中间轴一起转动，起步离合器的钢片通过花键连接在起步离合器鼓上，摩擦片通过花键与中间减速主动齿轮连接，当起步离合器接合时，中间轴可带动中间减速主动齿轮转动，而起步离合器分离时，就切断变速器的动力输出，起步离合器具有手动变速器汽车上的普通离合器的功能。

中间减速从动齿轮14与主减速器主动齿轮19固定在输出轴18上，主减速器主动齿轮与从动齿轮啮合，差速器壳通过螺栓连接在主减速器从动齿轮上，在差速器壳内安装有行星齿轮与半轴齿轮等差速机构。

在阀体内装有压力控制电磁阀、滑阀等电液控元件，控制无级变速器变速。

4.3.3 无级变速器的工作原理

当变速杆在P位或N位时，离合器、制动器不接合，发动机飞轮仅带动输入轴及太阳轮旋转，无动力输出。另外，当变速杆在P位时，停车爪将中间轴主动齿轮锁止，即将车轮制动，防止蹓车。

当变速杆在前进档时，控制系统使前进档离合器充油接合，动力传递路线：发动机飞轮或减振盘→输入轴→太阳轮与行星架（前进档离合器接合）→主动带轮→钢带→从动带轮→起步离合器→减速齿轮→主减速器→差速器→半轴→驱动轮。

如果是在汽车起步时，控制系统控制起步离合器随着节气门开度增大而逐渐接合，将动力传给主减速器，使汽车平稳起步。

提示：汽车在行驶过程中，控制系统根据节气门开度、车速信号的变化，控制伺服液压缸的油压，从而改变主动带轮和从动带轮的有效直径，实现无级变速传动；当变速杆位于S位时，变速器使汽车具有良好的加速性能；当变速杆位于L位时，具有发动机制动作用，变速器具有较大传动比，使汽车具有良好的爬坡能力。

当变速杆在R位时，控制系统使倒档制动器充油接合，在行星齿轮机构中，由于齿圈制动，太阳轮主动，行星架（具有两排行星轮）从动，所以输入与输出的转向相反，使主动带轮反向转动，变速器倒档传动。

4.3.4 无级变速器的控制系统

1. 液控系统工作原理

以本田飞度汽车无级变速器为例，液控系统由油泵、控制阀体、主阀体和手动阀体等组成。

（1）油泵　油泵由螺栓固定在主阀体上，为转子泵，内转子由变速器输入轴驱动旋转，内转子带动外转子转动向外泵油，为变速器提供工作油压。

（2）控制阀体　控制阀体由主动带轮压力控制阀、从动带轮压力控制阀、主动带轮电磁阀、从动带轮电磁阀和起步离合器电磁阀等组成，如图4-47所示。主动带轮电磁阀调节主动带轮压力控制阀的控制油压，使主动带轮压力控制阀输出不同的油压，改变主动带轮的有效直径。从动带轮电磁阀调节从动带轮压力控制阀的控制油压，使从动带轮压力控制阀输出不同的油压，改变从动带轮的有效直径，从而使变速器的传动比连续变化。起步离合器电磁阀直接调节起步离合器的油压，使起步离合器在汽车起步时逐渐接合。

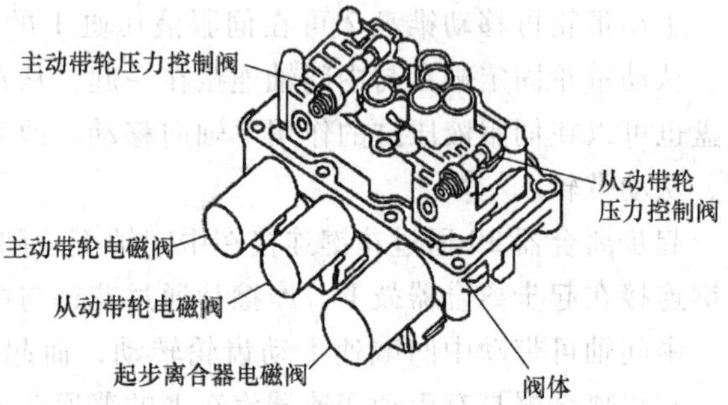

图 4-47　控制阀体

（3）主阀体　主阀体由主油路调压阀、主油路控制油压阀、离合器减压阀、换档限止阀、起步离合器蓄压器、起步离合器换档阀、起步离合器后备阀和润滑阀等组成，如图 4-48 所示。

主油路控制油压阀根据带轮电磁阀提供的油压，调节主油路调压阀的控制油压，使主油路调压阀输出主油路油压，主油路油压通过带轮压力调节器调节后进入带轮，同时也分别进入润滑阀、离合器减压阀、起步离合器后备阀等。离合器减压阀降低输入油压，为离合器、制动器及带轮电磁阀提供工作油压。润滑阀降低输入油压，为带轮、离合器、钢带等提供润滑油压。起步离合器蓄压阀缓冲起步离合器油压，使起步离合器接合柔和。换档限止阀、起步离合器换档阀、起步离合器后备阀等的作用是为了当电子控制系统出现故障时，对起步离合器进行液压控制。

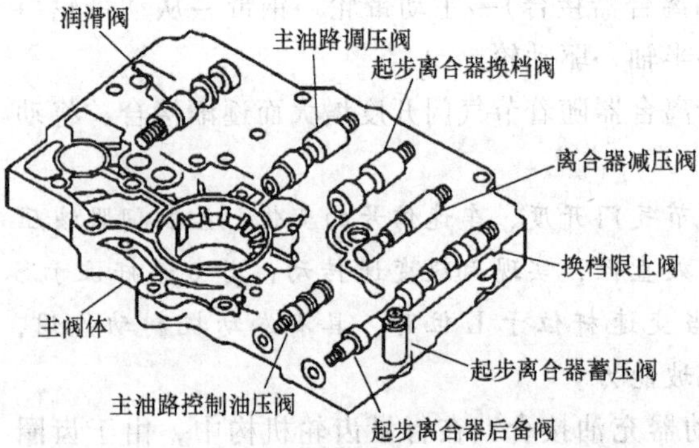

图 4-48　主阀体

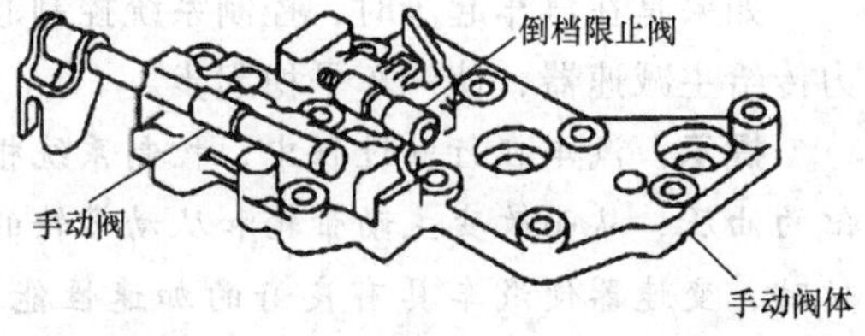

图 4-49　手动阀体

（4）手动阀体　手动阀体由手动阀、倒档限止阀等组成，如图 4-49 所示。手动阀有 P、R、N、D、S、L 位置，它主要切换进入前进离合器和倒档制动器的油路，使前进档离合器或倒档制动器工作。倒档限止阀由倒档限止电磁阀提供的倒档锁止压力进行控制，当车辆以 10km/h 以上的速度行驶时，倒档限止阀截止通向倒档制动器的液压回路，以防止误挂倒档。其液控框图如图 4-50 所示。

2. 电子控制系统

（1）控制系统的组成　图 4-51 所示为电液控制无级变速器的电子控制系统。

系统中包括电磁离合器的控制和带轮无级变速控制。传动比由发动机节气门信号和主动带轮转速决定，ECU 根据发动机的转速、车速、节气门位置、换档控制器信号控制电磁离合器，以及控制带轮上伺服液压缸的压力，实现无级变速。

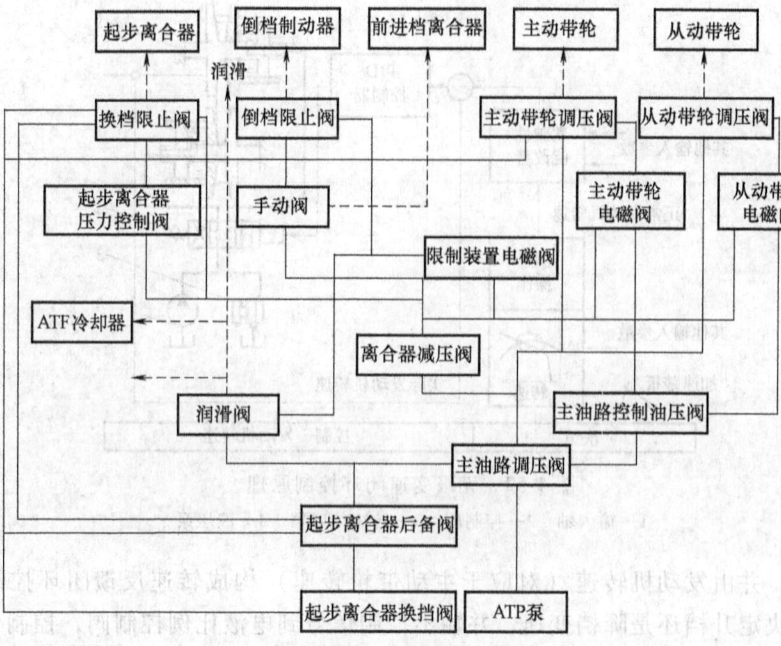

图 4-50 液压控制框图

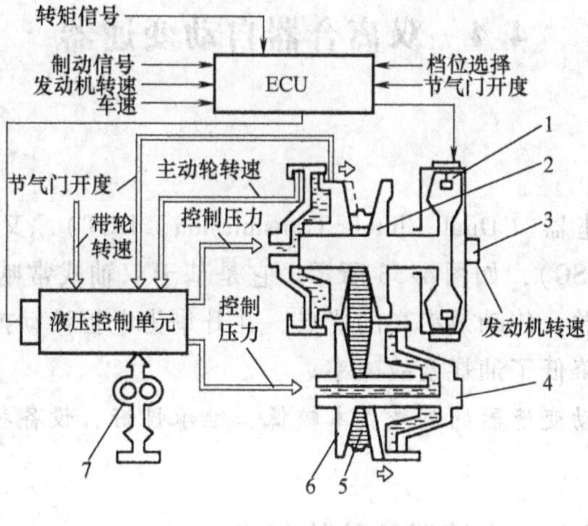

图 4-51 无级变速器的电子控制系统

1—电磁离合器 2—主动带轮 3—输入轴 4—输出轴

5—钢带 6—从动带轮 7—油泵

提示：一般在最大传动比（低档）时，控制压力最大，约为 2.2MPa；在最小传动比（高档）时的控制压力最小，约为 0.8MPa。由于传动比的改变仅受节气门和主动带轮的转速的控制，因而控制的灵活性相对受到了限制。

（2）控制方法 将发动机转速作为反馈信号，以节气门开度等作为控制输入信号，来控制带轮的压力。电控无级变速器传动控制系统如图 4-52 所示。

这是一个全部输入和输出转速都能检测的闭环电子控制系统。驾驶人的意图通过节气门开度及换档控制器，输入到电子控制单元。根据发动机的转速和转矩，确定施加到主、从动

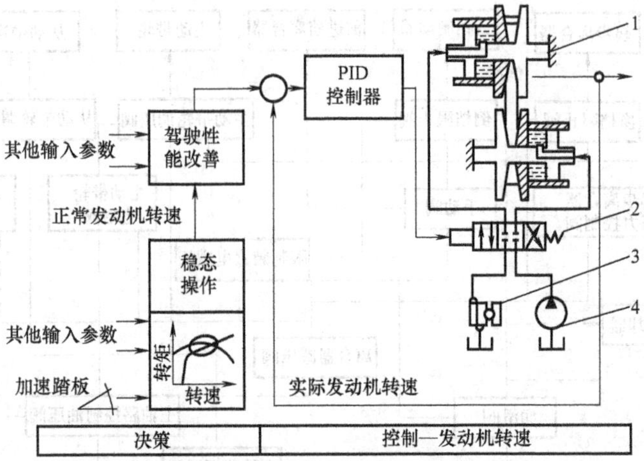

图 4-52　无级变速闭环控制原理

1—输入轴　2—控制阀　3—转矩传感器　4—液压泵

带轮上的压力，并由发动机转速（对应于主动带轮转速）构成转速反馈闭环控制，根据转速的偏差信号决定升档还是降档变速，并输出控制信号到电液比例控制阀，控制作用在两个带轮上的伺服液压缸的压力。

4.4　双离合器自动变速器

4.4.1　概述

双离合器自动变速器（Dual Clutch Transmission，DCT），又称为直接换档变速器（Direct Shift Gearbox，DSG），如图 4-53 所示，它是基于双轴式常啮合齿轮手动变速器演变而来，它保留了结构简单、传动效率高的优点，并升华为电控液动换档控制，改善了换档品质，提高了加速性能，降低了油耗及故障率。

提示：双离合器自动变速器的制造成本较低，继承性好，设备投资少，具有广阔的推广前景。

4.4.2　双离合器自动变速器的结构组成

根据齿轮布置方式的不同，DCT 结构有三轴式和两轴式，图 4-53 为典型的三轴式 DCT，主要由双离合器、空心轴及其内部的心轴、两个平行的分变速器、控制器和油泵等组成。其中双离合器、空心轴及心轴和分变速器为核心机械部件。发动机输出的转矩通过双离合器后进入 DCT 的输入端。外圈的离合器 1 与心轴连接，内圈的离合器 2 与空心轴连接。1 档、3 档、5 档和倒档与心轴构成分变速器 1，2 档、4 档和 6 档构成分变速器 2，两个分变速器的输出端同时与主减速齿轮啮合。

4.4.3　双离合器自动变速器的工作原理

提示：双离合器自动变速系统的基本工作原理相当于采用两个变速器和两个离合器，一个变速器处于工作状态时，另一个变速器空转。通过两个离合器的切换来实现两个变速器交替投入工作状态，可以在不中断动力传递的条件下完成换档过程。

两个多片油浴摩擦式离合器 C1 和 C2，通过扭转减振盘连接飞轮，其输出端分别驱动齿轮组的奇数档和偶数档。C1 和 C2 的分离与接合，由 ECU 控制作用在活塞上的油压来实现，如图4-54所示。

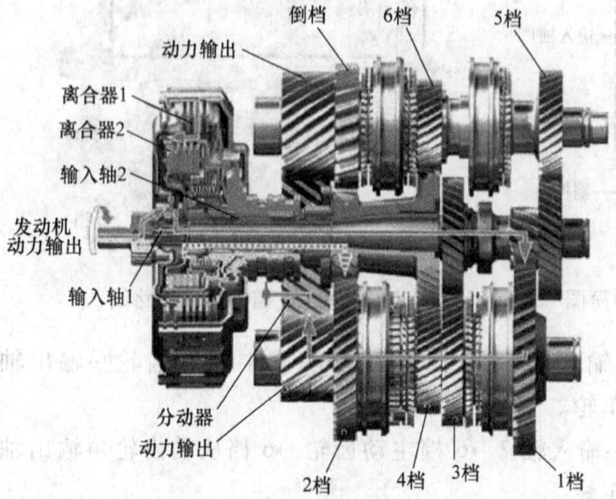

图 4-53　DCT 的结构

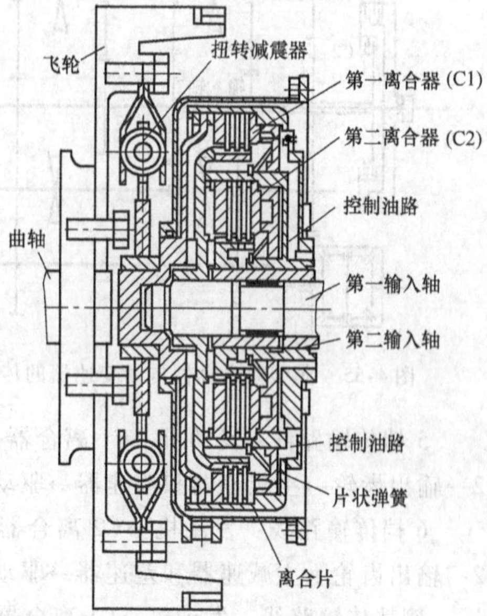

图 4-54　双离合器

如图 4-55 所示为典型双离合器自动变速器的传动简图。当不需传递动力时，离合器 C1、C2 都分离，不传递动力。当车辆起步时，自动换档机构将档位切换为 1 档，然后 C1 接合，车辆开始起步行驶。车辆换入 1 档行驶后，此时 C2 处于分离状态，不传递动力。当车辆加速，达到接近 2 档的换档点时，由 ECU 控制自动换档机构将档位提前换入 2 档。当达到 2 档换档点时，C1 开始分离，同时 C2 开始接合，两个离合器交替切换，直到 C1 完全分离，C2 完全接合，整个换档过程结束。车辆进入 2 档运行后，自动变速器电子控制单元可以根据相关传感器信号掌握车辆当前运行状态，进而判断车辆即将进入运行的档位是升到 3 档还是降到 1 档，而 1 档和 3 档均连接在 C1 上，因为该离合器处于分离状态，不传递动力，故可以指令自动换档机构十分方便地预先换入即将进入工作的档位，当车辆运行达到换档点时，只需要将工作中的 C2 分离，同时 C1 接合，配合好两个离合器的切换时序，整个换档动作全部完成。车辆继续运行时，其他档位的切换过程也都类似。

典型 DCT 各挡动力传递路线如下：

1 档传输路线（图 4-56）：发动机→C1 离合器→输入轴 1→1 档主动齿轮→1 档从动齿轮→输出轴 1→输出齿轮→主减速器和差速器→驱动车轮。

2 档传输路线：发动机→C2 离合器→输入轴 2→2 档主动齿轮→2 档从动齿轮→输出轴 1→输出齿轮→主减速器和差速器→驱动车轮。

3 档传输路线：发动机→C1 离合器→输入轴 1→3 档主动齿轮→3 档从动齿轮→输出轴 1→输出齿轮→主减速器和差速器→驱动车轮。

4 档传输路线：发动机→C2 离合器→输入轴 2→4 档主动齿轮→4 档从动齿轮→输出轴 1→输出齿轮→主减速器和差速器→驱动车轮。

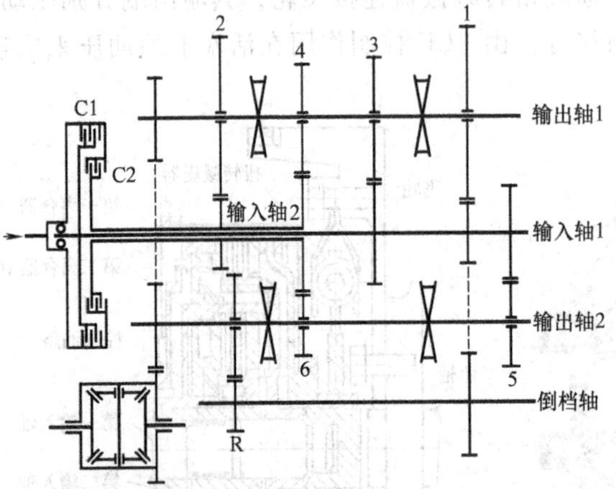

图 4-55　典型双离合器自动变速器的传动简图

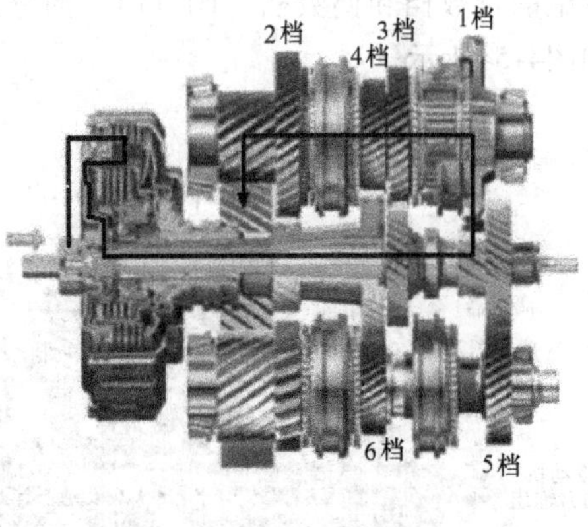

图 4-56　1 档动力传递路线

5 档传输路线：发动机→C1 离合器→输入轴 1→5 档主动齿轮→5 档从动齿轮→输出轴 2→输出齿轮→主减速器和差速器→驱动车轮。

6 档传输路线：发动机→C2 离合器→输入轴 2→6 档主动齿轮→6 档从动齿轮→输出轴 2→输出齿轮→主减速器和差速器→驱动车轮。

倒档传输路线：发动机→C1 离合器→输入轴 1→1/R 档主动齿轮→倒档轴→倒档从动齿轮→输出轴 2→输出齿轮→主减速器和差速器→驱动车轮。

4.4.4　双离合器自动变速器的电子控制系统

变速杆的档位排列方式是 P、R、N、D、S 传统方式，有的车系还加装了手动换档开关，在 D 位时，变速杆也可以利用手动通道上下微动，改变变速器传动比，使汽车在需要的档位行驶。

DCT 系统的控制框图如图 4-57 所示，变速器控制单元（Transmission Control Unit，TCU）采集各传感器的信号，实时对车辆的运行状态进行综合处理和判断，然后控制换档机构、离合器操纵机构进行换档。两个离合器以及换档机构的工作动力由液压动力源供给。它

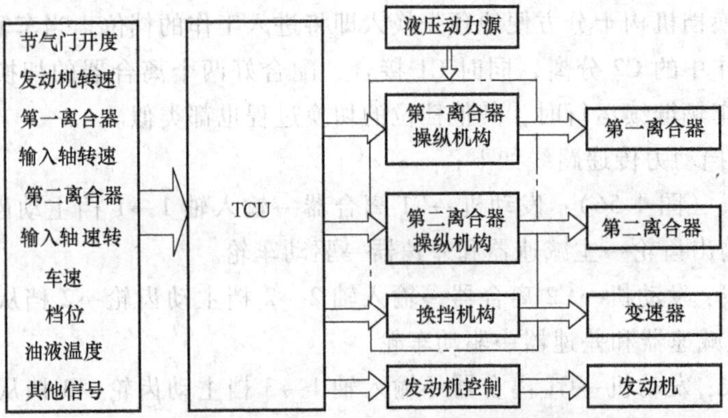

图 4-57　双离合器自动变速器系统控制原理图

是在传统固定轴式变速器和双离合器的基础上，应用电子技术和自动变速理论，以电子控制单元为核心，通过液压、电动或气动执行系统控制两个离合器的分离与接合、选换档操作以及发动机转速的自动调节，来实现汽车起步、换档操纵。DCT 系统控制策略是：根据驾驶人的意图（加速踏板、制动踏板、模式开关等）和车辆的状态（发动机转速、输入轴转速、车速、档位），依据设定的换档规律借助于相应的执行机构（发动机转速控制执行机构、变速器选换档执行机构、第一离合器和第二离合器分离与接合执行机构），对车辆的动力传动系统（发动机、第一离合器、第二离合器、变速器）进行联合操纵。

① 发动机不运转时，液压换档系统无油压，电磁阀断电关闭，液压滑阀在弹簧力 F 的作用下，处在中间位置，两个离合器都在泄油状态，如图 4-58 所示。

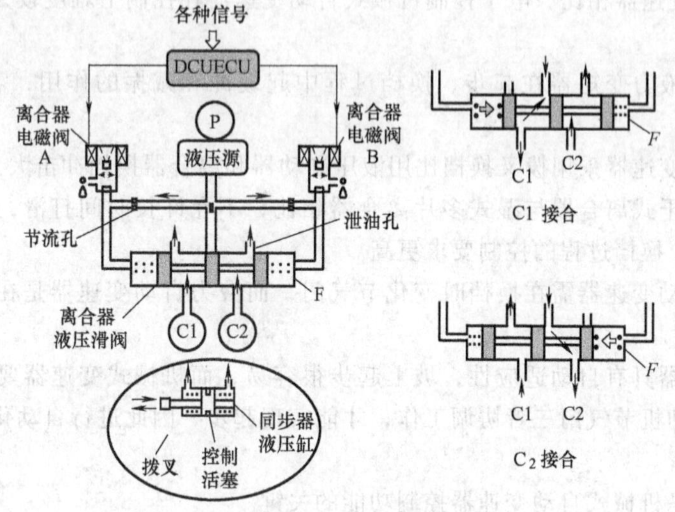

图 4-58　DCT 电控液动换档原理图

② 发动机怠速运转时，液压油作用在液压滑阀的两端，油压平衡，滑阀不动，仍为泄油状态。

③ 汽车起步时，变速杆移入 D 位，换档机构移动 1 档接合套使变速器挂入 1 档，ECU 接收到节气门位置传感器（TPS）起步信号时，使电磁阀 B 通电开启泄油，液压滑阀右移，离合器 C1 充油接合，离合器 C2 保持分离，汽车 1 档起步行驶。

④ 汽车在 1 档需要升档时，换档机构首先移动 2 档接合套使变速器挂入 2 档，然后电磁阀 A 通电开启泄油，电磁阀 B 断电关闭充油，液压滑阀左移，离合器 C2 充油接合，离合器 C1 分离，变速器换入 2 档行驶。

⑤ 其他档位的升档和降档过程，与上述相同。

4.5　电控机械式自动变速器

4.5.1　概述

1. 电控机械式自动变速器的组成与分类

电控机械式自动变速器（Automatic Mechanical Transmission，AMT），是在传统的固定轴

式齿轮变速器基础上，增加一套汽车起步、换档自动控制机构而成的。用电子技术改造传统的手动机械式变速器使其自动化，不仅能保留原手动变速器效率高、成本低等优点，而且还具有自动换档带来的优势。

提示：目前的电子控制机械式自动变速器是在手动变速器和干式离合器基础上增加电控系统实现自动化而产生的，主要区别是将原来的手动变速操纵机构和离合器踏板式传动机构由电控执行机构所代替。

根据电控机械式自动变速器换档机构和离合器的操纵方式不同可分为液压驱动式、气压驱动式和电动机驱动式四种。

2. AMT 的控制难度

与液力自动变速器相比，电子控制机械式自动变速器在控制上难度较大，主要体现在以下几个方面。

① 由于没有液力变矩器在起步、换档过程中起缓冲和减振的作用，需切断动力换档，控制难度大。

② 固定轴式变速器采用拨叉换档比用液压制动器和离合器换档冲击大。

③ 单、双片干式离合器与湿式多片离合器相比，不允许长时间打滑，否则会烧坏摩擦片，因此对起步、换档过程的控制要求更高。

④ 机械式自动变速器需在换档时变化节气门，而液力自动变速器是在定节气门状态下换档。

⑤ 液力变矩器具有自动适应性，坡上起步很容易，而机械式变速器要靠驾驶人使制动器、离合器和发动机节气门三者协调工作，才能实现起步，因此进行自动化改造时，需增加坡道起步辅助装置。

起步与换档是机械式自动变速器控制功能的关键。

4.5.2　电控机械式自动变速器的工作原理

电控机械式自动变速器主要由干式离合器、带同步器的齿轮式变速器和电子控制系统组成，其基本原理如图 4-59 所示。

驾驶人通过加速踏板和变速杆的操纵，选定变速器功能和节气门状态，传感器检测汽车的各工作参数，计算机根据存储器中储存的程序（最佳换档规律、离合器最佳接合规律、发动机节气门调节规律）对离合器接合、节气门开度及换档进行控制，以实现最佳匹配，从而获得良好的行驶性能、平稳的起步性能和迅速的换档能力。

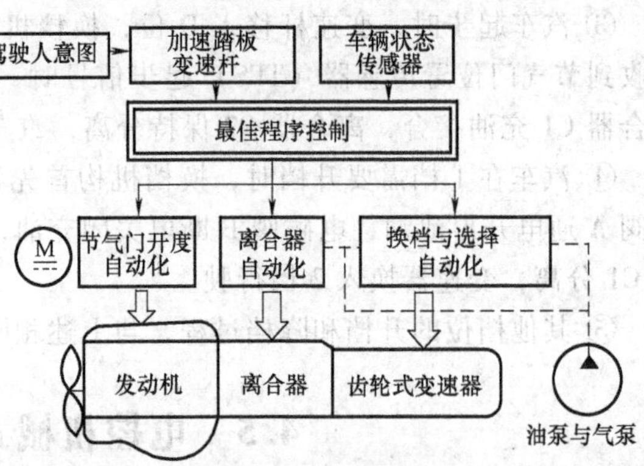

图 4-59　机械式自动变速器原理框图

电控机械式自动变速器根据自动化程度分为电控半自动变速器和全自动变速器两种。半自动变速器通过电控离合器、发动机转速控制和电控选档实现不同程度的换档操纵自动化；全自动变速器则通过电控离合器、发动机转速控制和电控选档换档实现换档过程的自动操纵。

4.5.3　电控机械式自动变速器的控制机构组成

1. 离合器最佳接合规律

机械式自动变速器不再有离合器踏板，离合器的工作需要与发动机节气门及换档操纵配合协调，控制系统对这种配合的要求很高。

提示： 只有实现离合器的最佳接合规律，才能保证汽车起步、换档的质量，减少对传动系统零部件的冲击，延长其使用寿命，提高汽车的舒适性。

在起步换档过程中，离合器操纵不仅受车辆载荷、坡度、发动机转速、车速及档位等因素的影响，也受驾驶人的人为因素和一些偶然因素影响。因此，离合器的最佳接合规律不仅是以人机工程学来模拟优秀驾驶人的操纵动作和感觉，而且做得更好。

(1) 主要影响因素

① 离合器接合行程。从离合器分离到接合为止，其行程大致可分为三个阶段，如图4-60所示。

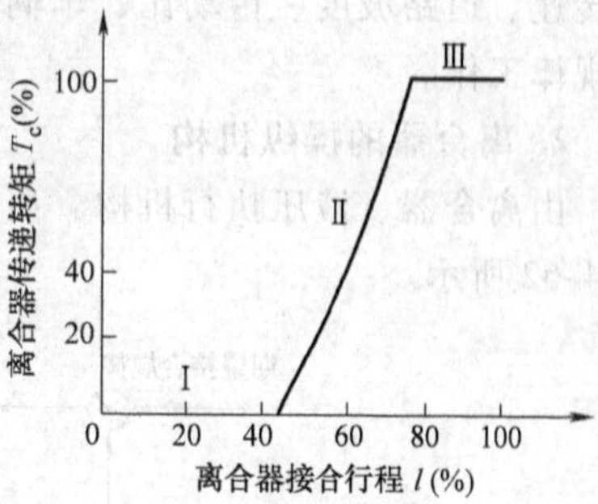

图 4-60　离合器接合过程中行程与传递转矩的关系

第一阶段为零转矩传递阶段，此阶段消除离合器自由间隙，故接合速度较快，可实现快速起步或减少换档时功率中断的时间；第二阶段是转矩传递急速增长阶段，这是由于随着离合器逐渐接合，传递转矩迅速增加，因此这一阶段接合的速度要放慢，以获得平稳起步或换档，提高乘坐舒适性和减少传动系统冲击载荷，但过慢又会造成滑摩时间长，影响离合器寿命，故需控制在合适的时间内完成；第三阶段是恒转矩传递阶段，离合器已基本完全接合，此时可加快接合速度，使压紧力尽快达到最大值，并保留分离轴承与分离叉之间的间隙。

② 节气门开度。加速踏板的操纵反映了驾驶人的意图，被用于控制离合器的接合速度。在离合器接合的前阶段，其接合速度正比于节气门开度。但在起动发动机时，离合器不接合，而需发动机达到目标转速 n_e（即发动机在该节气门开度下最大转矩对应的转速）后才平稳接合，以防熄火。

在离合器接合的后阶段，因发动机与变速器输入轴已接近同步，接合速度不需要再受节气门控制。

提示： 汽车起步时离合器接合的速度分缓慢、正常和急速等不同程度，主要按节气门踏板的踏入量来控制。中、高车速范围时的离合器控制，除受节气门开度影响外，还与节气门开度的变化率有关。

③ 发动机转速。离合器接合时，发动机转速 n_e 会出现变化，接合的速度越快转速的波动越大。为防止发动机输出转矩小于离合器从动轴阻力转矩，使发动机转速 n_e 下降过低而引起爆燃，甚至熄火，控制系统需先计算发动机的目标转速 n_{eo}，如果发现该节气门开度下的 $n_e < n_{eo}$，则离合器停止接合或者分离。

④ 档位与车速。由于变速器输出转矩的大小与传动比成正比，低档传动比大，后备牵引力就大，汽车能够产生的加速度也大，传动系统可能产生的动载荷也越大。因此，从提高离合器接合平顺性、乘坐舒适性及减小动载荷考虑，应放慢离合器的接合速度 v_C，故低档

时换档时间长，如图 4-61 所示。

此外，由于车速间接地反映了外界的负荷大小，在同一节气门开度下行驶时，车速越高说明外部阻力越小，所以离合器接合速度可以加快。

⑤ 坡度和载荷。道路坡度和汽车载荷的增加，均会引起发动机转速的峰值及输出转矩的明显变化。为了降低动载荷与提高接合平稳性，离合器的接合速度宜适当放慢。

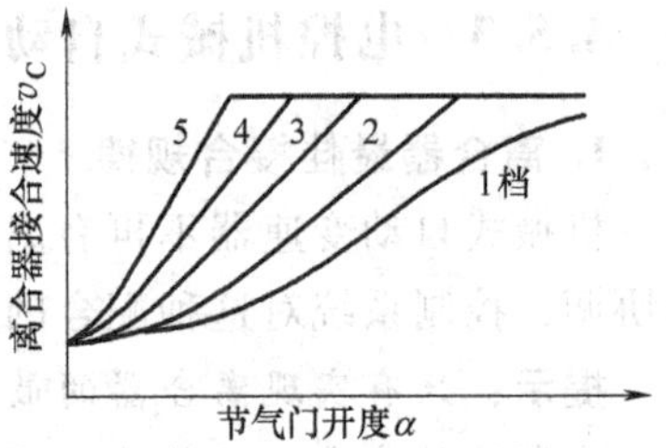

图 4-61　离合器接合速度与档位的关系

(2) 最佳接合规律　根据影响离合器接合的因素及使用性能对离合器提出的基本要求，经数学处理和优化后即能确定在各种节气门开度、发动机转速、道路坡度、传动比、车辆载荷及车速等条件下的离合器最佳接合规律，离合器就按此规律工作。

2. 离合器的操纵机构

由离合器、液压执行机构、离合器行程传感器和控制器构成的离合器闭环控制子系统如图 4-62 所示。

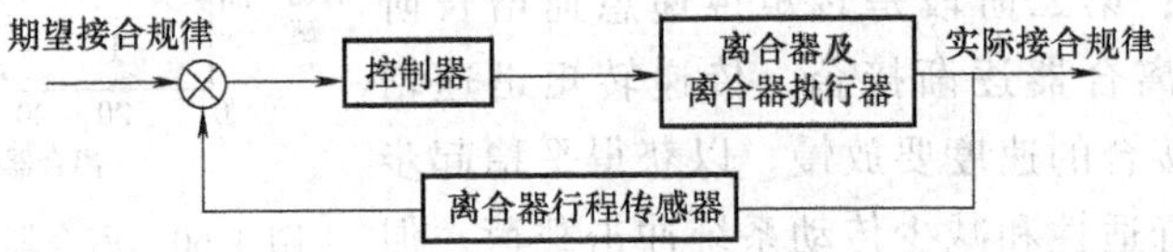

图 4-62　离合器控制闭环子系统

(1) 离合器执行机构　离合器控制的核心是保证离合器接合过程迅速、平稳、可靠。由传感器检测发动机和变速器的转速，以及节气门的位置以及档位等输入信号，电控单元发出输出信号，通过液压或电动执行机构接合或分离传统单片式离合器。

当汽车停止时，驾驶人可以方便地移动变速杆挂入前进档并利用加速踏板起步，离合器的工作是完全自动的，在自动换档过程中，ECU 控制离合器自动进行分离和接合；停车时，在车辆减速直至完全停下来前才分离离合器，这种控制既能使发动机的制动效果达到最大，又能避免熄火。

液压式离合器执行机构为一单向作用缸，结构如图 4-63 所示。液压系统用来操纵离合器分离液压缸，通过传统分离杠杆使离合器分离。装在液压单元的二位二通高速电磁阀控制分离液压缸的油压，二位二通高速电磁阀则由 ECU 控制。

电动式离合器执行机构如图 4-64 所示，电动机的转动通过螺旋传动变成螺母移动，再通过钢索拉动绕变速器输入轴转动的斜面，使转动变成离合器分离轴承的轴向运动。

离合器电动执行机构具有动作敏捷、准确的特点，适应 AMT 换档时动力的中断时间短和接合平顺的要求。

离合器行程传感器安装在发动机飞轮外壳上，通过检测与分离杠杆的距离反映离合器行程。

(2) 离合器的控制　离合器起步或换档过程中的接合速度取决于离合器的主、从动盘间的转速差，以及汽车负荷的大小等因素。因此，离合器的平稳接合控制是 AMT 系统的关键技术之一。

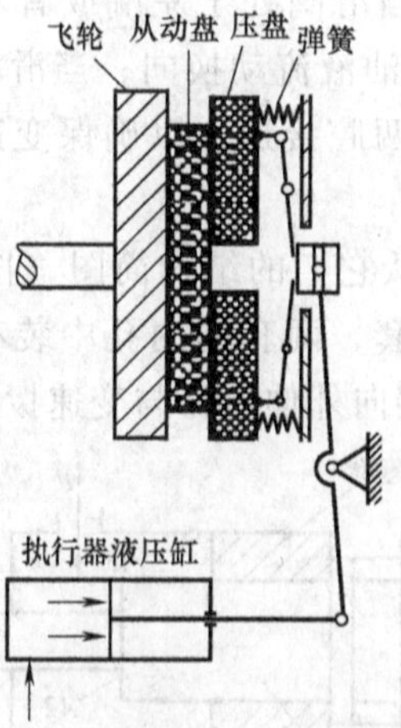

图4-63 离合器及其执行机构液压缸

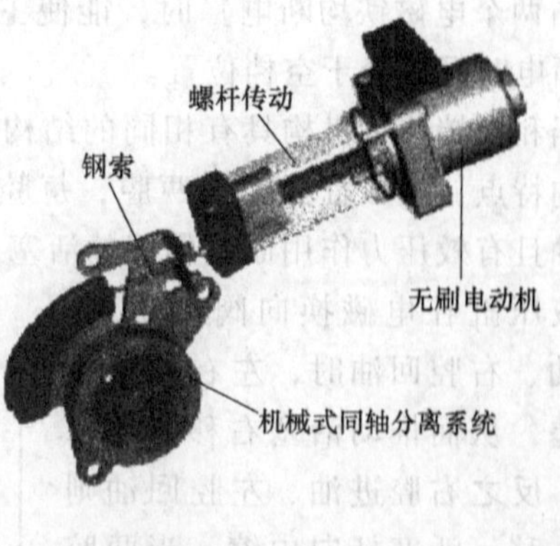

图4-64 采用螺杆传动的离合器执行机构

一般以发动机转速、变速器输入轴转速、离合器从动盘接合时的行程这三个信号作为控制单元的输入信号。由这些信号计算出离合器接合过程主、从动盘的角加速度，从而推断汽车负荷的大小，对离合器的接合速度和行程进行精确控制，以达到离合器接合时平稳、快速、摩擦损耗最小的目的。

3. 变速器换档的自动控制

由变速器、选换档执行机构、档位状态传感器和控制器一起构成变速器换档子系统，如图4-65所示。

图4-65 变速器闭环子系统

变速器选换档控制回路主要由选档执行机构和换档执行机构（图4-66）以及两个分别控制选档和换档的三位四通电磁阀组成，也可以选用二位三通阀进行控制。

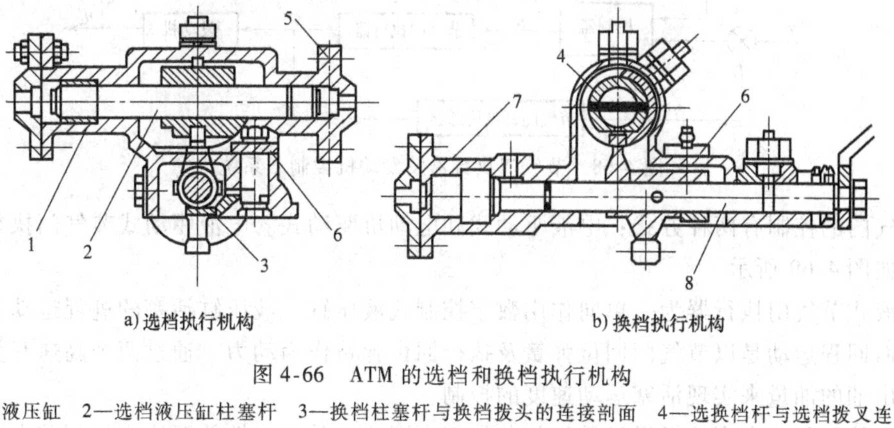

图4-66 ATM的选档和换档执行机构

1—选档液压缸 2—选档液压缸柱塞杆 3—换档柱塞杆与换档拨头的连接剖面 4—选换档杆与选档拨叉连接剖面 5—选档液压缸端盖 6—档位选择器 7—差动式换档液压缸 8—换档柱塞杆

当采用三位四通电磁阀时，其滑阀具有如下功能：当滑阀处于左端或者右端极限位置（即左或右电磁铁通电）时，能使液压缸活塞的左右油腔油液流动换向；当滑阀处于中间位置（左右两个电磁铁均断电）时，能使主油道与液压缸两腔接通，以确保变速器在两个电磁铁均断电时保持处于空档位置。

选档和换档执行机构具有相同的结构和工作原理。从它们的结构简图（图 4-67）上可知其结构特点：液压缸分左右两腔，每腔均有一个活塞套，两套的内孔中装有两个制成一体、同轴且有效压力作用面积相等的活塞，活塞杆从一端向外伸出，与变速拨杆相连接。

当液压缸在电磁换向阀作用下，左腔进油、右腔回油时，左右两腔形成压力差，从而推动活塞右移，活塞杆外伸，反之右腔进油、左腔回油则使柱塞左移，活塞杆向内缩；当两腔均处于进油状态时，在缸壁内和柱塞上的定位凸台及两腔油压作用下按差动原理自动定位于中心位置。

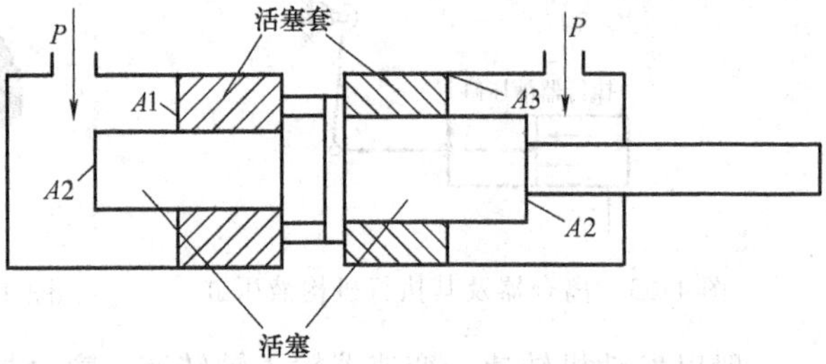

图 4-67　选、换档执行机构结构及工作原理

选档液压缸和换档液压缸相互垂直，在选档液压缸完成选档动作之后，换档液压缸开始工作，当变速杆被推到相应的换档齿轮的拨叉位置后，变速杆移动拨叉换上新档，同时离合器接合，发动机节气门自动开大，当离合器主、从动片的转速达到一致时完成换档。

每个执行机构的活塞杆上，还设有三个位置信号编码开关，这三个编码信号可与通过由发动机转速传感器和车速传感器测得的当前发动机转速信号共同确定换档操作是否正确完成、是否有故障等。

4. 发动机节气门开度的控制

由于发动机转速和节气门开度在一定程度上反映了发动机的运行状态，因此控制发动机运行状态可以通过控制节气门开度来实现。

从图 4-68 可以看出，由控制器、节气门执行器、发动机、节气门开度传感器、发动机转速传感器构成了一个双层反馈的闭环控制子系统。

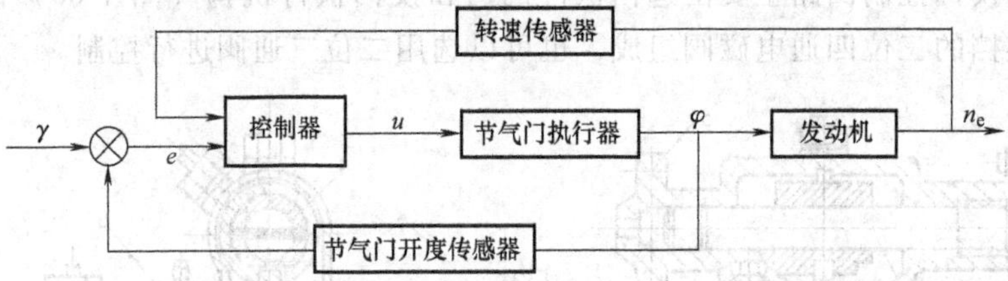

图 4-68　节气门执行器及发动机控制子系统

节气门的控制有两种方式：电液驱动式和电动机驱动式。电液驱动式节气门执行器的组成结构如图 4-69 所示。

电液式节气门执行器为一单向作用数字控制式液压缸。液压缸活塞的进程运动靠液压力驱动，而回程运动是以节气门回位弹簧及执行回位弹簧作为动力，通过两个高速开关电磁阀调节进出油的油量来实现活塞运动速度的控制。

由于执行器用来直接操纵发动机的节气门，因此，其工作性能要达到如下基本要求，才

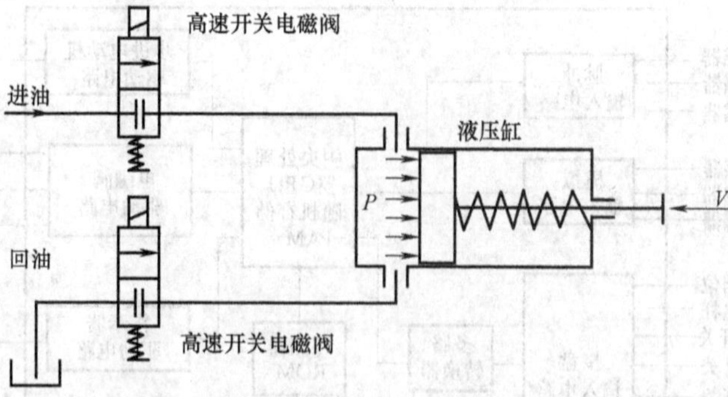

图4-69　电液驱动式节气门执行器结构原理

能保证发动机运转的平稳性和灵敏性。

① 必须有精确的位置控制。

② 必须有良好的速度响应。

③ 在进程和回程运动中必须运行平稳，无振动冲击。

节气门控制的另一种方法是用步进电动机代替机械传动，加速踏板的行程通过传感器传至控制单元，控制单元再按对应的开度控制步进电动机。

在正常行驶时，加速踏板踩下行程与步进电动机驱动的节气门开度是一致的。但在换档过程中，步进电动机按换档规律要求先松节气门，以便挂空档，在挂上新档并接合离合器的同时，按控制单元中设置的自适应调节规律供油，然后再回到正常的节气门开度。

提示：电子控制机械式自动变速器同样具有巡航控制功能。在巡航控制起作用时，随着道路坡度、阻力的变化，汽车自动地变化节气门开度并进行档位变换，以便按存储在控制单元内的最佳燃油经济性规律行驶。

4.5.4　电控机械式自动变速器的电子控制系统

1. 电子控制单元的组成及特点

电子控制单元是电控机械式自动变速器的核心部分，控制汽车在所有行驶条件下可靠稳定地工作。

电子控制单元由电源、中央处理器（CPU）、存储器、输入及输出电路等组成。输入电路连接各类传感器，输出电路连接各执行机构。

图4-70所示为具有一个控制单元的单机系统，现阶段实际应用的已逐步发展成双机系统，也就是使用两个控制单元的主从结构。这样，一旦主机出现故障，就可以自动切换到从机进行控制。

另外，从提高实时性考虑，可以把对发动机、离合器和变速器的控制分离出来单独进行，以改善性能并使编程简化。

2. 控制功能及原理

（1）变速控制　各种工况下的最佳换档规律被储存于ECU中，在汽车行驶时根据发动机负荷及车速两参数即可控制换档。驾驶人如需进行人为干预换档，则可通过踩加速踏板来实现，必要时也可通过变速杆来实现。

（2）离合器控制　离合器控制主要是汽车起步与换档时离合器的分离与接合的控制。

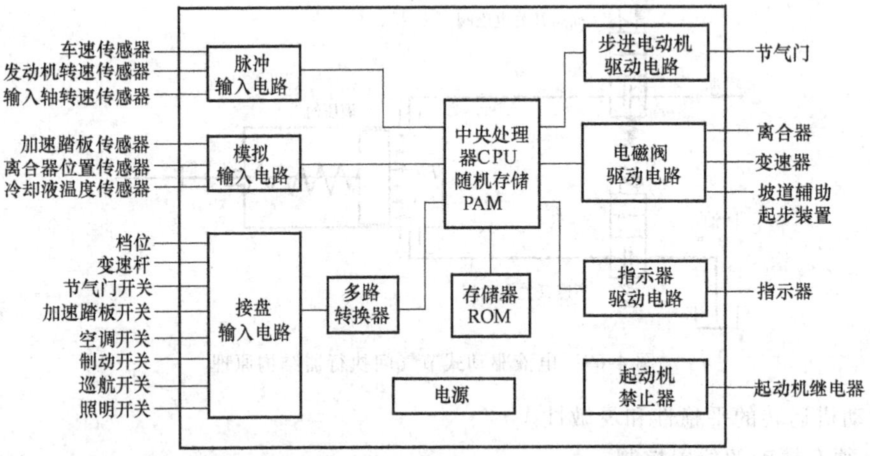

图 4-70　机械式自动变速器的电子控制单元

ECU 根据节气门开度、发动机转速、输入轴转速及离合器传递的转矩等参数控制。离合器控制的关键是接合速度，即根据离合器最佳接合规律确定接合行程和接合时间。

如果 ECU 检测到实际接合行程与要求的接合行程之间有误差时，则采用电路调节器对电磁阀进行脉冲调制校正，以减少或消除误差。

(3) 发动机节气门控制　发动机节气门控制是通过电液驱动或者步进电动机驱动实现的，它包括三个方面的内容：发动机起动、加速控制和换档时机的控制，重点是换档时机的控制。

提示： *发动机的控制主要是对转速的控制，目的是使其适应新的输入轴转速，从而减小换档后离合器接合时的冲击。*

升档时，发动机需降速，此时可通过关小节气门来实现，若转速差依然很大，则要依靠同步器或发动机制动等方法来达到同步。

降档时，如果超过变速器同步转速范围，就需要进行两次离合器的操纵，使发动机升速，以提高离合器主动片的转速，达到快速、无冲击换档的目的。

节气门的调节还可保证在换档前后不会出现牵引力突变，以提高换档平顺性。

3. 特殊控制单元

电控机械式自动变速器为保证其正常、可靠地工作，设置有一些特殊控制装置或系统，如坡道辅助起步装置、电控应急系统、机械式应急系统等。

(1) 坡道辅助起步装置　为使汽车在坡道上起步时加速踏板和制动踏板之间的操纵配合变得容易，不至于因节气门不能及时开大而发生蹓车，或者由于制动器动作不当使发动机熄火，故设有坡道辅助起步装置（Hill Starting Aid，HAS），以提高在坡上起步时的安全性。

坡道辅助起步装置的系统如图 4-71 所示。它由主液压缸、HAS 阀、压力调整装置、制动器组成。

HAS 阀的结构如图 4-72 所示，其内装有电磁单向阀。当电磁线圈无励磁时，HAS 阀处于开放状态，制动器按通常情况工作，如图 4-72a 所示。

当电磁线圈通电时，电磁力推动芯杆，将阀门关闭，保持车轮轮缸内的制动油压不会降低，如图 4-72b 所示。如压力不够，可踩下制动踏板使制动油压进一步上升，通过单向阀向轮缸输入高油压，如图4-72c所示。

坡度辅助起步装置的工作状态由是否满足相应的条件决定。如满足下列条件，HAS阀处于保持制动状态。

① 节气门踏板放松。

② 离合器分离。

③ 制动踏板踩下。

④ 发动机正常运转。

⑤ 变速杆置于行驶位置，变速器处于1档。

在以上条件中，①~③是为了不发生误操作而进行强制制动。④、⑤是为防止将HAS作为驻车制动器使用而采取的措施。

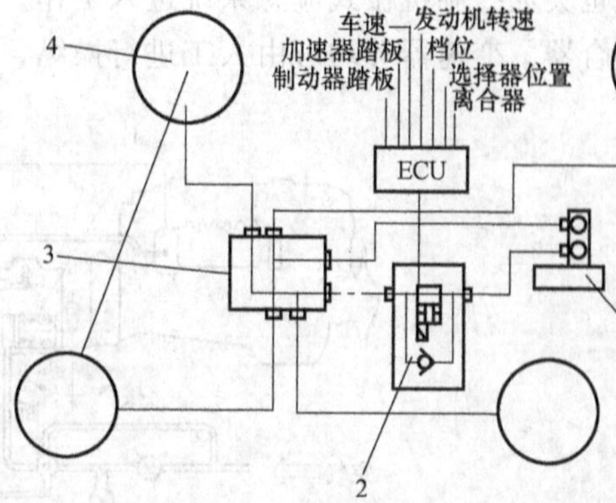

图4-71 坡道辅助起步装置的组成

1—主液压缸 2—HAS阀 3—压力调整装置 4—车轮制动器

如满足下列条件，则认为汽车已起步，HAS阀可以松开。

① 离合器已进入接合状态，开始传递驱动力。

② 加速踏板被踩下，车速3km/h以上。

如点火开关断开，或变速杆置于空档位置，HAS自然解除。

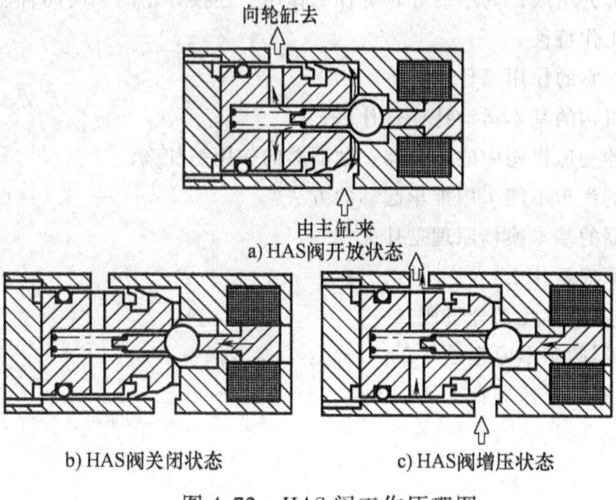

图4-72 HAS阀工作原理图

(2) 电控应急系统 电控应急系统用作双机控制单元中的从机，作为安全应急之用(冗余备份)。它的主要功能如下：

① 两个控制单元互相监测彼此的工作状态是否正常。

② 如果主控制单元出现较严重的故障，以致不能完成控制功能，则指示灯亮，主机自动切换到应急系统工作，此时驾驶人可观察运行是否正常；如工作不可靠，则通过换档开关转向应急系统位置，两个控制单元均退出对系统的控制，汽车只能在低档或倒档行驶，维持基本行驶能力以能进厂检修。

(3) 机械式应急系统 自动变速控制系统一旦出现故障，首先由电控式应急系统处理，如该系统也失灵，则机械式应急系统进入工作，整个变速控制系统恢复至手动换档状态，发动机、离合器、变速器等均可由人工进行操纵，汽车可维持基本行驶能力。如图 4-73 所示。

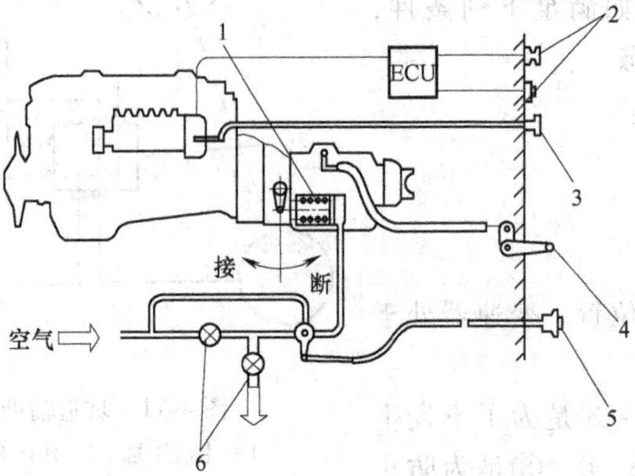

图 4-73　机械式安全应急系统

1—弹簧、气缸　2—紧急用替换开关　3—紧急用发动机停止按钮

4—安全用变速杆　5—安全用离合器控制按钮　6—电磁阀

复习思考题

1. 自动变速器有哪些类型？各有什么特点？
2. 液力变矩器由哪几部分组成？其中的导轮有什么作用？连接导轮的单向离合器起什么作用？
3. 分析液力变矩器的工作特性。
4. 什么是锁止离合器？它的作用是什么？
5. 简单行星齿轮变速机构的基本运动特征是什么？
6. 电控液力自动变速器变速机构中的离合器、制动器的作用是什么？
7. 为什么自动变速器的汽车不能采用推车起动的方法？
8. 电控液力自动变速器的基本换档原理是什么？
9. 无级变速器的基本原理是什么？
10. 双离合器自动变速器由哪几部分组成？
11. 双离合器自动变速器的基本原理是什么？
12. 什么是电控机械式自动变速器？

第5章　巡航控制系统

学习目标

·了解巡航控制系统的作用和组成。
·掌握巡航控制系统的控制原理。
·掌握巡航控制系统的结构和工作原理。
·掌握自适应巡航控制系统的工作原理。

5.1　概　述

5.1.1　巡航控制系统的作用

巡航控制系统（Cruise Control System，CCS），也称为恒速行驶系统或自动驾驶系统等。

巡航控制系统的作用是当汽车在良好的行驶条件下长距离行驶时，该系统可根据行驶阻力自动控制节气门开度，使汽车按照设定的车速等速行驶，不需驾驶人脚踏加速踏板。

巡航控制系统具有以下优点：

(1) 减轻驾驶人的疲劳　由于巡航行驶时驾驶人不必操纵加速踏板，减轻了驾驶人的负担，使其可以轻松驾驶。

(2) 提高汽车行驶时的舒适性　由于巡航控制系统工作时汽车等速行驶，因此可以改善汽车的行驶平顺性，提高汽车的舒适性。

(3) 有利于降低油耗减少排放　由于巡航控制系统工作时避免了驾驶人操纵加速踏板使汽车行驶车速反复变化的情况，因而使发动机的运行工况变化平稳，有利于改善汽车的燃料经济性和发动机的排放性能。

5.1.2　巡航控制系统的控制原理

巡航控制系统的控制过程如图5-1所示。驾驶人操纵巡航控制开关，可以将车速设定、减速、恢复、加速、取消等开关信号输入巡航控制ECU。

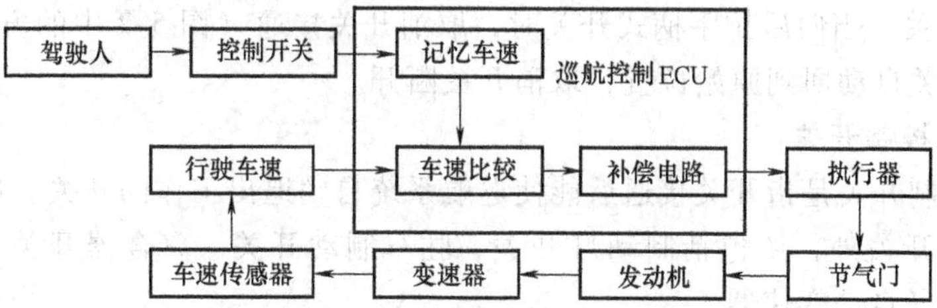

图5-1　巡航控制系统的控制过程

当驾驶人通过巡航控制开关输入了车速设定信号时，巡航控制ECU便记忆设定的车速，并按该车速对汽车进行等速行驶控制。

提示：汽车在巡航行驶过程中，不断通过比较电路将车速传感器检测的实际车速与设定车速进行比较，计算出实际车速与设定车速的差值，然后通过补偿电路输出对执行器的命令，执行器控制发动机节气门开大或关小，使实际车速达到设定车速。

5.2　巡航控制系统的组成与工作原理

巡航控制系统主要由开关、传感器、巡航控制 ECU、执行器等组成。开关和传感器将信号送至巡航控制 ECU，ECU 根据这些信号计算出节气门的合理开度，并给执行器发出信号，调节节气门的开度，保持汽车按设定的车速等速行驶。

5.2.1　开关

用于巡航控制系统的开关有两种：一种是巡航控制开关，另一种是退出巡航控制开关。

1. 巡航控制开关

巡航控制开关有的采用手柄式开关，安装于转向盘下方，如图 5-2 所示，也有的采用按键式开关，装在转向盘或仪表板上。以丰田车系为例，巡航控制开关包括主开关（MAIN）、设定/减速开关（SET/COAST）、恢复/加速开关（RES/ACC）和取消开关（CANCEL）。

（1）主开关　主开关是巡航控制系统的主电源开关，位于手柄式开关的端部，为按键式开关，如图 5-2 所示。按下主开关，电源接通；再按一次主开关，电源断开。当主开关接通时，如果将点火开关关闭，主开关也关闭。当再次接通点火开关时，巡航主开关并不接通，而保持关闭。

（2）设定/减速开关　当向下推手柄式开关时（图 5-2 中的方向 C），设定/减速开关接通；放松手柄式开关时，开关自动回到原始位置，设定/减速开关断开。

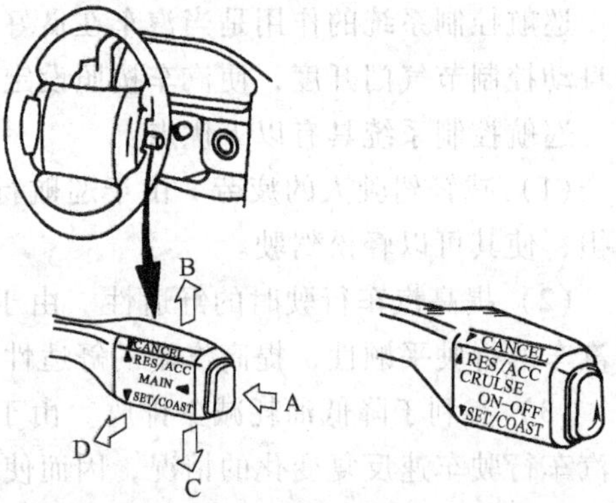

a) 雷克萨斯LS400　　b) 丰田凯美瑞

图 5-2　巡航控制开关

（3）恢复/加速开关　当向上推手柄式开关时（图 5-2 中的方向 B），恢复/加速开关接通；放松手柄式开关时，开关自动回到原始位置，恢复/加速开关断开。

（4）取消开关　当向后拉手柄式开关时，取消开关接通（图 5-2 中的方向 D），放松手柄式开关时，开关自动回到原始位置，取消开关断开。

2. 退出巡航控制开关

退出巡航控制开关是指开关接通后能使巡航系统自动退出工作的开关。退出巡航控制开关除上述的取消开关外，还包括制动灯开关、驻车制动开关、离合器开关（手动变速器）和空档起动开关（自动变速器）。

（1）制动灯开关　制动灯开关由常闭和常开两个开关组成，如图 5-3 所示。开关 A 为常开开关，踏下制动踏板时开关闭合，将制动灯的电源电路接通，制动灯点亮。同时，电源电压经开关 A 加在巡航控制 ECU 上，将制动信号输入巡航控制 ECU，巡航控制 ECU 取消巡航控制系统的控制，巡航系统停止工作。开关 B 为常闭开关，当踏下制动踏板时，开关 B 断开，直接切断了巡航控制 ECU 对巡航控制执行器的控制电路，确保巡航系统停止工作。

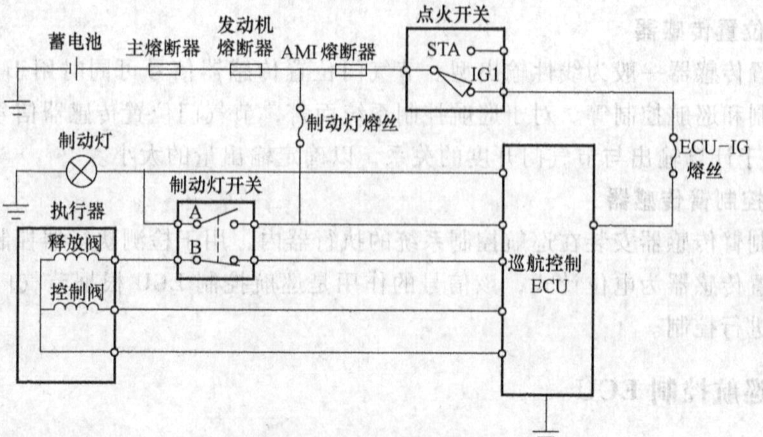

a) 丰田Cressida真空驱动执行器

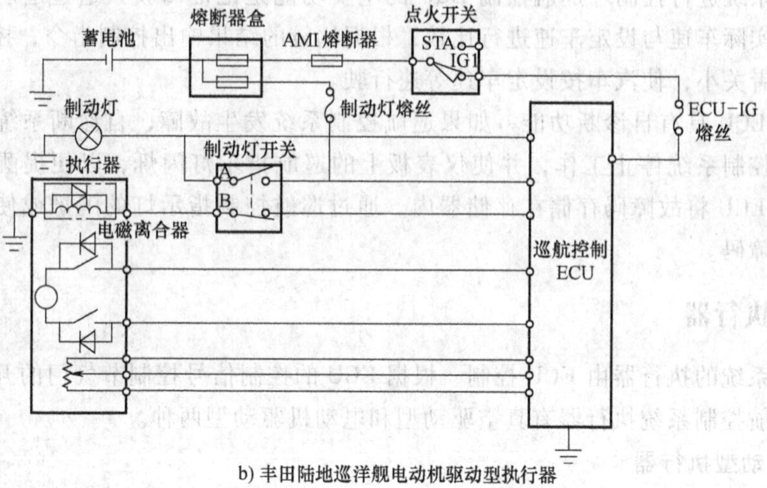

b) 丰田陆地巡洋舰电动机驱动型执行器

图 5-3　制动灯开关电路

(2) 驻车制动开关　当施用驻车制动器时，驻车制动器开关接通，将驻车制动信号送至巡航控制 ECU，巡航控制 ECU 将取消巡航系统的工作。同时，驻车制动灯点亮。

(3) 离合器开关　对于装有手动变速器的汽车，当踏下离合器踏板时，离合器开关接通，将离合器开关信号送至巡航控制 ECU，巡航控制 ECU 将取消巡航控制系统的工作。

(4) 空档起动开关　对于装有自动变速器的汽车，当将变速杆移至 N 位（空档）时，空档起动开关接通，将空档位置信号送至巡航控制 ECU，巡航控制 ECU 将取消巡航控制系统的工作。

5.2.2　传感器

1. 车速传感器

车速传感器的类型有舌簧开关式、磁脉冲式、霍尔式、光电式、磁阻式等。车速传感器信号可同时用于发动机控制、自动变速器控制和巡航控制等。对于巡航控制系统而言，车速传感器信号的作用是巡航控制 ECU 用于巡航车速的设定以及将实际车速与设定车速进行比较，以便实现等速控制。

2. 节气门位置传感器

节气门位置传感器一般为线性输出型。节气门位置传感器信号可同时用于发动机控制、自动变速器控制和巡航控制等。对于巡航控制系统而言，节气门位置传感器信号的作用是巡航控制 ECU 用于计算输出与节气门开度的关系，以确定输出量的大小。

3. 节气门控制臂传感器

节气门控制臂传感器安装在巡航控制系统的执行器内，用于检测执行器控制臂位置。节气门控制臂位置传感器为电位计式，该信号的作用是巡航控制 ECU 根据节气门控制臂位置信号对执行器进行控制。

5.2.3　巡航控制 ECU

巡航控制 ECU 接收来自巡航控制开关、车速传感器信号和其他的开关信号，按照存储的程序对巡航系统进行控制。巡航控制 ECU 的主要功能是记忆驾驶人通过巡航控制开关设定的车速，将实际车速与设定车速进行比较，根据比较的结果输出控制指令，控制执行器使节气门开大或者关小，使汽车按设定车速等速行驶。

巡航控制 ECU 具有自诊断功能，如果巡航控制系统发生故障，自诊断系统能够诊断出故障，使巡航控制系统停止工作，并使仪表板上的巡航指示灯闪烁，以便提醒驾驶人。同时，巡航控制 ECU 将故障码存储在存储器内。通过巡航控制指示灯的闪烁或使用故障诊断仪可以读取故障码。

5.2.4　执行器

巡航控制系统的执行器由 ECU 控制，根据 ECU 的控制信号控制节气门的开度，以保持车速恒定。巡航控制系统执行器有真空驱动型和电动机驱动型两种。

1. 真空驱动型执行器

真空驱动型执行器依靠真空力驱动节气门。真空源有两种取得方式，一是仅从发动机进气歧管取得；二是从发动机进气歧管和真空泵两个真空源取得，如图 5-4 所示。当进气歧管真空度较低时，真空泵参与工作，提高真空度。真空驱动型执行器主要由控制阀、释放阀、

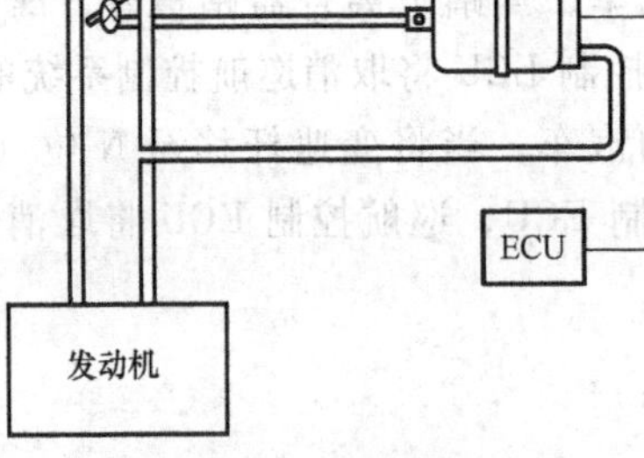

a) 从进气歧管取得真空源

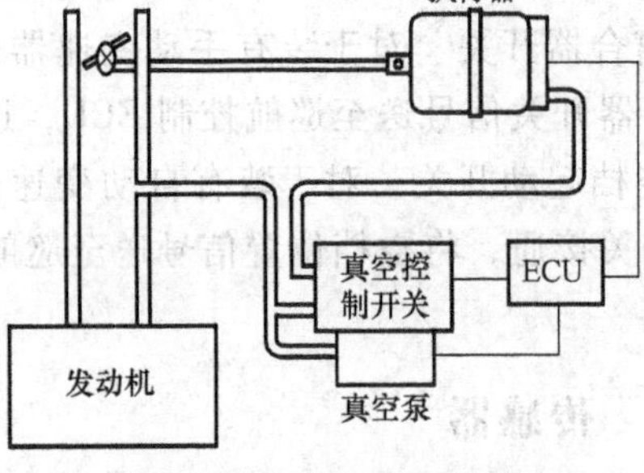

b) 从进气歧管和真空泵取得真空源

图 5-4　真空驱动型执行器的控制方法

膜片、拉杆、回位弹簧等组成。

（1）控制阀　控制阀用来控制膜片后方的真空度，以改变膜片的位置，从而控制节气门的开度，如图 5-5 所示。当 ECU 给控制阀电磁线圈通电时，与大气相通的空气通道关闭，与进气歧管相通的真空通道打开，执行器内的真空度增大，膜片左移将弹簧压缩，与膜片相连的拉杆将节气门开大。当控制阀电磁线圈断电时，与进气歧管相通的真空通道关闭，与大气相通的空气通道打开，空气进入执行器，膜片右移，节气门关小。ECU 通过占空比信号控制电磁线圈的通电与断电，通过改变占空比控制执行器内的真空度，从而控制节气门的开度。

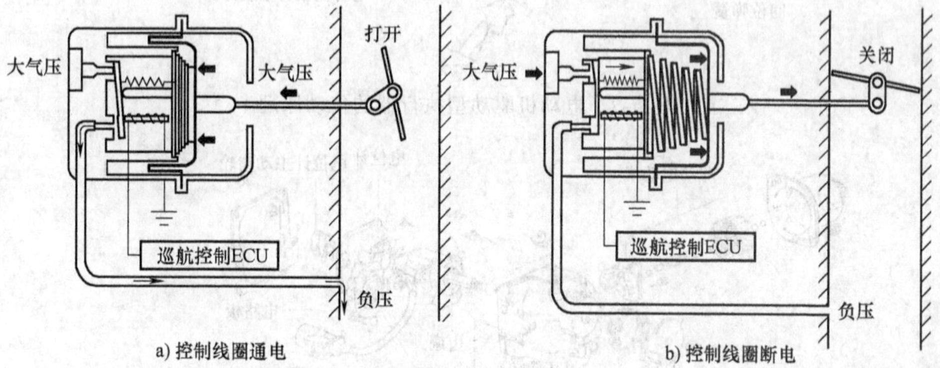

图 5-5　控制阀

（2）释放阀　释放阀的作用是取消巡航控制时，使空气迅速进入执行器将巡航控制立即取消。释放阀的工作原理如图 5-6 所示。巡航系统工作时，释放阀电磁线圈中有电流通过，与大气相通的空气通道关闭，由控制阀控制执行器内的真空度，从而控制节气门的开度，使巡航系统正常工作。取消巡航控制时，巡航控制 ECU 使控制阀电磁线圈断电，控制阀与大气相通的空气通道打开，释放阀电磁线圈也断电，与大气相通的空气通道也打开，让空气迅速进入执行器，使巡航控制立即取消。如果是因为制动而使巡航控制取消，除了上述的取消巡航行驶的控制过程外，还由于串联于释放阀电磁线圈电路中的制动灯开关的断开，直接切断了释放阀电磁线圈电流，确保在制动时可靠地取消巡航系统的工作。

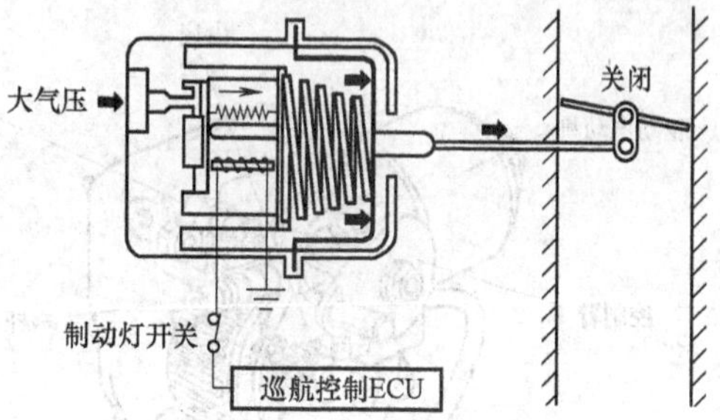

图 5-6　释放阀

2. 电动机驱动型执行器

电动机驱动型执行器的传动原理如图 5-7 所示。电动机由巡航控制 ECU 控制转动，并通过减速机构、电磁离合器、控制臂、传动索缆传至节气门摇臂，实现对节气门的控制。

提示： 通过加速踏板也可以控制节气门的开度。巡航控制执行器与驾驶人通过加速踏板都可以单独控制节气门的工作，互不干涉。

电动机驱动型执行器由电动机、传动机构、电磁离合器和电位器等组成，结构如图 5-8 所示。

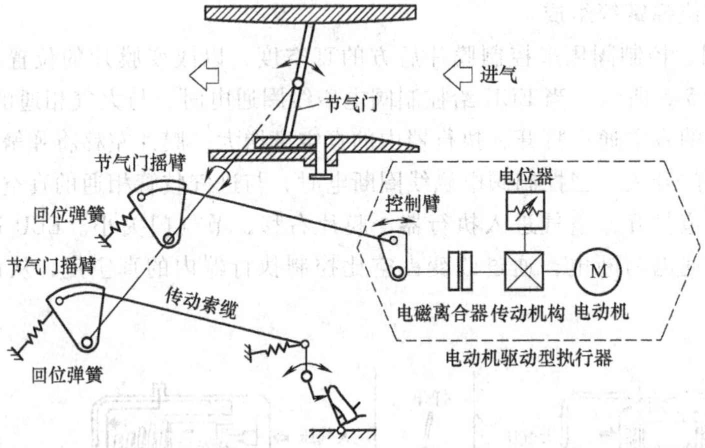

图 5-7　电动机驱动型执行器的传动原理

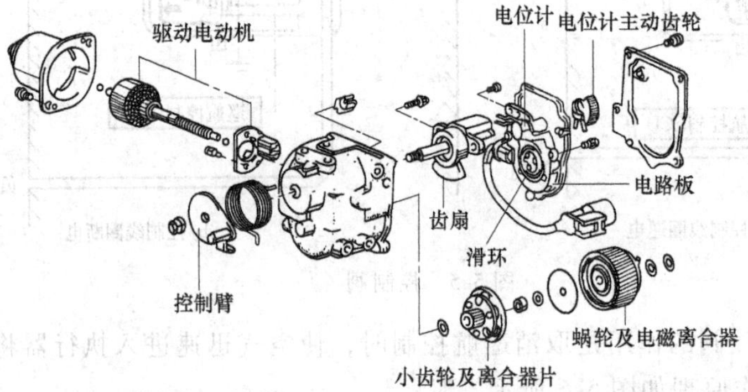

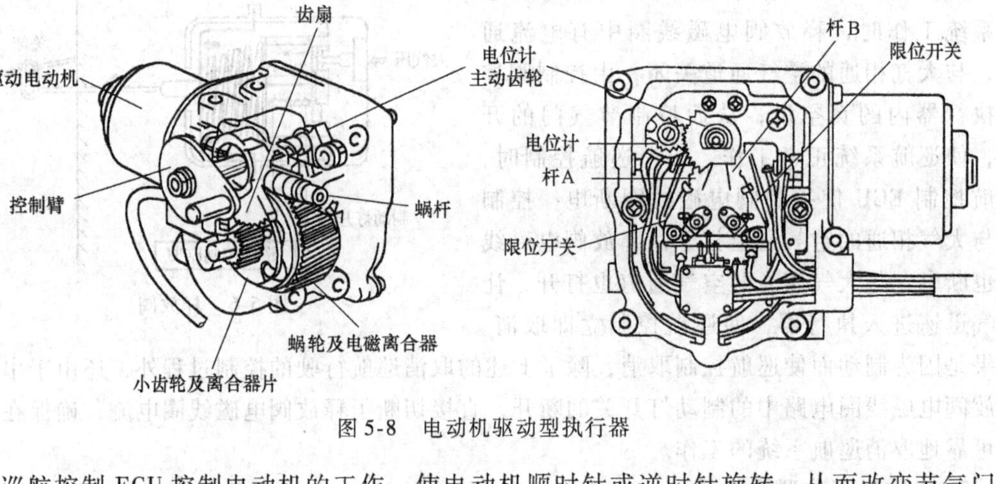

图 5-8　电动机驱动型执行器

巡航控制 ECU 控制电动机的工作，使电动机顺时针或逆时针旋转，从而改变节气门的开度。当 ECU 控制电动机工作时，电动机轴上的蜗杆带动电磁离合器外圆上的蜗轮旋转，涡轮通过电磁离合器带动小齿轮旋转，小齿轮带动齿扇转动，齿扇通过齿扇轴带动控制臂转动，控制臂上的销轴通过索缆使节气门开大或关小。为了防止节气门完全打开或完全关闭后电动机继续转动，电动机安装了两个限位开关，用于控制电动机的转动。

电磁离合器及其控制电路如图 5-9 所示。电磁离合器用于接通或断开电动机与节气门索缆之间的联系。当巡航控制 ECU 给执行器发出控制信号时，电磁离合器 2 和离合器片 3 接合，电动机通过蜗杆蜗轮传动和电磁离合器以及小齿轮和齿扇6的啮合带动控制臂5转动，通过销轴拉动索缆使节气门旋转。若取消巡航控制，ECU使电磁离合器断电分离，节气门不受电动机控制。

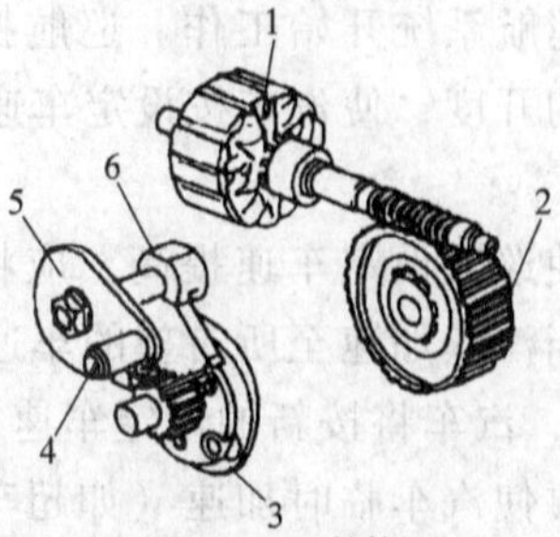

a) 结构

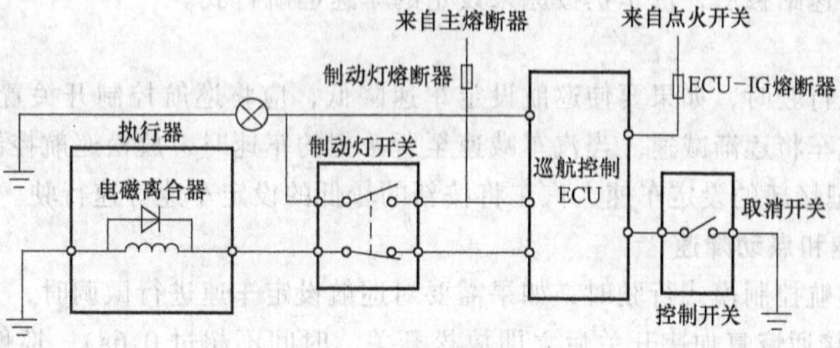

b) 电路

图5-9 电磁离合器及其控制电路

1—驱动电动机 2—蜗轮及电磁离合器 3—小齿轮及离合器片 4—节气门索缆轴 5—控制臂 6—齿扇

电位器及其电路如图5-10所示。当电动机带动齿扇转动改变节气门的开度时，齿扇轴同时带动电位器主动齿轮旋转，然后电位器主动齿轮通过从动齿轮带动电位器内的滑动臂转动，电位器就可以产生控制臂位置信号。当对巡航控制系统进行巡航车速设定时，电位计将节气门控制臂信号送至巡航控制ECU，ECU将此数据存储于存储器内，行车中ECU以此数据作为参照控制节气门控制臂，进行巡航控制。

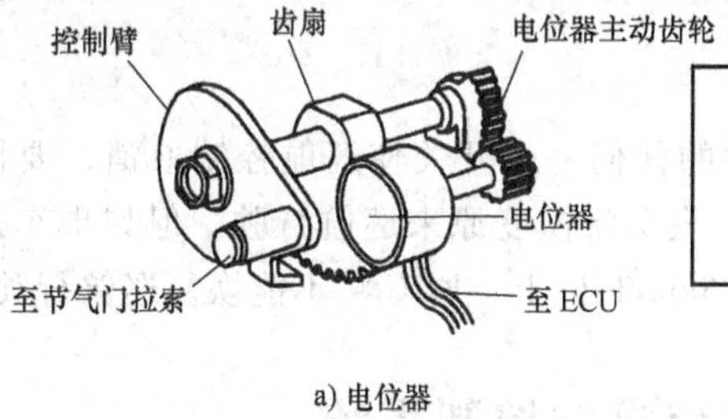

a) 电位器

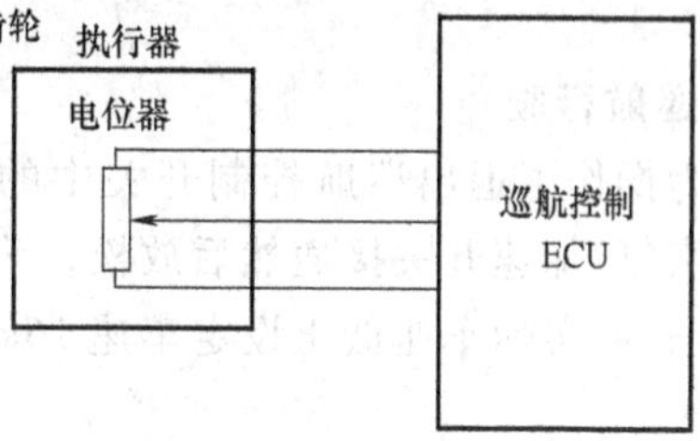

b) 电位器电路

图5-10 电位器及其电路

5.3 巡航控制系统的使用

1. 设定巡航行驶

巡航系统工作时的车速范围一般为40～200km/h，设置巡航行驶最低车速是为了防止汽车转弯时，由于巡航行驶而发生危险。设定巡航行驶的方法是，按下巡航控制主开关，踏下加速踏板使汽车加速，当达到希望的车速时（必须在巡航系统工作车速范围内），将巡航控制开关推至设定/减速位置然后放松，开关放松时的车速即被巡航控制 ECU 记忆为设定车速，此时驾驶人放松加速踏板，巡航系统开始工作。巡航控制 ECU 不断将实际车速与设定车速进行比较，据此控制节气门的开度，使汽车按设定车速等速行驶。

2. 加速

当汽车巡航行驶时，如果要使巡航设定车速提高，应将巡航控制开关置于恢复/加速位置保持不动，汽车将逐渐加速。当汽车加速至所希望的车速时，放松巡航控制开关，此时巡航控制 ECU 将记忆新的设定车速，汽车将按新的设定车速等速行驶。

当汽车巡航行驶时，如果需要使汽车临时加速（如超车），则只需踏下加速踏板汽车即可加速，放松加速踏板后，汽车仍按原来设定的车速巡航行驶。

3. 减速

当汽车巡航行驶时，如果要使巡航设定车速降低，应将巡航控制开关置于设定/减速位置保持不动，汽车将逐渐减速。当汽车减速至所希望的车速时，放松巡航控制开关，此时巡航控制 ECU 将记忆新的设定车速，汽车将按新的较低的设定车速等速行驶。

4. 点动升速和点动降速

当汽车以巡航控制模式行驶时，如果需要对巡航设定车速进行微调时，只要点动一次恢复/加速开关（接通恢复加速开关后立即放松开关，时间不超过 0.6s），巡航设定车速就升高约 1.6km/h；只要点动一次设定/减速开关，车速就降低约 1.6km/h。

5. 取消巡航行驶

取消巡航控制有五种方式可以选择：一是将巡航控制开关的取消开关接通然后释放；二是踏下制动踏板；三是对于装有手动变速器的汽车踏下离合器踏板，对于装有自动变速器的汽车将变速杆置于空档位置；四是关闭巡航控制主开关；五是施用驻车制动器。

在某些情况下巡航控制 ECU 会自动取消巡航行驶，一是当节气门已经完全打开，实际行驶车速仍然不能达到设定车速时，巡航控制 ECU 存储器内存储的设定车速将被清除，巡航控制模式将被取消；二是当巡航控制 ECU 诊断出系统有故障时，将会使巡航系统自动停止工作。

6. 恢复巡航行驶

如果因为操作了退出巡航控制开关中的任何一个开关使巡航控制取消，要恢复巡航行驶，只要将恢复/加速开关接通然后放松，汽车将恢复原来巡航行驶。但如果车速已降低至 40km/h 以下，或实际车速低于设定车速 16km/h 以上，ECU 将不能恢复巡航行驶。

5.4　自适应巡航控制系统

自适应巡航控制（Adaptive Cruise Control，ACC）系统，是将普通巡航控制系统与汽车防撞系统结合起来而形成的一种智能化车速自动控制系统。

提示：该系统除了具有普通巡航控制系统的功能以外，还具有自动防撞功能。当汽车与前方的车辆之间的距离小于设定距离时，系统会通过关小发动机节气门、制动等措施使汽车减速，必要时还会通过声、光信号提示驾驶人进行直接干预，从而保证与前车的安全距离，避免交通事故的发生。

目前，雷克萨斯、英菲尼迪、奥迪、宝马、奔驰、沃尔沃、大众 CC、雪铁龙新一代 C4 等都配备了自适应巡航系统。

5.4.1 自适应巡航控制系统的组成

如图 5-11 所示，自适应巡航控制系统主要由自适应巡航控制开关、车距传感器（雷达）、轮速传感器、转向传感器、ACC 控制单元、节气门执行器、制动执行器等组成。

车距传感器（雷达）有单脉冲雷达、微波雷达、激光雷达以及红外线雷达等。车距传感器一般安装在散热器格栅内或前保险杠的内侧，它可以探测到汽车前方约 200m 距离内的车辆。有的系统将车距传感器（雷达）与 ACC 控制单元安装在同一壳体内。

图 5-11 自适应巡航系统的组成

轮速传感器（与 ABS/ASR 系统共用）用于提供车速信号；转向传感器用于检测转向盘转角，可判断车辆行驶的方向；ACC 控制单元采集各个开关和传感器的信号并进行计算，以便对执行器进行控制；节气门执行器与普通巡航控制系统的节气门执行器相同，用以控制发动机的输出转矩；制动执行器（与 ABS/ASR 系统共用）用于对汽车进行制动。

5.4.2 自适应巡航控制系统的工作原理

自适应巡航控制系统工作时，驾驶人需要通过自适应巡航控制开关（图 5-12）设定巡航车速和车距。设定的车距不能小于设定车速下交通法规规定的安全距离。

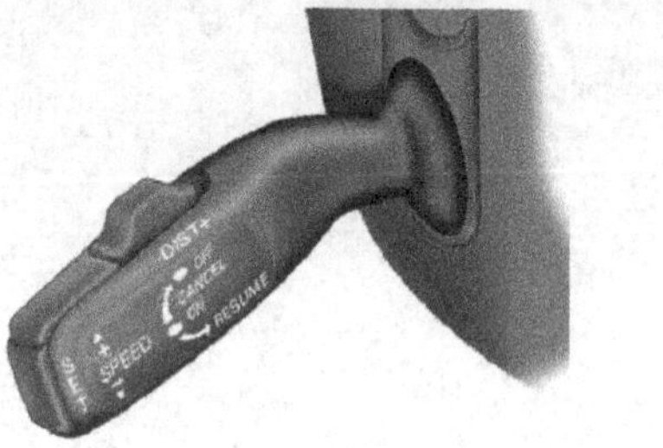

图 5-12 位于转向柱左侧的 ACC 控制开关

当本车前方无其他车辆行驶时，本车将处于普通巡航行驶状态，ACC 系统按照设定的车速控制车辆等速行驶。

当本车前方有目标车辆，且目标车辆的行驶速度低于本车行驶速度时，车距传感器将探测到目标车辆，并向 ACC 控制单元提供本车与目标车辆的相对速度、距离、相对方位等信息，当两车的实际距离小于设定距离时，ACC 系统将确定减速方式，控制执行器使汽车减速，保持两车之间的安全距离。当车辆减速至理想的目标值之后，ACC 采取跟随控制模式，与目标车辆保持设定距离跟随目标车辆行驶。

当目标车辆驶出原车道或者本车驶出原车道使本车前方无车辆时，ACC 系统将使车辆加速至原设定车速，系统又进入普通巡航行驶模式。

提示：ACC 系统在控制车辆制动时，通常会将制动减速度限制在不影响舒适性的程度，当需要更大的减速度时，ACC 系统会发出声、光信号通知驾驶人主动采取制动操作。当驾驶人在巡航控制状态下进行制动后，ACC 控制单元就会终止巡航控制；当驾驶人在巡航控制状态下进行加速，在停止加速后，ACC 控制单元会按照原来设定的车速进行巡航控制。

复习思考题

1. 巡航控制系统有哪些优点？
2. 巡航控制系统的组成与控制原理是什么？
3. 巡航控制系统的控制开关主要有哪些，作用各是什么？
4. 电动机驱动型执行器中电磁离合器的作用是什么？
5. 如何使用巡航系统？
6. 自适应巡航控制系统的工作原理是什么？

第6章 安全气囊系统

学习目标

· 了解安全气囊的作用和分类。

· 掌握安全气囊系统的结构与工作原理。

· 了解智能安全气囊系统的特点与组成。

· 掌握智能安全气囊的工作原理

· 掌握安全带预紧器的结构与工作原理。

6.1 概 述

安全气囊系统（Supplemental Restraint System，SRS），也称为辅助乘员保护系统。

提示：安全气囊是一种当汽车遇到冲撞而急剧减速时能很快膨胀的缓冲垫，可以避免车内乘员直接碰撞到车内构件造成的伤害，是一种被动安全装置，具有不受约束、使用方便等优点。

近年来随着人们对汽车安全性要求的提高，以及安全气囊制造成本的降低，以往只在高档轿车作为选装件的安全气囊，现已发展到作为普通轿车的标准配置。

6.1.1 安全气囊的作用

当汽车遭受碰撞导致车速急剧变化时，气囊迅速膨胀，在驾驶人、乘员与车内构件之间迅速铺垫一个气垫，使驾驶人、乘员头部与胸部压在充满气体的气囊上，利用气囊自身的阻尼作用和气囊排气节流时的阻尼作用来吸收人体惯性力产生的动能，从而减轻人体遭受伤害的程度。

6.1.2 安全气囊的分类

1. 按碰撞类型分类

根据碰撞类型的不同，安全气囊可分为正面碰撞防护安全气囊、侧面碰撞防护安全气囊、膝部碰撞防护安全气囊和顶部碰撞防护安全气囊。正面碰撞防护安全气囊应用较多，实际交通事故统计表明，安全气囊与三点式安全带配合使用，对正面碰撞事故中的乘员具有更好的保护效果。侧面碰撞防护安全气囊、膝部碰撞防护安全气囊和顶部碰撞防护安全气囊系统也将逐渐普及。

2. 按照安全气囊安装数目分类

按照安全气囊安装数目可分为单气囊系统（只装在驾驶人侧）、双气囊系统（驾驶人侧和前排乘客侧各有一个安全气囊）和多气囊系统。

3. 按照安全气囊的触发机构分类

按照安全气囊的触发机构可分为机械式和电子式两种。机械触发式安全气囊系统已被淘汰，目前应用的都是电子式安全气囊系统。

6.2 安全气囊系统的结构与工作原理

6.2.1 安全气囊系统的组成与工作原理

1. 安全气囊系统的组成

安全气囊系统的组成部件分布在汽车不同位置。虽然各型汽车安全气囊系统采用部件的结构和数量有所差异，但是其基本组成和工作原理都大致相同。

安全气囊系统在车上的布置如图6-1所示，主要由传感器、安全气囊ECU、气囊组件和线束等组成，其中的气囊组件主要由气囊、气体发生器和点火器等组成。

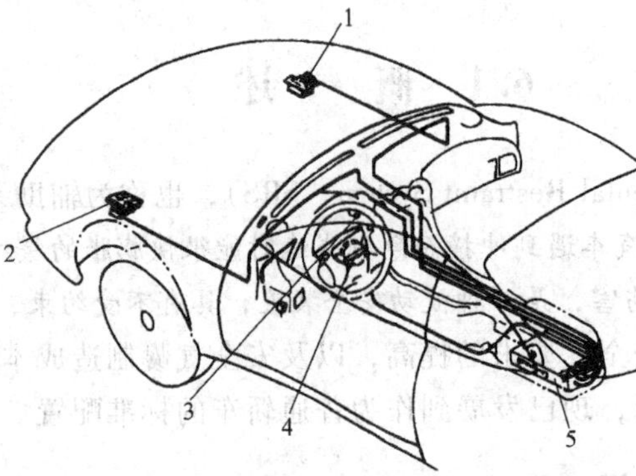

图6-1 安全气囊系统在车上的布置

1—右前碰撞传感器 2—左前碰撞传感器 3—SRS指示灯

4—安全气囊组件 5—安全气囊ECU

2. 安全气囊系统工作原理

当汽车遭受正面碰撞或侧面碰撞时，其安全气囊系统工作原理基本相同。现以图6-2所示的正面碰撞为例，当汽车受到前方一定角度范围内的高速碰撞时，安装在汽车前部和SRS ECU内部的碰撞传感器都会检测到汽车突然减速的信号，并将信号传送到SRS ECU，SRS ECU中预先设置的程序经过数学计算和逻辑判断后，立即向SRS气囊组件内的点火器（电雷管）发出点火指令，引爆电雷管，点火剂受热爆炸，迅速产生大量热量，使充气剂（叠氮化钠固体药片）受热分解释放大量氮气充入气囊，气囊便冲开气囊组件的装饰盖板鼓向乘员，起到保护乘员的作用。

6.2.2 传感器

1. 传感器的分类

安全气囊系统传感器按照不同分类方式，可以分为不同类型。

（1）按照传感器的作用分类 按照传感器的作用分类可分为碰撞传感器和保险传感器两类。碰撞传感器根据安装位置的不同又可分为前碰撞传感器和中央碰撞传感器，前碰撞传感器通常安装在汽车前翼子板内，一般有2～3个；中央碰撞传感器通常安装在车内的SRS ECU内。保险传感器通常也安装在SRS ECU内。

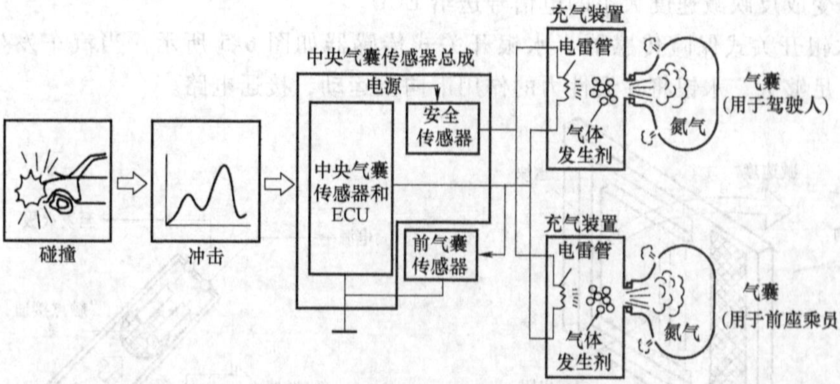

图 6-2　安全气囊系统工作原理

碰撞传感器的作用是检测汽车的碰撞减速度，当碰撞减速度达到其减速度阈值时，碰撞传感器将碰撞信号传给 SRS ECU。

提示： 保险传感器闭合的减速度阈值小于碰撞传感器，SRS ECU 只有接收到至少一个碰撞传感器信号，并同时接收到保险传感器信号时，才会触发安全气囊，因此保险传感器可以起到防止因碰撞传感器短路而造成安全气囊误触发的作用。

（2）按照传感器的结构分类　按照传感器的结构分类可分为机电式、电子式和水银开关式三类。

常见的机电式传感器有偏心式、滚轮式和滚球式，常用作前碰撞传感器。常见的电子式传感器的有应变电阻式和压电效应式两种，一般用作中央碰撞传感器。水银开关式碰撞传感器一般用作保险传感器。

2. 传感器的结构与工作原理

（1）偏心式碰撞传感器　主要由偏心转子、偏心重块、固定触点和旋转触点等组成，如图 6-3 所示。不发生碰撞时，偏心转子在螺旋弹簧弹力作用下处于图 6-3a 所示位置，固定触点和旋转触点不接触；当发生正面碰撞，且作用在偏心重块上的减速度超过阈值时，偏心重块在惯性力的作用下带动偏心转子和旋转触点一起转动，使固定触点和旋转触点接触，碰撞传感器输出电信号。

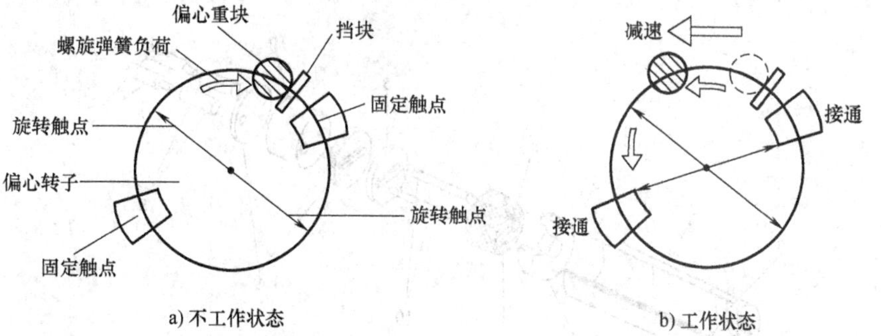

图 6-3　偏心式碰撞传感器

（2）应变电阻式碰撞传感器　应变电阻式碰撞传感器由应变电阻片和集成电路等组成，如图 6-4 所示。汽车发生碰撞时，传感器重块变形引起应变电阻阻值变化，通过集成电路将电阻变化转变成反映减速度大小的电信号送给 ECU。

(3) 水银开关式保险传感器　水银开关式传感器如图 6-5 所示，当汽车发生碰撞时，如果减速度足够大，水银将在惯性力的作用下向上运动，接通电路。

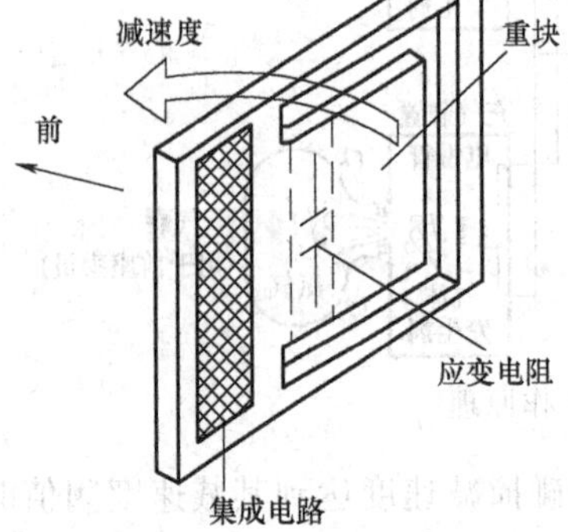

图 6-4　应变电阻式传感器

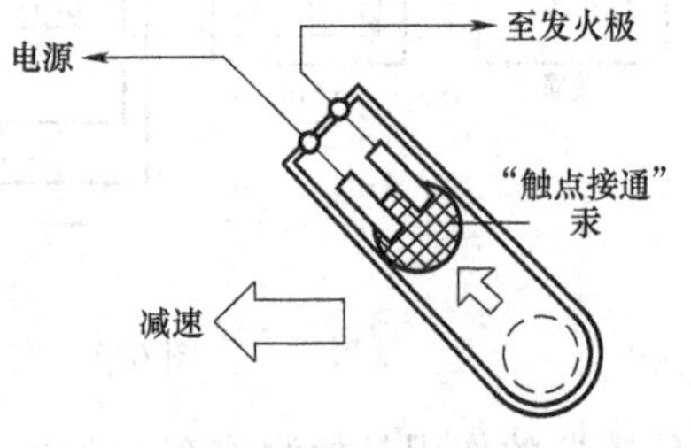

图 6-5　水银开关式保险传感器

6.2.3　安全气囊组件

安全气囊组件主要由气体发生器、点火器、气囊、饰盖和底板组成。驾驶人侧气囊组件位于转向盘中心处，乘客侧气囊组件位于仪表板右侧杂物箱上方。

(1) 气体发生器　气体发生器又称为充气器，结构如图 6-6 所示。在点火器引爆点火剂时，产生气体向气囊充气。

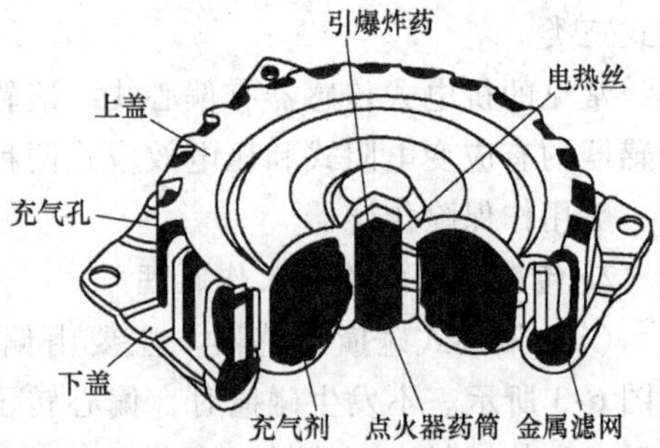

图 6-6　气体发生器

(2) 点火器　点火器安装在气体发生器内部中央位置，其结构如图 6-7 所示。点火器内有电热丝、引药和引爆炸药，当 SRS ECU 发出点火指令时，电热丝电路接通，电热丝迅速红热引燃引药，继而引爆炸药，瞬间产生大量热量，药筒内温度和压力急剧升高并冲破药筒，使充气剂受热分解释放氮气充入气囊。

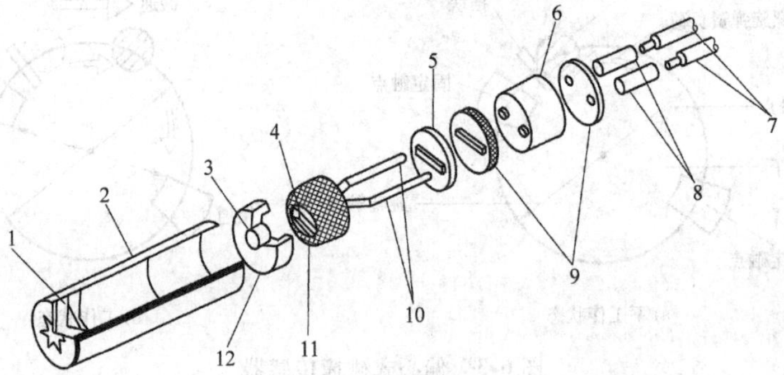

图 6-7　点火器分解图

1—引爆炸药　2—药筒　3—引药　4—电热丝　5—陶瓷片　6—永久磁铁　7—引出导线
8—绝缘套管　9—绝缘垫片　10—电极　11—电热头　12—药托

(3) 气囊　气囊由聚酰胺织物（如尼龙）制成，内层涂有聚氯丁二烯，用以密闭气体。气囊在静止状态时，像降落伞未打开时一样折叠成包，安放在气体发生器上部与气囊饰盖之间。在汽车遭受碰撞时，气囊约在碰撞后10ms内开始充气，整个充气时间约为30ms。驾驶席气囊膨胀时，沿转向柱偏风窗玻璃方向膨胀，防止驾驶人面部与风窗玻璃、胸部与转向盘发生碰撞。

(4) 饰盖　饰盖是气囊组件的盖板，上面模制有撕缝，以便气囊能冲破饰盖膨开。

(5) 底扳　气囊和充气器装在底板上，底板装在转向盘或车身上，气囊膨开时，底板承受气囊的反力。

6.2.4 安全气囊ECU

SRS ECU的内部结构如图6-8所示，主要由逻辑模块、信号处理电路、备用电源电路、保护电路和稳压电路等组成。

1. 逻辑模块

逻辑模块的主要功用是监测汽车纵向减速度或惯性力是否达到设定的值，控制气囊组件中的点火器引爆点火剂。逻辑模块由模/数（A/D）转换器、数/模（D/A）转换器、串行输入/输出（I/O）接口、只读存储器ROM、随机存储器RAM、电可擦除可编程只读存储器EEPROM和定时器等组成。

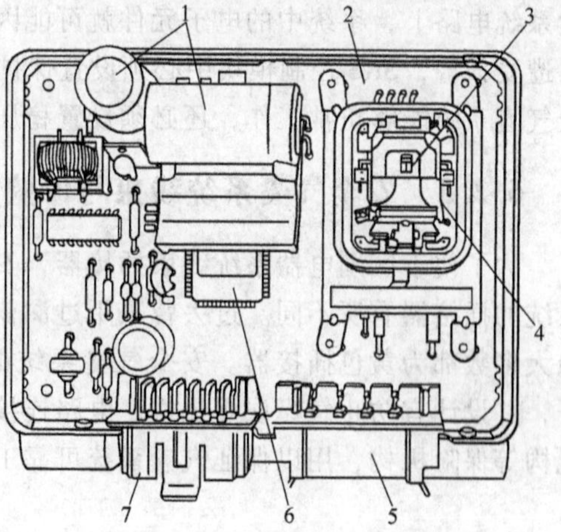

图6-8　SRS控制组件的内部结构

1—能量储存装置（电容）　2—保险传感器　3—传感器触点　4—传感器平衡块　5—四端子插接器　6—逻辑模块　7—SRS ECU插接器

提示：在汽车行驶过程中，逻辑模块不断接收前碰撞传感器和保险传感器传来的车速变化信号，经过数学计算和逻辑判断后，确定是否发生碰撞。当判断结果为发生碰撞时，立即运行控制点火的软件程序，并向点火电路发出点火指令引爆点火剂。

除此之外，逻辑模块还要对控制组件中关键部件的电路（如传感器电路、备用电源电路、点火电路、SRS指示灯及其驱动电路）不断进行诊断测试，并通过SRS指示灯和存储在存储器中的故障码来显示测试结果。仪表板上的SRS指示灯可直接向驾驶人提供安全气囊系统的状态信息。电脑存储器中的状态信息和故障码可用专用仪器或通过特定方式从串行通信接口调出，以供装配检查与设计参考。

2. 信号处理电路

信号处理电路主要由放大器和滤波器组成。其功用是对传感器检测的信号进行整形、放大和滤波，以便SRS ECU能够接收、识别和处理。

3. 备用电源电路

安全气囊系统有两个电源：一个是汽车电源（蓄电池和交流发电机）；另一个是备用电源，备用电源又称为后备电源或紧急备用电源。

备用电源电路由电源控制电路和若干个电容器组成。在单安全气囊系统的控制组件中，设有一个电脑备用电源和一个点火备用电源。在双安全气囊系统的控制模块中，设有一个电脑备用电源和两个点火备用电源，即两条点火电路各设一个备用电源。点火开关接通 10s 之后，如果汽车电源电压高于 SRS ECU 的最低工作电压，那么电脑备用电源和点火备用电源即可完成储能任务。

备用电源的作用：当汽车遭受碰撞而导致蓄电池和交流发电机与 SRS ECU 之间的电路切断时，电脑备用电源能在 6s 之内向电脑供给电能，保持电脑测出碰撞、发出点火指令等正常功能；点火备用电源能在 6s 之内向点火器供给足够的点火能量引爆点火剂，使充气剂受热分解给气囊充气。时间超过 6s 之后，备用电源供电能力降低，不能保证电脑测出碰撞和发出点火指令。点火备用电源不能供给最小点火能量，SRS 气囊不能充气膨开。

4. 保护电路和稳压电路

在汽车电器系统中，许多电器部件带有电感线圈，当线圈电流接通或切断、开关接通或断开、负载电流突然变化时，都会产生瞬时脉冲电压即过电压，这些过电压如果加到安全气囊系统电路上，系统中的电子元件就可能因电压过高而导致损坏。为了防止安全气囊系统元件遭受损害，SRS 控制模块中必须设置保护电路。同时，为了保证汽车电源电压变化时，安全气囊系统能够正常工作，还必须设置稳压电路。

6.2.5　安全气囊系统线束与保险机构

为了便于区别电器系统线束插接器，安全气囊系统的插接器（图 6-9）与汽车其他电器系统的插接器有所不同。过去曾采用过深蓝色插接器，目前安全气囊系统采用的线束插接器绝大多数都为黄色插接器。安全气囊系统的插接器采用导电性能和耐久性能良好的镀金端子，并设计有防止气囊误爆机构、电路连接诊断机构、插接器双重锁定机构和端子双重锁定机构等保险机构，用以保证气囊系统可靠工作。

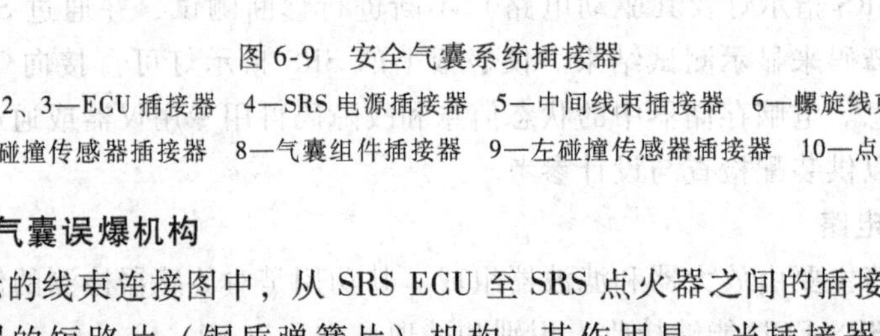

图 6-9　安全气囊系统插接器

1、2、3—ECU 插接器　4—SRS 电源插接器　5—中间线束插接器　6—螺旋线束
7—右碰撞传感器插接器　8—气囊组件插接器　9—左碰撞传感器插接器　10—点火器

1. 防止 SRS 气囊误爆机构

在图 6-9 所示的线束连接图中，从 SRS ECU 至 SRS 点火器之间的插接器 2、5、8 均采用了防止气囊误爆的短路片（铜质弹簧片）机构。其作用是，当插接器拨开时，短路片（弹簧片）自动将靠近 SRS 气囊点火器一侧插头或插座的两个引线端子短接，如图 6-10 所示，防止静电或误通电将电热丝电路接通而造成气囊误膨胀。

2. 电路连接诊断机构

电路连接诊断机构的作用是监测插接器的插头与插座是否可靠连接。前碰撞传感器插接器及其与 SRS ECU 连接的插接器（图 6-9 中插接器 1、3、7、9）采用了电路连接诊断机构。电

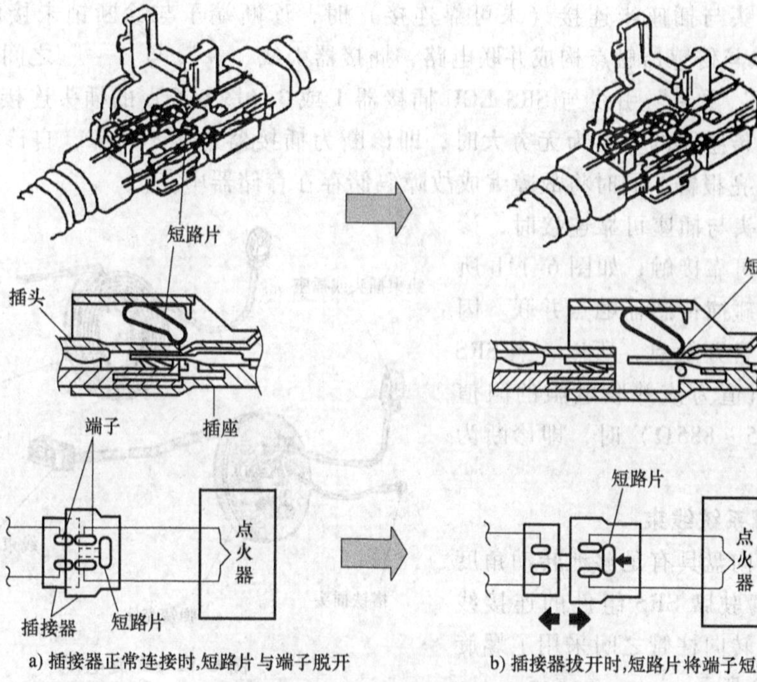

图 6-10　防止气囊误爆机构结构与原理

路连接诊断机构的结构如图 6-11 所示。在插接器插头（或插座）上，设置有一个诊断销。在插接器插座（或插头）上，设置有两个诊断端子，端子上有弹簧片，其中一个诊断端子与碰撞传感器触点的一端相连，另一个诊断端子经过一个电阻与碰撞传感器触点的一端相连。

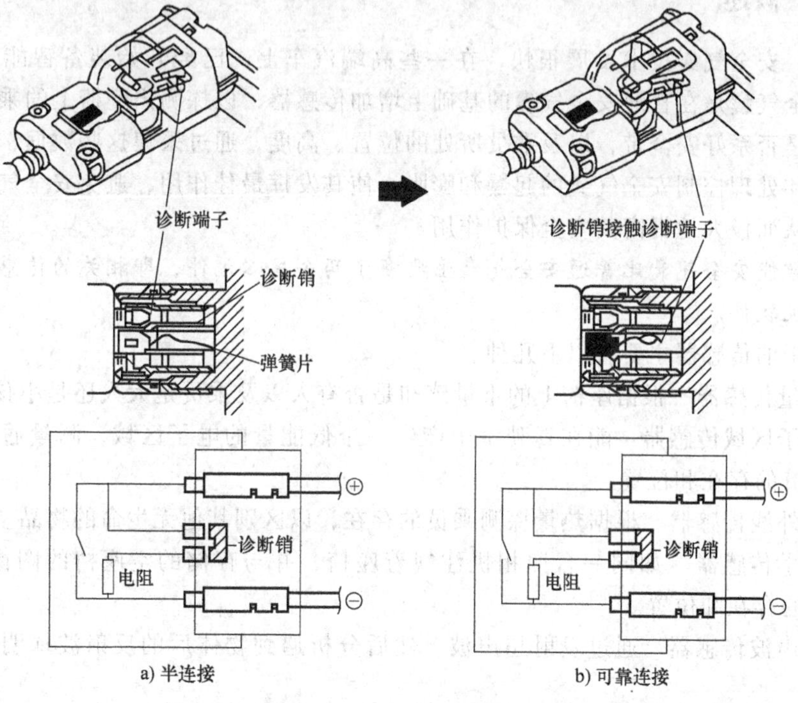

图 6-11　电路连接诊断机构结构与原理

当传感器插头与插座半连接（未可靠连接）时，诊断端子与诊断销未接触，如图 6-11a，此时电阻未与传感器触点构成并联电路，插接器引线“+”与“-”之间的电阻为无穷大。因为“+”、“-”引线与 SRS ECU 插接器 1 或 3（图 6-9）的插头连接，所以，当 ECU 监测到碰撞传感器的电阻为无穷大时，即诊断为插接器连接不可靠，自诊断电路便控制 SRS 指示灯闪亮报警，同时将故障编成故障码储存在存储器中。

当传感器插头与插座可靠连接时，诊断端子与诊断销可靠接触，如图 6-11b 所示，此时电阻与碰撞传感器触点并联。因为传感器触点为常开触点，所以，当 SRS ECU 检测到的阻值为该并联电阻的阻值（丰田车系为 755 ~ 885Ω）时，即诊断为插接器连接可靠。

3. 安全气囊系统线束

为了保证转向盘具有足够地转动角度而又不致损伤驾驶席 SRS 组件的连接线束，在转向盘与转向柱管之间采用了螺旋电缆，如图 6-12 所示。

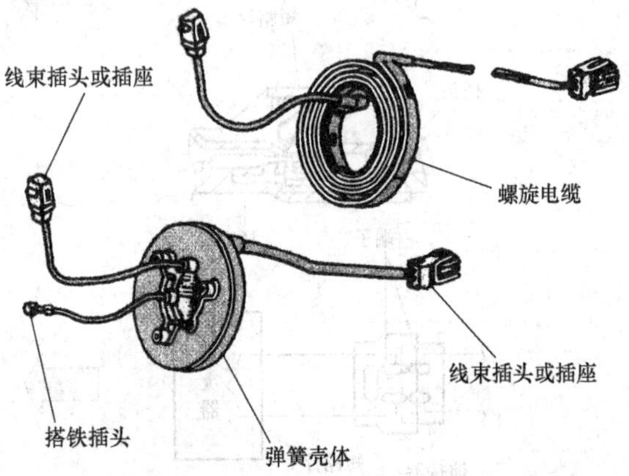

图 6-12　螺旋电缆

6.3　智能型安全气囊

6.3.1　概述

近年来，安全气囊技术发展很快，在一些高端汽车上，已经开始装备智能安全气囊系统。智能安全气囊是在普通安全气囊的基础上增加传感器，以探测出座椅上的乘员是儿童还是成年人，是否系好安全带，以及乘员所处的位置、高度，通过采集这些数据，由电子计算机软件计算和处理控制安全气囊的起爆和膨胀，使其发挥最佳作用，避免安全气囊出现不必要的起爆，从而极大地提高其安全保护作用。

提示：智能安全气囊比普通安全气囊主要多了两个核心元件，即相关的传感器以及与之配套的计算机软件。

目前使用的传感器主要有以下几种。

（1）重量传感器　根据座椅上的重量感知是否有人以及乘员是大人还是小孩。

（2）电子区域传感器　能在驾驶室中产生一个低能量的电子区域，测量通过该区域的电流测定乘员的存在和位置。

（3）红外线传感器　根据热量探测乘员的存在，以区别其他无生命的物品。

（4）光学传感器　如同一台照相机注视着座椅，并与存储的空座椅的图像进行比较，以判别人体的存在和位置。

（5）超声波传感器　通过发射超声波，然后分析遇到物体后的反射波探明乘员的存在和位置。

提示：设计开发智能安全气囊的另一个重要工作就是编制计算机软件。一般来说，计算机软件要能根据乘员的身材、体重、是否系好安全带、人在座椅上所处的位置、车辆碰撞时的车速以及撞击程度，在一刹那间就做出反应，调整安全气囊的起爆和膨胀时机、速度和强度，使安全气囊为乘客提供最合理和最有效的保护，特别是减少对儿童等身体矮小者的伤害。

下面以宝马 BMW E60 车系的新一代被动安全系统——高级安全电子系统 ASE 为例，介绍智能安全气囊系统的组成和工作原理。

6.3.2　智能安全气囊系统的特点与组成

1. 宝马高级安全电子系统的特点

宝马（BMW）公司将自己的智能安全气囊系统称为高级安全电子系统 ASE。

高级安全电子系统 ASE 由一个主控制单元、安全和网关模块 SGM 和多个卫星式控制单元组成。这些卫星式控制单元及其传感器散布于车辆上的各个重要位置，并与 SGM 交换信息。

高级安全电子系统 ASE 具有以下优点：快速获取并传输数据（10Mb/s）；准确识别碰撞；安全气囊控制系统联网；选择性触发；精确控制智能型安全气囊；触发安全性高；抗电磁干扰能力强；需要时可断开安全蓄电池接线柱，进行蓄电池线路诊断。

通过分布于车辆重要位置的多个加速传感器，能够比多重乘员保护系统 MRS 更准确地识别出碰撞情况。由车内加速传感器探测到的车辆减速信息都被传送至安全和网关模块 SGM。SGM 与所有卫星式控制单元交换减速数据，据此描绘出准确的碰撞情况，然后根据碰撞情况及时、有选择地触发执行器（气囊）。发生碰撞时，仅仅触发那些必要的执行器（气囊），以便对车内乘员提供最佳的保护，并减低维修费用。

2. 宝马高级安全电子系统的组成

高级安全电子系统由传感器、控制单元、执行器、总线系统组成。高级安全电子系统 ASE 总线系统组成如图 6-13 所示。

6.3.3　智能安全气囊的工作原理

1. 触发规则

针对 E60 车门专门开发的高级电子设备 ASE 是在 E65/66 的智能型全面安全系统 ISIS 基础上演变而来的，其触发逻辑是相同的，只是各种碰撞严重程度和触发阈值有所不同。

（1）碰撞严重程度　通过大量在极端条件下的碰撞和行驶试验，确定所有可能的事故类型的 BMW 触发阈值。触发阈值取决于碰撞严重程度，碰撞严重程度分为 4 组：CS0，不必触发乘员保护系统；CS1，轻度碰撞；CS2，中度碰撞；CS3，重度碰撞。

（2）触发阈值　触发阈值的确定主要取决于碰撞严重程度以及对其他因素的考虑，如撞击方向、碰撞时触发面积和车内乘员是否系好安全带。由此得出控制各个乘员保护系统的不同阈值。由于触发阈值的不同，前部安全气囊第二级的引爆根据碰撞的严重程度而变化。

如果安全带锁扣识别错误，系统会由此推断出乘员未系安全带。此时触发阈值降低，尽管是识别错误，还是会试图激活安全带拉紧装置。

如果座椅占用识别出现错误，系统将确认座椅被占用（即座椅上有乘员），此时乘员保护系统会被激活（相应的安全气囊会引爆）。

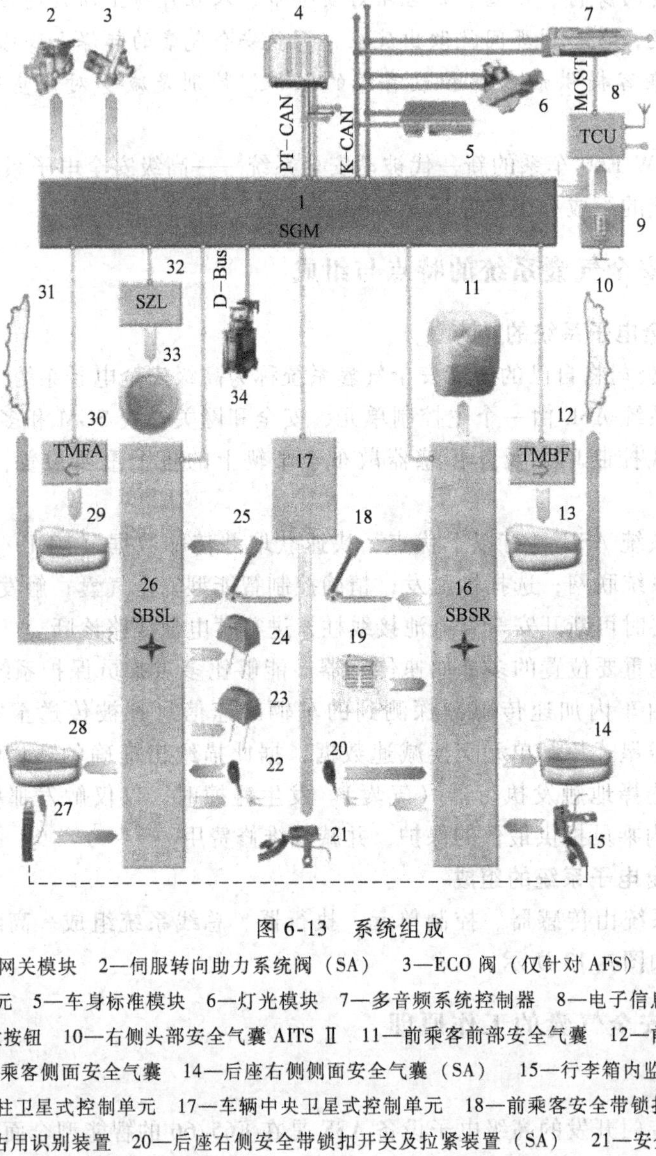

图 6-13　系统组成

1—安全和网关模块　2—伺服转向助力系统阀（SA）　3—ECO 阀（仅针对 AFS）　4—数字式发动机控制单元　5—车身标准模块　6—灯光模块　7—多音频系统控制器　8—电子信息系统控制单元　9—紧急呼救按钮　10—右侧头部安全气囊 AITS Ⅱ　11—前乘客前部安全气囊　12—前乘客侧车门模块　13—前乘客侧面安全气囊　14—后座右侧侧面安全气囊（SA）　15—行李箱内监控屏蔽接头　16—右侧 B 柱卫星式控制单元　17—车辆中央卫星式控制单元　18—前乘客安全带锁扣开关及拉紧装置　19—座位占用识别装置　20—后座右侧安全带锁扣开关及拉紧装置（SA）　21—安全蓄电池接线柱　22—后座左侧安全带锁扣开关及拉紧装置（SA）　23—主动式前乘客头枕　24—主动式驾驶人头枕　25—驾驶人安全带锁扣开关及拉紧装置　26—左侧 B 柱卫星式控制单元　27—发动机室内监控屏蔽接头　28—后座左侧侧面安全气囊（SA）　29—驾驶人侧面安全气囊　30—驾驶人侧车门模块　31—左侧头部安全气囊（SA）　32—转向柱开关中心　33—驾驶人前部安全气囊　34—诊断接头

2. 碰撞时的触发

（1）正面碰撞　发生正面碰撞时，可将碰撞严重程度分为轻度至中度碰撞（CS1/CS2）和重度碰撞（CS3）三级。

① 碰撞严重程度 CS1（轻度碰撞）。会触发安全带拉紧装置，在识别到车内乘员系好安全带时，不会触发驾驶人/前乘客安全气囊。如果车内乘员没有系好安全带，则会触发驾驶人/前乘客安全气囊。

② 碰撞严重程度 CS2（中度碰撞）。从碰撞严重程度 CS2 起，驾驶人/前乘客安全气囊

和安全带拉紧装置都会触发。

安全蓄电池接线柱开始工作，关闭电动燃油泵，如车内装有具有报警功能的电话，还将进行紧急呼叫。

③ 碰撞严重程度 CS3（重度碰撞）。驾驶人/前乘客安全气囊和安全带拉紧装置都会触发，但时间延迟不同。

车辆发生正面碰撞时安全气囊的触发过程如图 6-14 所示。通过安全带锁扣开关和座椅占用识别装置可以确定前乘客座椅是否被占用。

在 t_0 时刻，车辆发生碰撞，安全带的机械锁止装置阻止安全带伸长，传感器采集车辆减速数据。

在 t_1 时刻，卫星式控制单元触发执行器（引爆阶段），燃爆式执行器被引爆。驾驶人/前乘客安全带拉紧装置以及驾驶人/前乘客安全气囊第一级被引爆。

碰撞严重程度达到二级时，同时触发安全蓄电池接线柱，以避免发动机室中蓄电池导线短路。

然后开始进入充气阶段，即安全气囊充气。安全带拉紧装置中的活塞被拉紧管中的气体推动，活塞上固定的拉索将安全带锁向下拉并将安全带的松弛部分拉住。

在 t_2 时刻拉紧安全带的过程结束，安全带将开始提供保护，此时两个气囊还在充气。

在 t_4 时刻已经开始对驾驶人提供保护。根据碰撞严重程度，从 t_2 时刻起可能两个安全气囊已经开始第二级引爆。由于各级别引爆时间错开，安全气囊对于车内乘员来说攻击性更小。

从 t_8 时刻起，车内乘员开始后移，车内乘员不再有前冲运动而是跌回到座椅中。

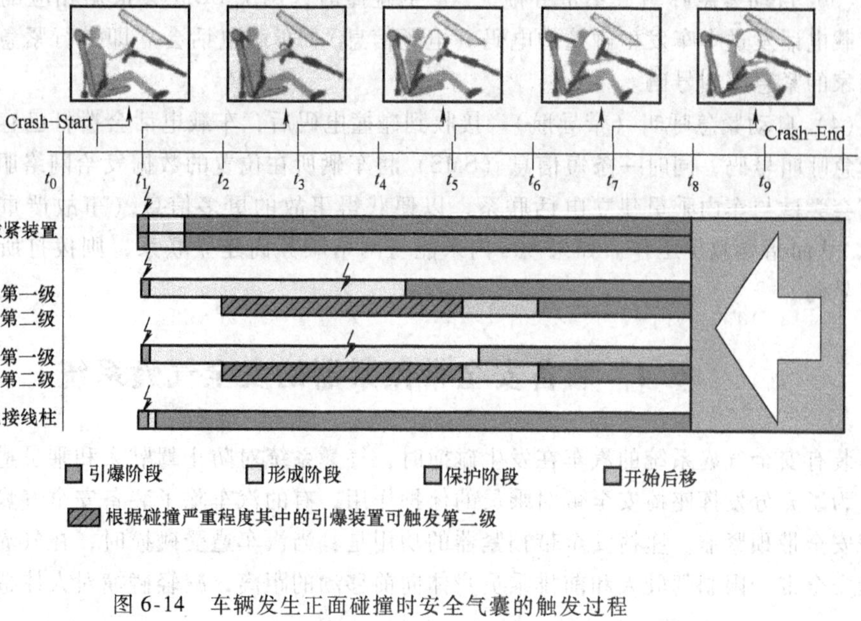

图 6-14　车辆发生正面碰撞时安全气囊的触发过程

（2）侧面碰撞　发生侧面碰撞时，按碰撞严重程度分为轻度碰撞和中度碰撞。从碰撞严重程度 CS1（轻度碰撞）起，受撞击侧的头部保护系统 AITS Ⅱ 和侧面安全气囊即会被触发。从碰撞严重程度 CS2（中度碰撞）起，气囊触发的同时，还会激活安全蓄电池接线柱，关闭电动燃油泵。如车内装有具有报警功能的电话，还将进行紧急呼救。

(3) 尾部碰撞　从碰撞严重程度 CS1（轻度碰撞）起，触发主动式头枕和安全带拉紧装置。

如碰撞严重程度为 CS2（中度碰撞），还将激活安全蓄电池接线柱，关闭电动燃油泵。如车内装有具有报警功能的电话，还将进行紧急呼救。

3. 紧急呼叫（欧规车）

如果装有车载电话，BMW 高级安全电子系统可向客户提供两种紧急呼叫功能，即手动和自动紧急呼叫功能。如果车内还装有导航系统，发出紧急呼叫的同时还会发出车辆所在位置的数据。

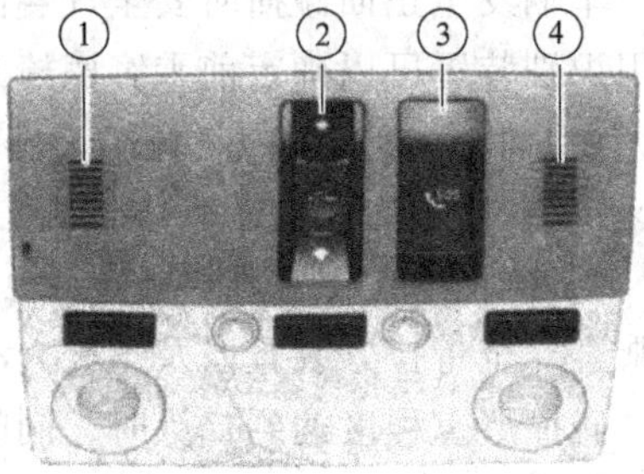

图 6-15　紧急呼叫按钮

1—左侧免提话筒　2—活动天窗按钮

3—紧急呼叫按钮　4—右侧免提话筒

(1) 手动紧急呼叫（不带导航）　紧急呼叫按钮位于车顶托架内前部车内照明灯上，如图 6-15 所示。紧急呼叫按钮由一个盖板保护，打开盖板并按动紧急呼叫按钮即可触发手动紧急呼叫功能，拨出所在国家的紧急呼叫号码（德国 112，美国 911，中国 119）。

(2) 手动紧急呼叫（带导航）　通过操作紧急呼叫按钮，拨打已存储的网络服务商紧急呼叫号码，同时一条短信息（SMS）将车辆所在位置的数据发给网络服务商。网络服务商会尝试与车内乘员建立电话联系，以便获得事故的更多信息（事故严重程度、伤者人数），从而指导救援工作。如果 60s 内未能与网络服务商建立联系，则拨打所在国家的紧急呼叫号码。

(3) 自动紧急呼叫（不带导航）　发生碰撞时，网关 SGM 会根据相应的碰撞严重程度向车载电话发送本车发生碰撞的电码（电子信息）。车载电话会立即进行紧急呼叫并拨打所在国家的紧急呼叫号码。

(4) 自动紧急呼叫（带导航）　接收到碰撞电码后，车载电话会拨打已存储的网络服务商紧急呼叫号码，同时一条短信息（SMS）将车辆所在位置的数据发给网络服务商。网络服务商会尝试与车内乘员建立电话联系，以便获得事故的更多信息（事故严重程度、伤者人数），从而指导救援工作。如果 60s 内未能与网络服务商建立联系，则拨打所在国家的紧急呼叫号码。

6.4　装备安全带预紧器的安全气囊系统

装有安全气囊系统的汽车在发生碰撞时，气囊系统对防止驾驶人和乘员遭受伤害十分有效。为了充分发挥座椅安全带对乘员的保护作用，有的汽车除了装备安全气囊以外，还装有座椅安全带预紧器。座椅安全带预紧器的功用是：当汽车遭受碰撞时，在气囊膨开之前迅速收紧安全带，限制驾驶人和前排乘员身体向前移动的距离，减轻碰撞对人体造成的伤害。

6.4.1　系统的组成

带安全带预紧器的安全气囊系统是在安全气囊系统的基础上，增加了前排左、右两个座椅安全带预紧器，图 6-16 所示为丰田雷克萨斯 LS400 型轿车装备了有安全带预紧器的安全气囊系统，系统零部件在车上的布置如图6-16所示。

该系统的座椅安全带预紧器安装在前排座椅左、右两侧或前左、右车门立柱旁边。这一装置与安全气囊系统联动。

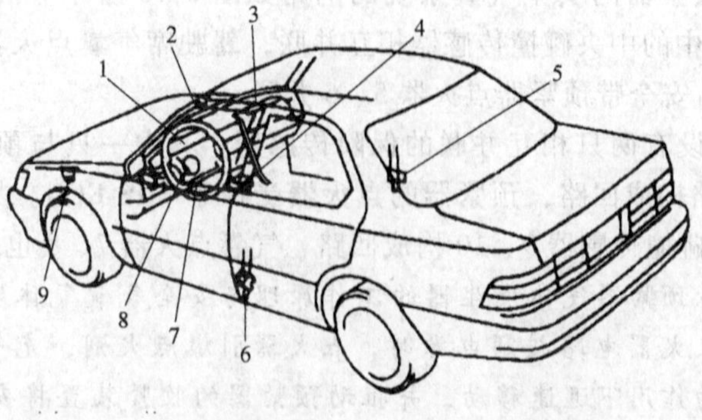

图6-16 装备安全带预紧器的安全气囊系统的零部件位置

1—SRS指示灯 2—右前碰撞传感器 3—乘员席SRS气囊组件 4—SRS ECU 5—右座椅安全带预紧器 6—左座椅安全带预紧器 7—驾驶席SRS气囊组件 8—螺旋电缆 9—左前碰撞传感器

6.4.2 安全带预紧器的结构原理

活塞式安全带预紧器如图6-17所示，由气体发生器、气缸、活塞、离合器以及卷筒和缆绳等组成。缆绳的一端与活塞连接，另一端盘绕在卷筒上。当给气体发生器中点火器通电时，气体发生器产生高压气体，推动活塞向下移动，与活塞连接的缆绳被拉紧，同时拖动卷筒旋转，通过离合器迫使安全带快速拉紧。

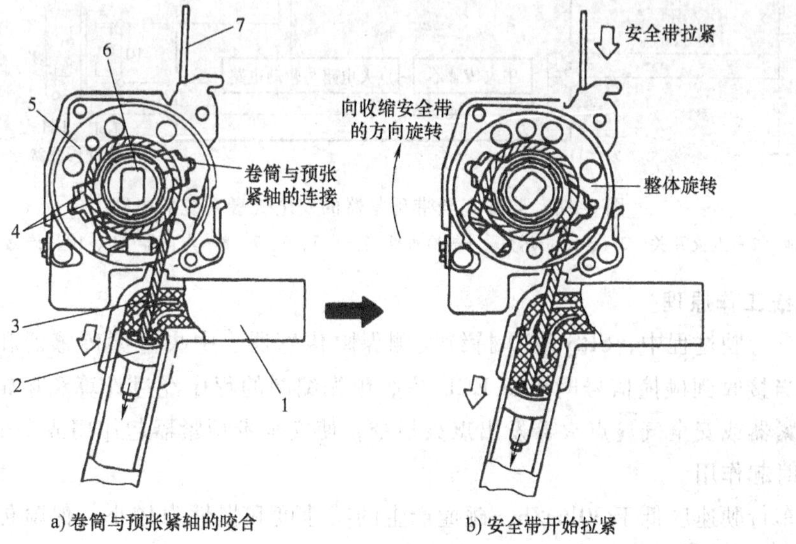

a) 卷筒与预张紧轴的咬合　　b) 安全带开始拉紧

图6-17 安全带预紧装置

1—气体发生器 2—活塞 3—缆绳 4—离合器 5—卷筒 6—安全带收缩主轴 7—安全带

6.4.3　系统的工作原理

1. 预紧器工作原理

装备座椅安全带预紧器的安全气囊系统的电路如图 6-18 所示。两个前碰撞传感器 9、10 与安装在 SRS ECU 中的中央碰撞传感器相互并联，驾驶席气囊点火器 7 与前乘员席气囊点火器 8 并联，左、右安全带预紧器点火器 5、6 并联。

在 SRS ECU 中，设有两只相互并联的保险传感器，其中一只与预紧器点火器 5、6 和 SRS ECU 中的驱动电路构成回路，预紧器的点火器受控于 SRS ECU。另一只保险传感器与气囊点火器 7、8 和前碰撞传感器 9、10 构成回路，气囊点火器 7、8 也受控于 SRS ECU。

提示： 座椅安全带预紧器气体发生器的工作原理与安全气囊气体发生器的工作原理相似。当安全带预紧器点火器电路接通电源时，点火器引爆点火剂，充气剂受热分解产生气体，活塞在膨胀气体的作用下迅速移动，并推动预紧器的收紧装置将安全带迅速收紧 15 ~ 20cm，约束驾驶人和乘员向前移动的距离，从而防止其面部、胸部与转向盘、风窗玻璃或仪表板发生碰撞。

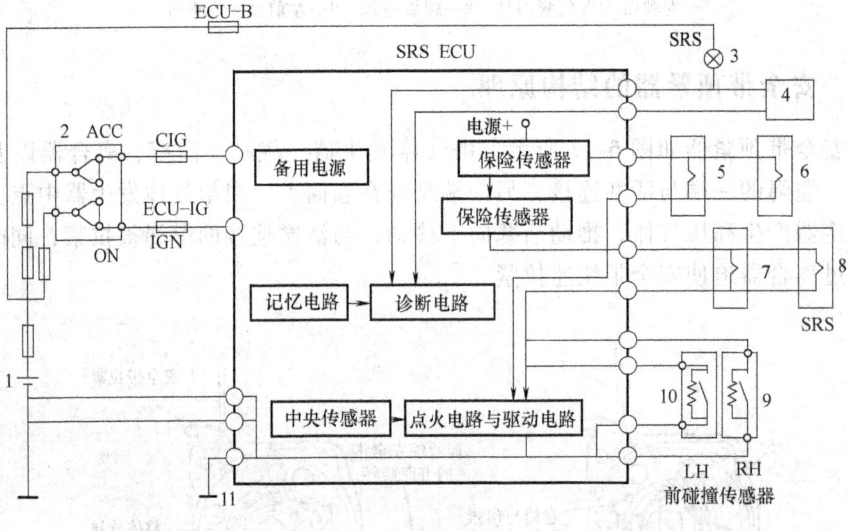

图 6-18　装备安全带预紧器的安全气囊系统的电路

1—蓄电池　2—点火开关　3—SRS 指示灯　4—检查插接器　5、6、7、8—点火器　9、10—传感器　11—搭铁点

2. 系统工作原理

在汽车行驶过程中，SRS ECU 持续监测保险传感器、中央碰撞传感器和前碰撞传感器的信号，当接收到碰撞信号时 SRS ECU 按照预先编制的程序经过计算和逻辑判断后，再向安全带预紧器或安全气囊点火器发出点火指令，使安全带预紧器起作用或安全带预紧器与安全气囊同时起作用。

当汽车行驶速度低于 30km/h，碰撞产生的减速度和惯性力较小，保险传感器和中央碰撞传感器将此信号送到 SRS ECU，ECU 判断结果为不引爆安全气囊，仅引爆座椅安全带预紧器的点火器；与此同时，向左、右安全带预紧器点火器发出点火指令使安全带收紧，约束驾驶人和乘员的身体运动。

当汽车行驶速度高于30km/h时，碰撞产生的减速度和惯性力较大，保险传感器、中央碰撞传感器和前碰撞传感器将此信号送到SRS ECU，ECU判断结果为需要安全气囊和预紧器共同起作用来保护驾驶人和乘员。与此同时，向预紧器点火器和气囊点火器发出点火指令，引爆所有点火器，在座椅安全带收紧的同时，驾驶席气囊与乘员席气囊同时膨开，吸收碰撞产生的动能，达到保护驾驶人和乘员的目的。

复习思考题

1. 安全气囊系统由几部分组成？各部分有什么功能？
2. 安全气囊有哪些种类的传感器？
3. 安全气囊系统有哪些保险机构？
4. 智能安全气囊系统有何特点？
5. 简述宝马智能安全气囊系统的工作原理。
6. 简述预紧式安全带收紧结构及系统工作原理。

第7章 电子控制悬架系统

学习目标

· 了解电控悬架系统的功用和组成。

· 了解电控悬架系统分类。

· 掌握电控悬架系统传感器和执行机构的结构和工作原理。

· 掌握电控悬架系统控制原理。

7.1 电控悬架系统的功用及分类

7.1.1 功用

悬架是车架（或承载式车身）与车桥（或车轮）之间的所有传力连接装置的总称。它的作用除了缓冲和吸收来自车轮的振动外，还把路面作用于车轮上的垂直反力（支承力）、纵向反力（牵引力和制动力）和侧向反力，以及这些反力所造成的力矩都传递到车架（或承载式车身）上，从而改变了汽车行驶的平顺性和操纵稳定性，以保证车辆正常行驶。

传统的悬架系统主要由弹簧（钢板弹簧、螺旋弹簧、扭杆弹簧等）、减振器、导向机构等组成。弹簧、减振器和轮胎的综合特性决定了汽车行驶的平顺性和操纵稳定性，平顺性和操纵稳定性是衡量悬架性能好坏的主要指标。理想的悬架应在不同的使用条件下具有不同的弹簧刚度和减振器阻尼，这样既能满足行驶平顺性要求又能满足操纵稳定性要求。

提示：电子控制悬架系统是通过控制悬架的刚度和减振器阻尼，克服传统的被动悬架系统的性能限制，使悬架特性与路面条件、装载质量、行驶车速等相适应，从而使汽车的平顺性和操纵稳定性在各种行驶条件下都能达到最佳组合。

电子控制悬架系统的基本功能包括减振器阻尼控制、弹簧刚度控制和车身高度调整。

① 减振器阻尼调节功能。该功能的作用是在急转弯、急加速和紧急制动等情况下，通过改变减振器阻尼，抑制车辆姿势的变化，防止车辆侧倾、前倾、后仰等，提高车辆的操纵稳定性和乘坐舒适性。

② 弹簧刚度调节功能。该功能是利用控制弹簧刚度的方法控制车辆在各种不同状况时的姿势，提高车辆的操纵稳定性。

③ 车身高度调整功能。可以使车辆根据载荷变化自动调节悬架高度以保持车身的正常高度和姿态。当汽车在坏路面行驶时可以使车身升高，增强其通过性；当汽车在高速行驶时，又可以使车身降低，减少空气阻力并提高行驶稳定性。

7.1.2 分类

根据悬架的控制方式不同，电子控制悬架可分为半主动悬架和主动悬架两大类。

1. 半主动悬架

半主动悬架通常是指只能对悬架的减振器阻尼进行调节的悬架。根据减振器阻尼调节方式不同，半主动式电控悬架又分为有级半主动式（阻尼有级可调）和无级半主动式（阻尼连续可调）两种。半主动悬架是无源控制，因此，消耗的能量很小，成本较低，但汽车在转向、起动、制动等工况时难以对弹簧刚度和减振器阻尼进行有效的控制。

2. 主动悬架

主动悬架能根据不同工况主动调节悬架的减振器阻尼、弹簧刚度以及车身高度，从而能够同时满足汽车行驶平顺性和操纵稳定性的要求。主动悬架是有源控制，在悬架系统中附加一个可控制作用力的装置（压缩空气源或者液压源），根据各传感器检测到汽车载荷、行驶速度、路面状况变化和汽车起动、制动、转向等工况，自动调节悬架的弹簧刚度和减振器阻尼，此外，还可以根据行驶情况的变化自动调节车身高度，显著提高汽车的操纵稳定性和乘坐舒适性。

7.2 电控悬架系统的结构和工作原理

7.2.1 系统组成

悬架系统因生产企业不同，其功能及零部件组成略有不同，但其电子控制系统总体上都是由各种传感器和控制开关、电子控制单元、执行机构等部分组成，如图 7-1 所示。

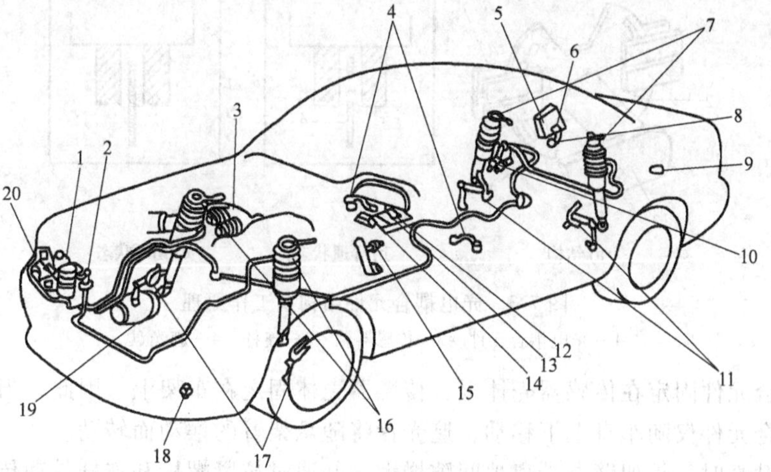

图 7-1 典型电控悬架系统的组成

1—高度控制压缩机 2—1 号高度控制阀 3—主节气门位置传感器 4—门控灯开关 5—悬架 ECU 6—2 号高度控制继电器 7—后悬架控制执行器 8—高度控制连接器 9—高度控制开关 10—2 号高度控制阀和溢流阀 11—后高度控制传感器 12—LRC 开关 13—高度控制开关 14—转向传感器 15—制动灯开关 16—前悬架控制执行器 17—前高度控制传感器 18—1 号高度控制继电器 19—IC 调节器 20—干燥器和排气阀

电子控制悬架系统的传感器将汽车路面行驶的情况（包括：振动、车速、起步、加速、转向、制动等信息）转变为电信号，传送给电子控制单元（ECU）。悬架 ECU 将传感器传回的电信号进行综合处理，然后发出对悬架的刚度、阻尼系数及车身高度进行调节的控制信号。悬架系统的执行机构，根据悬架 ECU 的控制信号执行动作，及时调整悬架的刚度、阻尼系数及车身高度。悬架系统的执行机构一般由电磁阀、步进电动机、气泵电动机等组成。

7.2.2　传感器和控制开关

电控悬架系统传感器的作用是对汽车行驶状态进行检测，为 ECU 提供相应的电信号，以便 ECU 对悬架的阻尼、弹簧刚度和车身高度进行控制。

1. 车身高度传感器

车身高度传感器的作用是检测汽车行驶时车身高度的变化情况（车身相对车桥的位移量也即悬架位移量），并转换成电信号输入悬架系统 ECU。

光电式车身高度传感器主要由光电耦合元件、遮光盘、壳体和防护盖等组成，结构如图 7-2 所示。光电耦合元件由发光二极管和光敏晶体管组成，遮光盘固定在传感器轴上，遮光盘圆周上制有弧度不等的透光槽，如图 7-3 所示。车身高度传感器轴通过连杆和拉紧螺栓与悬架臂连接，如图 7-4 所示。

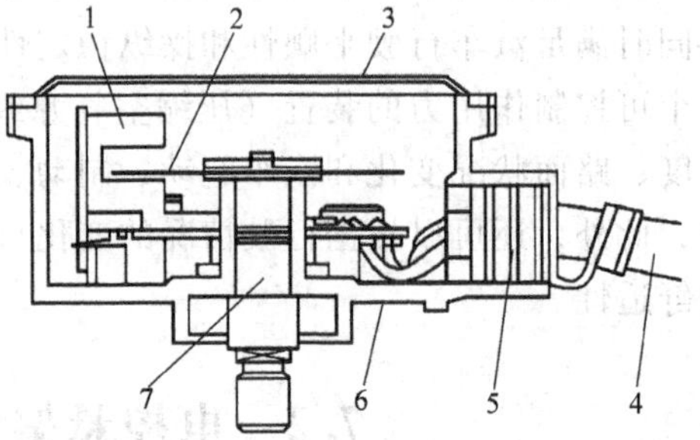

图 7-2　车身高度传感器结构

1—光电耦合元件　2—遮光盘　3—盖　4—电缆　5—金属封油环　6—壳体　7—轴

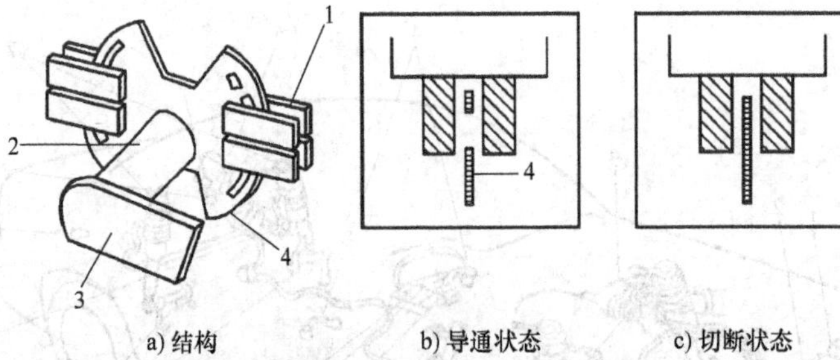

图 7-3　光电耦合元件结构及工作原理

1—光电耦合元件　2—传感器轴　3—连杆　4—遮光盘

光电耦合元件固定在传感器壳体上，传感器壳体固定在车架上。因此，当车身高度变化时，光电耦合元件仅随车身上下移动，遮光盘将随悬架臂的摆动而转动。

当车身升高时，悬架臂右端离地间隙增大，并通过拉紧螺栓和连杆带动传感器轴沿顺时针方向转动一定角度。反之，当车身高度降低时，悬架臂右端离地间隙减小，因为拉紧螺栓的长度不变，所以悬架臂将通过拉紧螺栓和连杆带动传感器轴沿逆时针方向转动一定角度。

当传感器轴转动时，就会带动固定在轴上的遮光盘一同转动。当遮光盘上的透光槽处于发光二极管与光敏晶体管之间时，光敏晶体管受到光线照射而导通（图 7-3b），耦合元件输出端输出低电平“0”（0～0.3V）；当遮光盘上的透光槽不在发光二极管与光敏晶体管之间时，光敏晶体管不受光线照射而截止（图 7-3c），耦合元件输出端输出高电平“1”（4.7～5.0V）。根据光电耦合元件输出的信号，即可判定车身高度。为了获得在整个车身高度变化范围内车身高度的电信号，在遮光盘的两侧装有 4 组或 2 组光电耦合元件。4 组光电耦合元

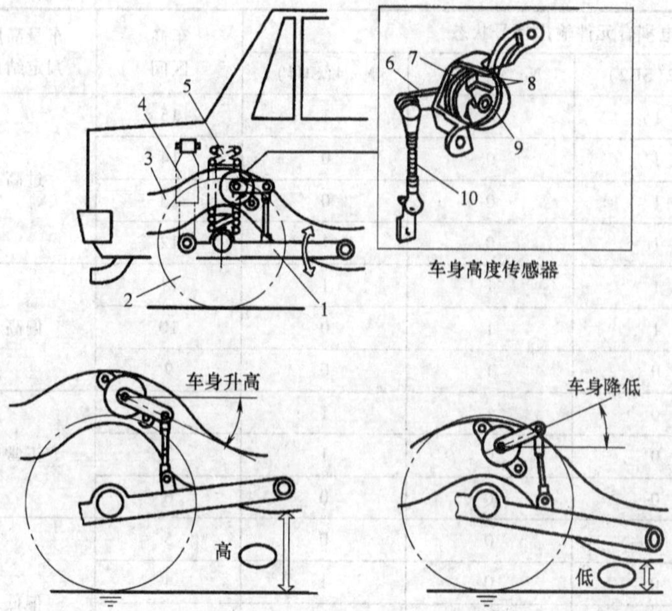

图 7-4　车身高度传感器连接关系

1—后悬架臂　2—轮胎　3—车架　4—减振器　5—螺旋弹簧　6—连杆
7—槽　8—光电耦合元件　9—遮光盘　10—拉紧螺栓

件的电路如图 7-5 所示，电控单元根据各组光电耦合元件的输出信号，判定在整个车身高度变化区间内的车身高度变化，判定结果如表 7-1 所示。若遮光盘两侧只装配两组光电耦合元件，电控单元可判定车身处于“过高”“偏高”“偏低”“过低”4 种状态，判定结果见表 7-2。

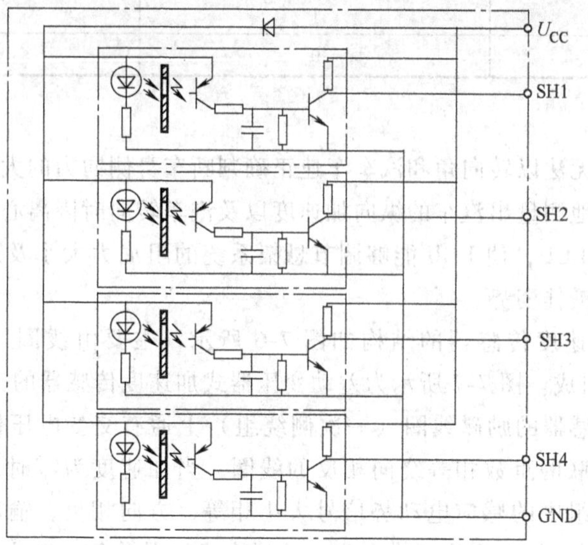

图 7-5　光电耦合元件（4 组）控制电路图

表 7-1　车身高度与光电耦合元件输出信号（4 组）关系

光电耦合元件输出信号状态				车高区间	车身高度判定结果	备注
No. 1(SH1)	No. 2(SH2)	No. 3(SH3)	No. 4(SH4)			
1	1	0	1	15	过高	由上往下，车身降低。
1	1	0	0	14		
0	1	0	0	13		
0	1	0	1	12		
0	1	1	1	11	偏高	
0	1	1	0	10		
0	0	1	0	9		
0	0	1	1	8	正常	
0	0	0	1	7		
0	0	0	0	6		
1	0	0	0	5	偏低	
1	0	0	1	4		
1	0	1	1	3		
1	0	1	0	2		
1	1	1	0	1	过低	
1	1	1	1	0		

表 7-2　车身高度与光电耦合元件输出信号（两组）关系

No. 1 开关信号	No. 2 开关信号	车身状态
1	0	过高
1	1	偏高
0	1	偏低
0	0	过低

2. 加速度传感器

在车轮打滑时，无法以转向角和汽车车速正确判断车身侧向力的大小，此时利用加速度传感器可以直接准确地测量出汽车的纵向加速度以及汽车转向时因离心力而产生的横向加速度，并将信号输送给 ECU，使 ECU 能够调节悬架系统的阻尼力大小及悬架弹性元件刚度的大小，以维持车身的最佳姿势。

差动变压器式加速度传感器的结构如图 7-6 所示，主要由线圈（一次绕组，二次绕组）、铁心、弹簧等组成。图 7-7 所示为差动变压器式加速度传感器的工作原理。

其工作原理：传感器的励磁线圈（一次侧绕组）上通有交变电压信号，检测线圈（二次侧绕组）是两个串联的匝数相等绕向相反的线圈，当加速度为零时，铁心处于中间平衡位置，两个二次侧绕组中的感应电动势信号大小相等，方向相反，输出为零；当汽车转弯（或加、减速）行驶时，铁心在汽车横向力（或纵向力）的作用下产生位移，随着铁心位置的变化，两检测线圈（二次侧绕组）的感应电动势大小不等，输出电压发生变化。加速度越大，铁心位移越大，输出电压信号越大。ECU 根据此输入信号即可正确判断汽车横向力（或纵向力）的大小，对车身姿势进行控制。

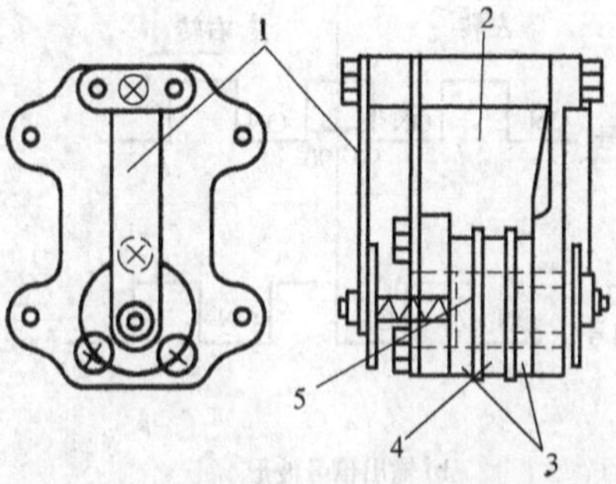

图 7-6　差动变压器式加速度传感器结构
1—弹簧　2—封入硅油　3—检测线圈（二次侧绕组）
4—励磁线圈（一次侧绕组）　5—铁心

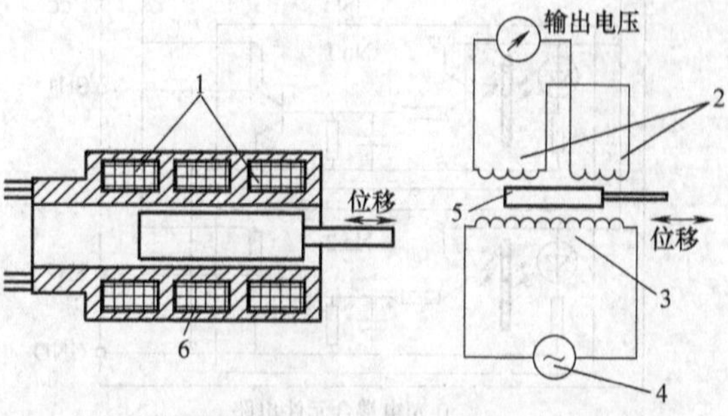

图 7-7　差动变压器式加速度传感器工作原理
1、2—二次绕组　3、6—一次侧绕组
4—电源　5—铁心

3. 转向盘转角传感器

转向盘转角传感器位于转向盘下面，主要用来检测转向盘的中间位置、转动方向、转动角度和转动速度等，并把信号输送给悬架 ECU，ECU 根据该信号和车速等信号判断汽车转向时侧向力的大小和方向，从而控制车身的侧倾。

现代汽车多采用光电式转向盘转角传感器，其安装位置及结构如图 7-8 所示，主要由信号圆盘（有缝圆盘），光电耦合元件和处理电路等组成。

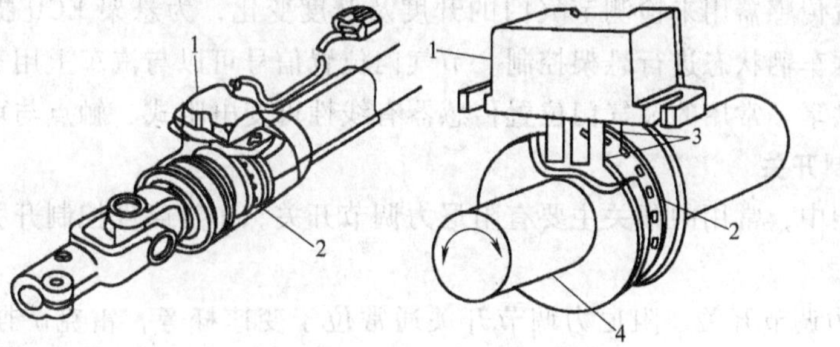

图 7-8　光电式转向盘位置传感器的结构
1—传感器壳体　2—信号圆盘　3—光电耦合元件　4—转向轴

光电式转向盘转角传感器信号圆盘压装在转向轴上，在信号圆盘的圆周上制有宽度相等、均匀排列的透光孔。两组光电耦合元件装在信号圆盘两侧与透光孔配合工作。

光电式转向盘转角传感器与光电式车身高度传感器的基本原理相同，耦合元件电路如图 7-9a所示，当信号圆盘随转向轴转动时，圆盘上的透光孔便在两组光电耦合元件之间转过，耦合元件输出端即可输出高、低电平信号，如图 7-9b 所示。

悬架 ECU 根据两组光电耦合元件输出信号导通与截止变换的频率，即可计算出转向盘的转动角度和速度。同时，由于两个光电耦合元件 ON、OFF 变换的相位差为 90°，因此通过判断哪个耦合元件首先转变为 ON 状态，即可检测出转向轴的转动方向。例如：转向盘向左转时，左侧光电耦合器总是先于右侧光电耦合器 90°达到“ON”状态，向右转时，右侧

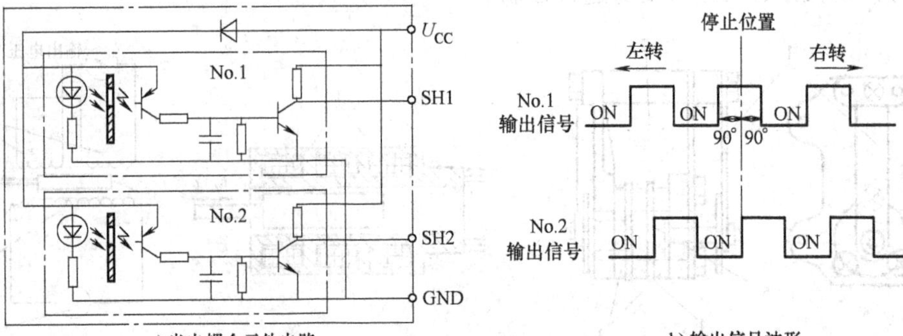

a) 光电耦合元件电路　　b) 输出信号波形

图 7-9　光电式转向盘转角传感器电路

光电耦合器总是先于左侧光电耦合器 90°达到 “ON” 状态。

4. 车速传感器

车速信号是汽车悬架系统的常用控制信号，汽车车身的侧倾程度取决于车速的高低和汽车转向半径的大小。车速传感器的作用是检测汽车速度，并将信号传递给 ECU，用于对悬架的阻尼、弹簧刚度和车身高度的控制。常用的车速传感器主要有舌簧开关式，电磁感应式，光电式等。

5. 节气门位置传感器

节气门位置传感器用来检测节气门的开度及开度变化，为悬架 ECU 提供起步、加速等信号，以便根据车辆状态进行悬架控制。节气门位置信号可以与汽车上用于发动机控制的节气门位置信号共享。常用的节气门位置传感器有线性可变电阻式、触点与可变电阻组合式。

6. 悬架控制开关

在电控悬架中，常用的开关主要有阻尼力调节开关、车身高度控制开关及车身高度控制通/断开关等。

（1）阻尼力调节开关　阻尼力调节开关通常位于变速杆旁，雷克萨斯 LS400 轿车的阻尼力调节开关被称为 LRC（Lexus Riding Control 雷克萨斯汽车行驶平顺性控制）开关，如图 7-10a 所示。LRC 开关有 NORM（正常）和 SPORT（运动）两个位置，当选择不同位置时，减振器阻尼和弹簧刚度见表 7-3。

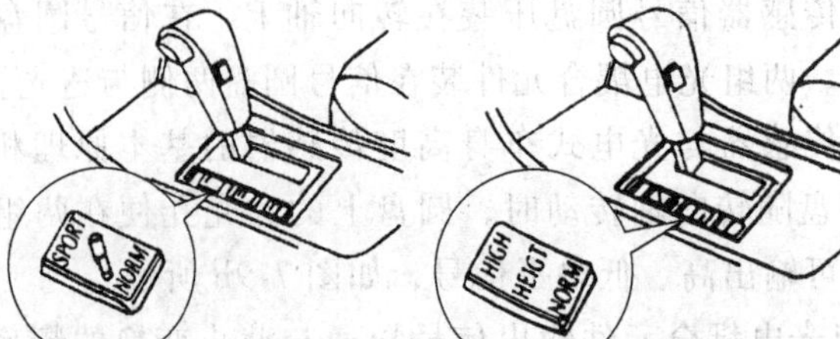

a) 阻尼力调节开关　　b) 车身高度控制开关

图 7-10　悬架控制开关

表 7-3　悬架控制开关的控制功能

开关位置		减振器阻尼	弹簧刚度	车身高度
LRC 开关	NORM	软	软	—
	SPORT	中	硬	—
高度控制开关	NORM	—	—	标准
	HIGH	—	—	高

（2）车身高度控制开关　图 7-10b 所示为 LS400 轿车车身高度控制开关，驾驶人操纵此开关选择所希望的车身高度（NORM 或 HIGH）后，车身高度的目标值见表 7-3。

（3）车身高度控制通/断开关　车身高度控制通断（ON/OFF）关用来接通或中止主动悬架的车身高度控制功能，该开关位于车辆行李箱的工具储藏室内。当车辆被举升、停在不平的路面或车辆被拖拽时，要先将此开关拨至 OFF 位置，这样可避免空气弹簧中的压缩空气排出，从而造成车身高度下降。

7. 其他信号

（1）制动灯开关信号　制动灯开关通常安装在制动踏板支架上（图 7-11），当踩下制动踏板时，开关接通，悬架 ECU 利用这一信号判断汽车是否处于制动状态，以便对悬架进行阻尼和弹簧刚度控制。

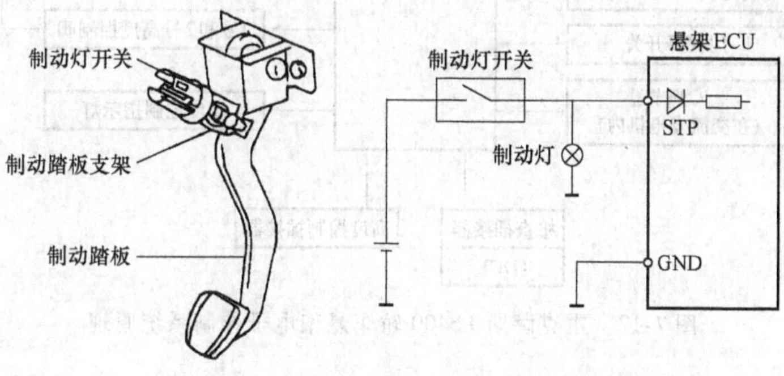

图 7-11　LS400 制动灯开关位置及电路

（2）门控灯信号　门控灯开关位于汽车各门的门柱上或行李箱内，当所有的车门（和行李箱盖）都关闭时，门控灯开关断开，车门关闭信号送至 ECU。

在主动悬架系统中，ECU 根据该信号判断车门是否打开，因为在车辆停止后，悬架系统会自动使车身高度降低，若在降低的过程中 ECU 检测到车门打开（下客或卸货）时，车身高度自动控制功能必须停止，以免造成危险。

（3）发电机 IC 调节器信号（以 LS400 轿车为例）　发电机 IC 调节器位于汽车交流发电机内。IC 调节器的端子 L 在发动机运转时（即发电机发电）为蓄电池电压，在发动机停止时（即发电机不发电）不高于 1.5V。IC 调节器的端子 L 直接与悬架 ECU 的 REG 端子连接，悬架 ECU 据此判断发动机是否运转。悬架 ECU 利用这一信号，进行如转角、高度等传感器的检查和失效保护功能。

7.2.3　电子控制单元

电控悬架系统 ECU 与其他系统 ECU 相同，也是由输入回路、微型计算机、输出回路以及电源电路等组成。电控悬架系统 ECU 接收车身高度传感器、转向盘转角传感器等传感器信号，以及阻尼力调节开关、车身高度控制开关等开关信号，按照储存在 ECU 存储器内的设定程序，对悬架的减振器阻尼、弹簧刚度、车身高度进行控制。LS400 轿车悬架电子控制系统原理如图 7-12 所示。

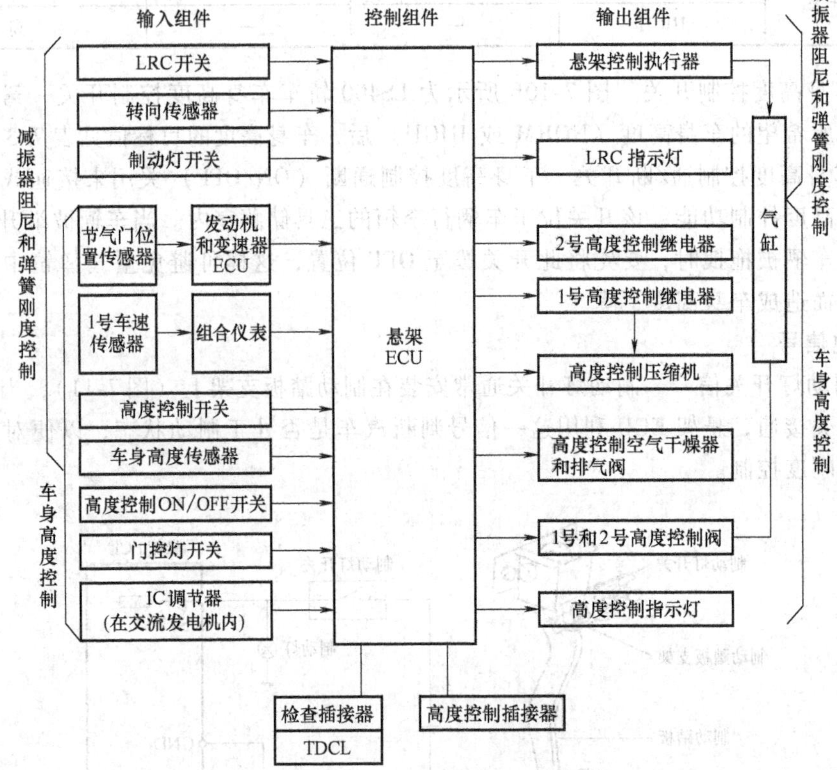

图 7-12　雷克萨斯 LS400 轿车悬架电子控制系统原理

当汽车正常行驶时，电控悬架系统 ECU 按照阻尼力调节开关、车身高度控制开关的设定，控制减振器阻尼、弹簧刚度以及车身高度（表 7-3）。但汽车的运行状态发生变化时，ECU 将对电控悬架的控制参数进行自动控制，控制策略如下：

1. 减振阻尼力和弹簧刚度控制

提示： 减振阻尼力和弹簧刚度的控制是针对以下情况而实施的，具体包括防止前倾控制、防止侧倾控制、防止后仰控制、坏路控制、高车速控制等。

（1）防止前倾控制　该控制用于防止汽车在制动时过量前倾。当车速、制动灯开关状态和车身高度发生变化时，悬架 ECU 通过悬架执行器把减振器阻尼和弹簧刚度设置到“硬”状态。在松开制动踏板约 1s 后，这一控制被取消，悬架执行器恢复至原来的减振阻尼和弹簧刚度设定。

（2）防止侧倾控制　该控制可在转弯时或在 S 形弯路上抑制车辆的侧倾。悬架 ECU 根据车速和转向盘转角信号，将悬架执行器设置在“硬”的位置。

当转向盘恢复至直线行驶位置约 2s 后，悬架 ECU 取消这一控制，使执行器恢复至原来设定的减振阻尼力和弹簧刚度。如果转向盘连续沿左右两个方向来回转动，或转动得比正常转弯大时，则这一控制的时间将延长。

(3) 防止后仰控制 该控制可在汽车起步或突然加速时抑制汽车后仰。当悬架ECU从车速传感器和节气门位置传感器测知汽车起步或突然加速时，使减振器阻尼力和弹簧刚度变为“硬”状态。这一控制约在2s后或是车速达到预定值时取消，从而恢复至原来设定的减振器阻尼力和弹簧刚度。

(4) 坏路控制 坏路控制可抑制汽车在坎坷不平的道路上行驶时发生的刮底、俯仰和跳振，以改善乘坐舒适性。这一控制可根据汽车前、后高度的变化分别对前轮和后轮单独进行。但当车速低于10km/h时，不再进行坏路控制。

当左前或右前高度传感器检测到路面不平整时，悬架ECU将减振器阻尼力设置为“中”，弹簧刚度设置为“硬”；若检测到路面很不平整时，悬架ECU将减振器阻尼力和弹簧刚度均设置为“硬”。后悬架的设置方式与前悬架一样，只是由左后或右后高度传感器来检测路面的平整程度。

(5) 高车速控制 该控制可在汽车高速行驶时改善行驶的操纵性和稳定性。当车速较高（140km/h以上）时，悬架ECU将减振器阻尼力和弹簧刚度分别设置到“中”和“硬”位置，以提高汽车稳定性。当车速降至某一值（120km/h）以下时，悬架ECU使悬架执行器恢复至原来的设置。

2. 车身高度控制

汽车车身高度控制有自动高度控制、高车速控制和关闭点火开关控制三种。

(1) 自动高度控制 当车内乘员人数和装载质量变化时，自动控制车身高度，避免汽车底盘与不平路面相刮碰，改善汽车乘坐舒适性，还能使汽车前照灯光束射程保持恒定，提高汽车行驶的安全性。

(2) 高车速控制 当汽车高速行驶时，系统自动降低车身高度，从而提高汽车高速行驶的稳定性，并减少空气阻力。当车速超过140km/h时，即使高度控制开关设置在HIGH（高）的位置，车身高度仍会降至NORM（正常）位置，且仪表板上的NORM指示灯点亮。当车速降至120km/h以下时，高车速控制便自动取消，车身恢复至原来设定高度。

(3) 关闭点火开关控制 当汽车停下或乘员需要上、下车时，通过关闭点火开关，可自动降低车身高度，从而改善汽车驻车姿势，方便乘员出入汽车。

7.2.4 执行机构

电控悬架系统的执行机构如果按照执行器的结构原理不同分类，可以分为电动机式和电磁阀式等。它们的结构形式在不同的悬架系统中各有不同，但其基本作用都是接受ECU的指令，完成相应的驱动动作，改变减振器阻尼孔的截面积以改变悬架阻尼力大小，或改变空气（油气）弹簧内部介质的流通情况进而改变悬架刚度和车身高度等特性。

此外执行器还有继电器（根据ECU指令控制电路的通、断）、指示灯（提示驾驶人系统的状态或某些故障信息）等。

电控悬架系统的执行机构按照其控制功能分，则可以分为变阻尼执行机构、弹簧刚度调节执行机构和车身高度调节执行机构。

1. 变阻尼执行机构

电控悬架可变阻尼减振器的结构如图7-13所示，减振器活塞的上下两腔之间除了有常通通孔外，还在回转阀的 A—A、B—B、C—C 三个不同截面上设有不同的阻尼孔，在减振器活塞杆的这三个截面上也有油孔。当回转阀相对于活塞杆转动时，回转阀上的阻尼孔的开闭状态就会改变，从而改变减振器的阻尼。

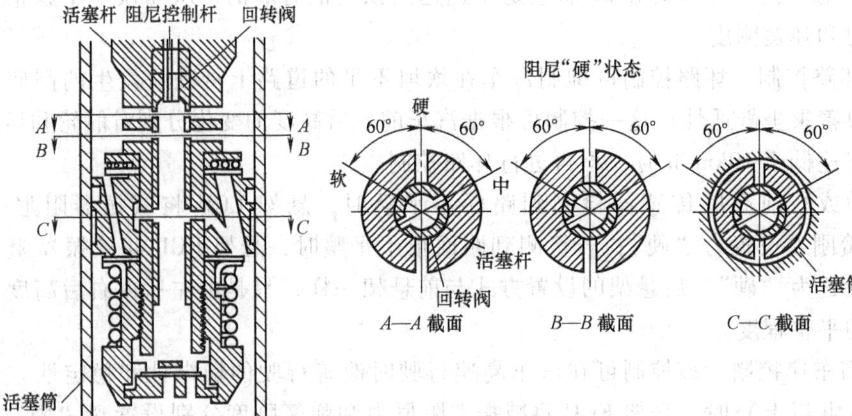

图 7-13　可变阻尼减振器的结构

在图 7-13 中所示位置，A—A、B—B、C—C 三个截面位置回转阀阻尼孔与活塞杆油孔都不通，活塞上下两腔只有常通油孔相同，此时减振器阻尼为“硬”；由图中“硬”的位置顺时针转动回转阀 60°，B—B 截面回转阀阻尼孔与活塞杆油孔相通，其他两个截面的阻尼孔都不通，此时减振器阻尼为“中”；由“硬”的位置逆时针转动回转阀 60°，三个截面回转阀阻尼孔与活塞杆油孔都相通，此时减振器阻尼为“软”。

减振器的回转阀与阻尼控制杆连接在一起，电控悬架系统的变阻尼执行机构转动阻尼控制杆就可以调节减振器阻尼。变阻尼执行机构一般安装在减振器顶部，结构如图 7-14 所示，由步进电动机、驱动小齿轮、扇形齿轮、挡块、电磁线圈及减振器阻尼控制杆等组成。悬架 ECU 控制步进电动机转动，通过驱动小齿轮、扇形齿轮，带动阻尼控制杆转动，阻尼控制杆再带动减振器筒内部的回转阀转动，从而调节减振器阻尼。

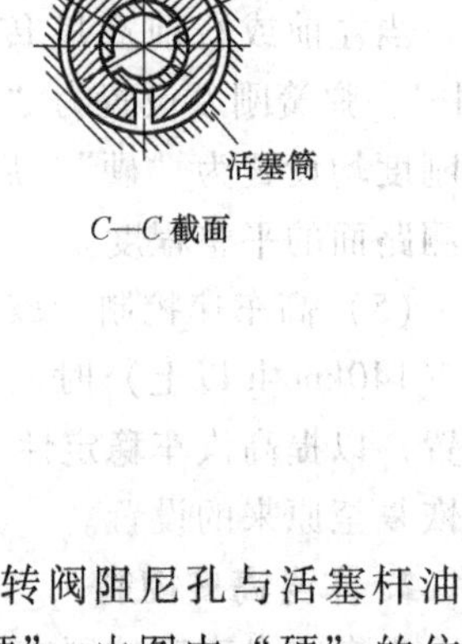

图 7-14　变阻尼减振器执行机构

1—挡块　2—扇形齿轮

3—驱动小齿轮　4—步进电动机

5—电磁线圈　6—阻尼控制杆

为了保证回转阀转动位置的准确以及调节后回转阀位置的固定，变阻尼减振器执行机构具有挡块、电磁线圈并且在扇形齿轮上有定位槽，当需要将阻尼调节至“软”的位置时，电动机驱动扇形齿轮逆时针转动，直至定位槽的左侧边缘碰到挡块（图 7-15a）；当需要将阻尼调节至“中”的位置时，使扇形齿轮顺时针转动，直至定位槽的右侧边缘碰到挡块（图 7-15c）；当需要将阻尼调节至“硬”的位置时，使扇形齿轮转动至定位槽中间位置（图 7-15b），并且使电磁线圈通电，使挡块进入定位槽中间的凹坑，防止回转阀转动。

2. 弹簧刚度调节执行机构

可变刚度的电控悬架采用的弹性元件主要有空气弹簧和油气弹簧两种，针对刚度的控制

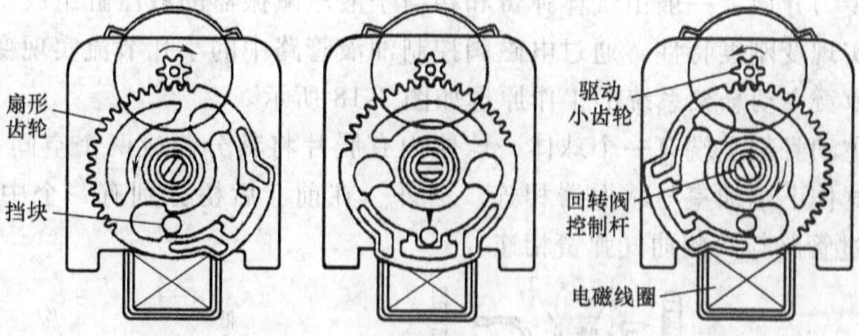

图 7-15　扇形齿轮旋转方向与位置

方法也不尽相同。

(1) 空气弹簧主动悬架刚度控制　图 7-16 所示为空气弹簧主动悬架的总体结构，空气弹簧位于悬架上方，与可变阻尼减振器一起构成悬架支柱，上端与车架（或承载式车身）相连，下端安装在悬架摆臂上。气动缸由主、副气室两部分组成，主气室是可变容积，在它的下部有一个可伸展的隔膜，压缩空气进入主气室可使悬架的高度升高，反之使悬架高度下降；此外，当空气弹簧受到动载荷作用时，主气室内的空气将受到压缩或膨胀，由于主、副气室之间有一个通道，气体便可以在主副气室之间流通。因此，改变主、副气室的气体通道截面积大小，就可以改变空气悬架的刚度。

悬架刚度的自动调节原理如图 7-17 所示。主、副气室间的气阀体上有大小两个通道。步进电动机带动空气阀控制杆转动，使空气阀阀芯转过一个角度，改变气体通道的大小，就可以改变主、副气室气体流量，使悬架的刚度发生变化。

悬架刚度可以调节为低、中、高三种状态。当阀芯在图 7-17所示位置时，阀芯上的开口与大、小气体通道都不通，因此主、副气室隔绝，悬架在压缩伸张过程中，只有主气室的气体单独起缓冲作用，悬架刚度处于“高”的状态。

将阀芯由图 7-17 所示位置顺时针转动 60°，阀芯开口与大气体通道连通，主、副两气室之间的空气流量大，相当于参与工作的气体容积增大，悬架刚度处于“低”状态。

将阀芯由图 7-17 所示位置逆时针转动 60°，阀芯开口与小气体通道连通，两气室之间的流量小，悬架刚度处于“中”状态。

阀芯与空气阀控制杆连接在一起，转动空气阀控制杆就可以转动阀芯，从而调节弹簧刚度。而阻尼控制杆与空气弹簧下端的减振器中的回转阀连接在一起，用于调节减振器阻尼。调节弹簧刚度的空气阀控制杆以及调节阻尼的阻尼控制杆都由悬架控制执行器控制，悬架控制执行器中的电动机通过齿轮机构驱动空气阀控制杆及阻尼控制杆转动。

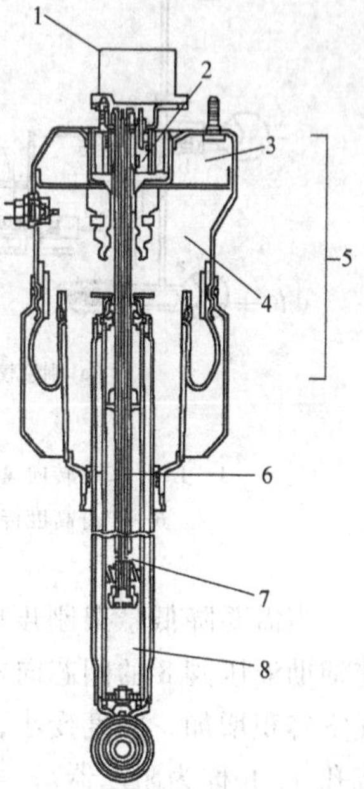

图 7-16　空气弹簧悬架结构
1—悬架控制执行器　2—空气阀
3—副气室　4—主气室
5—气动缸　6—阻尼控制杆
7—活塞量孔　8—减振器

(2) 油气弹簧主动悬架刚度控制　油气弹簧以惰性气体（通常为氮气）作为弹性介质，

而用油液作为传力介质，一般由气体弹簧和相当于液压减振器的液压缸组成。通过油液压缩气室中的气体实现变刚度特性，通过电磁阀控制油液管路中的小孔节流实现变阻尼特性。雪铁龙 XM 油气弹簧主动悬架系统的工作原理如图 7-18 所示。

油气弹簧主动悬架上端有一个球体，球体内有膜片将其分割成两个空间，上端为气室，下端为油室。球体下端油室与减振器相连。另外，在前、后桥分别有一个中间油气室（刚度调节器）通过管路与两侧油气弹簧相连。

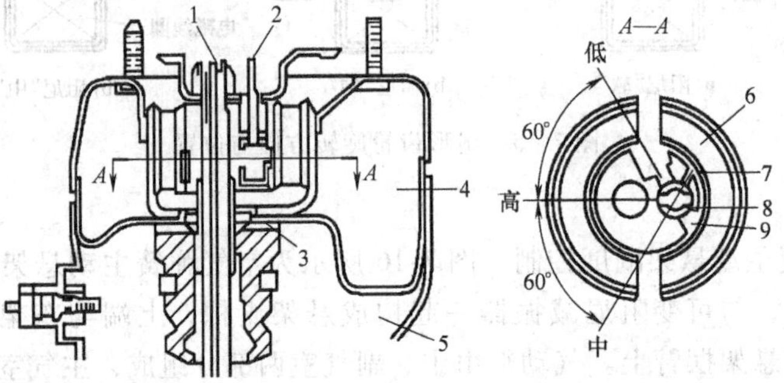

图 7-17　空气弹簧悬架刚度调节原理

1—阻尼控制杆　2—空气阀控制杆　3—主辅气室通道　4—辅气室
5—主气室　6—气阀体　7—小气体通道　8—阀芯　9—大气体通道

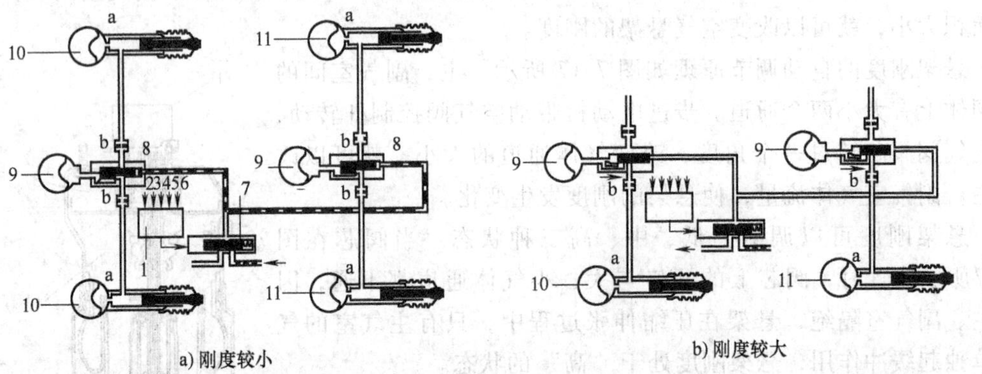

图 7-18　油气弹簧主动悬架工作原理

1—ECU　2—转向盘转向角传感器　3—加速度传感器　4—制动压力传感器　5—车速传感器
6—车身高度传感器　7—电磁阀　8—辅助液压阀　9—中间油气室（刚度调节器）
10—前油气室　11—后油气室

当需要降低悬架刚度时，ECU 使电磁阀 7 通电，阀芯向右移动，从而接通压力油道，使辅助液压阀 8 的阀芯向左移动，中间的油气室 9 与左右油气室连通（图 7-18a），使总的气室容积增加，刚度变小，系统处于“软”状态。中间油气室 9 又被称为刚度调节器，节流孔 a、b 称为阻尼器。

当需要增大悬架刚度时，ECU 使电磁阀 7 断电，在弹簧力作用下阀芯左移，关闭压力油道，原来用于推动液压阀 8 的压力油通过电磁阀 7 的左边油道泄压，液压阀 8 阀芯右移，切断中间油气室 9 与左右两侧油气室的油路（图 7-18b），气室总容积减小，刚度增大，使系统处于“硬”状态。

3. 车身高度调节执行机构

（1）空气弹簧车身高度调整　采用空气弹簧调节车身高度的系统有两种：一种是外排

气式，另一种是内排气式。两者都是通过向空气弹簧的主气室内充、放气来实现车身高度的调节的，其工作原理基本相同。不同的是前者从大气中吸入空气并将气体排入大气，通过接入干燥罐清除水蒸气；而后者采用封闭的空气供给系，系统将空气排向储气筒低压腔。

图 7-19 所示为一种外排气式空气弹簧悬架控制系统，主要由气源系统、空气管路、高度控制电磁阀、空气弹簧（气缸）等组成。气源系统主要包括空气压缩机、干燥器、排气电磁阀等，空气压缩机由一个小直流电动机驱动，根据悬架 ECU 的信号向干燥器输送提高车身高度所必需的压缩空气。干燥器是一个装有硅胶的容器，可以将空气中的水分过滤掉。排气阀从系统中放出压缩空气，同时排掉干燥器滤出的空气水分。高度控制电磁阀是二位二通电磁阀，控制向主气室内充气（将进气路与主气室连通）和排气（将主气室与大气相通）。

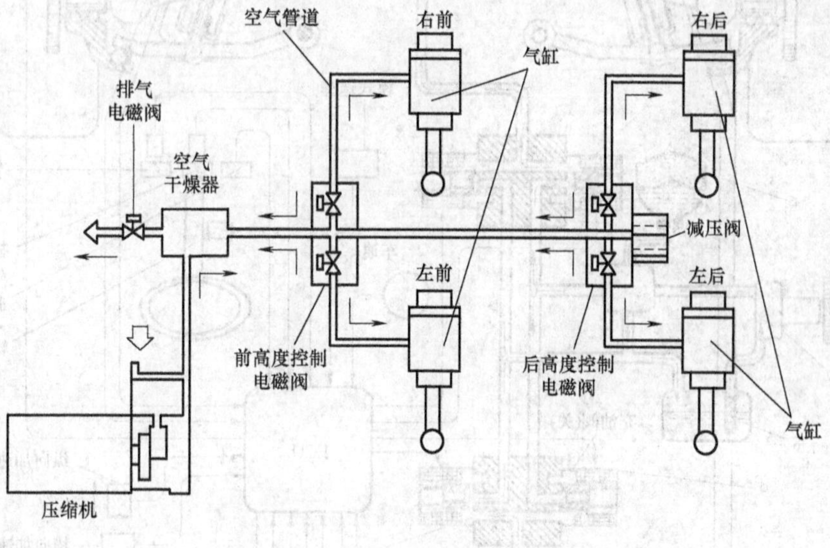

图 7-19　悬架控制系统空气管路

提示：在汽车行驶过程中，车身高度传感器一般每隔 8ms 测定一次车身高度。当悬架 ECU 判定需要调节车身高度时，立即发出控制指令，操纵高度控制电磁阀和空气压缩机给空气弹簧充气（使车身升高）或放气（使车身降低），从而将车身高度调节到规定值。高度调节范围一般为 10～30mm。

车身高度调节过程如下：

① 车身高度不变。当车身高度传感器输入悬架 ECU 的信号表示车身高度在设定高度范围内时，ECU 将不对高度控制电磁阀和空气压缩机发出工作指令，高度控制电磁阀关闭，空气压缩机不工作，空气弹簧内的空气量保持不变，车身高度将保持不变。

② 车身高度升高的调控。如果汽车的乘员或载荷增加使车身高度“偏低”或“过低”，或者汽车由原来的高车速降低到低于某一车速（120km/h）时，ECU 立即发出电路接通指令，在接通高度控制空气压缩机继电器电路使压缩机运转的同时，接通高度控制电磁阀电路使电磁阀打开，压缩空气进入空气弹簧，使车身升高。

③ 车身高度降低的调控。如果汽车乘员或载荷减少使车身高度“偏高”或“过高”，

或者车速高于某一车速（140km/h），或者汽车停车关闭点火开关以后，ECU 将向排气阀和高度控制电磁阀发出电路接通指令，排气阀和高度控制电磁阀打开，空气弹簧中的部分空气经高度控制电磁阀、空气管、干燥器、排气阀排出，车身高度降低。

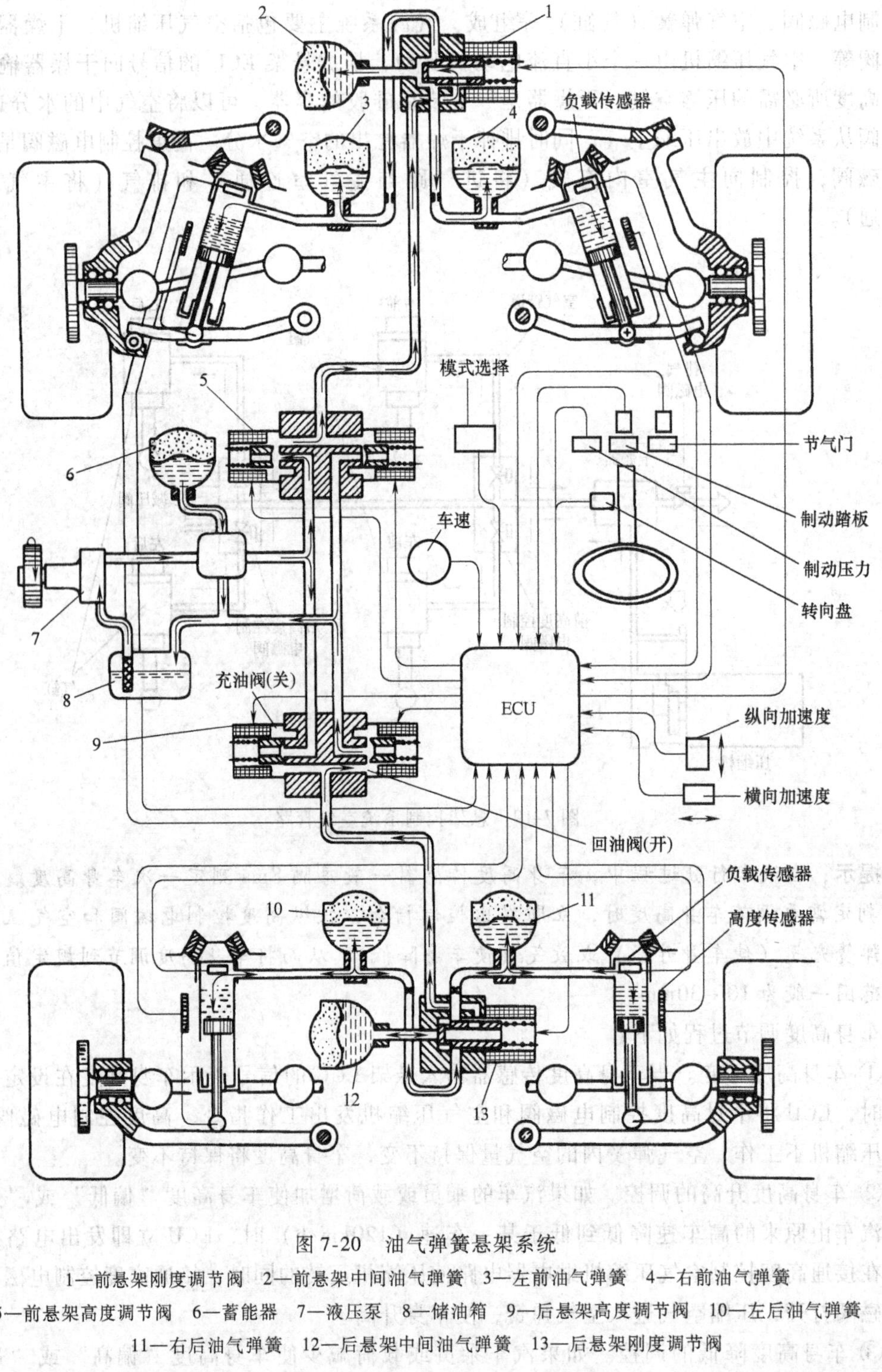

图 7-20　油气弹簧悬架系统

1—前悬架刚度调节阀　2—前悬架中间油气弹簧　3—左前油气弹簧　4—右前油气弹簧
5—前悬架高度调节阀　6—蓄能器　7—液压泵　8—储油箱　9—后悬架高度调节阀　10—左后油气弹簧
11—右后油气弹簧　12—后悬架中间油气弹簧　13—后悬架刚度调节阀

④ 系统保护措施。为防止悬架系统正常运动时 ECU 使车身升高或降低，在车身高度传感器发出车身高度变化信号 7～13s 以后，ECU 才会向执行元件发出控制信号。这段时间内，若传感器没有输入新信号，ECU 就不会改变车身高度。另外，ECU 控制空气压缩机一次运转时间最长不超过 2min，排气电磁阀打开最长时间不超过 1min，以防止系统泄漏时压缩机不停地工作，并阻止排气电磁阀不停地放气。

提示：一般在行李箱中均设有高度控制自动切断开关，当车身高度上升到极限值时，高度控制自动切断开关将切断系统控制电路，使高度调节系统停止工作，以防止后部车身升高过多或拖车时产生意外运动。

(2) 油气弹簧悬架车身高度的调整　空气弹簧悬架调节车身高度是通过向空气弹簧气室充、放气实现的，而油气弹簧悬架是通过向液压缸内充、放油液实现的。相比之下，后者实现车身高度调节时，对悬架的刚度影响较小。图 7-20 所示为油气弹簧悬架系统，车身高度的调整方法如下。

① 车身高度升高（以前悬架为例）。ECU 接收车身高度传感器等传感器信号，当经过分析判断后认为需要使车身前端升高时，ECU 使前悬架高度调节阀 5 中的充油阀通电打开，高压油液从液压泵 7 和蓄能器 6 经充油阀到达前悬架刚度调节阀 1，进入前悬架的左、右两个油气弹簧 3 和 4，从而使车身前端升高。到达预定高度后，ECU 使前悬架高度调节阀 5 的充油阀电磁线圈断电，充油阀关闭，车身停止升高。

② 车身高度降低（以后悬架为例）。当 ECU 判定汽车后端需要降低时，使后悬架高度调节阀 9 的回油阀电磁线圈通电，回油阀打开，后悬架左、右油气弹簧 10 和 11 中的部分液压油经后悬架刚度调节阀 13、后悬架高度调节阀 9 的回油阀，回到储油箱 8，车身后端高度下降。当高度下降到预定值时，ECU 使后悬架高度调节阀 9 的回油阀电磁线圈断电，回油阀关闭，车身停止下降。

7.3　主动车身控制系统

主动车身控制系统（Active Body Control System，ABC）是一种电、液底盘系统，这种系统除了其悬架和减振功能外，还能在汽车行驶时实施车身的自动水平控制。从而在汽车制动、加速、不平路面行驶和转弯时，保持汽车前桥和后桥处于相同的水平高度。奔驰 CL 跑车、S600 及 S55AMG 轿车配置了该系统。

1. 基本结构

如图 7-21 所示，主动车身控制系统（ABC）的每一车轮都被安装在由减振器和螺旋弹簧组成的悬架上，活塞和缸筒组成了一个动态可调液压缸，能产生作用力，以消除车轮或车身运动。液压缸构成了螺旋弹簧的基座，可以改变螺旋弹簧的张力，这就减少了车身在三维空间的运动。主动车身控制系统（ABC）的组成以及各部件在车上的位置如图 7-22 所示，ABC 系统电路

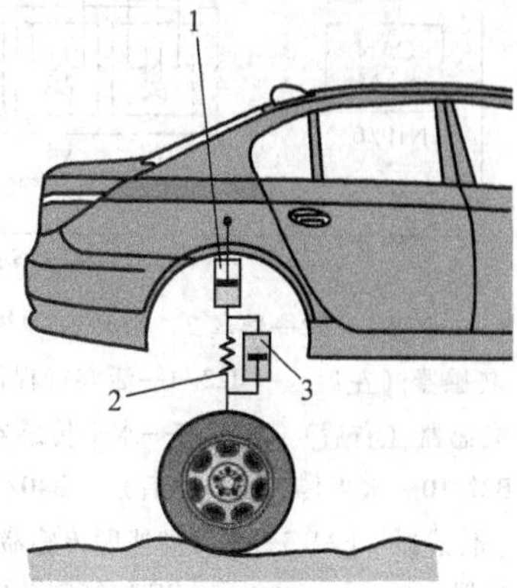

图 7-21　主动车身控制系统悬架
1—液压缸及活塞
2—螺旋弹簧　3—减振器

图如图 7-23 所示。

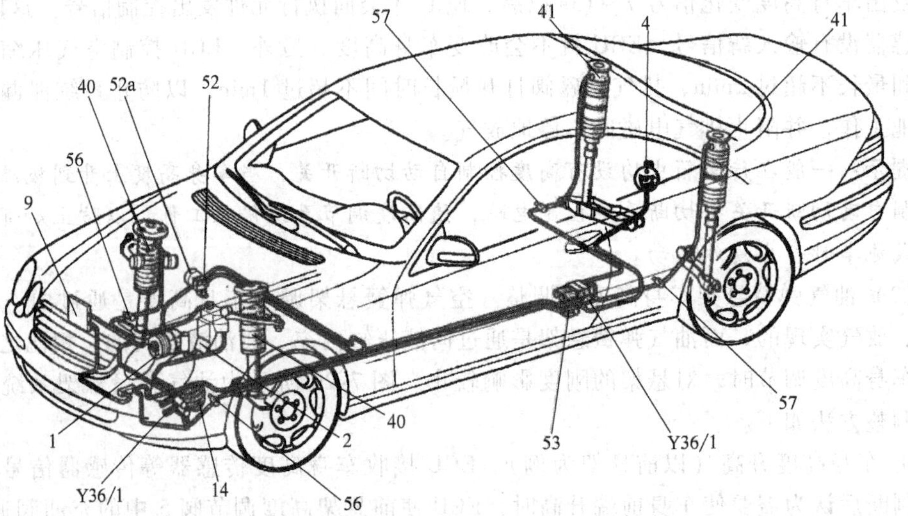

图 7-22　主动车身控制系统部件在车上的布置

1—径向活塞液压泵　2—储油罐　4—蓄能器（后桥）　9—油液冷却器　14—蓄能器（前桥）　40—前悬架滑柱　41—后悬架滑柱　52—控制阀总成（压力供应）　52a—脉动衰减器　53—蓄能器（返回）　56—前放气螺钉　57—后放气螺钉　Y36/1—ABC 控制阀总成（前桥）

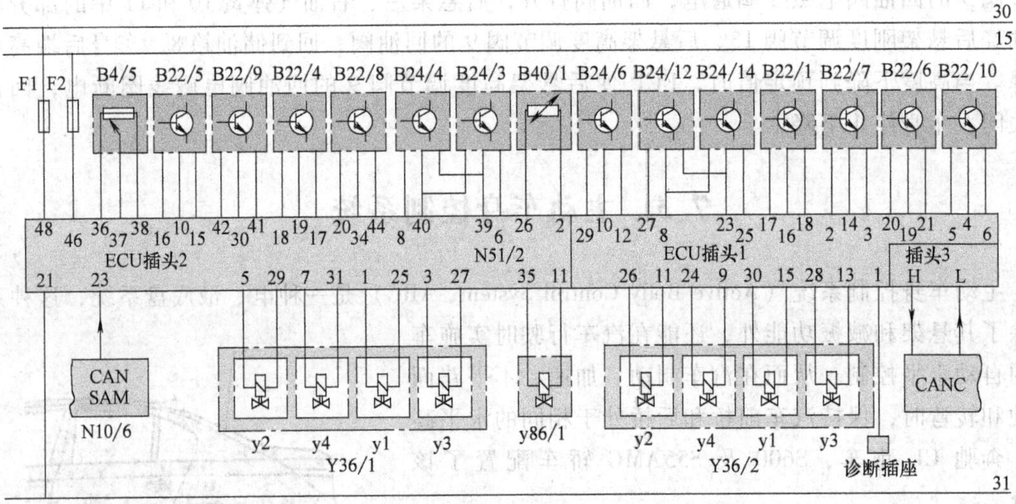

图 7-23　主动车身控制系统（ABC）电路图

F1—熔丝 1　F2—熔丝 2　N51/2—ABC ECU　N10/6—SAM ECU　B4/5—ABC 压力传感器　B22/1—活塞行程传感器（左后）　B22/4—活塞行程传感器（左前）　B22/5—活塞行程传感器（右前）　B22/6—活塞行程传感器（右后）　B22/7—水平传感器（左后）　B22/8 —水平传感器（左前）　B22/9 水平传感器（右前）　B22/10—水平传感器（右后）　B40/1—ABC 油温传感器　B24/12—横向加速度传感器　B24/14—纵向加速度传感器　B24/3—车身加速度传感器（左前）　B24/4—车身加速度传感器（右前）　B24/6—车身加速度传感器（后）　Y36/1—ABC 控制阀总成（前桥）　y1—悬架滑柱控制阀（左前）　y2—悬架滑柱单向阀（左前）　y3—悬架滑柱控制阀（右前）　y4—悬架滑柱单向阀（右前）　Y36/2—ABC 控制阀总成（后桥）　y1—悬架滑柱控制阀（左后）　y2—悬架滑柱单向阀（左后）　y3—悬架滑柱控制阀（右后）　y4—悬架滑柱单向阀（右后）　y86/1—ABC 真空阀

2. 传感器的功用

(1) 压力传感器 B4/5　压力传感器通过插头 1 的端子 37 将油压信号送至 ECU。通过真空阀 Y86/1 可以将油压调整至 18～20MPa。

(2) 油温传感器 B40/1　油温传感器测量回流管液压油的温度，将油温信号通过插头 2 的端子 26 和端子 2 送至 ECU。

(3) 液压缸（活塞）行程传感器 B22/6、B22/1、B22/4、B22/5　将液压缸在悬架滑柱中的实际位置信号经插头 1 的端子 20、端子 17，插头 2 的端子 18、端子 16 送至 ECU。

(4) 水平传感器 B22/7、B22/10、B22/8、B22/9　用来检测车身的水平程度，通过插头 1 的端子 2、端子 5，插头 2 的端子 20、端子 42 将信号传给 ECU。

(5) 车身加速度传感器 B24/3、B24/4、B24/6　车身加速度传感器用来测量车身的垂直加速度。通过插头 2 的端子 6、端子 8，插头 1 的端子 29 将信号传送给 ECU。

(6) 横向和纵向加速度传感器 B24/12、B24/14　这种传感器用来检测汽车的横向和纵向加速度，被用来补偿汽车的侧倾和俯仰运动，通过插头 1 的端子 27、端子 25 将信号传送给 ECU。

(7) 信息采集和驱动模块（SAM）　当打开车门或者行李箱盖时，通过遥控器、车门触点开关或行李箱灯，SAM 经过插头 2 的端子 23 为 ECU 供电。ECU 检查汽车的水平程度，并根据需要使车身降低至预先选择的水平高度。

(8) ABC ECU N51/2　ECU 将储存的和预选择的模式（Comfort/Sport，运动/舒适）进行比较，以便使用输入信号以及从其他系统经 CAN 总线传递的信息，对执行器进行控制。

3. 执行器的功用

(1) 真空阀 Y86/1　真空阀用来调节液压泵泵入的油量，以建立并保持 ABC 系统中 18～20MPa 的油压。当它不通电时，控制阀被关闭，以保持系统压力。

(2) 控制阀 y1、y3　当控制阀被 ECU 驱动时，液压缸开始移动，从而引起车身相应的上升或下降。

(3) 单向阀 y2、y4　当发动机熄火、汽车静止，以及发生故障需防止压力降低时，单向阀关闭，这也防止了更换车轮或汽车被举升机举起时，使车轮液压缸被拉开。

4. 控制程序

(1) 起动发动机　当打开车门时，ABC ECU 通过信息采集和驱动模块端子 23（插头 2）被通电。水平传感器 B22/7～B22/10 的信号被用来对实际水平与目标水平进行比较。如果实际水平高于目标水平，那么控制阀 y1、y3 被驱动，因而汽车下落至目标水平。ECU 通过端子 48（插头 2）与蓄电池正极相连，通过端子 21（插头 2）与蓄电池负极相连，以进行这种控制程序。一旦接通点火开关，则会经过端子 46（插头 2）为 ECU 额外供电。

(2) 汽车转弯　当汽车转弯时，横向加速度传感器 B24/12 感受到离心力，并通过端子 27（插头 1）将相关信号传送给 ECU。ECU 利用来自 CAN C 传送的右前和左前车轮的转速信号确定是左转弯还是右转弯。如果是左转弯，则 ECU N51/2 通过插头 2 的端子 3、端子 27 和插头 1 的端子 28、端子 13 驱动控制阀 y3。因此，活塞向上移动，因而使转弯外侧的车身升高。与此同时，控制阀 y1 经插头 2 的端子 1、端子 25 和插头 1 的端子 30、端子 15 被通电，所以转弯内侧的活塞向下移动，从而使内侧车身下降。水平传感器 B22/7～B22/10 用来对实际水平高度与目标水平高度进行比较。

（3）加速　当汽车加速时，纵向加速度传感器 B24/14 感受到汽车纵向轴线上的加速惯性力，并将相关信号传给 ECU 的端子 25（插头 1），ECU 驱动控制阀，使汽车前桥处的车身下沉，后桥处车身上升。

（4）制动　汽车制动时，ECU 从闭合的制动灯开关通过 CAN C 得到制动过程已经开始的信号。纵向加速度传感器通端子 25（插头 1）给 ECU 提供有关减速度的信号。ECU 驱动控制阀，从而使汽车前桥处的车身上升，后桥处车身下降。

（5）直线行驶　汽车直线行驶时，ECU 通过 CAN C 接收到关于车速的信息。ECU 驱动控制阀，根据预先选择的程序模式自动使车身下降。根据驾驶人的意愿，通过按下水平开关（CAN C），汽车车身可以被升高 25mm 或 50mm。

（6）垂直振动　如果因路面不平导致汽车在其垂直轴线方向上振动，那么这种振动信息会从车身加速度传感器 B24/3、B24/4、B24/6 经过插头 2 的端子 6、端子 8 和插头 1 的端子 29 传递给 ECU。水平传感器 B22/7、B22/10、B22/8、B22/9 经过插头 1 的端子 2、端子 5，插头 2 的端子 20、端子 42 将垂直振动的振幅信号传给 ECU。ECU 根据预选的程序模式（软/舒适）驱动控制阀，将振动衰减并被消除。

复习思考题

1. 为什么要对悬架进行控制？
2. 电控悬架系统具备哪些功能？
3. 主动悬架和半主动悬架各具有什么功能和特点？
4. 试述电控悬架系统的工作原理。
5. 试述车身高度传感器结构及其测量原理。
6. 试述悬架系统刚度控制与阻尼控制的异同。

第 8 章　电控动力转向系统

学习目标

· 了解各种电控动力转向系统的作用和分类。

· 掌握各种电控动力转向系统的结构和工作原理。

· 掌握四轮转向系统的结构和工作原理。

· 了解线控动力转向系统的组成和工作原理。

电控动力转向（Electronic Control Power Steering，EPS）系统，是在普通动力转向系统的基础上增设了一套电子控制系统，能够根据车速、转向情况等对转向助力实施控制，使动力转向系统在不同的行驶条件下都有最佳的转向性能。

提示： EPS 既可在低速时使转向轻便、灵活，又能在高速时保证一定的路感，从而提高了驾驶舒适性和操纵稳定性。

8.1　液压式电控动力转向系统

液压式电控动力转向系统是在普通动力转向系统的基础上增设了控制液体流量的电磁阀、检测车辆信息的各种传感器以及电控单元（ECU）。目前液压式 EPS 在轿车上应用较多。

根据控制方式不同，液压式 EPS 分为流量控制式、反力控制式和阀灵敏度控制式三种形式。另外，还有一种由电动机驱动液压泵进行转向助力的电动液压动力转向系统。

8.1.1　流量控制式 EPS

流量控制式 EPS 是 ECU 根据车速传感器的信号，控制电磁阀的开启程度，从而控制转向动力缸活塞两侧油室的旁路液压油流量，以控制转向力的大小。

1. 系统组成

如图 8-1 所示为日产蓝鸟轿车上使用的一种流量控制式 EPS 的基本组成。该系统是在一般液压动力转向系统上增加了旁通流量控制电磁阀、车速传感器、转向角速度传感器、电控单元和控制开关等元件。

2. 工作原理

（1）当车速很低时　电控单元输出的脉冲控制信号的占空比很小，通过旁通流量控制电磁阀线圈的平均电流很小，电磁阀开启程度也很小，旁路液压油流量小，液压助力作用大，使低速时转向盘操纵轻便。

（2）当车速提高时　电控单元输出的脉冲控制信号的占空比增大，通过旁通流量控制电磁阀线圈的平均电流增大，电磁阀开启程度也增大，旁路液压油流量增大，从而使液压助力作用减小，以增加高速时转向盘的路感。

提示： 流量控制式 EPS 的优点是在原来液压动力转向功能基础上再增加压力流量控制

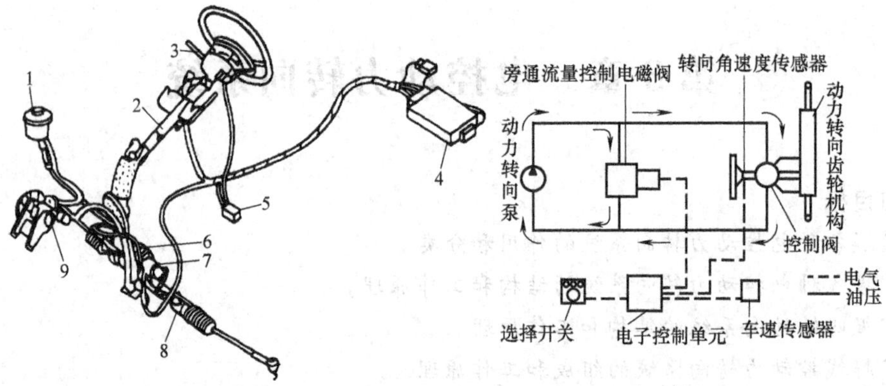

图 8-1　蓝鸟轿车流量控制式 EPS 组成及原理

1—动力转向油罐　2—转向管柱　3—转向角速度传感器　4—ECU　5—转向角速度传感器增幅器　6—旁通流量控制电磁阀　7—电磁线圈　8—转向齿轮联动机构　9—动力转向泵

功能，所以结构简单，成本低。其缺点是当流向动力转向机构的压力油降低到极限值时，对于快速转向会产生压力不足、响应慢等现象。

8.1.2　反力控制式 EPS

反力控制式 EPS 是根据车速大小，控制液压反力腔油压，从而改变输入、输出增益幅度以控制转向力。

1. 系统组成

反力控制式 EPS 主要由转向控制阀、液流分配阀、电磁阀、转向动力缸、转向泵、储油罐、车速传感器及电控单元等组成。雷克萨斯 LS400 轿车反力控制式 EPS 结构原理如图 8-2 所示。

（1）转向控制阀　转向控制阀是在传统的整体转阀式动力转向控制阀的基础上增设了液压反应装置而构成。扭杆 6 的下端用销子与转向阀阀体 4（4 与转向齿轮 11 一体）相连，上端通过销子与转阀阀芯 5 相连，而转阀阀芯 5 又与转向轴的末端固定在一起，因而转向轴可通过扭杆带动转向齿轮转动。当转向力增大，扭杆 6 发生扭转变形时，转向阀阀体 4 和转向阀阀芯 5 之间将发生相对转动，于是就改变了阀体与阀芯之间油道的通、断关系和工作油液的流动方向，从而实现转向助力作用。

（2）液压反应装置　液压反应装置位于转阀下面（图中 *B*-*B* 剖面），它由液压反力腔 10、4 个液压反力活塞 8 和控制杆 9 等组成。转向盘转动时，与转向轴连接的转阀阀芯 5 带动控制杆转动，将推动相应的两个活塞克服反力腔中的液压力而移动。

（3）液流分配阀　主要由分配阀柱塞 14 和分配阀弹簧 15 组成，分配阀柱塞上有承压锥面，壳体上有 4 个孔，分别连通转向油泵 1、转向控制阀、电磁阀和液压反力腔。其作用是将来自转向油泵的油液向控制阀一侧和电磁阀一侧分流，按照车速和转向要求，改变控制阀一侧与电磁阀一侧的油压，确保电磁阀一侧具有稳定的油液流量。

（4）节流孔　节流孔 13 的作用是把供给转向控制阀的一部分流量分配到液压反力腔一侧。

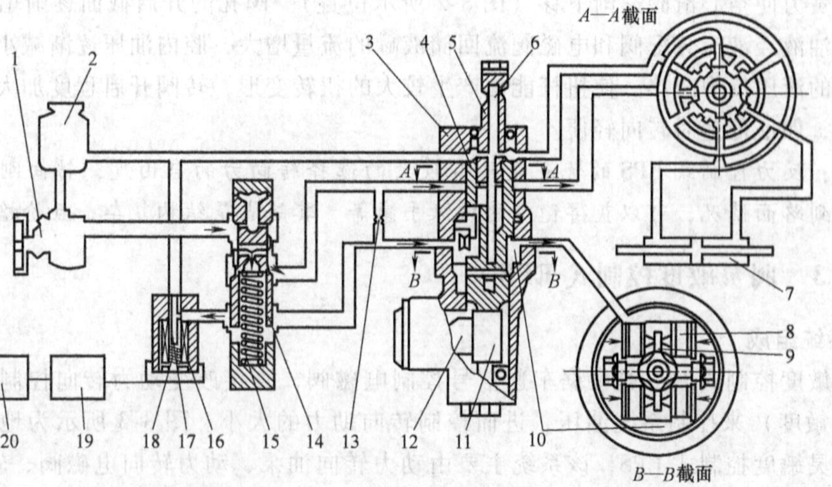

图 8-2　雷克萨斯 LS400 轿车反力控制式 EPS 结构原理图

1—转向泵　2—储油罐　3—转向器壳体　4—转向阀阀体　5—转阀阀芯　6—扭杆　7—转向动力缸　8—液压反力活塞　9—控制杆　10—液压反力腔　11—转向器齿轮　12—转向器齿条　13—节流孔　14—液流分配阀柱塞　15—液流分配阀弹簧　16—电磁阀线圈　17—电磁阀空心滑阀　18—电磁阀弹簧　19—EPS ECU　20—车速传感器

（5）电磁阀　电磁阀装在齿轮齿条转向器的壳体上，由电磁阀线圈 16、空心滑阀 17 和弹簧 18 组成。空心滑阀上有阀孔和固定小孔（图中未标出），壳体上有两个孔，一个通向储油罐，另一个通向液流分配阀。

2. 工作原理

（1）直线行驶　当汽车直线行驶时，转阀不工作。此时管路中的油压很低，液流分配阀柱塞在其弹簧的作用下处于上极限位置（图 8-2 所示位置），分配阀开启。从转向泵输出的油液经液流分配阀流入转阀，并从回油管流回储油罐，还有一部分油液经液流分配阀和电磁阀流回储油罐。整个油路畅通，动力转向系统无助力作用。此时液压反力腔中活塞背面作用的油压力很小。

（2）汽车转向　当转动转向盘，转向动力缸 7 产生辅助转向力时，转向泵 1 输出的油液压力升高，在液流分配阀柱塞 14 承压锥面上产生向下的推力，柱塞下移，关闭分配阀。这样，转向油泵经液流分配阀通向电磁阀和液压反力腔的油路被切断，但这时仍有少量的油液可以通过节流孔 13 流进液压反力腔，液压反力腔中的油压不再随转阀中油压的增大而增大，而是通过电控系统根据车速进行调节。

动力转向 ECU 接收车速传感器的信号，并据此控制电磁阀线圈中的电流。当车速较高时，电磁线圈中的电流较小，空心滑阀在弹簧的作用下处于上极限位置。此时阀孔关闭，而固定小孔开启，通道截面很小，从液压反力腔经液流分配阀和电磁阀流回储油罐的油液流量很小，使液压反力腔中保持很高的油压。因此转动转向盘时转阀阀芯受到的来自于液压反力活塞的液压阻力很大，增加了驾驶人的转向操纵力，使其手感增强，获得良好的转向路感，有效地克服了高速转向“发飘”和不易掌握的缺陷，提高了高速行驶稳定性和安全性。

汽车低速转向时，动力转向 ECU 使通过电磁线圈中的电流变大，线圈中产生的电磁吸力克服弹簧力使空心滑阀逐渐下移（图 8-2 所示位置）。阀孔的开启截面逐渐增大，液压反力腔中的油液经液流分配阀和电磁阀流回储液罐的流量增大，腔内油压逐渐减小，作用在转阀阀芯上的液压反力减小，使扭杆能够产生较大的扭转变形，转阀开启程度加大，转向助力效果增大，保证低速时转向轻便。

提示：反力控制式 EPS 的优点是具有较大的选择转向力的自由度，转向刚度大，驾驶人能感受到路面情况，可以获得稳定的操纵手感等。其缺点是结构复杂，且价格高。

8.1.3 阀灵敏度控制式 EPS

1. 系统组成

阀灵敏度控制式 EPS 是根据车速信号控制电磁阀，直接改变动力转向控制阀的油压增益（阀灵敏度）来控制系统油压，进而控制转向助力的大小。图 8-3 所示为地平线轿车所采用的阀灵敏度控制式 EPS，该系统主要由动力转向油泵、动力转向电磁阀、转向动力缸、储油罐、车速传感器和动力转向电控单元等组成。

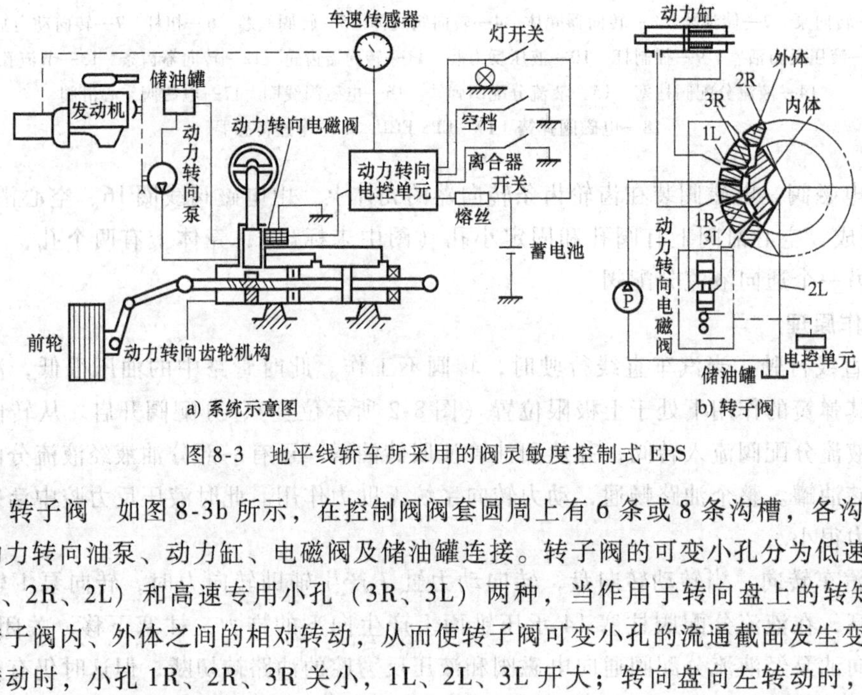

图 8-3 地平线轿车所采用的阀灵敏度控制式 EPS

（1）转子阀　如图 8-3b 所示，在控制阀阀套圆周上有 6 条或 8 条沟槽，各沟槽利用阀外体与动力转向油泵、动力缸、电磁阀及储油罐连接。转子阀的可变小孔分为低速专用小孔（1R、1L、2R、2L）和高速专用小孔（3R、3L）两种，当作用于转向盘上的转矩变化时，会引起转子阀内、外体之间的相对转动，从而使转子阀可变小孔的流通截面发生变化。转向盘向右转动时，小孔 1R、2R、3R 关小，1L、2L、3L 开大；转向盘向左转动时，小孔 1L、2L、3L 关小，1R、2R、3R 开大。

（2）电磁阀　电磁阀与转子阀连接在动力转向油路中，电磁阀油路构成可变小孔 2R、2L 的旁通油路。ECU 通过控制电磁阀的电流，可以控制旁通油路的流量。车速低时，ECU 对电磁阀通以大电流，电磁阀关闭，旁通油路流量变小；车速升高时，ECU 对电磁阀的通电电流逐渐减小，电磁阀开度增大，旁通油路流量变大。

2. 工作原理

图 8-4 所示为控制阀等效液压回路图，其工作过程如下：

（1）车辆停止时　如图 8-4b 所示，电磁阀完全关闭，如果此时向右转动转向盘，则高灵敏度低速专用小孔 1R 及 2R 在较小的转向力矩作用下即可关闭。转向泵的高压油液经 1L

流向转向动力缸右腔室，其左腔室的油液经 3L、2L 流回储油罐，所以此时具有轻便的转向特性。而且施加在转向盘上的转向力矩越大，可变小孔 1L、2L 的开度越大，节流作用就越小，转向助力作用越明显。

（2）车速提高时　如图 8-4c 所示，随着车速的提高，在电控单元的作用下，电磁阀的开度线性增加，如果向右转动转向盘，则转向泵的高压油液不仅经 1L 进入动力缸右腔室，而且部分油液经 3R 以及电磁阀旁通油路流回储油罐。此时，转向动力缸右腔室的转向助力油压就取决于旁通电磁阀的开度（由车速决定）和可变小孔 3R 的开度（由转向盘转矩决定）。车速越高，在 ECU 的控制下，电磁阀的开度越大，旁路流量越大，转向助力作用越小；在车速不变的情况下，施加在转向盘上的转矩越小，高速专用小孔 3R 的开度越大，转向助力作用越小。当转向力增大时，3R 的开度逐渐减小，转向助力作用也随之增大。

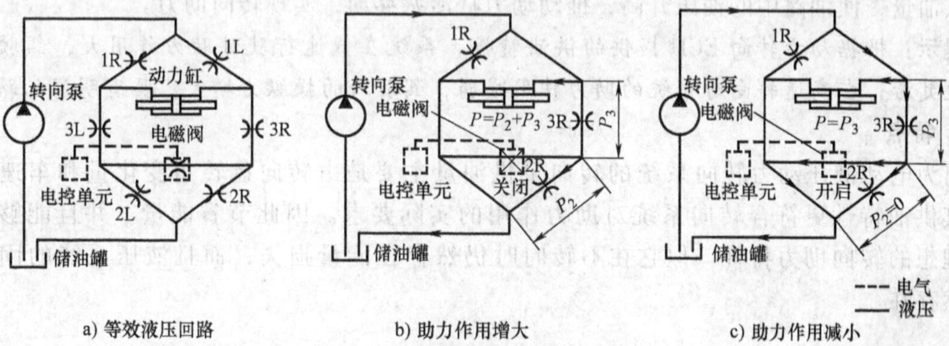

图 8-4　控制阀等效液压回路图

提示： 阀灵敏度控制式 EPS 结构简单，部件少、价格便宜，而且具有较大的选择转向力的自由度，与反力控制式 EPS 相比，转向刚性差，但可以最大限度提高原来的弹性刚度来加以克服，从而获得自然的转向手感和良好的转向特性。

8.1.4　电动液压动力转向系统

电动液压动力转向系统虽然也靠液压力帮助驾驶人转向，但其转向泵是通过电动机驱动的，与发动机没有机械关系，助力效果只与转向盘角速度和行驶速度有关。这种转向系统也称为“混合式”动力转向系统。

1. 系统组成

图 8-5 所示为波罗（Polo）轿车电动液压助力转向系统示意图。它主要由动力转向器、电动转向泵总成和各种传感器组成。电动转向泵总成是由动力转向 ECU、电动转向泵（电动机和转向泵）、储油罐、限压阀等集成在一起形成的，用一个消音罩包封，利用橡胶支承弹性地悬挂在支架上，而支架安装在发动机室左侧的车架纵梁上。

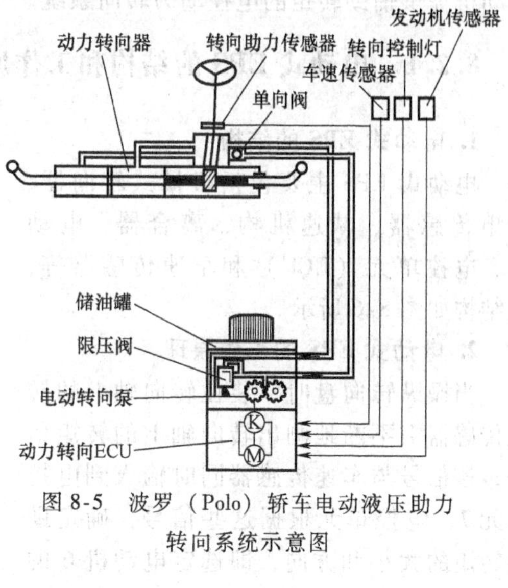

图 8-5　波罗（Polo）轿车电动液压助力转向系统示意图

2. 工作原理

动力转向ECU接收各传感器传来的信号（转向盘转角变化、车速、发动机转速等），据此控制电动机的转速，改变转向泵的供油量，从而调整动力转向器中油压和辅助转向力的大小。转向盘转角增量越大或车速越低，则电动机转速越高，转向泵供油量也越大。

（1）汽车直线行驶时　转向控制阀的阀芯处于中间位置，转向助力传感器检测不到转向盘的转动。这时，动力转向ECU控制电动转向泵，使输出的油液极少，几乎是无压力地通过动力转向器经回油道流回储油罐，动力转向系统不工作。

（2）汽车转向时　扭杆变形，转阀开始工作，使动力缸的一个油腔接通转向泵，而另一个油腔则经回油道通向储油罐。同时，转向助力传感器检测到转向盘的转角变化，将信号传送给动力转向ECU。ECU根据转向盘转动和车速等信息确定并提高电动机的转速和转向泵的供油量，使油路中的油压升高，推动动力缸活塞移动，实现转向助力。

提示：根据动力转向ECU提供的供油特性，系统在低速行驶时助力作用大，驾驶人操纵轻便灵活；在高速转向时系统的助力作用减弱，驾驶人的操纵力增大，具有明显的路感。

3. 特点

因为电动液压动力转向系统的转向泵供油量主要是由转向盘转角变化量和车速决定的，其供油特性更符合转向系统对助力作用的实际要求。因此节省能量，并且能够获得更加理想的转向助力特性。但它在不转向时仍然存在能量损失，而且液压系统的固有缺陷仍然存在。

8.2　电动式电控动力转向系统

液压式电控动力转向系统由于工作压力和工作灵敏度高，外廓尺寸较小，因此获得了广泛应用。在采用气压制动或空气悬架的大型车辆上，也有采用气压制动转向的，但这类转向系统的共同缺点是结构复杂、消耗功率大，容易产生泄漏，转向力不易有效控制等。

随着电子技术的进一步发展，越来越多的轿车上采用了电动式EPS。它是一种直接依靠电动机提供辅助转矩的电控动力转向系统。

8.2.1　电动式EPS的结构和工作原理

1. 电动式EPS的结构

电动式EPS主要包括机械式转向器、转矩传感器、减速机构、离合器、电动机、电控单元（ECU）和车速传感器等，其结构如图8-6所示。

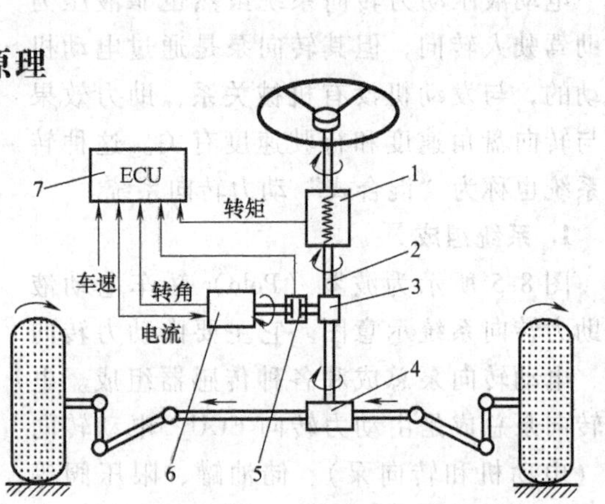

图8-6　电动式EPS的结构示意图

1—转矩传感器　2—转向轴　3—减速机构　4—齿轮齿条式转向器　5—离合器　6—电动机　7—电控单元（ECU）

2. 电动式EPS的工作原理

当操纵转向盘时，装在转向轴上的转矩传感器1不断地测出转向轴上的转矩信号，该信号与车速传感器同时输入到电控单元7，电控单元根据这些信号，确定助力转矩的大小和方向，即选定电动机6的电流大小和方向，调整转向辅助动力的大小。电动机的转矩由电磁离合器 5 通过减速机构 3 减速增矩后，加在汽车的转向机构上，使之得到一个与汽车工况相适应的转向作用力。

提示：这种控制可以方便地实现在不同车速下提供不同的助力效果，保证汽车在低速转向行驶时轻便灵活，高速行驶时稳定可靠。

8.2.2 电动式 EPS 的类型

上述电动式 EPS 的电动机和减速器安装在转向轴上，实际上电动机和减速器还可以安装在其他部位。根据电动机和减速器安装位置的不同，电动式 EPS 分为转向轴助力式、齿轮助力式、齿条助力式三种类型，如图 8-7 所示。

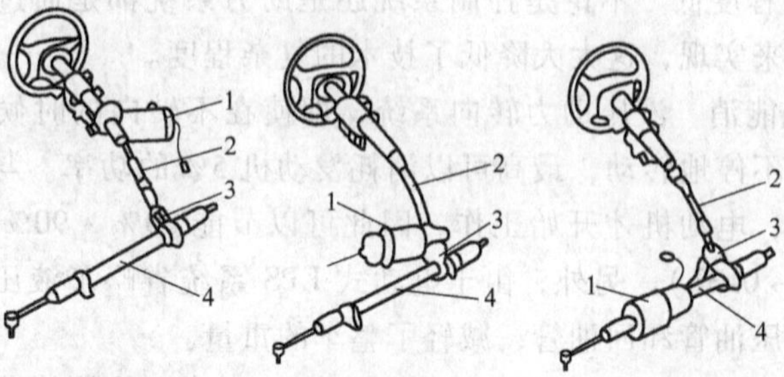

图 8-7 EPS 的类型

1—电动机 2—转向轴 3—转向齿轮 4—转向齿条

1. 转向轴助力式

这种转向助力系统的电动机安装在转向轴侧面，通过电磁离合器和减速机构与转向轴相连，直接驱动转向轴实施转向助力。如图 8-7a 所示。

特点：

① 转向系统的重量轻，占用的空间最小。

② 助力要通过输入轴传递到转向器上，输入轴需要承受助力，降低了安全性；电动机距离驾驶人较近，产生的振动、噪声通过转向操纵机构和仪表板向外辐射，影响舒适性。

应用：因为这种转向系统的助力功率较小，只能运用在轻型车上。

2. 齿轮助力式

这种转向助力系统的转矩传感器、电动机和减速机构以及离合器集成在一起，安装在转向器齿轮处。电动机的输出力矩经离合器、蜗轮蜗杆减速机构直接作用在小齿轮上。如图 8-7b 所示。

特点：

① 助力直接作用在转向齿轮上，转向管柱、输入轴和万向节上只承受驾驶人施加在转向盘上的转向力矩，提高了转向器安全性。

② 与液压助力转向器相比，它提供了更高的转向器精确性，更高的安全性，和更高的行驶舒适性。

应用：与转向轴助力式相比，齿轮助力式可以提供更高的助力，适用于中型车。

3. 齿条助力式

转矩传感器单独安装在转向小齿轮附近，电动机和减速机构集成在一起安装在齿条上。

电动机的输出力矩通过循环球减速传动机构传递到齿条上。如图 8-7c 所示。

特点：助力机构的位置可以在齿条的周向和轴向上任意选择，保证了转向器空间布置的弹性。

应用：该方案的系统刚度好，传动能力大，适用于前轴负荷较大的汽车，如越野车和箱式货车。

8.2.3 电动式 EPS 的特点

1. 优点

与传统的液压动力转向系统相比，电动式 EPS 在多个方面具有明显的优势。

（1）技术的复杂程度低　不论是控制系统还是助力系统都是通过一个简单的，易于控制的动力源——电流来实现，这大大降低了技术的复杂程度。

（2）高效率、低能消　液压助力转向系统，即使在不转向的时候也需要不停地提供液压油，因为转向泵在不停地转动，最高可以消耗发动机 5% 的功率。与之相比，电动式系统只在汽车转向的时候，电动机才开始工作，因此可以节能 80% ~90%（每百公里可以减少汽油的消耗量约 0.2 ~0.3L）。另外，由于电动式 EPS 系统省略了液压系统的一些附件，如转向泵、储油罐、高压油管和回油管，减轻了整车的重量。

（3）通用性好　电动式 EPS 可以通过设置不同的程序，能快速地与不同车型匹配，因而能缩短生产和开发周期。

（4）安装方便、使用可靠　与液压助力转向系统相比，电动式 EPS 取消了转向泵、传动带、带轮、液压软管、控制阀、储油罐、液压油及密封件等，只增加了电动机、减速机构、传感器及电控单元等，零件比液压助力转向系统少，质量更轻、结构更紧凑，在安装位置选择方面也更容易，并且能降低系统噪声。也没有液压助力转向系统的漏油问题。

（5）转向舒适、精确　电动式 EPS 能在各种行驶工况下根据车速，转向角，转向转矩和转向速度的状况提供合理的助力。减轻汽车低速行驶时的转向操纵力，提高汽车高速行驶时的转向稳定性，进而提高汽车的安全性。同时它的阻尼特性又具有可编程性，保证了路面冲击能够被极好地吸收，减小了由路面不平所引起的对转向系统的扰动，改善汽车的转向特性。

2. 缺点

（1）不宜用于大型车辆　车用电源的电压较低（一般为 12V 或 42V），使得电动式 EPS 系统提供的辅助动力较小，用于大型车辆比较困难。

（2）匹配较难　减速机构、电动机等部件的摩擦力和惯性力会影响转向特性（如产生过度转向等），或者改变转向盘的自动回正作用以及它的阻尼特性，因此正确匹配整车性能至关重要。

由此可见，电动式 EPS 尤其适用于对空间、重量要求更高的使用小排量发动机的微型汽车上，尤其适用于电动汽车。

8.2.4 电动式 EPS 主要部件

1. 转矩传感器

转矩传感器的作用是测量驾驶人作用在转向盘上力矩的大小与方向。转矩传感器有接触式与非接触式两种，非接触式因其体积小、精度高而被广泛采用，但其成本较高。

2. 电磁离合器

EPS 的工作一般都有一定的范围，如果超过规定车速（如 45km/h），就不需要电动机辅助动力转向，此时电动机停止工作，且离合器分离，不再起传递动力的作用。在不加动力的情况下，离合器可消除电动机惯性的影响。同时，在系统发生故障时，因离合器分离，可以恢复手动控制转向。

3. 电动机

电动机的功用是根据电控单元的指令输出适当的辅助转矩。目前采用较多的是永磁式直流电动机，分为有刷式和无刷式两种。

4. 减速机构

减速机构与电动机相连，其作用是把电动机的输出进行降速增矩。常用的有蜗轮蜗杆机构、循环球螺杆螺母机构和行星齿轮机构等。蜗轮蜗杆机构一般应用于转向轴助力式，行星齿轮机构一般应用于齿轮助力式和齿条助力式。

5. ECU

ECU 的功能是根据转矩传感器和车速传感器传来的信号进行逻辑分析与计算，并发出指令控制电动机和离合器工作。此外 ECU 还有安全保护和自我诊断功能。通过采集电动机的电流、发电机电压、发动机工况等信号判断其系统工作状况是否正常。一旦系统工作异常，将自动取消助力作用，同时还将进行故障诊断分析。

8.2.5　实例

一汽丰田皇冠轿车齿条助力式 EPS

一汽丰田皇冠轿车齿条助力式 EPS 由齿轮齿条式转向器、电动机、减速装置、转矩传感器、转向盘转角传感器、EPS ECU、发动机 ECU、网关 ECU、P/S（动力转向）警告灯、EPS 继电器等组成。其中电动机、减速装置、转矩传感器、转向盘转角传感器安装在转向器上。

EPS 系统如图 8-8 所示。当操纵转向盘时，转矩传感器不断地检测扭杆的扭曲度，把它转换成电信号，该信号与转向盘转角传感器信号、车速传感器信号、发动机转速信号同时输入到 EPS ECU，EPS ECU 根据这些信号，确定助力转矩的大小和方向，即选定电动机的电

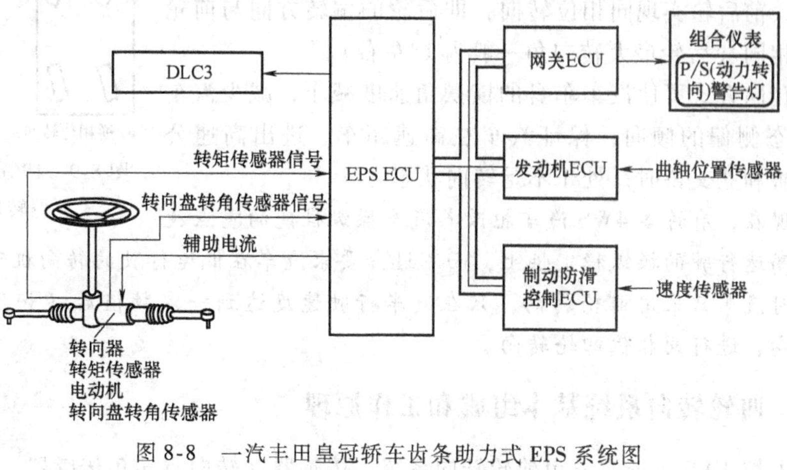

图 8-8　一汽丰田皇冠轿车齿条助力式 EPS 系统图

流大小和方向，以调节转向辅助力的大小。电动机的转矩通过减速机构减速增矩后，加在汽车的转向机构上，使之得到一个与汽车工况相适应的转向作用力。系统出现故障时，通过网关 ECU，点亮 P/S（动力转向）警告灯。

8.3 四轮转向系统

8.3.1 概述

1. 汽车的四轮转向

汽车的四轮转向（4 Wheel Steering，4WS）是指汽车在转向时，后轮也可相对车身主动转向，使汽车的四个车轮都能起转向作用。

提示：四轮转向在两轮转向系统的基础上，增设了一套安装在后悬架上的后轮转向机构，以改善汽车的转向机动性、操纵稳定性和行驶安全性。

2. 4WS 系统的发展

1907 年，日本颁发第一个关于四轮转向的专利证书。二战期间，美国的一些军用车辆和工程车辆上采用一种前后轮逆相位偏转的简单机械式 4WS 系统。现代后轮主动转向技术的研究和应用开始于 20 世纪 80 年代中期，日本的本田、马自达、丰田、日产、法国的雷诺、美国的通用概念车都曾经应用了四轮转向技术。该技术大多应用在高级轿车或大型车辆上，也有一些 SUV 以及跑车具有四轮转向功能。

3. 4WS 汽车的后轮偏转规律

一般来说，4WS 汽车在转向过程中，根据不同行驶条件，前后轮转向角之间应遵循一定的规律。目前，典型 4WS 汽车的后轮偏转规律如下：

（1）逆相位转向　如图 8-9a 所示，在低速行驶或转向盘转角较大时，前后轮实现逆相位转向，即后轮的偏转方向与前轮的偏转方向相反，且偏转角度随转向盘转角增大而在一定范围内增大（后轮最大转向角一般为 5°左右）。

逆相位转向方式可改善汽车低速时的操纵轻便性，减小汽车的转弯半径，提高汽车的机动性。

（2）同相位转向　如图 8-9b 所示，在中高速行驶或转向盘转角较小时，前后轮实现同相位转向，即后轮的偏转方向与前轮的偏转方向相同（后轮最大转向角一般为 1°左右）。

同相位转向方式可使汽车车身的横摆角速度减小，减少汽车车身发生动态侧偏的倾向，保证汽车在高速超车、进出高速公路、高架引桥和立交桥时，处于不足转向状态。

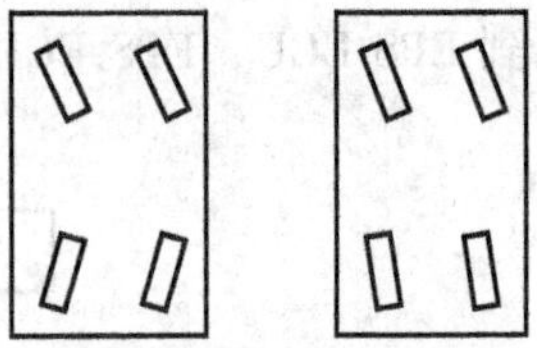

a) 逆相位转向　b) 同相位转向

图 8-9　4WS 汽车的后轮偏转规律

提示：现在，有许多 4WS 汽车把改善汽车操纵性能的重点放在提高汽车高速行驶的操纵稳定性上，而不过分要求汽车在低速行驶的转向机动性。其工作特点是低速时汽车只采用前轮转向，只在汽车行驶速度达到一定数值后（如 50km/h），后轮才参与转向，进行同相位四轮转向。

8.3.2 四轮转向系统基本组成和工作原理

典型的电控 4WS 系统主要由前轮转向系统、传感器（转向盘转角传感器、车速传感器、横摆角速度传感器等)、ECU、后轮转向执行机构和后轮转向传动机构等组成。

如图 8-10 所示，转向时，传感器将前轮转向的信号和汽车运动的信号送入 ECU，ECU 进行分析计算，向后轮转向执行机构输出驱动信号，后轮转向执行机构动作，通过后轮转向传动机构，驱动后轮偏转。同时，ECU 实时监控汽车运行状况，计算目标转向角与后轮实时转向角之间的差值，来实时调整后轮的转角。这样可以根据汽车的实际运行状态，实现汽车的四轮转向。

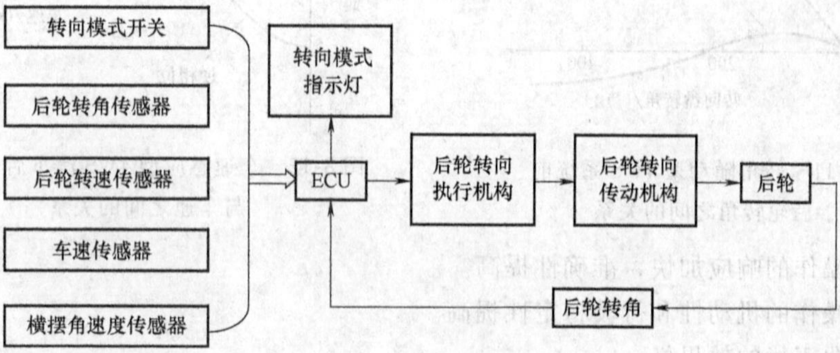

图 8-10　四轮转向系统图

8.3.3　四轮转向汽车后轮转向装置的类型

1. 按后轮转向的控制方法分类

按照后轮转向的控制方法不同，后轮转向装置主要可分为转角随动型和车速感应型两种。

(1) 转角随动型　如图 8-11 所示，转角随动型四轮转向装置的工作特点是后轮偏转受前轮偏转控制，做被动转向，即后轮偏转方向和转角大小受转向盘转动的方向和转角大小的控制。结构上通过一根后轮转向传动轴将前后轮转向机构相连，一般都采用机械式传动和人力直接控制。这种 4WS 系统存在一定的系统结构和动态控制的局限性，尤其在高速急转弯时，使汽车的操纵稳定性恶化。在现代的 4WS 系统中很少采用。

(2) 车速感应型　如图 8-12 所示，车速感应型四轮转向装置的工作特点是后轮偏转方向和转角大小主要受车速高低的控制。在转向过程中，同时还受前轮转角、侧向加速度、横摆角速度等动态参数的综合控制作用。这种 4WS 系统综合考虑了汽车的各种动态参数对汽车转向行驶过程中的操纵稳定性的影响，动态操纵控制效果好，是目前 4WS 汽车上主要采用的四轮转向装置。

2. 按后轮转向机构的驱动方式分类

按照后轮转向机构驱动方式的不同，4WS 系统可分为机械式、液压式、电控机械式、电控液压式和电控电动式等几种类型。目前使用最广泛的电控液压式，主要用于前轮采用液压助力转向系统的汽车中。这种 4WS 系统的工作压力大，工作平稳可靠，但系统存在结构复杂、布置不方便、对密封性要求高、消耗发动机功率较多、转向滞后较大等缺点，不能满足现代汽车转向灵敏、准确的要求。随着电动助力转向（EPS）系统的出现，电动 4WS 应运而生。

8.3.4　四轮转向系统的特点

1）与普通的前轮转向（2WS）汽车相比，四轮转向（4WS）汽车具有以下优点：

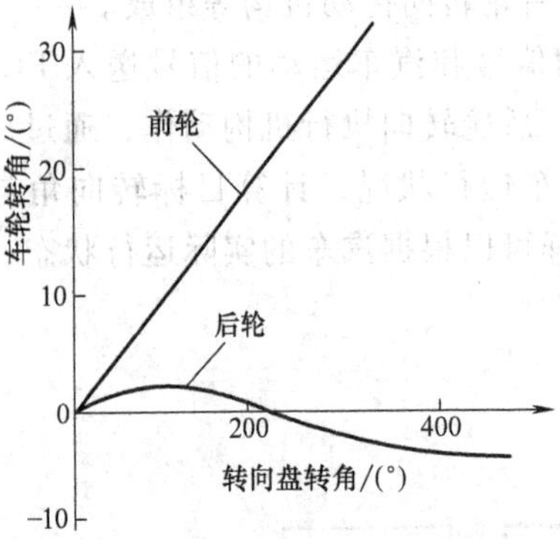

图 8-11　转角随动型 4WS 系统前、后轮转角之间的关系

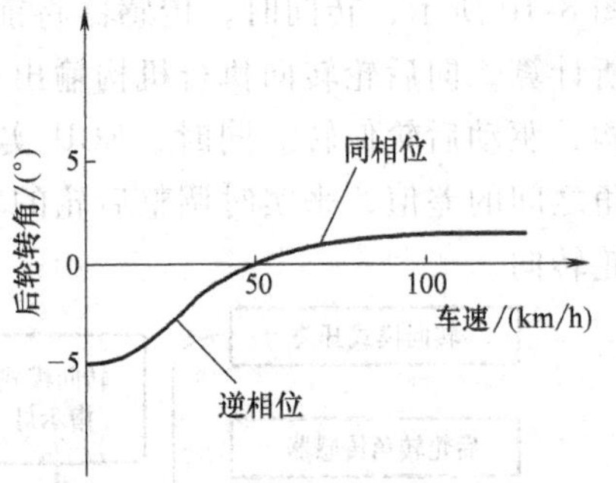

图 8-12　车速感应型 4WS 汽车后轮转角与车速之间的关系

① 转向操作的响应加快，准确性提高。

② 转向操作的机动性和行驶稳定性提高。

③ 抗侧向干扰的效果好。

④ 超车时，变换车道更容易，减小了汽车产生摆尾和侧滑的可能性。

2）四轮转向（4WS）汽车具有以下缺点：

① 低速转向时，汽车尾部容易碰到障碍物。

② 实现理想控制的技术难度大。

③ 转向系统结构复杂、成本高。

④ 转向过程中，不能完全保证轮胎与地面间处于纯滚动而无滑移状态。

8.3.5 电控液压式四轮转向系统实例

1. 系统组成及特点

如图 8-13 所示，该系统主要由转向盘、转向泵、前动力转向器、后轮转向传动轴、车速传感器、电控单元、后轮转向系统等组成。

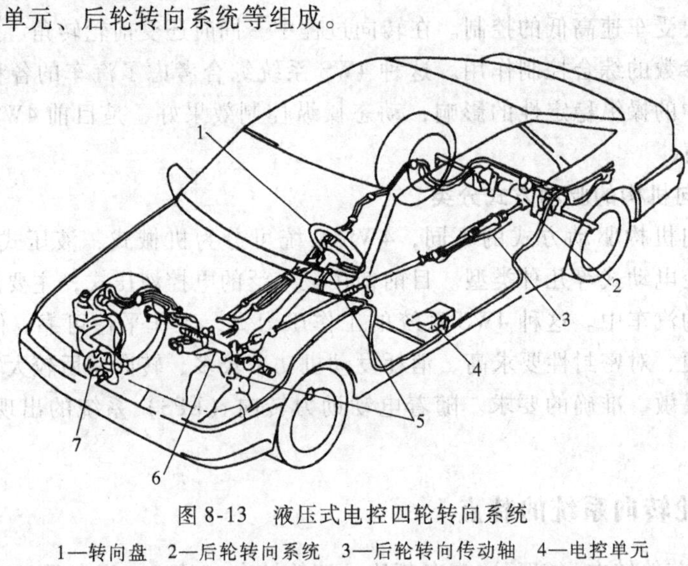

图 8-13　液压式电控四轮转向系统

1—转向盘　2—后轮转向系统　3—后轮转向传动轴　4—电控单元
5—车速传感器　6—前动力转向器　7—转向油泵

该系统的特点：使用前后两套动力转向系统，后轮的控制采用车速感应的方法，后轮偏转的角度取决于车速及转向盘的转角，并根据事先预定的程序用微机进行控制，也就是后轮的转角依车速及前轮的转角而动作，与转向盘操纵力大小无关。

2. 系统部件结构与作用

（1）前轮转向器和后轮转向传动轴　前轮转向器为齿轮齿条式，但将齿条加长，它与固定在后轮转向传动轴上的小齿轮啮合。当转动转向盘使齿条水平移动时，齿条一方面控制前轮转向动力缸的工作，推动前轮转向；同时将转向盘转动的方向、快慢和转动的角度传给后轮转向传动轴，以控制后轮转向。

（2）后轮转向系统　后轮转向系统主要由相位控制系统、液压控制阀、后轮转向动力缸等组成。

① 相位控制系统。相位控制系统由步进电动机、扇形控制齿板、摆臂、大锥齿轮、小锥齿轮、液压控制阀连杆等组成，如图 8-14 所示。后轮转向传动轴与小齿轮连接并输入前转向齿条的运动状态。一个前、后车轮转向角比传感器安装在扇形控制齿板旋转轴上。

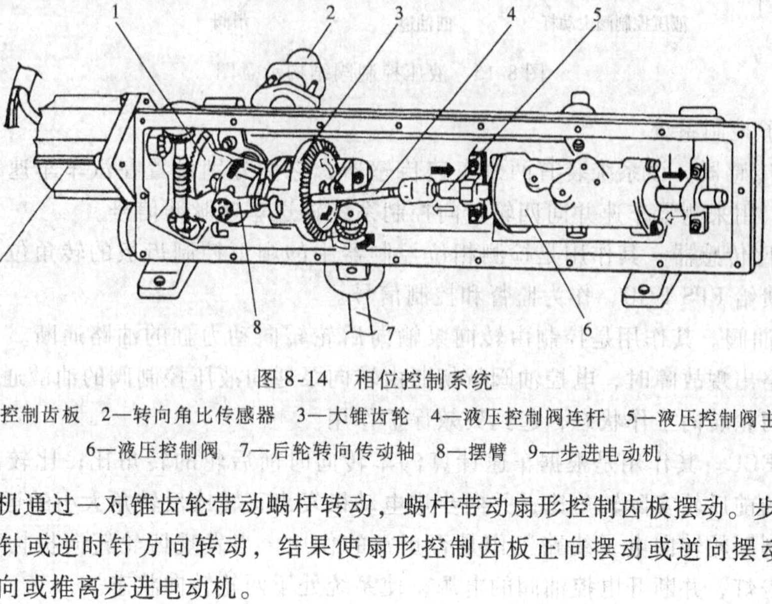

图 8-14　相位控制系统

1—扇形控制齿板　2—转向角比传感器　3—大锥齿轮　4—液压控制阀连杆　5—液压控制阀主动杆　6—液压控制阀　7—后轮转向传动轴　8—摆臂　9—步进电动机

步进电动机通过一对锥齿轮带动蜗杆转动，蜗杆带动扇形控制齿板摆动。步进电动机受ECU 控制顺时针或逆时针方向转动，结果使扇形控制齿板正向摆动或逆向摆动一定角度，从而将摆臂拉向或推离步进电动机。

液压控制阀连杆一端连接摆臂，中间穿过大锥齿轮上的孔，另一端与液压控制阀主动杆连接。大锥齿轮的旋转运动是由小锥齿轮驱动的，而小锥齿轮的转动是由后轮转向传动轴驱动的。由此可见，液压控制阀连杆的运动是摆臂运动和大锥齿轮运动的合成，即液压控制阀连杆的运动受车速和前轮转向运动的综合影响。

② 液压控制阀和后轮转向动力缸。如图 8-15 所示，液压控制阀是一滑阀结构，其滑阀的位置由液压控制阀连杆决定。图中表示滑阀向左移动的过程，此时油泵送来的油液通过液压控制阀进入动力缸右腔，同时动力缸左腔通过液压控制阀与储油罐相通。在动力缸左、右腔压力的作用下，动力输出杆左移，使后轮向右偏转。同时，动力输出杆带动阀套左移，逐渐使通向动力缸的油道关闭，动力输出杆（连同阀套）停止移动，后轮停止偏转。可见后轮的偏转角度取决于液压控制阀连杆的位置。

当汽车直线行驶时，在动力缸两腔的回位弹簧及油压作用下，使后轮处于直线行驶位置。此功能也使得当电子控制线路或液压回路出现故障时，后轮可回到直线行驶位置，使四轮转向变成一般的两轮转向工作状态。

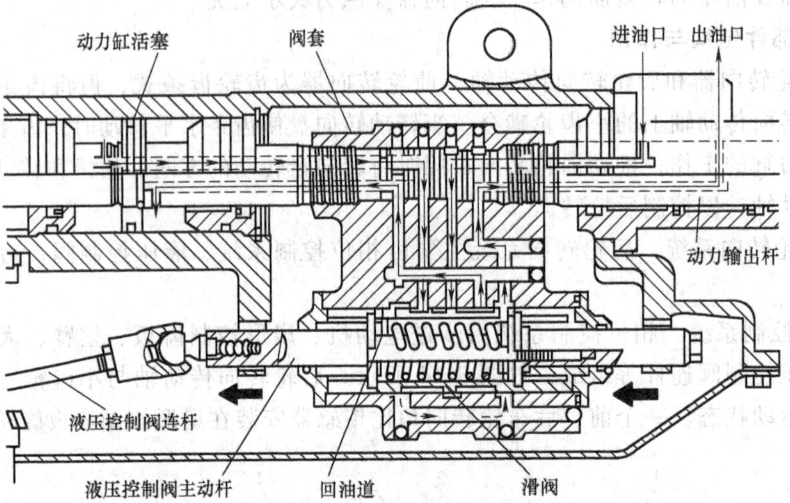

图 8-15 液压控制阀结构示意图

（3）电子控制系统

① 车速传感器。该系统装有两个车速传感器，它们分别设置在汽车车速表内和变速器的输出轴端，用来测量车速并向四轮转向控制系统输送车速脉冲信号。

② 转角比传感器。其作用是检测相位控制器中的扇形控制齿板的转角位置，并将检测出的信号反馈给 EPS ECU，作为监督和控制信号。

③ 电控油阀。其作用是控制由转向泵输向后轮转向动力缸的油路通断。当液压回路或电子控制线路出现故障时，电控油阀就切断由转向泵通向液压控制阀的油液通道，使四轮转向装置处于两轮转向工作状态，起到失效保护作用。

④ EPS ECU。其作用是根据车速计算汽车转向时前后轮的转角比；比较前后轮理论转角比与当时的前后轮实际转角比，并向步进电动机发出正转或反转角大小的运转指令；另外还起监视控制四轮转向电子线路工作是否正常的作用，当发现四轮转向机构工作出现异常时，点亮警告灯，并断开电控油阀的电源，使系统处于两轮转向状态。

3. 工作原理

ECU 根据车速控制后轮转向系统的步进电动机工作，使扇形控制齿板转动，摆臂摆动，带动液压控制连杆左右移动；转向盘的转动通过后轮转向传动轴带动大锥齿轮转动，从而带动液压控制连杆摆动，因而使液压控制连杆左右移动。上述两种运动确定了液压控制连杆的左右位置，因而确定了液压控制阀滑阀的位置，也就确定了后轮偏转的方向和角度。

① 当车速低于 35km/h 时。如图 8-16a 所示，扇形控制齿板在步进电动机的控制下向负方向偏转。假设转向盘向右转动，则小锥齿轮、大锥齿轮分别向空白箭头方向转动，摆臂在扇形齿板和大锥齿轮的带动下最终向右上方摆动，液压控制阀主动杆和滑阀也向右移动，由转向泵输送的高压油液进入后轮转向动力缸的左腔，使后轮相对于前轮反向偏转。使车辆转向半径减小，从而提高了低速时的机动性。

② 当车速高于 35km/h 时。如图 8-16b 所示，扇形控制齿板在步进电动机的控制下向正

方向偏转。假设这时转向盘仍向右转动，摆臂向左上方摆动，将液压控制阀主动杆和滑阀向左拉动，由转向油泵输送的高压油液进入后轮转向动力缸的右腔，结果使后轮向右偏转，即后轮相对于前轮同向偏转，因而使汽车高速行驶时的操纵稳定性显著提高。

③ 当车速等于35km/h时。如图8-16c所示，扇形控制齿板处于中间位置，摆臂处于与大锥齿轮轴线垂直的位置。不管转向盘向左还是向右转动，液压控制阀主动杆均不产生轴向位移，后轮保持与汽车纵向轴线平行的直线行驶状态。

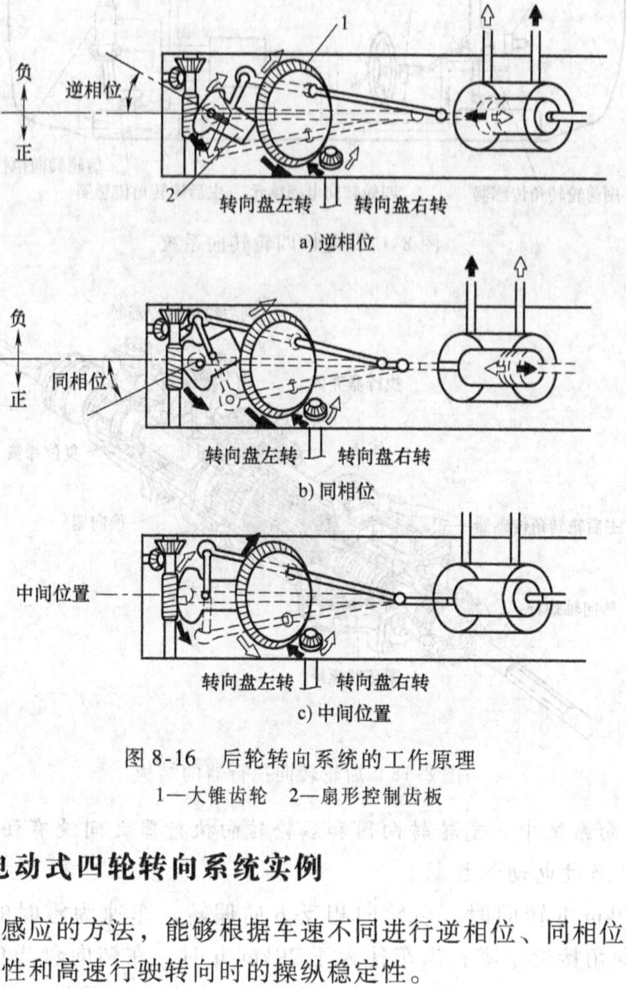

图8-16　后轮转向系统的工作原理
1—大锥齿轮　2—扇形控制齿板

8.3.6　电控电动式四轮转向系统实例

该系统采用车速感应的方法，能够根据车速不同进行逆相位、同相位偏转，从而提高汽车低速转向时的机动性和高速行驶转向时的操纵稳定性。

1. 系统组成及特点

如图8-17所示，该系统主要由输入传感器（主、副前轮转角传感器；主、副后轮转角传感器；后轮转速传感器和车速传感器）、电控单元和后轮转向执行器等组成。

后轮转向执行器的结构如图8-18所示，其包含一个通过循环球螺杆驱动转向齿条的电动机。常规的转向横拉杆从转向执行器连接到后轮转向臂和转向节处。执行器内的复位弹簧在点火开关关闭或四轮转向系失效时将后轮推向直线行驶位置。一个后轮转角传感器和一个副后轮转角传感器安装在后轮转向执行器的顶端。

2. 工作原理

发动机工作时，电动式EPS ECU不断地从所有输入传感器处收到信号。如果转向盘转动，电动式 EPS ECU 就会对所有传感器传来的信号进行分析，并计算出适当的后轮转向角，并操纵后轮转向执行器电动机使后轮实现正确的转向。

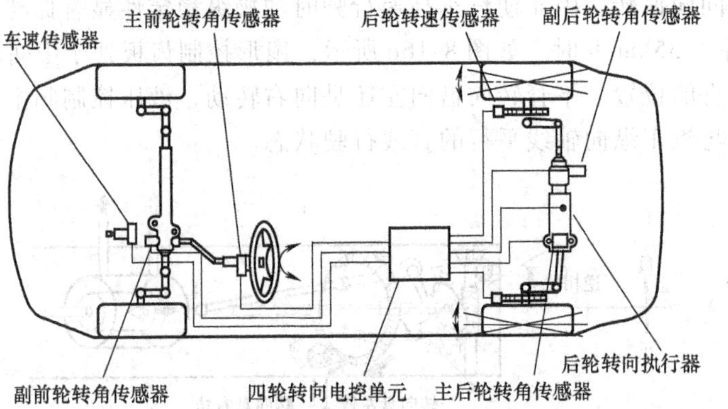

图 8-17　电控四轮转向系统

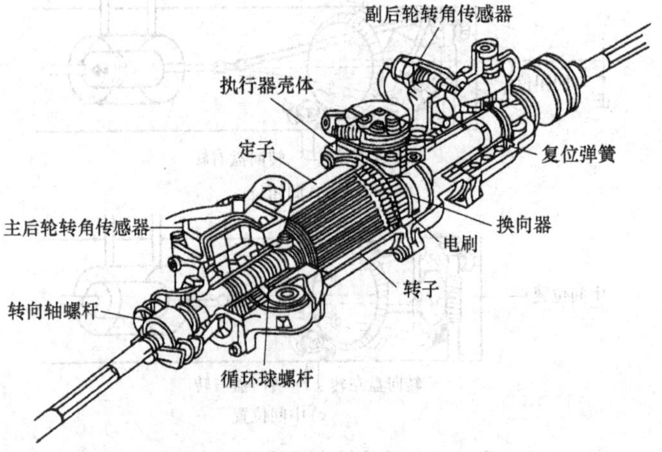

图 8-18　后轮转向执行器的结构

提示： 在此转向系统中，前轮转向器和后轮转向执行器之间没有任何机械连接装置，后轮转向完全靠 ECU 通过电动机控制。

当车速低于 29km/h 转向时，后轮向相反方向偏转，车速为零时的最大转角为 6°，在 29km/h 时后轮转向角接近于零；当车速大于 29km/h 时，在转向盘 200°转角以内后轮的转向角与前轮一致，转向盘转角大于 200°时后轮开始向相反方向偏转。

当车速提高到 29km/h，并转动转向盘 100°时，后轮将向相同方向偏转大约 1°；转向盘转动 500°时，后轮将向相反方向偏转大约 1°。

8.4　线控转向系统

8.4.1　概述

线控转向（Steering-By-Wire，SBW）系统在转向盘和转向轮之间没有机械连接，而是用传感器记录驾驶人的转向意图和车辆的行驶状况，通过数据线将信号传递给车载电脑，电脑据此做出判断并控制前轮转向模块，使转向轮偏转相应角度实现汽车转向，所以该系统也称作柔性转向系统，是实现汽车智能转向的最佳方案。

8.4.2　线控转向系统的基本组成和工作原理

1. 系统组成

汽车线控转向系统主要由转向盘模块、前轮转向模块、电控单元（ECU）3 个主要部分以及自动防故障系统、电源等辅助系统组成，其结构如图 8-19 所示。

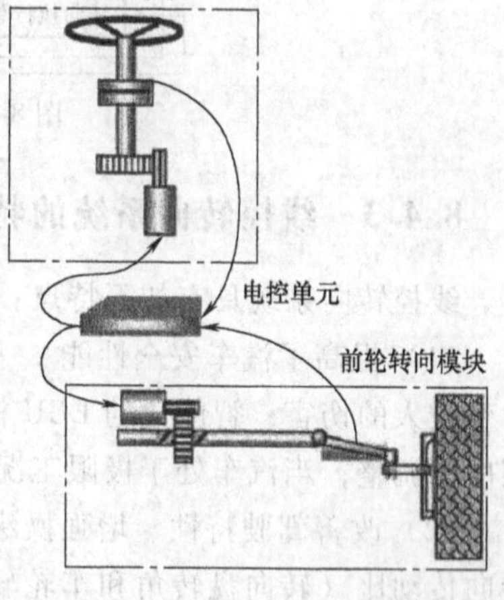

图 8-19　线控转向系统的结构示意图

（1）转向盘模块　转向盘模块包括转向盘组件、转向盘转角传感器、转矩传感器、转向盘回正力矩电动机。其主要功能是将驾驶人的转向意图（通过测量转向盘转角）转换成数字信号并传递给电控单元，同时电控单元向转向盘回正力矩电动机发送控制信号，产生转向盘回正力矩，以提供给驾驶人相应的路感信息。

（2）前轮转向模块　前轮转向模块包括前轮转角传感器、转向执行电动机、电动机控制器和前轮转向组件等。其功能是将测得的前轮转角信号反馈给电控单元，并接受电控单元的命令，控制转向轮完成所要求的前轮转角，实现驾驶人的转向意图。

（3）电控单元　电控单元对采集的信号进行分析处理，判别汽车的运动状态，向转向盘回正力矩电动机和转向电动机发送命令，控制两个电动机协调工作。电控单元还可以对驾驶人的操作指令进行识别，判定在当前状态下驾驶人的转向操作是否合理。当汽车处于非稳定状态或驾驶人发出错误指令时，前轮线控转向系统将自动进行稳定控制或将驾驶人错误的转向操作屏蔽，以合理的方式自动驾驶车辆，使汽车尽快恢复到稳定状态。

（4）自动防故障系统　自动防故障系统是线控转向系统的重要模块，它包括一系列的监控和实施算法，针对不同的故障形式和故障等级做出相应的处理，以求最大限度地保持汽车的正常行驶。线控转向技术采用严密的故障检测和处理逻辑，以最大程度地提高汽车安全性能。

（5）电源系统　电源系统承担着电控单元、两个执行电动机以及其他车用电器的供电任务，其中仅前轮转角执行电动机的最大功率就有 500～800W，加上汽车上的其他电子设备，电源的负担已经相当沉重。所以要保证电网在大负荷下稳定工作，电源的性能就显得十分重要。

2. 线控转向系统的工作原理

如图 8-20 所示，当驾驶人通过转向盘进行转向操纵时，转向盘转角传感器测试到转向盘转角信号，并将其与横摆角速度、侧向加速度、车速、前轮转角信号一起送给电控单元，经过电控单元的处理，确定输出路感电动机电流的大小，并把该电流输入电动机以产生转矩，实现路感的模拟。同时，电控单元实时计算出转向执行电机电流的大小，并把该电流输入电动机以产生转矩，以实现转向功能，实现了“人—车—路”信息的闭环控制。

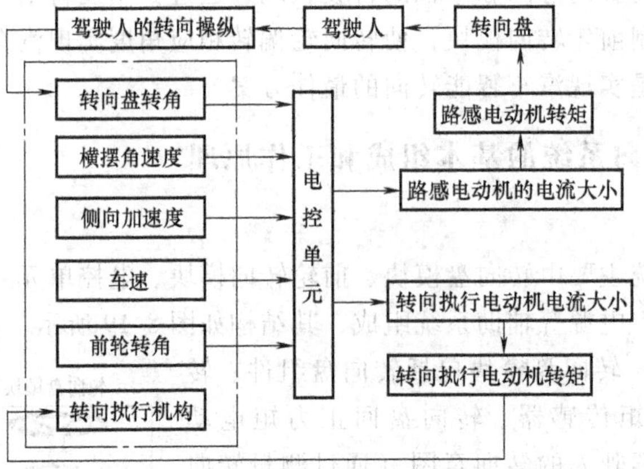

图 8-20　线控转向系统的工作原理图

8.4.3　线控转向系统的特点

线控转向系统具有如下特点：

(1) 提高了汽车安全性能　去除了转向柱等机械连接，完全避免了撞车事故中转向柱对驾驶人的伤害；智能化的 ECU 根据汽车的行驶状态判断驾驶人的操作是否合理，并做出相应的调整；当汽车处于极限工况时，能够自动对汽车进行稳定控制。

(2) 改善驾驶特性、增强操纵性　基于车速、牵引力控制以及其他相关参数基础上的转向传动比（转向盘转角和车轮转角的比值）不断变化。低速行驶时，转向传动比低，可以减少转弯或停车时转向盘转动的角度；高速行驶时，转向传动比变大，获得更好的直线行驶条件。

(3) 改善驾驶人的路感　由于转向盘和转向车轮之间无机械连接，驾驶人“路感”通过模拟生成。可以从信号中提出最能够反映汽车实际行驶状态和路面状况的信息，作为转向盘回正力矩的控制变量，使转向盘仅向驾驶人提供有用信息，从而为驾驶人提供更为真实的“路感”。

(4) 增强汽车的舒适性　由于消除了机械结构连接，地面的不平和转向轮的不平衡不会传递到转向轴上，从而减缓了驾驶人的疲劳。驾驶人的腿部活动空间和汽车底盘的空间明显增大。

提示： 由于线控转向系统中转向盘和转向车轮之间没有直接的机械连接，当电控系统出现故障时，车辆将无法保证转向功能，处于失控状态，所以存在工作的不可靠问题。但是，随着技术的发展，电控系统的可靠性不断得到提高，在系统设计中大量引入了“冗余设计”的理念，比如传感器的冗余、电动机的冗余、车载电源系统的冗余等，使线控转向系统的可靠性得到了明显提高。

总之，线控转向系统使结构更紧凑、工作更平稳，是一种适合消费者的新技术，尤其对于今后实现汽车无人驾驶的设想创造了前提。

复习思考题

1. 什么是电控动力转向系统？

2. 什么是液压式电控动力转向系统？液压式电控动力转向系统是如何分类的？

3. 反力控制式液压式电控动力转向系统的组成及其工作原理是什么？

4. 电动液压动力转向系统与液压式电控动力转向系统的区别是什么？电动液压动力转向系统有什么特点？

5. 什么是电动式电控动力转向系统？

6. 电动式电控动力转向系统的分类、特点和应用？

7. 画简图说明转向轴助力式 EPS 的结构组成和工作原理。

8. 四轮转向（4WS）汽车的后轮偏转规律是什么？

9. 四轮转向汽车后轮转向装置的类型有哪些？目前4WS 汽车上主要采用哪种四轮转向系统？这种四轮转向系统有什么特点？

10. 什么是线控转向系统？

第 9 章　中央门锁与防盗系统

学习目标

· 了解中央门锁系统的组成。
· 掌握中央门锁系统的工作原理。
· 了解防盗系统的分类。
· 了解防盗系统的组成。
· 掌握防盗系统的工作原理。

9.1　中央门锁系统

现代汽车出于使用方便和安全的考虑，普遍安装了中央控制门锁系统。中央控制门锁（简称中央门锁或中控门锁）实现了门锁的驾驶人集中控制。装有中央门锁系统的汽车，驾驶人通过操纵一处开关，就可以同时将车上的所有车门（还可能包括行李箱门）锁上或者开锁，这些操作通常包括：

① 当使用钥匙插入驾驶人车门锁芯锁门或者开锁时。

② 当使用安装在驾驶人车门内侧扶手上或者仪表台上的门锁控制开关锁门或者开锁时。

③ 当使用遥控器锁门或者开锁时。

提示： 中央门锁系统通常使用由电动机或电磁铁操纵的车门锁（电动门锁），随着对汽车安全性、可靠性和方便性要求的不断提高，大多数轿车都采用了具有电动门锁的中央门锁系统。

9.1.1　中央门锁系统的组成与功用

电控中央门锁由信号输入装置、电子控制单元（ECU）和执行器三部分组成。各信号输入装置将各种信号送至 ECU，ECU 根据信号做出将车门锁上或者开锁的判断，同时给执行器发送锁上或者开锁的指令。典型电控中央门锁系统各元件在车上分布位置，如图 9-1 所示。

1. 信号输入装置

（1）门锁控制开关　门锁控制开关通常安装在驾驶人车门（或者还包括乘员侧车门）内侧的扶手上，如图 9-2 所示，也有的汽车将此开关安装在仪表台上。门锁控制开关的作用是将锁止或者开锁的请求告诉 ECU。该开关通常为翘板式开关，按下开关的前端为“锁止”（LOCK），按下后端为“开锁”（UNLOCK）。

（2）钥匙控制开关　钥匙控制开关（也称为钥匙操纵开关）安装在门锁锁芯的内端（图 9-3），其作用为探测是否有用钥匙锁车门锁或打开门锁的要求，并将此要求告诉 ECU。

（3）门锁开关　门锁开关安装在门锁总成内，其作用是检测车门的开、闭状态（也称为车门开启探测开关）。当车门开启时，此开关接通；当车门关闭时，门锁开关断开。

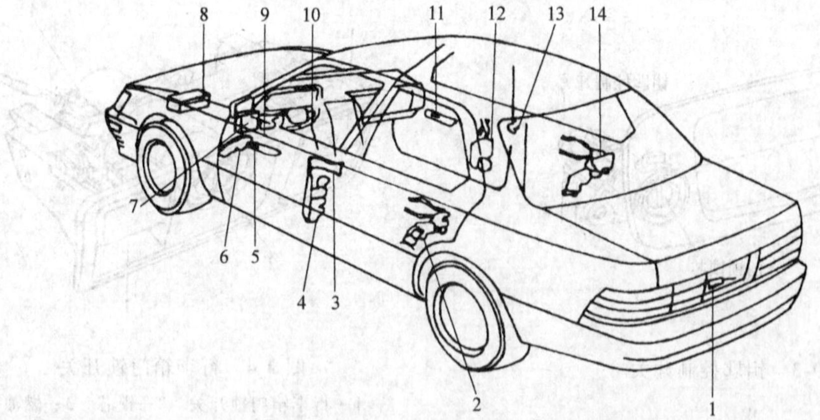

图 9-1　中央门锁系统部件安装位置

1—行李箱门锁电磁铁　2—左后门锁电动机和位置开关　3—左前车门钥匙控制开关　4—左前门锁电动机、位置开关和门锁开关　5—左前门锁控制开关　6—1 号接线盒（断路器）　7—防盗和门锁控制 ECU 及门锁控制继电器　8—2 号接线盒（DOME 熔断器）　9—行李箱门锁开关　10—点火开关　11—右前门锁控制开关　12—右前门锁电动机、位置开关和门锁开关　13—右前车门钥匙控制开关　14—右后门锁电动机和位置开关

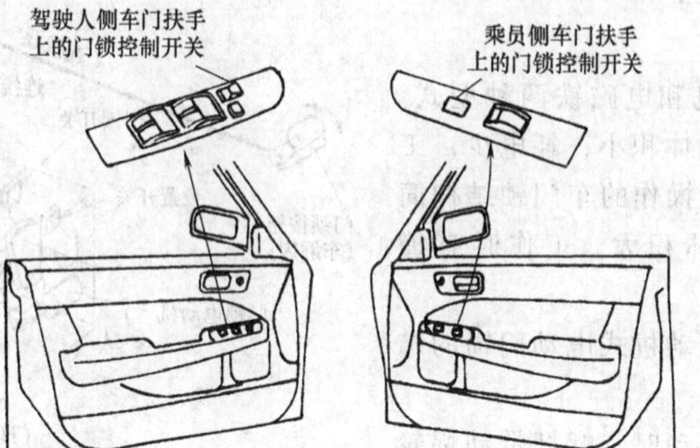

图 9-2　门锁控制开关

（4）行李箱门锁开关　行李箱门锁也称为行李箱开启器。行李箱门锁执行器（电磁线圈）由两个串联的开关进行控制，一个是行李箱门锁主开关，另一个是行李箱门锁开关，如图 9-4 所示。

（5）位置开关　位置开关装在门锁总成内（图 9-5），其作用是探测门锁的状态（也称为做车门开锁探测开关）。当锁杆处于锁止位置时，位置开关断开；当锁杆处于开锁位置时，位置开关接通。

（6）钥匙开锁警告开关（钥匙未拔出警告开关）　此开关安装在点火开关内，用于探测点火钥匙是否插在点火开关锁芯内，并将此信号送给 ECU，以便实现点火钥匙防遗忘功能（可防止点火钥匙插在点火开关里被锁在车内）。如果拔出钥匙，此开关断开。如果钥匙插在点火开关的锁芯内，钥匙开锁警告开关接通。

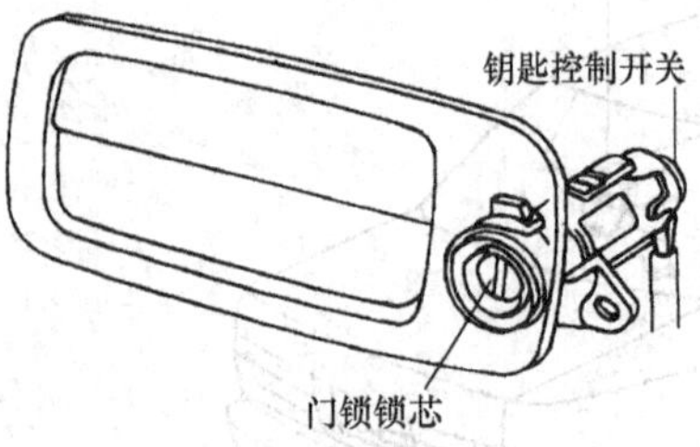

图 9-3　钥匙控制开关

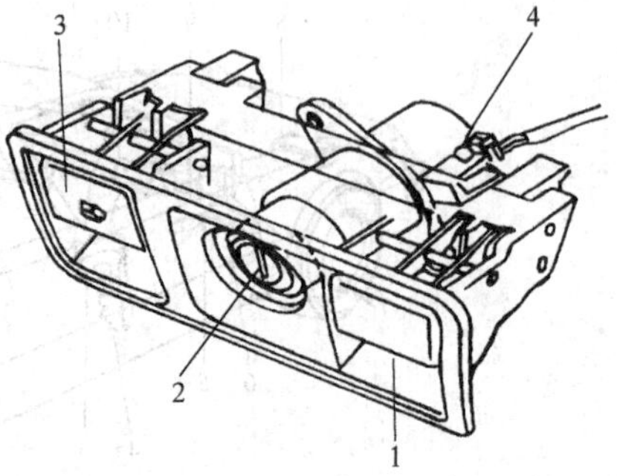

图 9-4　行李箱门锁开关

1—行李箱门锁开关　2—锁芯　3—燃油加注口盖开关　4—行李箱门锁主开关

2. ECU

电子控制单元（ECU）的作用是接收信号输入装置送来的信号，并对这些信号进行处理，然后发出控制指令，控制执行机构，实现锁门或开锁。

ECU 的组成包括输入电路、存储器、鉴别器、编码器、驱动级、抗干扰电路、显示装置、保险装置和电源等。

3. 执行器

执行器有电动机和电磁铁两种型式。电动机操作的车门锁体积小，耗电少，工作噪声小；而电磁铁操作的车门锁结构简单，动作敏捷，但体积大，工作时有撞击声。

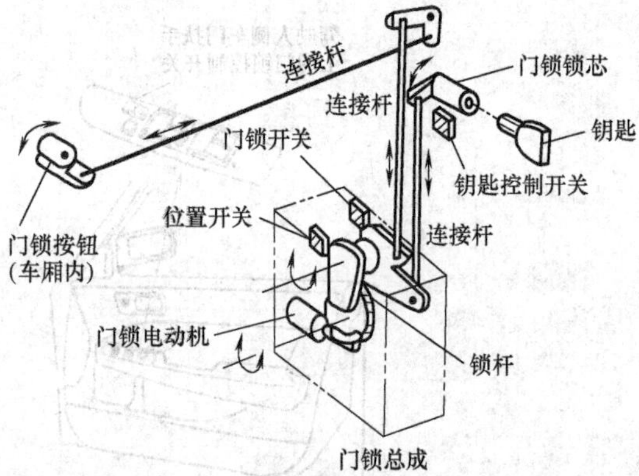

图 9-5　门锁传动机构

图 9-5 所示为电动机式电动门锁的结构，其工作情况如下：

当门锁电动机转动时，蜗杆带动蜗轮转动，继而推动锁杆摆动，使车门锁上或开锁。然后，在回位弹簧的作用下，蜗轮返回原位，以便防止操纵门锁按钮时电动机工作。有些电动门锁不用蜗杆蜗轮传动，而采用齿轮齿条或螺杆螺母传动机构。

图 9-6 为电磁铁式行李箱门锁，其工作原理如下：

当电磁线圈 2 中有电流通过时，所产生的电磁吸力使插棒式铁心 5 及轴销 6 向左移动，从而打开行李箱门锁。电磁线圈 2 中无电流，插棒式铁心 5 及轴销 6 处于右端位置，关闭行李箱门之后，行李箱便被上锁。电磁线圈 2 中是否有电流由行李箱门锁开关来控制。

9.1.2　中央门锁系统工作原理

1. 用门锁控制开关锁门和开锁

(1) 锁门　如图 9-7 所示，其中，防盗和门锁控制 ECU 内部为逻辑电路图。当将驾驶人侧或副驾驶侧门锁控制开关 15 推向（或按下）锁门（L）位置时，ECU 的端子 16 经门锁

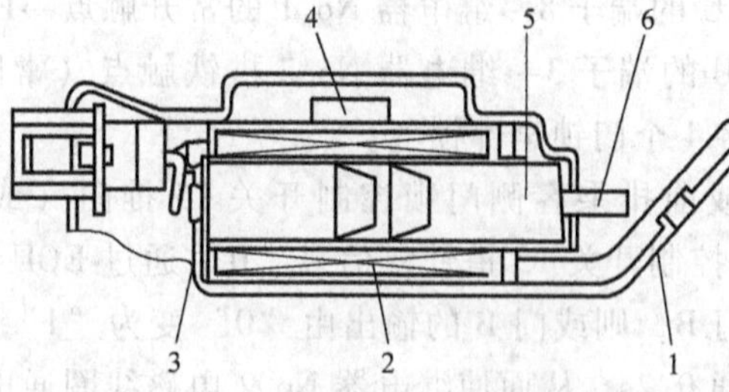

图 9-6　行李箱门锁

1—支架　2—电磁线圈　3—轭铁　4—断路器　5—插棒式铁心　6—轴销

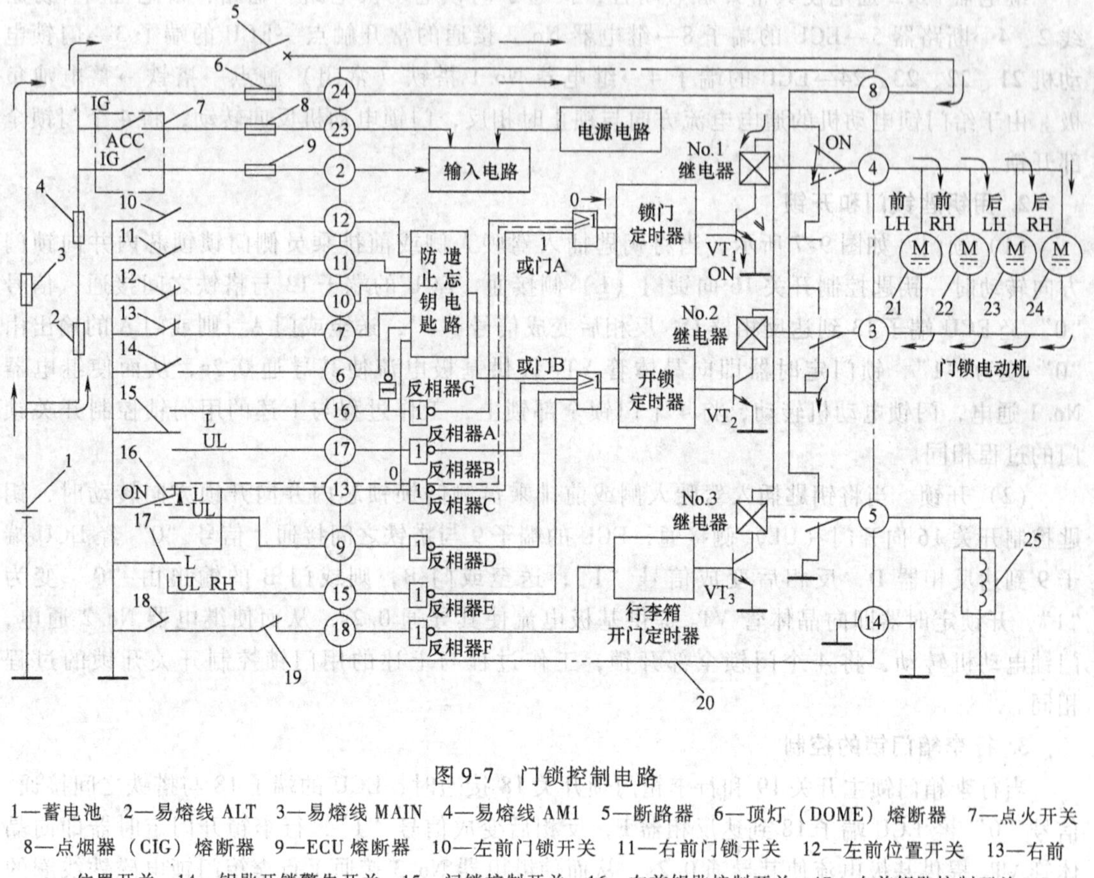

图 9-7　门锁控制电路

1—蓄电池　2—易熔线 ALT　3—易熔线 MAIN　4—易熔线 AM1　5—断路器　6—顶灯（DOME）熔断器　7—点火开关　8—点烟器（CIG）熔断器　9—ECU 熔断器　10—左前门锁开关　11—右前门锁开关　12—左前位置开关　13—右前位置开关　14—钥匙开锁警告开关　15—门锁控制开关　16—左前钥匙控制开关　17—右前钥匙控制开关　18—行李箱门锁开关　19—行李箱门锁主开关　20—防盗和门锁 ECU　21—左前门锁电动机　22—右前门锁电动机　23—左后门锁电动机　24—右后门锁电动机　25—行李箱门锁电磁线圈

控制开关 15 搭铁，信号“0”通过 ECU 的端子 16 经反相器 A 反相变成信号“1”，送至或门 A，则或门 A 的输出由“0”变为“1”，锁门定时器即向晶体管 VT_1 提供基极电流使其导通 0.2s，从而使继电器 No.1 电磁线圈通电，电流通过继电器线圈的电路为：蓄电池 1→易熔线 3→熔断器 6→ECU 的端子 24→继电器 No.1 电磁线圈→晶体管 VT_1→搭铁。

继电器 No.1 电磁线圈通电使其常开触点闭合，接通了门锁电动机电路。电路：蓄电池

1→易熔线2、4→断路器5→ECU的端子8→继电器No.1的常开触点→ECU的4号端子→门锁电动机21、22、23、24→ECU的端子3→继电器No.2搭铁触点（常闭触点）→搭铁→蓄电池负极。门锁电动机转动，将4个门锁全部锁上。

（2）开锁　当将驾驶人侧或前排乘客侧门锁控制开关15推向（或按下）开锁（UL）位置时，ECU的端子17经门锁控制开关15搭铁，信号“0”通过ECU的端子17经反相器B反相变成信号“1”，送至或门B，则或门B的输出由“0”变为“1”，开锁定时器即向晶体管VT_2提供基极电流使其导通0.2s，从而使继电器No.2电磁线圈通电，电流通过继电器线圈的电路：蓄电池1→易熔线3→熔断器6→ECU的24号端子→继电器No.2电磁线圈→晶体管VT_2→搭铁。

继电器No.2通电使其常开触点闭合，接通了门锁电动机电路。电路：蓄电池1→易熔线2、4→断路器5→ECU的端子8→继电器No.2接通的常开触点→ECU的端子3→门锁电动机21、22、23、24→ECU的端子4→继电器No.1搭铁（常闭）触点→搭铁→蓄电池负极。由于给门锁电动机的通电电流方向与锁止时相反，门锁电动机反向转动，将4个门锁全部开锁。

2. 用钥匙锁门和开锁

（1）锁门　如图9-7所示，当将钥匙插入驾驶人侧或前排乘员侧门锁锁芯内并向锁门方向转动时，钥匙控制开关16向锁门（L）侧接通，ECU的端子13与搭铁之间接通，信号“0”经ECU端子13到达反相器C，反相后变成信号“1”，送至或门A，则或门A的输出由“0”变为“1”，锁门定时器即向晶体管VT_1提供基极电流使其导通0.2s，从而使继电器No.1通电，门锁电动机转动，将4个门锁全部锁上，工作过程与上述的用门锁控制开关锁门的过程相同。

（2）开锁　当将钥匙插入驾驶人侧或前排乘员侧门锁锁芯内并向开锁方向转动时，钥匙控制开关16向开门（UL）侧接通，ECU的端子9与搭铁之间接通，信号“0”经ECU端子9到达反相器D，反相后变成信号“1”，送至或门B，则或门B的输出由“0”变为“1”，开锁定时器即向晶体管VT_2提供基极电流使其导通0.2s，从而使继电器No.2通电，门锁电动机转动，将4个门锁全部开锁，工作过程与上述的用门锁控制开关开锁的过程相同。

3. 行李箱门锁的控制

当行李箱门锁主开关19和行李箱门锁开关18接通时，ECU的端子18与搭铁之间接通，信号“0”经ECU端子18到达反相器F，反相后变成信号“1”，行李箱开门定时器即向晶体管VT_3提供基极电流使其导通0.2s，从而使继电器No.3接通了行李箱门锁电磁铁线圈的电路：蓄电池1→易熔线2、4→断路器5→ECU的端子8→继电器No.3接通的触点→ECU的端子5→行李箱门锁电磁线圈25→搭铁→蓄电池负极，打开行李箱门锁。

4. 防止钥匙锁入车内

（1）推动锁钮锁门　当钥匙插在点火开关锁芯内，驾驶人侧或前排乘客侧车门打开时，左前门锁开关10和钥匙开锁警告开关14都接通，经ECU端子12和端子6将“0”信号送至防止钥匙遗忘电路。此时，将锁钮推向锁门侧，则门立刻被锁上。但由于位置开关12断开，信号“1”经ECU端子10送至防止钥匙遗忘电路，并使其输出信号“1”送至或门B，使或门B的输出从“0”变到“1”。同时开锁定时器接通晶体管VT_2约0.2s，电流在系统中的流动路径与用门锁控制开关开锁相同，电动机由 No. 2 继电器供电而工作，打开全部门锁。

（2）用门锁控制开关锁门　当钥匙插在点火开关锁芯内，驾驶人侧或前乘客侧车门打开时，左前门锁开关 10 和钥匙开锁警告开关 14 都接通，经 ECU 端子 12 和端子 6 将“0”信号送至防止钥匙遗忘电路。此时，当用门锁控制开关 15 锁门时，门立刻被锁上。但由于信号“0”经 ECU 端子 16 到达反相器 G 后变成信号“1”，被送至防止钥匙遗忘电路，然后送至或门 B，并使其输出从“0”变为“1”。同时开锁定时器接通晶体管 VT_2 约 0.2s，电动机接通，全部车门打开。

（3）车门全关闭时防止钥匙遗忘功能　当防止钥匙遗忘功能起作用和门锁钮保持向下阻止开门时，门被立刻锁上。此时门锁开关 10 和钥匙开锁警告开关 14 接通，经 ECU 端子 12 和端子 6 将“0”信号送至防止钥匙遗忘电路。若此时门处于关闭状态，则门锁开关断开且输入到防止钥匙遗忘电路的信号由“0”变为“1”。约 0.8s 后，防止钥匙遗忘电路输出信号“1”给或门 B，或门 B 输出信号从“0”变为“1”。因此，开锁定时器接通晶体管 VT_2 约 0.2s，电动机接通，全部车门打开。若此时车门不能全部打开，则开锁定时器再次启动，0.8s 后，全部车门打开。

9.1.3　无线遥控中央门锁

无线遥控中央门锁系统也称为无钥匙进入系统（Remote keyless Entry），它为驾驶人提供了一种打开门锁的方便手段。同时，这个系统还可以提供对行李箱、灯光和喇叭的控制功能。

遥控中央门锁系统由手持遥控发射器、遥控高频接收电路和 CPU 及执行器驱动电路三个功能部件组成。遥控高频接收电路和执行器驱动电路可以分成两个模块，以便缩小接收电路的体积并与大电流电路分开，可灵活地选择安装位置从而优化无线信号接收性能。

图 9-8 所示为遥控中央门锁系统电路，控制原理如下：

（1）遥控控制门锁　接收天线与控制单元连接，接收遥控器发出的锁门或开锁信号，当按下遥控器“开锁”或者“锁止”按键时，接收天线将接收到的信号送至控制单元，控制单元通过端子 3 和端子 4 输出控制信号，使所有车门的门锁都打开或者锁上，同时控制单元向端子 9 输出低电位脉冲信号，转向灯继电器接通，所有转向灯同时闪烁。开锁时输出一个低电位脉冲信号，转向灯闪烁一次；锁止时输出两个低电位脉冲信号，转向灯闪烁两次。

（2）门锁控制开关控制门锁　按下门锁控制开关，给控制单元的端子 6 一个低电平触发信号，并且每触发一次，门锁的状态就变化一次（开锁和锁止）。

（3）钥匙控制开关控制门锁　在左前门中控锁执行器组件内，有一个钥匙控制开关，将钥匙插入左前车门锁芯转动钥匙时，可将开关转至开锁或锁止位置，通过控制单元的端子 5 将信号送至控制单元，实现锁门或开锁。

（4）车速感应控制门锁　电子控制单元通过端子 7 接收车速信号，当车速达到 16 ~ 20km/h 时，如果车门原来没有锁上，电子控制单元将使车门自动锁止，保证安全。

（5）自动开锁　当车辆发生较严重的碰撞时，碰撞信号通过端子 6 送至控制单元，控制单元打开中控锁，以便乘客逃生。

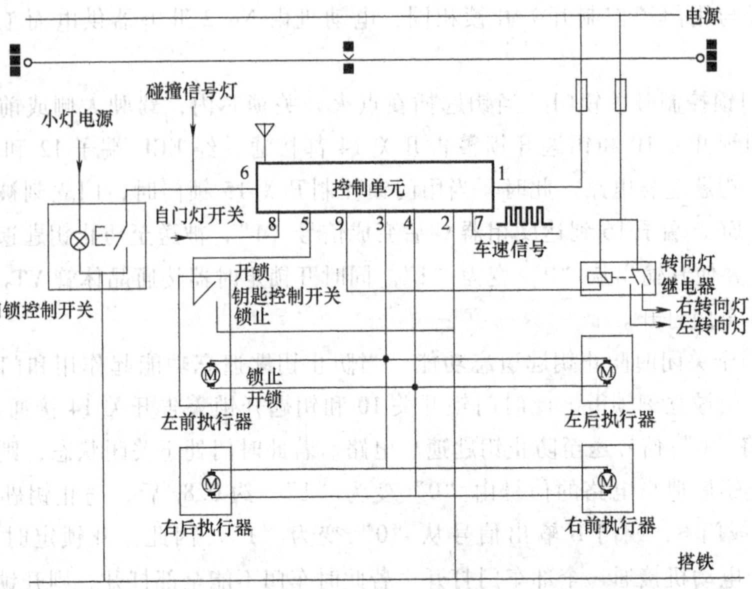

图 9-8　遥控中央门锁系统电路

9.2　防盗系统

为防止车辆被盗，许多汽车制造公司将汽车防盗装置作为汽车的标准配置，以提高所属品牌汽车的市场竞争力。汽车防盗系统通常与中央门锁系统配合工作。

9.2.1　防盗系统分类

目前汽车防盗器分为机械式、电子式和网络式三种类型。

1. 机械式防盗器

机械式防盗器以纯机械方式增加对转向盘、变速杆、油路、制动器等的锁止控制。机械式防盗器安全性差，使用不方便，已逐渐淘汰。

2. 电子式防盗器

电子式防盗器因可靠性好，使用方便，目前被广泛使用，成为主流汽车防盗器。电子式防盗器按功能又可分为以下三种。

(1) 防止非法进入汽车　主要为红外监视系统，布置在车辆内部周围的一组红外传感器构成一道无形帘幕，以监视防盗系统启动后是否有移动物体进入车内。安全性高，可靠性强，但由于需要布置多个红外发射接收装置，成本较高。

(2) 防止破坏或非法搬运汽车　主要通过布置在车内的超声波传感器、振动传感器或倾斜传感器等监测是否有人企图破坏或非法搬运汽车。该系统需增加相应的遥控系统和报警系统，因此成本较高，而且由于传感器灵敏度难于准确设定，易误报警和漏报警，安全性差，报警信号对环境也构成污染。

(3) 防止汽车被非法开走　多数采用带密码锁的遥控系统，通过决定是否允许接通起动机、点火电路等，以防止汽车被非法开走。新型的防盗点火锁系统采用电子应答来判断使用的钥匙是否合法，并以此确定是否允许发动机 ECU 工作，是目前世界上高级轿车普遍采用的汽车防盗技术。

3. 网络式防盗器

GPS 卫星定位防盗系统属于网络式防盗器，它可以通过 GPS 卫星定位系统确定被盗车辆的位置，再通过 GSM（全球移动通信系统）网将位置和报警信息传送到报警中心。

提示：报警中心还可以通过 GSM 网控制汽车使其断电或者断油等。

9.2.2 防盗系统的组成和工作原理

汽车防盗系统的组成包括三个部分：开关和传感器（探测是否发生非法进入汽车或非法搬运汽车的情况）、防盗 ECU 和执行机构（报警装置和使汽车失去运动能力的系统）。

1. 防盗系统的基本原理

简单的防盗系统如图 9-9 所示。当用钥匙锁好所有车门（开关 4 向上接通）时，系统进行 30s 自检，防盗指示灯点亮。30s 过后，防盗指示灯便开始闪烁，表明系统启动而进入警戒状态。

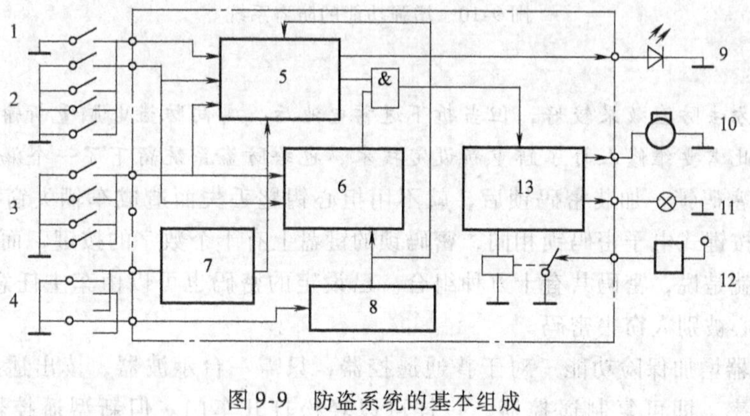

图 9-9 防盗系统的基本组成

1—钥匙开锁警告开关 2—门锁开关 3—位置开关 4—钥匙控制开关 5—报警状态设置电路 6—检测是否被盗电路 7—30s 定时器 8—解除警报电路 9—指示灯 10—报警器 11—警告灯 12—起动继电器 13—报警控制电路

如果非法开启车门，即车门锁处于锁止状态（开关 3 断开）的情况下，而车门被打开，开关 2 由断开变为接通，电路 6 则判定为非法进入，通过报警控制电路 13 进行报警，报警器 10 响起，警告灯 11 闪烁，起动继电器 12 的电路被切断。

当用钥匙开门时，开关 4 向下接通，报警解除。

提示：这种防盗系统的功能较简单，它只能报警和恐吓窃车贼，或再简单地切断起动继电器电路，难以阻止汽车被开走或被搬走。所以汽车制造商又设法增强防盗系统的功能，并从两个方面入手：一是加强中央门锁的安全功能，二是加强汽车的锁止功能。

2. 加强中央门锁的安全功能

（1）测量门锁钥匙电阻 如图 9-10 所示，车辆的每一把钥匙均有特定的电阻，并存储在防盗 ECU 中。当启动防盗系统后，所有车门被锁住，此时若用齿形相同但阻值不同的钥匙开启车门或起动发动机，防盗 ECU 则将此判定为非法进入，并进行防盗报警，同时切断起动继电器控制线圈的搭铁电路，使起动机不能起动，或与发动机电脑进行通信，使喷油器

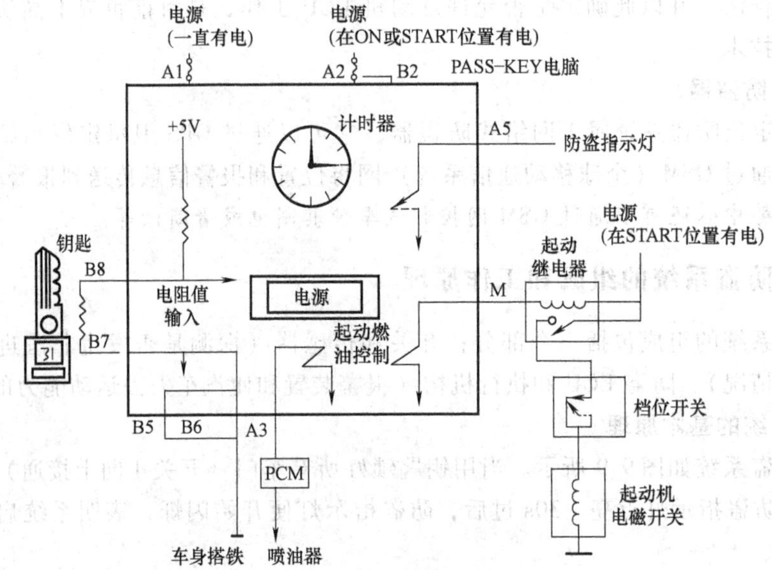

图 9-10　增强功能的防盗系统

不喷油。

提示： 该方法防盗效果较好，但当拆下过蓄电池后，需向防盗电脑重新输入钥匙中设定的电阻值，因此需要维修人员了解重新设定技术，也给防盗系统留下了一个漏洞。

（2）加装密码锁　加装密码锁后，就不用担心钥匙丢失而造成车辆失窃的问题。车用密码锁与普通按键式电子密码锁相同，密码锁的键盘上有十个数字的按键，而密码则一般采用五位数，也就是说，密码共有十万种组合。已设定的密码也可以由车主任意改变，因此，车主也不必担心被别人窃去密码。

（3）遥控器增加保险功能　对于普通遥控器，只需一台示波器，读出遥控器发出的无线电信号的频率，即可复制遥控器，一样可以轻松打开车门。但新型遥控器与防盗系统 ECU 配合，由固化程序设定频率，即每次车主重新锁门后，遥控器和接收机均按事先设定的程序同时改变为另一频率，可有效地阻止对遥控器的复制，增强遥控器的安全性。

3. 加强汽车锁止功能

（1）使起动机无法工作　通过防盗电脑来控制起动继电器电路是否搭铁，从而控制继电器触点是否闭合，这样就达到控制起动机能否正常工作的目的。若通过正常途径解除防盗警戒，则起动机与喇叭、灯光等都处于正常工作状态；若未解除防盗警戒而发动汽车，即使短接点火钥匙锁芯后面的起动导线，起动机也不能工作，不能将发动机起动，从而起到防盗作用。

（2）使发动机无法工作　防盗电脑不仅控制着起动机线路，同时亦可切断汽油泵继电器控制线路，切断发动机油路，同时也控制自动变速器电磁阀继电器控制线路，使自动变速器液压油路控制阀体总成中的电磁阀无法工作，以达到即使能发动发动机，亦无法使自动变速器工作的目的。也有某些车型同时可以切断发动机 ECU 中的某些搭铁线路，使点火系统不工作，喷油器电磁线圈处于切断状态，从而使发动机无法工作。

（3）使发动机电脑处于非工作状态　防盗警戒解除后，防盗 ECU 将某一特定频率的信号送至发动机 ECU，这样才能使发动机 ECU 正常工作；若未解除防盗警戒或直接切断防盗

ECU 电源，则该信号不存在，发动机 ECU 停止工作，发动机不能运转。

（4）采用电子式转向锁　如奔驰轿车采用的电子控制转向柱锁，只有在使用合法钥匙时，转向柱锁方可打开。这样，即使窃贼进入汽车，也无法将汽车开走。

（5）振动报警装置　为了防止窃贼将汽车整车偷窃运走，汽车上安装了振动报警装置。它的工作原理：防盗系统启动后，若汽车受到意外移动、碰撞，安装在汽车内部的振动传感器便将车辆振动的信号送给防盗 ECU，如果振动传感器输出信号大于标准值时，有阻吓功能的灯光、喇叭一起报警。

9.2.3　典型防盗系统

防盗点火锁是目前采用最多、也最流行的汽车防盗装置。上海大众桑塔纳 2000GSi 时代超人轿车采用的就是防盗点火锁技术。

1. 系统组成

上海大众桑塔纳 2000GSi 时代超人轿车防盗系统由带转发器的钥匙、收发线圈和防盗 ECU 组成，并由防盗指示灯指示系统的工作状态，如图 9-11 所示。

（1）带转发器的钥匙　每把钥匙中都有一只棒状转发器，长为 13.3mm、直径为 3.1mm，在其玻璃壳体内装有运算芯片和一个细小的电磁线圈，该电磁线圈在系统工作期间接通，与收发线圈一起建立防盗控制收发器中运算芯片的通信信号并传递能量。

提示：当点火开关接通后，受防盗 ECU 的驱动，收发线圈在其周围建立起电磁场，受该电磁场的激励，转发器中的电磁线圈既可提供转发器中运算芯片工作所需能量，还可提供时钟同步信号，并在运算芯片与控制器之间传递各种信息。

（2）防盗 ECU　只有在点火开关接通时才工作，用于系统密码运算、比较，并控制整个系统的通信，包括与转发器、发动机 ECU 的通信，同时还与诊断仪通信。

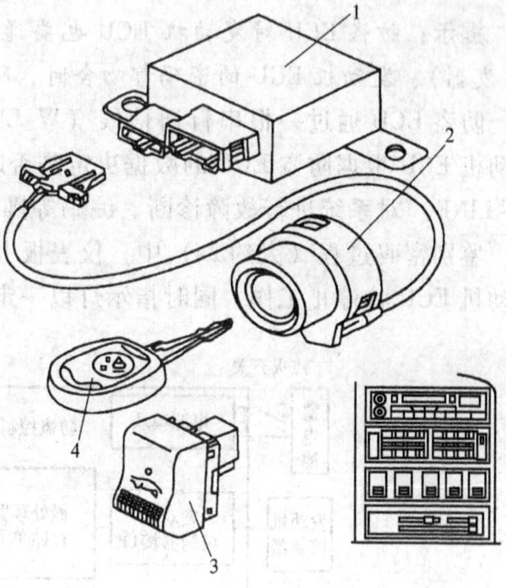

图 9-11　防盗系统的组成

1—防盗 ECU　2—收发线圈　3—防盗指示灯

4—带转发器的钥匙

（3）收发线圈　安装在点火开关锁芯上，通过一定长度的导线与防盗 ECU 相连。作为防盗 ECU 的负载，担负防盗 ECU 与转发器之间信号及能量的传递任务。

2. 基本工作原理

车辆出厂匹配后，防盗 ECU 便存储了该车发动机 ECU 的识别码以及三把钥匙中转发器的识别码，同时每个转发器中也存储了相应的防盗 ECU 的有关信息。

将钥匙插入点火开关并锁芯接通点火开关时，防盗 ECU 首先通过点火开关锁芯上的收发线圈将一随机数传递给钥匙中的转发器，经过特定运算后，转发器将结果反馈回 ECU。ECU 将之与经过运算的结果相比较，若吻合，系统即认可该钥匙，如图 9-12 所示。

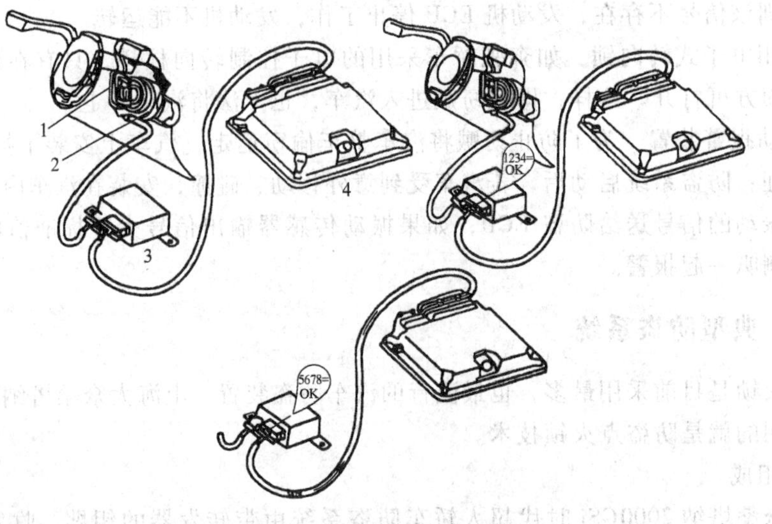

图 9-12　防盗系统工作情况

1—带转发器的钥匙　2—收发线圈　3—防盗 ECU　4—发动机 ECU

提示：防盗 ECU 对发动机 ECU 也要通过特定的通信过程来完成鉴别过程。只有钥匙（转发器）、发动机 ECU 的密码都吻合时，防盗 ECU 才允许发动机 ECU 工作。

防盗 ECU 通过一根串行通信线（W-LINE）将经过编码的工作指令传到发动机 ECU，发动机 ECU 根据防盗 ECU 的数据决定是否起动发动机。同时，诊断仪可通过串行通信接口（K-LINE）对系统进行故障诊断、编码等操作。

鉴别密码过程（大约 2s）中，仪表板上的指示灯保持点亮状态。如果有任何错误发生，发动机 ECU 将停止工作，同时指示灯以一定频率闪烁，如图 9-13 所示。

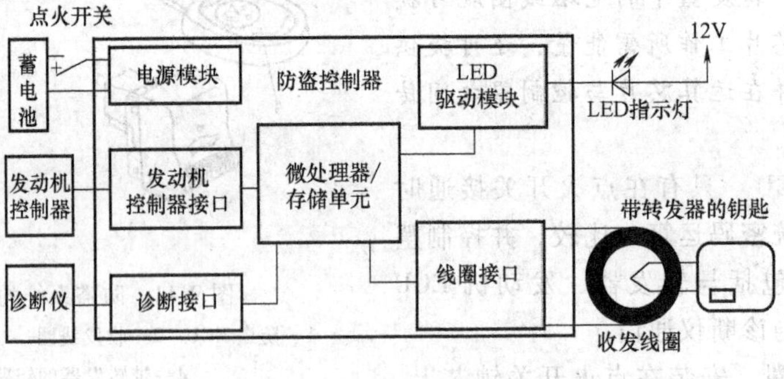

图 9-13　防盗系统控制关系图

3. 钥匙学习过程

防盗 ECU 有两种类型，一种供生产线使用（附有印上该防盗 ECU 识别码及 4 位密码的密码条），该防盗 ECU 预置为自学习模式，不需其他设备即可记忆钥匙学习过程。

另一种供给售后维修使用（没有密码条，只有在指定维修站才能查出该防盗 ECU 的识别码及密码），必须借助诊断以及防盗 ECU 密码才能进行学习过程。

（1）生产线上的钥匙学习过程　防盗 ECU 具有能自学习三把钥匙（实际是学习钥匙中的转发器）的工作模式，每个防盗 ECU 只能使用一次该模式。若要重新学习钥匙，需借助诊断仪及防盗ECU密码才能进行。

提示：在总装生产线上，当防盗系统安装完毕，且收发线圈与防盗ECU、防盗ECU与发动机ECU等连接器连接正确，用含转发器的钥匙插入点火锁芯并接通点火开关，自学习模式即被预启动。

如果防盗ECU能读出转发器信息，则使LED指示灯保持常亮，并按照以下步骤自动对已插入点火锁芯中的钥匙进行学习：

① 防盗ECU读出并存储该转发器的识别码。

② 防盗ECU内的保密字符写入转发器的识别码。

③ 校验过程。

④ 若整个过程正确无误，LED指示灯熄灭，该钥匙学习结束。

如果钥匙学习期间发生错误（如转发器不能被防盗ECU读取），防盗ECU会在2s内重复执行学习过程直至该钥匙被成功学习。若2s后仍不能成功学习该钥匙，LED会以1Hz的频率闪烁，直至点火开关关闭。

第一把钥匙成功学习后，关闭点火开关，插入第二把钥匙并接通点火开关，防盗ECU将重复以上步骤来完成对第二把钥匙的学习。当第三把钥匙也学习成功（即预设的三把钥匙全部学习成功），LED指示灯在熄灭0.5s后会再点亮0.5s，然后熄灭。

此时，自学习过程全部结束，防盗ECU随即退出并取消学习模式，以后若想重新学习钥匙，只能通过售后服务的钥匙学习过程来进行。

提示：为提高安全性，自学习模式被启动后，必须在60s内完成单把钥匙的学习。否则，只有已成功学习的钥匙可用来开动汽车。在自学习过程中，若发生任何错误（如读不到转发器信号、重复学习已学过的钥匙等），LED指示灯都将以一定频率闪烁提醒操作人员。

（2）售后服务的钥匙学习过程　防盗ECU有特定的14位识别码及4位密码，可在车主手册注明的位置找到印有这两个号码的纸条。只有借助诊断仪及防盗ECU密码才能进行售后服务的钥匙学习过程。

通过诊断仪向防盗ECU输入密码并输入要学习钥匙数量（1~8把）后，防盗ECU将以前学习过的钥匙记录从钥匙记录表上擦除。此时，以前学习过的钥匙将全部失效，随即开始钥匙学习过程，并把当前插入点火锁芯的钥匙作为第一把钥匙来学习。

随后的过程与自学习过程类似，最后一把钥匙学习结束后LED会在熄灭0.5s后再点亮0.5s。与自学习过程不同，在售后服务的钥匙学习过程中如果发生错误，防盗ECU会立刻结束学习过程，并记录错误信息，在此过程中刚学习过的钥匙保持有效。

4. 车辆钥匙使用与匹配说明

① 只有使用该汽车防盗器ECU匹配过的认可钥匙，发动机才能起动。

② 匹配汽车钥匙时，应将全部钥匙同时与防盗器ECU匹配。

③ 如果需要重新匹配钥匙或增配钥匙，必须同时匹配汽车的全部钥匙。

④ 如果遗失一把合法的钥匙，为确保车辆安全必须到维修站将其他所有合法钥匙用诊断仪重新进行匹配，以使丢失的钥匙变为非法钥匙，不能起动发动机。

复习思考题

1. 试述中央门锁系统的分类及功用。

2. 简述中央门锁系统的工作原理。
3. 简述无线遥控中央门锁的工作原理。
4. 汽车防盗系统可以分为哪几种类型?
5. 简述汽车防盗系统的组成和工作原理。
6. 简述上海桑塔纳汽车防盗系统的工作原理。

第 10 章　车载网络系统

学习目标

- 掌握车载网络系统的基础知识。
- 掌握车载网络系统的分类。
- 掌握 CAN 总线的结构和工作原理。
- 掌握 LIN 总线的结构和工作原理。

10.1　概　　述

10.1.1　车载网络技术简介

车载网络系统是指汽车上多个处理器之间相互连接、协调工作并共享信息所构成的汽车车载计算机网络系统。20 世纪 80 年代末博世公司和 INTEL 公司研制了用于汽车电气系统的控制器局域网规范，简称 CAN（Controller Area Network）总线，由于集成电路技术和电子器件制造技术的迅速发展，用单片机作为总线的接口端，采用总线技术的价格逐步降低，总线技术进入了实用化阶段。

提示：随着汽车电子技术的发展，欧洲提出了控制系统的新协议 TTP，同时由于汽车信息系统对网络传输信息量要求的不断提高，多媒体系统的 D2B 协议和 MOST 协议标准应运而生。

现在车载网络技术已运用到世界各汽车制造商生产的汽车上，见表 10-1。

表 10-1　主要车载网络

车载网络	内　容	传输速率 /(kbit/s)	相关组织
CAN(Controller Area Network)	车身/动力传动系统控制用 LAN 协议，可能成为世界标准	1×10^3	博世公司、ISO
VAN(Vehicle Area Network)	车身系统控制用 LAN 协议，以法国为中心	1×10^3	ISO
J1850	车身系统控制用 LAN 协议，以美国为中心	41.6k	福特公司
LIN(Local Interconnect Network)	车身系统控制用 LAN 协议，低端子系统专用	20k	LIN 协会
TTP/C(Time Triggered Protocol by CAN)	重视安全，按用途分类的控制用 LAN 协议，通用时分多路复用	$(2\sim25)\times10^3$	TIT 公司

10.1.2　车载网络基础知识

1）局域网是指一个有限区域内连接的计算机网络，通过该网络实现系统内的资源共享和信息通信，连接到网络上的节点可以是计算机、基于微处理器的应用系统或控制装置。车载网络作为一种局域网，其数据传输速率一般在 105kbit/s 范围内，传输距离在 250m 范围内。

2）数据总线是指模块间运行数据的通道，模块可以发送和接收数据，数据总线称为双向数据总线，即所谓的信息高速公路，如图 10-1 所示，汽车上的信息高速公路实际是一条或两条导线，为了对抗电子干扰，双线制数据总线的两条线（图 10-2）是绞在一起的。

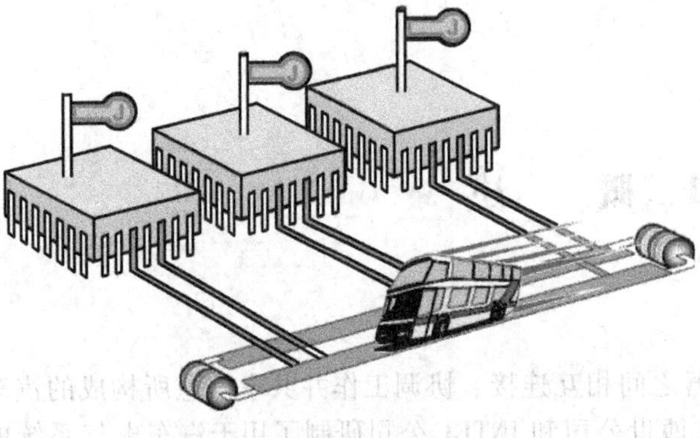

图 10-1　数据总线传输示意图

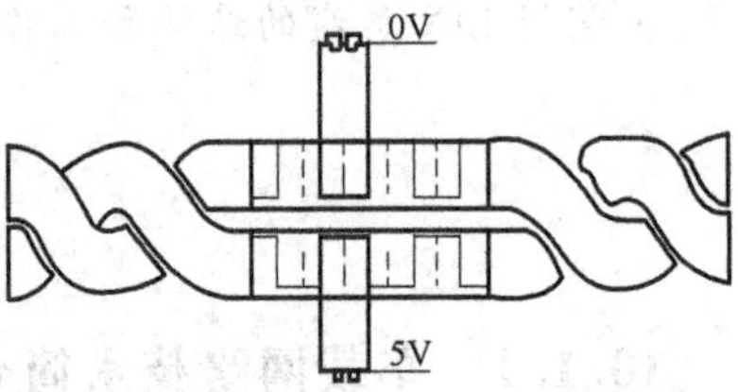

图 10-2　双绞线结构示意图

3）模块/节点是一种电子装置，如温度、压力传感器，传感器是一个模块装置，根据温度和压力的不同将产生不同的电压信号，这些电压信号在数字装置的输入接口被转变成数字信号，在计算机多路传输系统中的控制单元模块被称为节点。

4）局域网的拓扑结构是网络的物理连接方式，局域网多用总线型方式，如图 10-3 所示，所有入网计算机通过分接头接入到一条载波传输线上，信道利用率较高，但同一时刻只能有两处网络节点在相互通信，网络延伸距离有限，网络容纳节点数有限，适用于传输距离较短、地域有限的组网环境。

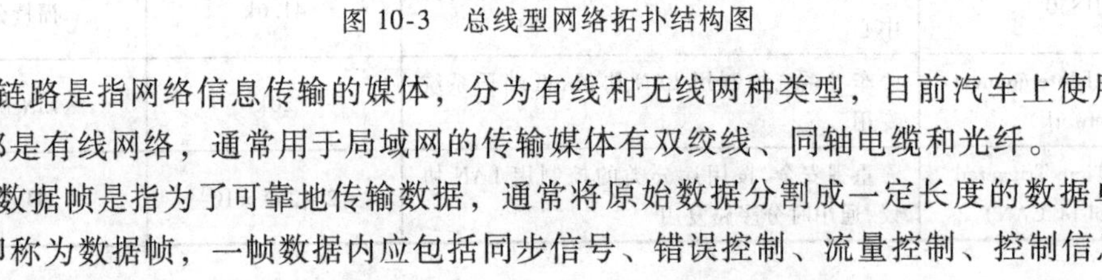

图 10-3　总线型网络拓扑结构图

5）链路是指网络信息传输的媒体，分为有线和无线两种类型，目前汽车上使用的大多数链路都是有线网络，通常用于局域网的传输媒体有双绞线、同轴电缆和光纤。

6）数据帧是指为了可靠地传输数据，通常将原始数据分割成一定长度的数据单元，数据单元即称为数据帧，一帧数据内应包括同步信号、错误控制、流量控制、控制信息、数据信息、寻址信息等。

7）传输协议具有三要素，分别规定了通信信息帧的格式，通信信息帧的数据和控制信息，确定事件传输的顺序以及速度匹配；并且还具有差错监测和纠正、分块和重装、排序、流量控制功能得功能。

8）传输仲裁是指当出现数个使用者同时申请利用总线发送信息时，传输仲裁是用于避免发生数据冲突的机构。仲裁可保证信息按其重要程度来发送。

9）车载网络分类和协议标准

① A类总线协议标准大部分采用 UART（Universal Asynchronous Receiver/Transmitter）标准，A类目前首选的标准是 LIN。

② B类总线协议标准是 CAN 总线，CAN 协议采用 CRC 检验并可提供相应的错误处理功能，保证了数据通信的可靠性。

③ 高速总线系统协议标准包括 C 类总线协议标准、安全总线和标准、X-by-Wire 总线协议标准三类标准。

C类总线协议标准：欧洲的汽车制造商基本上采用高速通信的 CAN 总线标准 ISO 11898；在货车及其拖车、大客车、建筑设备以及农业设备上的使用的总线协议标准是 J1939，它是用来支持分布在车辆各个不同位置的电控单元之间实现实时闭环控制功能的高速通信标准；通用公司使用其专属的 GM LAN 总线标准，它是一种基于 CAN 的传输速率为 500kbit/s 的通信标准。

安全总线和标准：安全总线主要用于安全气囊系统，以连接加速度计、安全传感器等装置，为被动安全提供保障。

X-by-Wire 总线协议标准：X-by-Wire 称为电传控制，这一类总线标准主要有 TTP、Byteflight、FlexRay。

④ 诊断系统总线协议标准是为了满足 OBD Ⅱ（ON Board Diagnose）、OBD Ⅲ或 E-OBD（European-On Board Diagnose）标准。

⑤ 多媒体系统总线协议标准分为三种类型，分别是低速、高速和无线，对应 SAE 的分类相应为 IDB-C（Intelligent Data BUS-CAN）、IDB-M（Multimedia）和 IDB-Wireless。

10）车载网络传输的基本原理。车载网络系统由多个控制单元组成，控制单元通过收发器（发射/接收放大器）并联在总线导线上，所有控制单元的地位均相同，也称之为多主机结构，如图 10-4 所示，数据交换是按顺序连续完成的。

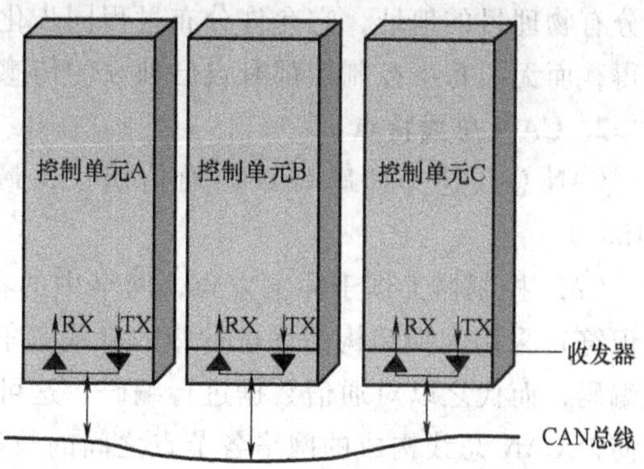

图 10-4 车载 CAN 网络系统的总线连接图

数据总线是车内电子装置中的一个独立系统，用于在连接的控制单元之间进行数据交换，如果数据传输总线系统出现故障，故障就会存入相应的控制单元故障存储器内，可以用诊断仪读出这些故障。控制单元拥有自诊断功能，通过自诊断功能，还可识别出与数据传输总线相关的故障。诊断仪读出数据传输总线故障记录后，可按这些数据准确地查寻故障，控制单元内的故障记录用于初步确定故障，还可用于读出排除故障后的无故障说明。

车载网络的网关具备从一个网络协议到另一个网络协议转换信息的能力，由于电压电平和电阻配置不同，因此在不同类型的数据总线之间无法进行直接耦合连接。另外，各种数据总线的传输速率是不同的，决定了它们无法使用相同的信号。这时需要在这两个系统之间完成一个转换，这个转换过程是通过所谓的网关来实现的。根据车辆的不同，网关可能安装在组合仪表内、车上供电控制单元内或在自己的网关控制单元内。由于通过各种数据传输总线的所有信息都供网关使用，因此网关也用作诊断接口。

提示：数据总线原则上用一条导线就足以满足功能要求了，但通常总线系统上还是配备了第二条导线，信号在第二条导线上按相反顺序传送的，可有效抑制外部干扰。

10.2　控制器局域网

10.2.1　CAN的基本知识

1. CAN工作原理

当CAN总线上的一个节点发送数据时，它以报文形式广播给网络中所有节点，对每个节点来说，无论数据是否是发给自己的，都对其进行接收，每组报文开头的11位字符为标识符（CAN2.0A），定义了报文的优先级，这种报文格式称为面向内容的编址方案。在同一系统中标识符是唯一的，不可能有两个节点发送具有相同标识符的报文。当一个节点要向其他节点发送数据时，该节点的CPU将要发送的数据和自己的标识符传送给本节点的CAN芯片，并处于准备状态，当它收到总线分配时，转为发送报文状态。

CAN芯片将数据根据协议组织成一定的报文格式发出，这时网上的其他节点处于接收状态，每个处于接收状态的节点对接收到的报文进行检测，判断这些报文是否是发给自己的，以确定是否接收它。由于CAN总线是一种面向内容的编址方案，因此很容易建立高水准的控制系统并灵活地进行配置，可以很容易地在CAN总线中加进一些新节点而无需在硬件或软件上进行修改。当所提供的新节点是纯数据接收设备时，数据传输协议不要求独立的部分有物理目的地址，它允许分布过程同步化，即总线上控制器需要测量数据时，可由网上获得，而无须每个控制器都有自己独立的传感器。

2. CAN总线特点

CAN总线是一种串行数据通信协议，最大通信距离可达10km，最大通信速率可达1Mbit/s。

CAN控制器工作于多主方式，网络中的各节点都可根据总线访问优先权（取决于报文标识符）采用无损结构的逐位仲裁的方式竞争向总线发送数据，且CAN协议废除了节点地址编码，而代之以对通信数据进行编码，这可使不同的节点同时接收到相同的数据，这些特点使得CAN总线构成的网络各节点之间的数据通信实时性强，并且容易构成冗余结构，提高系统的可靠性和系统的灵活性。

10.2.2　CAN协议与标准

1. CAN协议

CAN协议中的对应ISO/OSI参考模型的网络层，CAN为串行通信协议，能有效地支持具有很高安全等级的分布实时控制。为了达到设计透明度以及实现灵活性，根据ISO/OSI参考模型，CAN 2.0协议细分为数据链路层和物理层。

数据链路层的 LLC 子层和 MAC 子层的服务及功能分别被解释为对象层和传输层，逻辑链路控制子层（LLC）的作用主要为远程数据请求以及数据传输提供服务，确定由实际要使用的 LLC 子层接收哪一个报文，为恢复管理和过载通知提供手段。MAC 子层的作用主要是传送规则，也就是控制帧结构、执行仲裁、错误检测、出错标定、故障界定。总线上什么时候开始发送新报文以及何时开始接收报文，均在 MAC 子层里确定。

物理层的作用是在不同节点之间根据所有的电气属性进行位的实际传输，同一网络的物理层对于所有的节点当然是相同的。

2. CAN 标准

（1）报文　总线上的报文以不同的固定报文格式发送，但长度受限，当总线空闲时任何连接的单元都可以开始发送新的报文。

（2）信息路由　在 CAN 系统里，CAN 的节点不使用任何关于系统配置的报文（比如节点地址），不用依赖应用层以及任何节点软件和硬件的改变，就可以在 CAN 网络中直接添加节点，提高系统灵活性。报文的内容由识别符命名，识别符不指出报文的目的地，但解释数据的含义，网络上所有的节点可以通过报文滤波确定是否应对该数据做出反应。

（3）位速率　不同的系统 CAN 的速度不同，在一个给定的系统里，位速率是唯一的，并且是固定的。

（4）优先权　在总线访问期间，识别符定义一个静态的报文优先权。

（5）远程数据请求　通过发送远程帧，需要数据的节点可以请求另一节点发送相应的数据帧，数据帧和相应的远程帧是由相同的识别符命名的。

（6）仲裁　只要总线空闲，任何单元都可以开始发送报文，具有较高优先权报文的单元可以获得总线访问权，如果两个或两个以上的单元同时开始传送报文，那么就会有总线访问冲突。仲裁的机制确保了报文和时间均不损失，当具有相同识别符的数据帧和远程帧同时初始化时，数据帧优先于远程帧。仲裁期间，每一个发送器都对发送位的电平与被监控的总线电平进行比较，如果电平相同，则这个单元可以继续发送；如果发送的是一“隐性”电平而监视的是一“显性”电平，单元失去了仲裁，必须退出发送状态。

（7）错误检测　为了获得最安全的数据发送，CAN 的每一个节点均采取了强有力的措施以便于错误检测、错误标定及错误自检。错误检测的机制具有检测到所有的全局错误，检测到发送器所有的局部错误，检测到报文里多达 5 个任意分布的错误，检测到报文里长度低于 15（位）的突发性错误，检测到报文里任一奇数个的错误等属性。任何检测到错误的节点会标志出损坏的报文，此报文会失效并将自动地开始重新传送。

（8）故障界定　CAN 节点能够把永久故障和短暂扰动区别开来，故障的节点会被关闭。

（9）总线值　总线有两个互补的逻辑值“显性”或“隐性”，“显性”位和“隐性”位同时传送时，总线的结果值为“显性”，比如在总线的“写与”执行时，逻辑 0 代表“显性”等级，逻辑 1 代表“隐性”等级。

（10）应答　所有的接收器要检查报文的连贯性，对于连贯的报文，接收器作应答，对于不连贯的报文，接收器做出标志。

3. CAN 的报文及结构

在总线上的任意节点均可以作为发送器或接收器，发出报文的节点叫发送器，该节点在总线空闲或丢失仲裁前始终为发送器，如果一个节点不是发送器，且总线不是处于空闲状态，则该节点就叫接收器。报文由一个发送器发出，再由一个或多个接收器接收，报文传输由 4 个不同类型的帧表示和控制，分别为数据帧、远程帧、错误帧、过载帧。

10.2.3　CAN 应用系统

BORA 汽车在动力传动系统和舒适系统中就装用了两套 CAN 数据传输系统，其中 CAN 数据传输舒适系统如图 10-5 所示。图中的 CAN 总线连接了传动装置控制中央单元、灯控单元、门控单元、座椅控制单元、空调单元以及仪表板控制单元等；图中的 LIN 总线是 CAN 网络的辅助网络，连接了车窗控制单元、刮水器控制单元、天窗控制单元等低速设备。

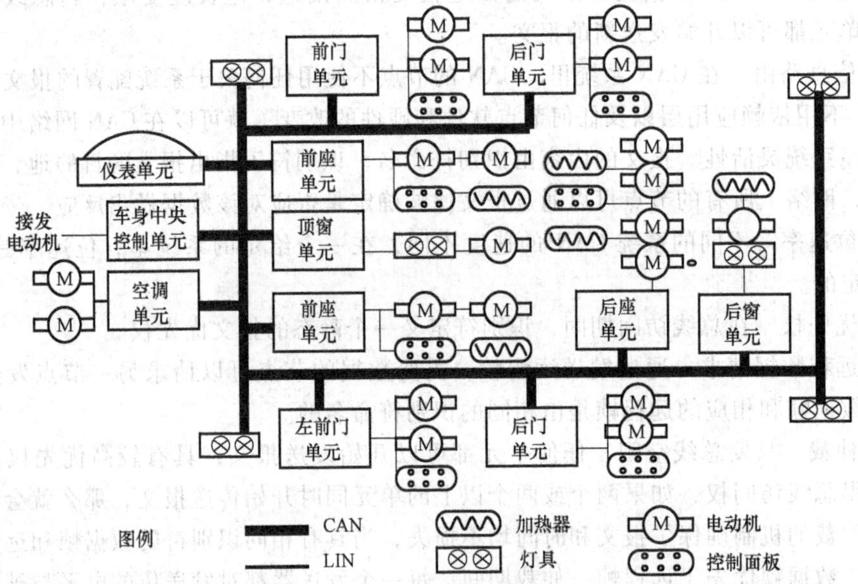

图 10-5　BORA 汽车 CAN 数据传输舒适系统结构图

10.3　局部连接网

10.3.1　LIN 的基本知识

LIN 总线（Local Interconnect Network）表示所有的控制单元都装在一个有限的空间内（如车顶），它也被称为“局域子系统”，LIN 总线系统由 Audi、BMW、Daimler Chrysler、Motorola volcano communications technologies（VCT）、Volkswagen、Volvo 等公司和 LIN 联合体提出的一个汽车低层网络协议，目的是在汽车网络层次结构中作为低端网络的通用协议，并取代目前各种各样的低端总线系统，不需要 CAN 的性能、带宽以及复杂性。

提示： LIN 的工作方式是一主多从，单线双向低速传送数据（最高 20kbit/s），与 CAN 相比具有更低的成本，且基于 UART 接口，无需硬件协议控制器，使系统成本更低。

LIN 总线的标准与其相应的开发、测试以及维护平台的应用，会降低车上电子系统的开发、生产、使用和维护的费用，从某种意义上讲，LIN 总线可认为是 CAN 的通信网络，如

图 10-6 所示的车门总线模块示意图。

10.3.2　LIN 协议与标准

1. LIN 协议特征

一般使用一根单独的铜线作为介质，单主机多从机结构（即无总线仲裁），保证信号传输的延迟时间，可选的报文帧长度为 2B、4B 和 8B，配置灵活，带时间同步的多播（multicast）接收，从机节点没有石英晶振或陶瓷谐振器，数据校验和的安全性和错误检测，检测网络中的故障节点，使用成本最低的半导体器件（小型电路板，单芯片系统）。

2. 节点

一个 LIN 电控单元拥有一个统一的接口，以便于与其他 LIN 电控单元处理数据，LIN 节点的结构如图 10-7 所示，节点主要由两部分组成：协议控制器和线路接口，协议控制器集成在微控制器中的一个标准单位（URAT）上实现，微控制器主要实现发送/接受 8 位、构成请求、接受和发送；线路接口主要负责将 LIN 总线的信号翻译成无干扰的信号进入 LIN 协议控制器，以及相反地将协议控制器的信号进行翻译传入 LIN 总线。

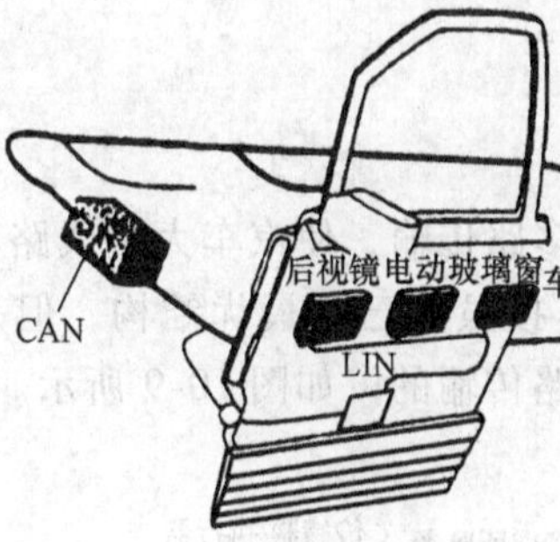

图 10-6　车门总线模块示意图

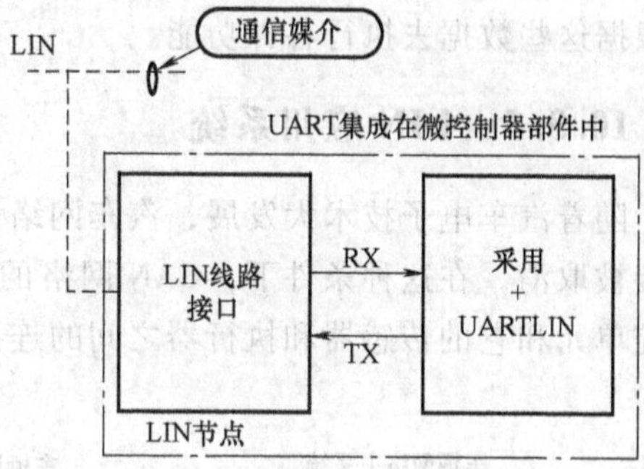

图 10-7　LIN 总线节点结构图

3. 传输速率

数据传输速率为 1 ~ 20kbit/s，在 LIN 控制单元的软件内已经设定完毕，该速率最大能达到舒适 CAN 数据传输速率的 1/5。

4. 信号

包括隐性电平和显性电平信号，隐性电平是指如果无信息发送到 LIN 数据总线上或者发送到 LIN 数据总线上的是一个隐性比特，那么数据总线导线上的电压就是蓄电池电压；显性电平是指为了将显性比特传到 LIN 数据总线上，发送控制单元内的收发报机将数据总线导线接地。注意：由于控制单元内的收发报机有不同的型号，因此表现出的显性电平是不一样的。

5. 传输安全性

在收发隐性电平和显性电平时，通过预先设定公差值来保证数据传输的稳定性。为了在有干扰辐射的情况下仍能收到有效的信号，接收信号的允许电压值要稍高一些。

6. LIN 帧结构

一个 LIN 帧结构由字节分隔开的一系列字节组成，LIN 帧结构如图 10-8 所示。LIN 帧的

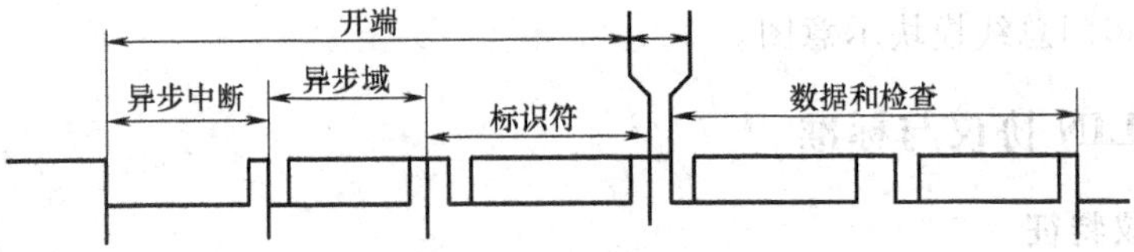

图 10-8　LIN 帧结构图

开始是异步中断域，它通过 LIN 的主节点发出，并且支持所有的 LIN 节点自动适应总线速度；异步域使得所有总线上的节点异步；标识域可表示 64 个节点，它指明数据的目的地或者所询问的节点地址；数据域由 1 ~8 个 8 位构成，包含了有用的命令或回应信息；检查域由一个 8 位构成，以保证 LIN 帧内容的完整性。

7. 信息的顺序和回应信息内容

LIN 主控单元设定工作顺序，主控单元按顺序将信息发送至 LIN 总线上（若是主信息，则发送的是回应），为了减少 LIN 主控单元部件的种类，主控单元将全部装备控制单元的信息标题发送到 LIN 总线上，对于带有从控单元回应的信息，LIN 从控单元会根据识别码给这个回应提供信息，主控单元带有数据请求的信息，根据识别码的情况，相应的 LIN 从控单元会根据这些数据去执行各种功能。

10.3.3　LIN 应用系统

随着汽车电子技术大发展，汽车网络系统已经实现了多路传输，使汽车大量线路和内部连接被取消，在这种条件下，CAN 网络的电控单元间的连接虽然已是最优结构，但是一个电控单元和它的传感器和执行器之间的连接还不一定是多路传输的，如图 10-9 所示。

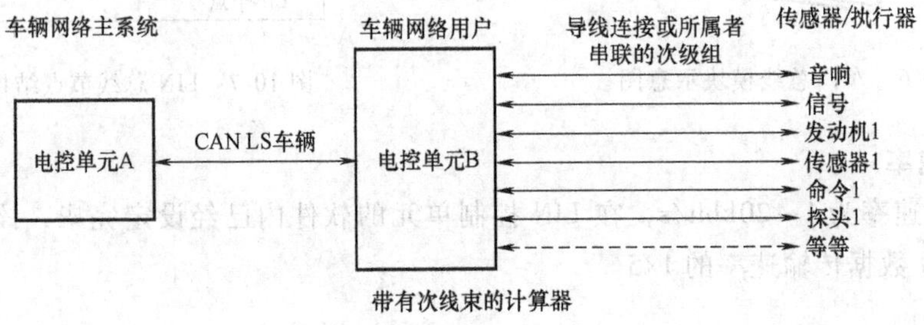

图 10-9　无 LIN 总线的 CAN 网络结构图

提示：引入 LIN 总线，几乎所有的电控单元和其传感器、执行器之间的连接，都已经实现多路传输，车上各个 LIN 总线系统之间的数据交换是由控制单元通过 CAN 数据总线实现的。

具有 LIN 总线的 CAN 网络结构如图 10-10 所示。

图 10-11 为汽车车身附属系统的 LIN 总线的结构图，主要包括主控系统和执行器。

LIN 主控系统，也称主控单元，连接在 CAN 数据总线上，如图 10-12 所示，主要监控数据传输和数据传输的速率，发送信息标题。

LIN 主控系统的软件内已经设定了决定何时将哪些信息发送到 LIN 数据总线上多少次的

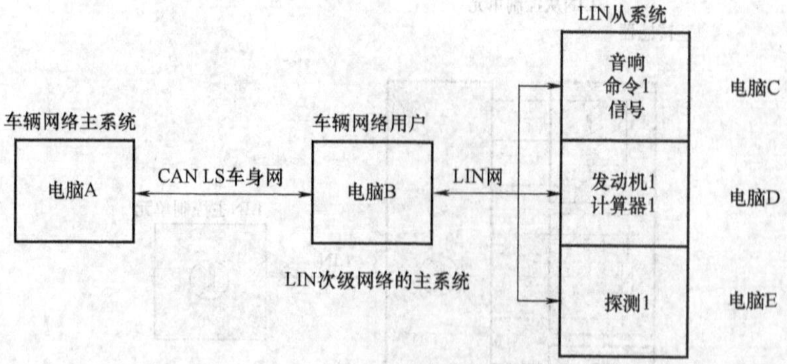

图 10-10　具有 LIN 总线的 CAN 网络结构图

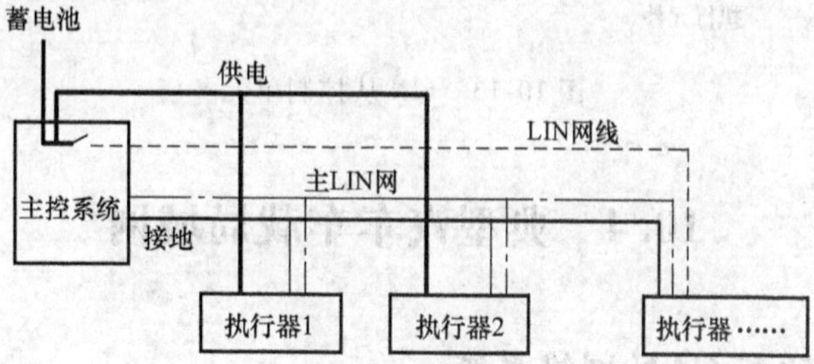

图 10-11　汽车车身附属系统 LIN 总线结构图

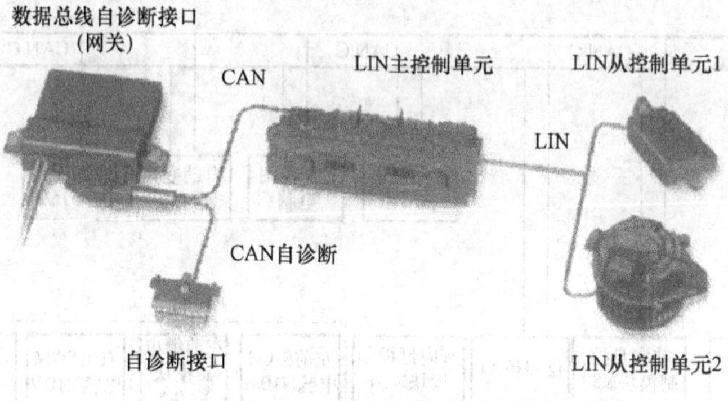

图 10-12　LIN 主控制单元

一个周期。LIN 主控系统在 LIN 数据总线与 CAN 总线之间起翻译作用，它是 LIN 总线系统中唯一与 CAN 数据总线相连的主控系统，通过 LIN 主控单元进行 LIN 系统自诊断。

执行器和传感器都可看做 LIN 总线从控制单元，传感器内集成有一个电子装置，该装置对测量值进行分析，测量值是作为数字信号通过 LIN 总线传输的，有些传感器和执行元件只使用 LIN 主控制单元插口上的一个针脚，LIN 执行元件都是智能型的电子或机电部件，这些部件通过 LIN 主控单元的 LIN 数字信号接受任务，LIN 主控单元通过集成的传感器来获知执行元件的实际状态，然后就可以进行规定状态和实际状态的对比，如图 10-13 所示。

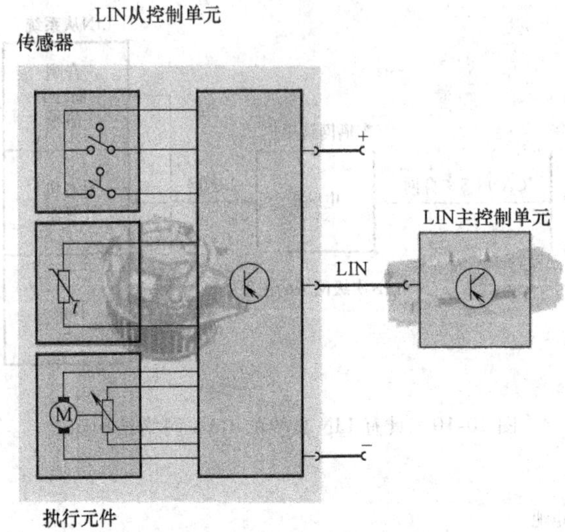

图 10-13　LIN 从控制单元

10.4　典型汽车车载局域网

10.4.1　奔驰轿车 CAN 网络系统

1. 奔驰 W220 的 CAN 控制网络

奔驰 W220 的 CAN-BUS 控制网络包含 CAN C 和 CAN B，如图 10-14 所示。

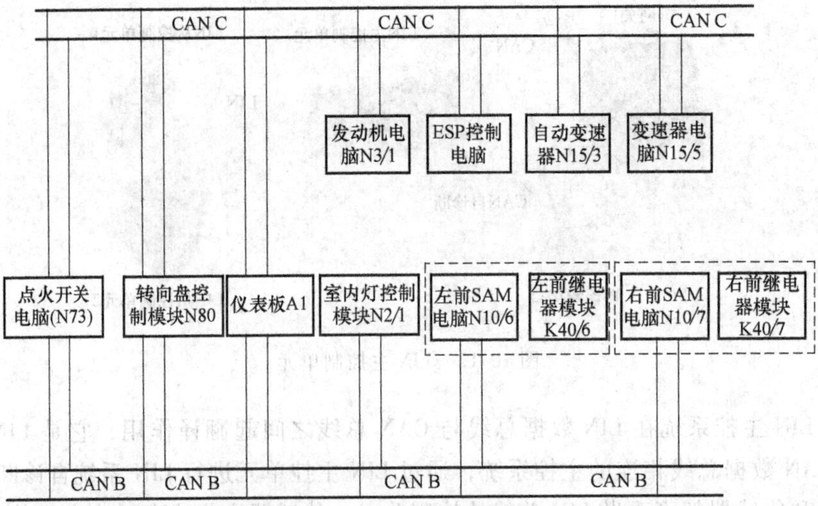

图 10-14　奔驰 CAN-BUS 网络结构图

奔驰轿车的网络连接关系见表 10-2 ~ 表 10-4，CAN B 车身网络与 CAN C 动力网络皆为独立系统，N73 点火开关电脑为 CAN B 与 CAN C 之间的双向连接，N73 点火开关电脑通过 CAN B 网线与 16 针脚的 OBD Ⅱ 诊断座相连，需与奔驰专用仪器 Star 诊断仪连接诊断。

表 10-2 CAN C 动力网络

控制单元代号	控制单元名称
N3/10	ME-SFI 发动机控制电脑
N47-5	ESP、SPS、BAS 驾驶稳定制动辅助系统
N15/5	变速器控制模块
N15/3	722.6 自动变速器
N51	ADS 空气悬架系统
N71	氙气前照灯高度调整电脑
N63/1	DTR 行车距离雷达控制电脑

表 10-3 与 CAN C、CAN B 双向连接单元

控制单元代号	控制单元名称	控制单元代号	控制单元名称
A1	仪表板	N73	点火控制模块
N80	转向盘多功能电脑		

表 10-4 CAN B 车身网络

控制单元代号	控制单元名称	控制单元代号	控制单元名称
N22	空调器电脑	N69/1	左前车门控制模块
N22/4	后空调器电脑	N69/2	右前车门控制模块
N10/7	右前熔丝/输入输出(右前 SAM 电脑)	N69/3	左后车门控制模块
N10/6	左前熔丝/输入输出(左前 SAM 电脑)	N69/4	右后车门控制模块
N10/8	后熔丝/输入输出电脑(后 SAM 电脑)	A37	中央控制锁电脑
N88	TPC 控制电脑	A2	收音机
N70	车顶室内控制模块	A6/1	独立暖气遥控电脑
N32/1	左前座椅记忆控制电脑	N62	PTS 停车距离警告控制电脑
N32/2	右前座椅记忆控制电脑	N69/5	门锁遥控模块
N25/6	后座椅控制电脑	N72/1	仪表板中央,上控制面板模块

2. 奔驰 W220 中央通信控制系统 A40/3

中央通信控制系统 A40/3 有以下 4 种不同的通信协议：CAN B 车身网络、命令网络（COMAND）、行动电话网络、光纤网络（D2B）。

CAN B 车身网络是用来连接仪表板 A1 的，通过仪表板 A1 的多功能显示窗来呈现功能菜单；转向盘控制模块 N80 与中央通信控制系统 A40/3 也通过 CAN B 车身网络进行连接，中央通信控制系统框图如图 10-15 所示。

中央通信控制系统 A40/3 的主要功能是下达命令和显示信息，如输出语音资料、传输信息、显示屏幕（LCD），以及提供控制菜单、地图（卫星导航）、电视影像、控制按钮等。操作中央通信控制模块 A40/3 时，多功能转向盘操作开关发送一个电压信号（Voltage Code）给 N80 组合开关电脑，N80 再将此命令经 CAN 传输至仪表板 A1，使仪表板 A1 内多功能显

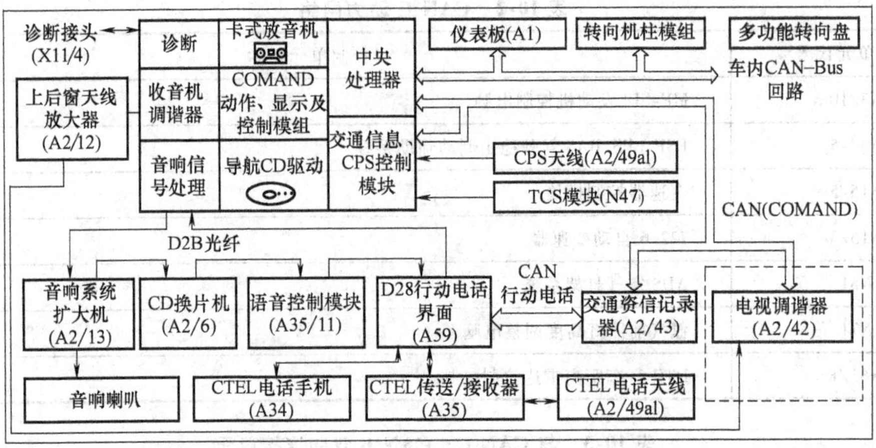

图 10-15　中央通信控制系统框图

示窗口呈现菜单，同时又经 CAN 传输至中央通信控制模块 A40/3。当车辆选配了后排音量控制装置（车辆编号 Code 813b）时，为了使坐在后座的乘客易于操作音量，中央通信控制模块 A40/3 提供了红外线数据传输功能来操作音响系统。

10.4.2　雪铁龙毕加索轿车 VAN 总线系统

如图 10-16 所示，毕加索汽车的 VAN 总线共连接 7 个控制单元，主要用于车身电气设备的控制。

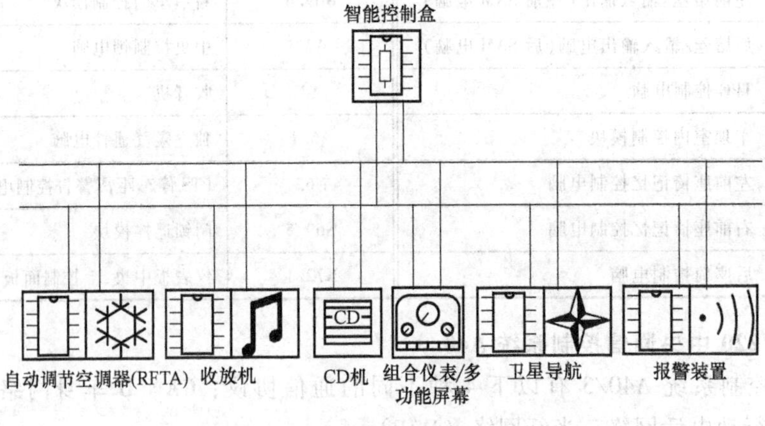

图 10-16　毕加索汽车 VAN 总线结构图

毕加索汽车 VAN 总线结构中，电控单元之间的通信方式、规则由协议来确定，总线通信网络由 DATA、DATAB 的两根信号线组成，DATA 线上的电压信号逻辑状态始终与 DATAB 线上的电压信号相反，如图 10-17 所示。两种电压值定义两种不同的逻辑状态，从而可以限制发射幅值，并具备良好的抗干扰性，当某根信号线信号传输中断时，智能控制盒将信号电压值与参考电压值进行比较，提示数据线发生故障。

提示：只有 DATA 线的电压信号逻辑状态确定后，DATAB 线才取相反值，当总线连接设备中的信号无歧义时，接收件及命令执行状态才可能无误。

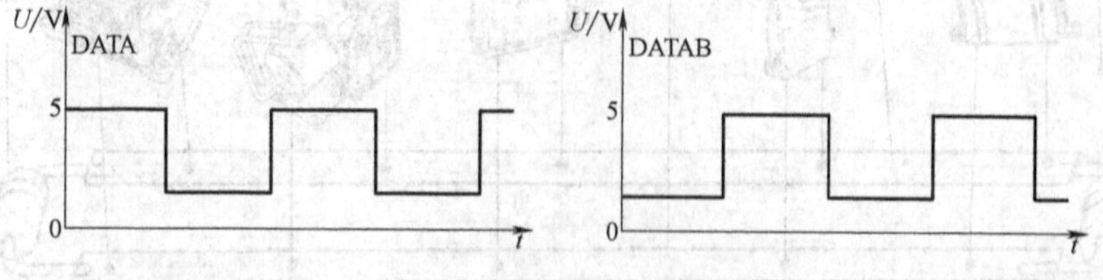

图 10-17　DATA 和 DATAB 的信号

智能控制盒是一个电子控制单元，主要用作继电器、熔断器、诊断接口、高频信号接收器等电子元器件接口。智能控制盒是 VAN 网络的一个主控元件，管理所有电控单元之间的通信；智能控制盒还能自主控制着开启件的锁定、指示信号、视野改善、内部照明、防盗启动等基本功能，完成车辆上的防盗保护信息。另外，智能控制盒具有整体测试、系统诊断及电控单元编码等功能。智能控制盒在网络中的管理内容包括指示信号、锁定、车辆停驶、内部照明、开启、视野管理、驾驶人信息、空调器控制等。

智能控制盒与其他电器控制单元之间的输入和输出关系如图 10-18 所示，智能控制盒具有额定、睡眠和经济三个工作模式，智能控制盒作为 VAN 网络及诊断仪之间的桥梁，可用来识别某些系统部件的故障，故障源可能来自接地或 +12V 短路、断路（电线断开）、功能失效（传感器或探头传送值无效）、电控单元无法连上网络（网络中断或电控单元失效）。

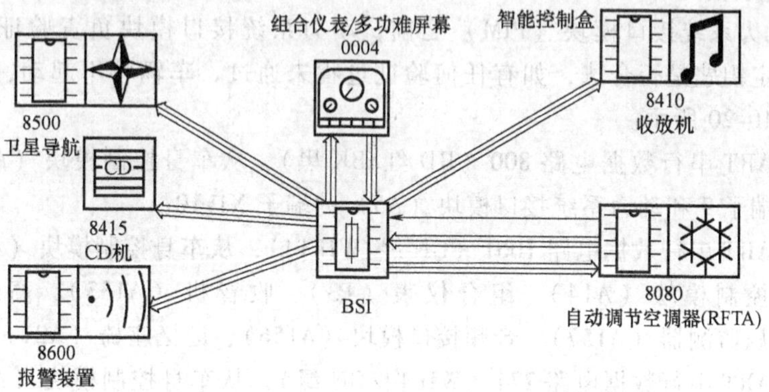

图 10-18　智能控制盒与其他控制单元关系图

10.4.3　通用别克轿车车载 LAN 总线系统

1. 别克轿车（荣御）LAN 总线结构

别克荣御 LAN 通信网络如图 10-19 所示，它采用 CAN 通信协议，参与 LAN 通信的控制模块有 5 个，分别是动力系统接口模块（PIM）、转向盘角度传感器（SAS）、自动变速器控制模块（TCM）、电子稳定控制程序模块（ESP）和发动机控制模块（ECM）。在 LAN 通信网络线路末端的两个控制模块内各有一个 120Ω 的电阻，用以防止当数据传输到 LAN 总线线路末端时出现反射回送。为了便于表示，将这两个电阻画在了控制模块外部。LAN 串行

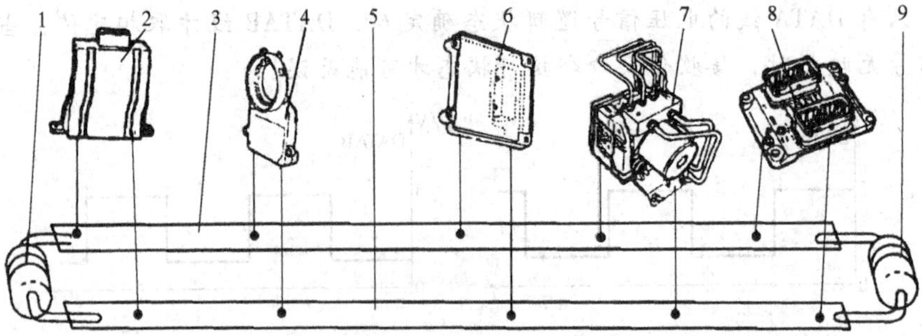

图 10-19　别克荣御 LAN 通信网络

1—终端电阻　2—动力系统控制模块（PCM）　3—CAN-LO 线　4—转向盘角度传感器（SAS）　5—CAN-HI 线
6—自动变速器控制模块（TCM）　7—电子稳定控制程序模块（ESP）
8—发动机控制模块（ECM）　9—终端电阻

通信网络是双导线系统，一个是褐色/黑色导线（CAN-HI），另一个是褐色导线（CAN-LO）。任何模块输出的数据均发送至总线，与总线相连接的所有 LAN 控制模块对所接收到的数据进行识别，以确定是否对其进行进一步处理并采取行动，或者忽略。

2. 别克荣御车载通信网络

采用车载网络通信系统可以将各操作开关的信号传输给相近的控制模块，再由此模块通过网络传输到需要此控制信号的模块，巡航控制开关、牵引力控制开关、电子稳定程序控制开关、自动变速器模式开关、主动选档开关等上述的控制信号传输到动力系统接口模块（PIM），这些控制信号在 PIM 内转换为串行数据，然后在网络上传送。在发动机控制模块（ECM）验证动力系统接口模块（PIM）之前，动力系统接口模块负责验证车身控制模块（BCM），以确定钥匙是否合法，如有任何验证过程未通过，车辆将不起动，别克荣御车载通信网络如图 10-20 所示。

① 第一 UART 串行数据电路 800（RD 红/BK 黑），从车身控制模块（A15）连接到诊断插座 X40 的端子 9 和动力系统接口模块（A5）的端子 X1-10。

② 第二 UART 串行数据电路 1061（GN 绿/WH 白），从车身控制模块（A15）连接到以下模块：温度控制模块（A14）、组合仪表（P3）、收音机（A133）、高级音频放大器（N7）、轮胎气压监测器（A157）、音频接口模块（A156）、记忆座椅（A21）等。

③ 第三 UART 串行数据电路 774（WH 白/GN 绿），从车身控制模块（A15）连接到传感和诊断模块（A65）。其中，第二和第三 UART 串行数据电路，都是通过串行数据总线隔离器连接到主串行数据线路上的。音频接口模块（A156）与 DVD 间通过 Class-2 串行数据通信，并接到诊断插座 X40 的端子 2。收音机（A133）和多功能显示屏（P5）是通过第三 UART 串行数据进行通信的，并连接到诊断插座的端子 1。

④ 采用 LAN 通信的控制模块有 5 个，分别为发动机控制模块（A43）、变速器控制模块（A112）、防抱死制动系统控制模块（A38）、牵引力控制系统电子稳定程序模块（A116）、转向盘转角传感器（B161）、动力系统接口模块（A5）。

⑤ 电路 2500（BN 棕/BK 黑）是 CAN-HI，接诊断插座 X40 的端子 6；电路 2501（BN 棕）是 CAN-LO，接诊断插座 X40 的端子 14。

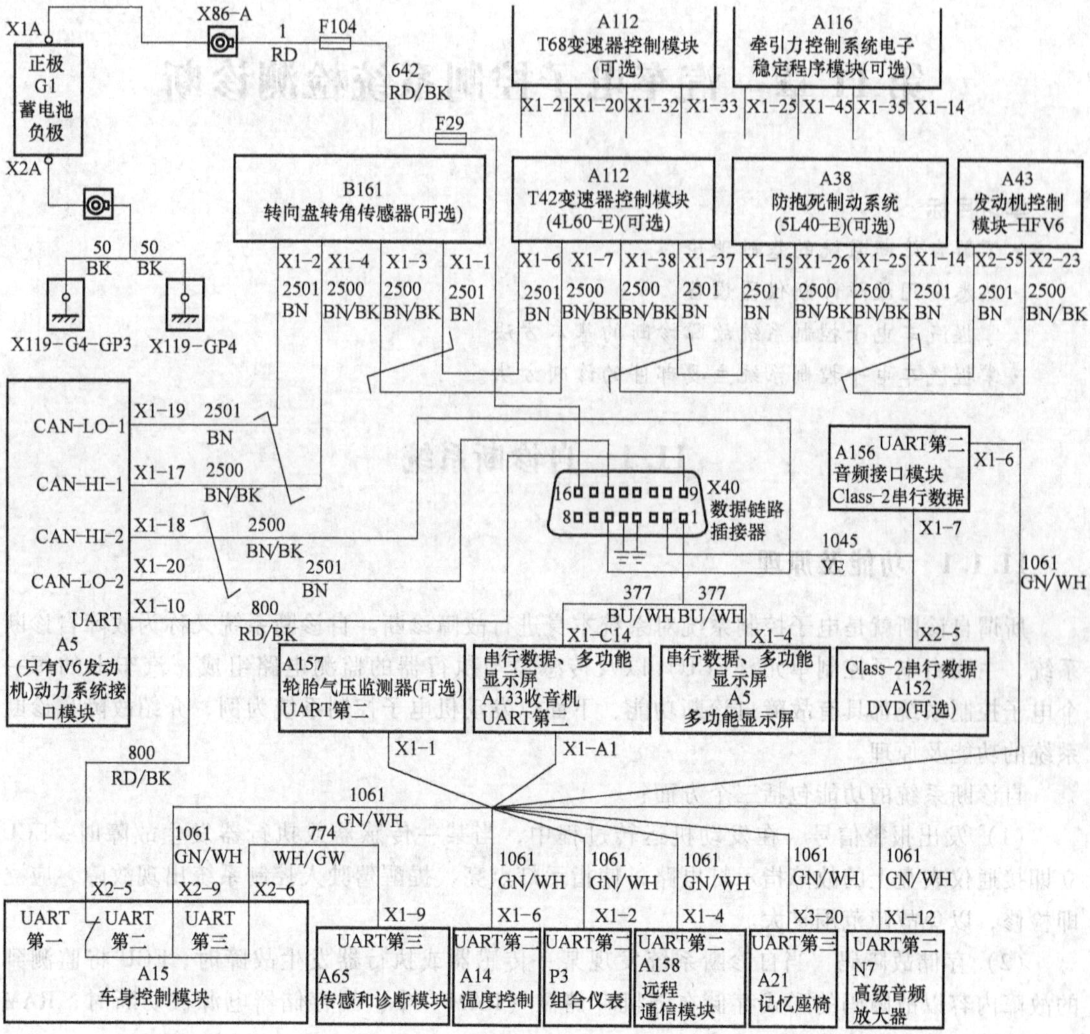

图 10-20　别克荣御车载通信网络

复习思考题

1. 简述 CAN 总线的工作原理。
2. 说明 CAN 总线的数据传输过程。
3. 简述 CAN 总线系统中，各电子控制单元都有哪几种相关状态？
4. 东风雪铁龙毕加索汽车的 VAN 网络的特点是什么？
5. 简述 LIN 总线的帧结构。

第11章　汽车电子控制系统检测诊断

学习目标

· 了解自诊断系统的基础理论。

· 熟悉常用故障诊断仪器设备。

· 掌握汽车电子控制系统故障诊断的基本方法。

· 掌握汽车电子控制系统主要部件的诊断方法。

11.1　自诊断系统

11.1.1　功能及原理

所谓自诊断就是电子控制系统对系统本身进行故障诊断。自诊断系统又称为故障自诊断系统，主要由电子控制单元（ECU）以及传感器与执行器的监测电路组成。汽车上的每一个电子控制系统都具有故障自诊断功能，下面以发动机电子控制系统为例，介绍故障自诊断系统的功能及原理。

自诊断系统的功能包括三个方面：

（1）发出报警信号　在发动机运转过程中，当某一传感器或执行器发生故障时，ECU立即接通仪表盘上的故障指示灯电路，使指示灯点亮，提醒驾驶人控制系统出现故障，应立即检修，以免故障范围扩大。

（2）存储故障码　当自诊断系统发现某一传感器或执行器发生故障时，ECU将监测到的故障内容以故障码的形式存储在随机存储器（RAM）中。当存储器电源被切断时，RAM中的故障码就会被清除。

（3）启用备用功能　备用功能又称为失效保护功能。当自诊断系统发现某一传感器或执行器发生故障时，ECU将以预先设定的参数取代故障传感器或执行器工作，控制发动机进入故障应急状态运行，使汽车维持基本的行驶能力，以便于汽车行驶到修理厂修理，这种功能称为控制系统的备用功能或失效保护功能，也被形象地称之为“跛行回家”功能。

提示：在备用功能工作状态下，发动机的性能将受到不同程度的影响，某些车型的自诊断系统还将自动切断空调、音响等辅助电器系统电路，以便减小发动机的工作负荷。

自诊断系统诊断故障的原理：汽车控制系统在正常工作时，ECU的输入和输出信号都有一个正常的范围，当控制电路的信号超出正常范围时，ECU中的诊断系统就判定该电路信号出现故障。电路的异常情况分为三种：

（1）值域判定法　当电控单元接收到的输入信号超出规定的数值范围时，自诊断系统就确认该输入信号出现故障。例如：某车型冷却液温度传感器设计在正常使用温度范围−30～120℃内，输出电压为0.30～4.70V，所以当电控单元检测出信号电压小于0.15V或大于4.85V时就判定冷却液温度传感器信号系统有故障。

（2）时域判定法　当自诊断系统检测到某一输入信号在一定的时间内没有发生变化或变化没有达到预先规定的次数时，就确定该信号出现故障。例如：氧传感器在发动机达到正常工作温度，电控单元检测到氧传感器的输出信号不变化，或者在 10s 内变化的次数低于 8 次，自诊断系统就判定氧传感器信号系统出现故障。

（3）功能判定法　当电控单元给执行器发出动作指令后，检测相应传感器的输出参数发生变化，若传感器输出信号没有按照程序规定的参数变化，就确认执行器或电路出现故障。例如：有的 EGR 系统装有 EGR 阀高度传感器，用以检测 EGR 阀是否正常工作。也有的 EGR 系统没有 EGR 阀高度传感器，当电控单元发出开启 EGR 阀命令后，通过检测进气压力传感器（MAP）输出信号是否有相应变化，也可以确定 EGR 阀有无动作，若没有变化，则确认 EGR 阀及电路有故障。

11.1.2　OBD-Ⅱ车载自诊断系统简介

1993 年以前的电控自诊断系统为第一代自诊断系统，由于各厂家采用不同的诊断座、不同的诊断代码（故障码）和不同的诊断功能，给检测诊断带来很大的不便。

OBD-Ⅱ是第二代车载自诊断系统（On-Board Diagnostics—Ⅱ）的简称，是由美国汽车工程师学会（SAE）制定的汽车自诊断标准。该标准要求各汽车厂家采用统一的诊断模式、统一的诊断座、统一的诊断代码（故障码）。

提示：OBD-Ⅱ的目标有三个：一是降低因为排放控制部件发生故障而引起的高排放值；二是在发生故障时将其检测出来；三是改进故障诊断与维修方法。

OBD-Ⅱ标准从 1996 年开始执行。

1. OBD-Ⅱ车载诊断系统的特点

① 统一诊断座，将各种车型的诊断座统一为 16 端子标准型诊断座，其结构如图 11-1 所示。

② 统一诊断座位置，通常安装在驾驶室内位于驾驶人侧仪表板下方。

③ 故障诊断仪与车辆之间采用两种标准通信规则，一个是国际标准组织 ISO（INTERNATIONAL STANDARDS ORGANIZATION）标准；另一个是美国汽车工程师学会 SAE（SOCIETY OF AUTOMOTIVE ENGINEERS）标准。

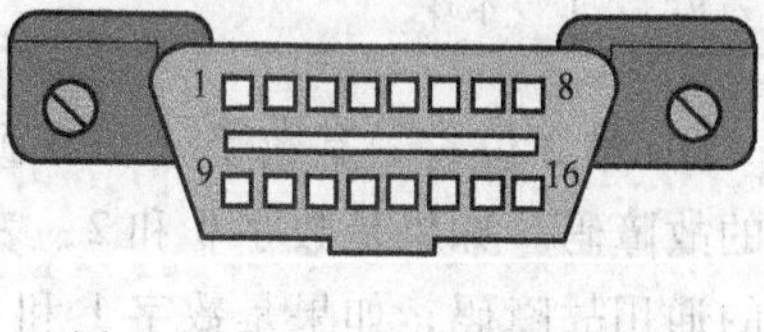

图 11-1　OBD-Ⅱ诊断座的结构

④ 各种车型采用统一的故障码表示方法和故障码含义。

⑤ 具有记忆故障码和重新显示故障码功能。

⑥ 具有数据流传输功能。

⑦ 具有储存和重新显示冻结帧数据功能，当 ECU 存储一个与排放控制系统有关的故障码时，还同时将此刻与该故障码相关的数据流的数据（冻结帧数据）储存，通过故障诊断仪还可以读取冻结帧数据。

⑧ 使用故障诊断仪可以直接清除存储在 ECU 内的故障码和冻结帧数据。

⑨ 对排放控制系统的工作进行实时监控。

⑩ 统一电子控制系统部件名称和缩写。

2. OBD-Ⅱ诊断座

OBD-Ⅱ诊断座，也称 DLC（DATA LINK CONNECTION），意为数据通信链路连接器，其作用是连接故障诊断仪，实现故障诊断仪与 ECU 之间的通信。OBD-Ⅱ标准对于诊断座的 16 个端子的功能进行了定义，见表 11-1。

表 11-1　OBD-Ⅱ诊断座端子功能定义

端子号	端子功能定义	端子号	端子功能定义
1	由汽车制造商确定	9	由汽车制造商确定
2	SAE J1850 总线(+)	10	SAE J1850 总线(-)
3	由汽车制造商确定	11	由汽车制造商确定
4	底盘搭铁	12	由汽车制造商确定
5	信号搭铁	13	由汽车制造商确定
6	由汽车制造商确定	14	由汽车制造商确定
7	ISO 9141-2“K”线	15	ISO 9141-2“L”线
8	由汽车制造商确定	16	蓄电池正极

3. 故障码的组成与含义

OBD-Ⅱ标准规定的故障码由 5 位符号组成，例如 P0306。故障码的含义定义如下：

1）第 1 位符号是字母，代表发生故障的系统，含义见表 11-2。

表 11-2　故障码第 1 位符号的含义

字母	发生故障的系统	字母	发生故障的系统
P	动力系统,包括发动机和变速器或者变速驱动桥	C	底盘
B	车身	U	网络通信或数据链

2）第 2 位符号是数字（从 0 到 3），代表故障码是 SAE 定义的故障码还是制造厂家规定的故障码。如果是数字 0 和 2，表示该故障码是 SAE 定义的标准故障码，是适合于所有厂家的通用故障码；如果是数字 1 和 3，表示该故障码是制造厂家自己定义的故障码。因此，对于制造厂家自己定义的故障码，不同厂家虽然故障码相同，但其含义不同。

3）第 3 位符号是数字（从 0 到 8），代表发生故障的子系统，见表 11-3。

表 11-3　故障码第 3 位符号的含义

数字	发生故障的子系统	数字	发生故障的子系统
0	燃油或空气计量系统	5	车速控制,怠速控制系统
1	燃油或空气计量系统	6	ECU 或执行器
2	燃油或空气计量系统	7	自动变速器控制系统
3	点火系统或缺火	8	自动变速器控制系统
4	排放控制系统		

4）第 4 位和第 5 位都是数字，一起组成一个两位数字，用来表示故障的具体原因。对于 SAE 定义的故障码，这两位数字代表的意义是统一的，适合于所有厂家，例如故障码

P0306的最后两位数字06，代表第6缸有缺火故障。

提示：对于厂家自己定义的故障码，最后两位数字代表的含义由厂家自己确定。

11.2　故障诊断仪器设备

进行汽车故障诊断时，通常需要借助一些仪器设备。在使用这些仪器设备前，应仔细阅读使用说明书，按照说明书的要求进行操作，否则可能造成不必要的损失。下面介绍汽车电子控制系统故障诊断常用的仪器设备。

1. 万用表

在进行电气系统检测时，常使用万用表测量电压、电流和电阻等电参数。当需要检测汽车电控系统电路时，除汽车维修手册有特别说明的情况外，通常都应使用高阻抗数字式万用表进行检测，数字万用表的内阻抗应不低于10MΩ，否则可能导致电控系统的电子部件损坏。

除普通的数字万用表外，还有专门用于汽车电控系统故障检测的多功能数字万用表。多功能数字万用表除了具有普通数字万用表的功能外，还具有以下功能：检测点火闭合角；检测传感器和ECU端子动态电压信号；检测喷油器的喷油脉宽；检测电信号频率以及发动机转速；检测温度等。

提示：当使用万用表检测电阻时，电路应处于断电状态，否则会损坏万用表。

2. 汽车专用示波器

对于幅值变化速度较低的电压信号，可以用万用表测量；但对于幅值变化速度较快的电压信号，使用万用表测量很难判断信号是否正常，最好使用示波器进行测量。汽车上适合使用示波器进行测量的有电磁式曲轴位置传感器和轮速传感器等产生的正弦波模拟信号，霍尔式曲轴位置传感器产生的方波数字信号，以及喷油脉冲信号、点火初级和次级电压信号等。图11-2所示为OTC 3820汽车专用示波器。

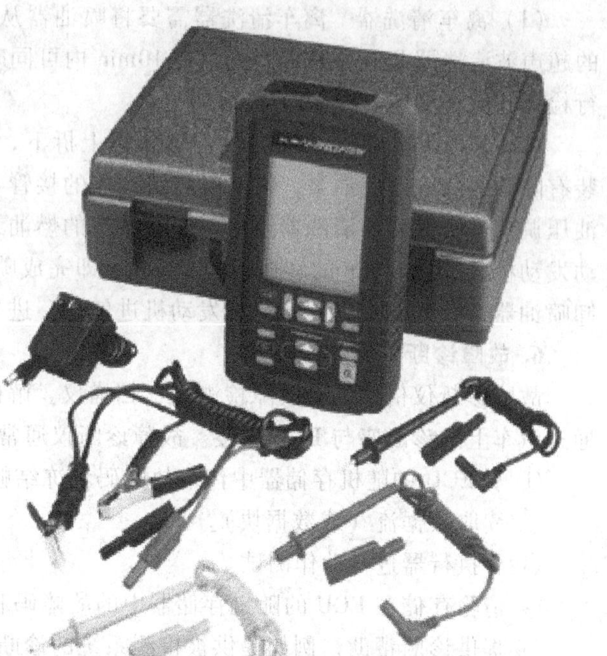

图11-2　OTC 3820汽车专用示波器

汽车专用示波器通常为便携式，可以测量各种传感器和执行器信号的波形，包括初级点火电压波形和次级点火电压波形。示波器通常都有双通道或者多通道，可以将多个被测信号的波形同时显示在屏幕上进行比较；示波器通常具有记录功能，可以将测试结果记录、储存和调用；另外示波器通常都具有量程自动调节功能，使用方便。

3. 真空测量仪

真空测量仪由手动真空泵、真空表和真空管组成（图 11-3）。其作用是检测汽车上用真空控制的执行器或者依靠真空工作的传感器。在进行真空检测时，可将真空管连接于被检测的真空系统中，然后用手动真空泵产生真空，由真空表测量真空度。例如可以用真空测量仪检测 EGR 阀是否正常工作，也可以用真空测量仪和数字万用表检测进气歧管绝对压力传感器的工作情况。

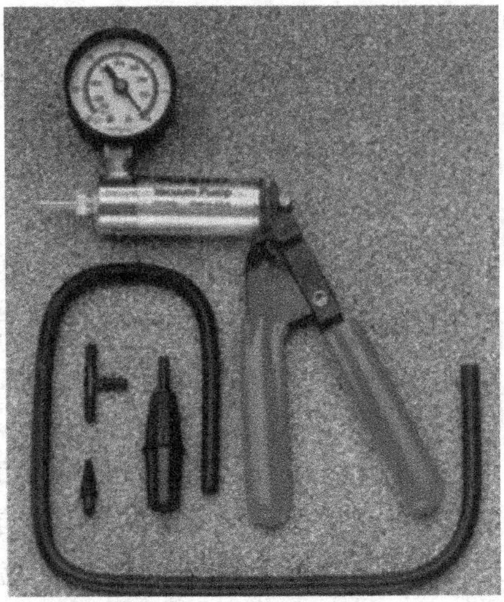

图 11-3　真空测量仪

4. 燃油压力表

燃油压力表用于测量燃油系统的油压。有些发动机的燃油总管上有燃油压力检测接口，只要将燃油压力表的接头连接到燃油压力检测接口上即可测量油压。对于没有燃油压力检测接口的系统，需要将发动机燃油管在适当位置拆开，通过三通接头将燃油表连接在燃油系统中。

5. 喷油器清洗器

喷油器使用一段时间后，由于积炭和其他机械杂质可能使喷油器堵塞，因此需要定期进行清洗。喷油器清洗器有两种：一种为离车清洗器，另一种为随车清洗器。

（1）离车清洗器　离车清洗器需要将喷油器从车上拆下进行清洗，美国太阳公司生产的超声波清洗器及流量测定装置，在 10min 内可同时清洗完 8 个喷油器，还可以对喷油器进行检漏和流量测定。

（2）随车清洗器　无需将喷油器从车上拆下，在车上即可清洗喷油器。随车清洗器内装有除碳剂及电动燃油泵，清洗时将清洗器的接管与汽车上的燃油压力检测口连接，车上的油压调节器回油管与清洗器连接，断开汽车的燃油泵电路，接通清洗器电动燃油泵电路，起动发动机以 2000r/min 的转速运转 10min，即完成喷油器的清洗。这种清洗的优点是不必拆卸喷油器，并且还可以同时清洗发动机进气道、进气门以及燃烧室内的积炭。

6. 故障诊断仪

故障诊断仪俗称电脑故障检测仪、扫描仪、解码器等。故障诊断仪在使用时运用数据线通过汽车上的诊断座与 ECU 连接。故障诊断仪通常有以下功能：

① 从 ECU 的随机存储器中读取故障码和冻结帧数据。

② 读取数据流（或数据块）。

③ 对执行器进行动作测试。

④ 清除存储在 ECU 的随机存储器中的故障码和冻结帧数据。

⑤ 提供诊断帮助，例如提供被检测系统的诊断步骤、电路图、标准数据、标准波形等。

故障诊断仪分为通用型和专用型两种，通用型诊断仪可以适用于多种车系，例如美国施耐宝（SNAP-ON）公司生产的 Scanner（俗称红盒子）诊断仪，适用于美洲和亚洲车系，将美洲车系的资料放在一张软件卡上，将亚洲车系资料放在另一张软件卡上，检测不同车系的车辆时，可以更换相应的软件卡。通用型诊断仪还有美国欧瓦顿工具公司生产的 OTC 诊断仪，适用于美、亚车系，博世公司生产的 KTS500 诊断仪，适合于欧洲车系。国产通用诊断仪有金奔腾、修车王、电眼睛等，适用于美、欧、亚及中国车系。

专用诊断仪则只适用于某一汽车公司的车型，这些诊断仪功能强大，除了常见的功能外，还能够对控制单元编程、自适应匹配、钥匙码注册和删除、具有专家系统，有的还具有示波器功能等。但老式诊断仪存在的最大问题是新车型和新技术不断出现时，诊断仪软件和资料更新比较麻烦，因此专用诊断仪普遍进行了更新。

提示：目前专用诊断仪的趋势是计算机化，即将原来单独式的诊断仪变成装在个人计算机上的故障诊断系统软件，然后通过专门的诊断接口设备与车辆诊断座连接，这样不仅可以很方便地通过网络对故障诊断系统软件随时进行升级，还可以大大增加诊断仪的信息容量，并且便于维修人员在计算机上查阅和储存资料。诊断接口设备与计算机之间可以有线连接，也可以无线连接。

通用公司在 2008 年以前的诊断仪是 Tech 2，为独立式诊断仪，如图 11-4 所示，2008 年以后生产的车辆必须使用 GDS + MDI 诊断仪，GDS（Global Diagnostic System）是装到计算机内的诊断系统软件，MDI（Multiple Diagnostic Interface）是多功能诊断接口，如图 11-5 所示。

图 11-4　Tech 2 诊断仪

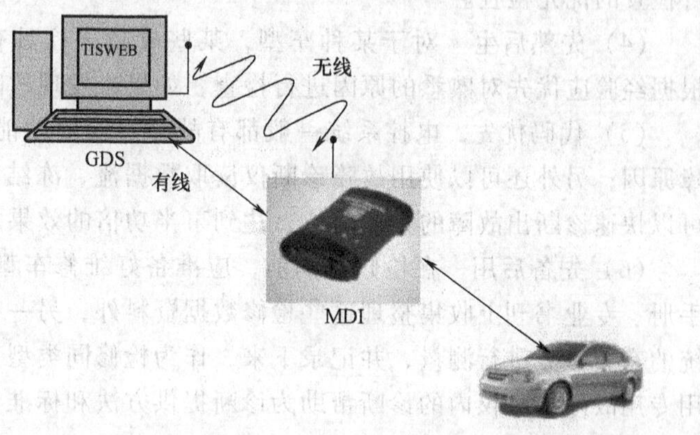

图 11-5　GDS + MDI 诊断仪

福特公司在 2006 年之前的诊断仪是 WDS（Worldwide Diagnostic System），2006 年以后生产的车辆必须使用 IDS 故障诊断软件和 VCM 通信模块（诊断接口）进行故障诊断。

克莱斯勒公司 2010 年以前使用的是 StarScan 诊断仪，2010 年以后的车型需要使用 wiTECH 故障诊断软件和 VCI POD 通信模块（诊断接口）进行故障诊断。

丰田公司 2012 年之前使用的是 IT2 诊断仪，2012 年以后的车型需要使用 GTS 故障诊断软件和车辆接口模块 VIM 进行故障诊断。

大众公司 2011 年以前使用的是 VAG1551/1552，VAS5051/5052 独立式诊断仪，2011 年以后的车型需使用 VAS6160 系统进行故障诊断，包括 VAS6160 主机（配松下平板诊断电脑 + 诊断软件）以及 VAS5054A 诊断接头进行故障诊断。

7. 发动机综合性能分析仪

发动机综合性能分析仪是将多种检测设备集成在一起，专门用于对发动机的检测。其主要功能：多通道示波；最新车款标准测试；点火系统测试；燃油系统测试（选配）；无外载测功；COP（独立点火）式点火波形测试；最新车款标准波形数据；起动/充电测试；数字万用表；柴油机喷油压力波形测试等。

11.3　故障诊断的基本方法

11.3.1　故障诊断的基本原则

(1) 先思后行　在对系统的结构原理和故障现象充分了解的基础上，对故障可能的原因进行深入分析，设计出检测的方法和步骤然后进行检查，避免盲目检查导致人力物力的浪费以及可能导致正常系统的损坏。

(2) 先外后内　优先对可能发生故障的系统的外围部件进行检查，例如首先对线束、插接器、管路等进行检查，然后再依次检查内部部件，包括机械部分、传感器、执行器和ECU。

(3) 先易后难　优先使用简单的方法进行检查，例如采用直观检查法；如果直观法未查出故障，需使用仪器仪表或其他设备进行检查时，应优先检查容易检查的部分；能随车进行检查的优先检查。

(4) 先熟后生　对于某种车型，某些故障往往具有特定的原因，在进行故障诊断时，根据经验应优先对熟悉的原因进行检查，如果未发现故障，再对其他部分进行检查。

(5) 代码优先　电控系统一般都有故障自诊断功能，通过读取故障码可以迅速确定故障原因；另外还可以使用故障诊断仪读取数据流、冻结帧数据以及对执行器进行动作测试，可以快速诊断出故障的具体部位，达到事半功倍的效果。

(6) 先备后用　在检修车辆前，应准备好维修车型的有关检修数据资料。除了从维修手册、专业书刊上收集整理这些检修数据资料外，另一有效的途径是利用无故障车辆对其系统的有关参数进行测量，并记录下来，作为检修同类型车辆的检测比较参数，另外还可以运用专用故障诊断仪内的诊断帮助为诊断提供方法和标准参数。

11.3.2　故障诊断的基本流程

在对汽车电控系统进行故障诊断时，要设计好诊断的思路，按照诊断思路进行的诊断步骤，就是故障诊断的基本流程。科学合理的故障诊断流程，可以使故障诊断操作既不重复，又不遗漏，保证以最简捷的步骤查出故障部位，以提高诊断的质量和效率。不同电控系统故障诊断的流程应各有不同，图11-6所示为适用于所有电控系统故障诊断的基本流程。

11.3.3　故障诊断的方法

提示： 故障诊断的方法有许多种，在实践中根据不同情况以及诊断的不同阶段，可以选择不同的诊断方法，常见的诊断方法有直观诊断法、故障码诊断法、故障征兆诊断法、分析推理法、故障征兆模拟试验方法等。根据故障的不同，这些方法可以单独使用，也可以组合使用。

1. 直观诊断法

直观诊断通常包括问、看、听、摸、闻、试等内容，通过这些直观诊断，初步了解故障现象的特点，为确定下一步故障诊断的方向和进一步分析和诊断故障部位提供初步的依据。图11-6所示的故障诊断的基本流程的前三个步骤即为直观诊断。

(1) 问　问是通过对用户的询问了解汽车故障症状的过程，内容通常包括故障症状特

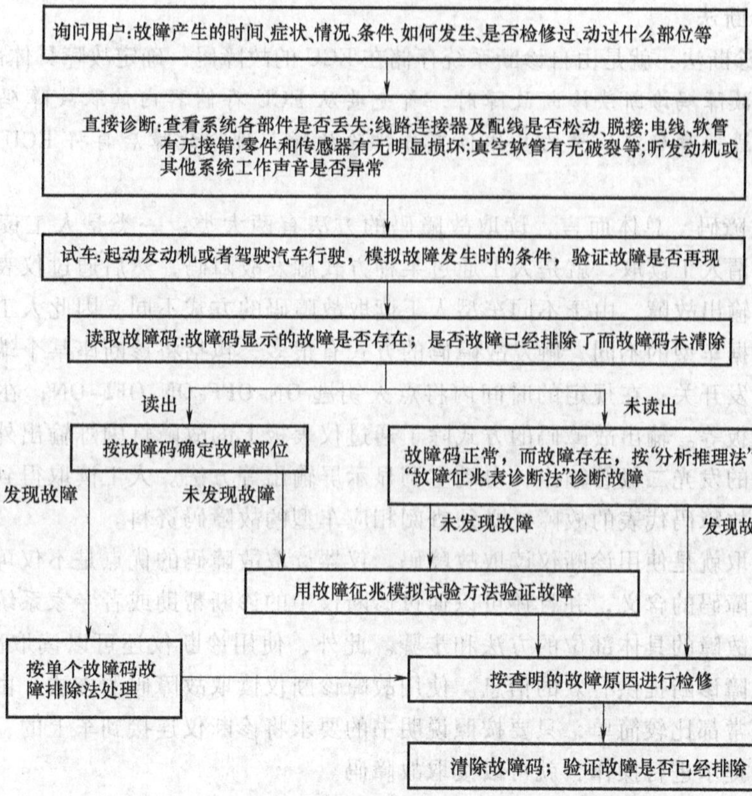

图 11-6　故障诊断的基本流程

征、故障发生的时间、频次、怠速还是行驶、冷车还是热车、直行还是转弯、车速高低、载荷、气候条件、道路情况等。另外还要了解汽车上次维护或修理的时间、内容。询问用户不仅要达到全面了解故障症状的目的，更重要的是要把握住故障症状发生时的前因后果，以便于为故障诊断提供线索。询问用户的内容通常需要填写在用户调查表内。

（2）看　直接观察了解故障车辆的型号以及外部零件是否正常。

1）查看故障车辆的品牌、型号、年款，确定其电控系统的类型。

2）查看部件有无丢失或明显损坏，特别是怀疑有故障系统的传感器和执行器部件。

3）查看线束和插接器有无明显损坏，插接器连接是否正常、可靠。

4）查看真空软管是否丢失、破损、插接是否可靠，是否插接错误。

5）打开空气滤清器，检查滤芯是否过脏，必要时更换。

（3）听　是指听被检测系统工作的声音，例如听发动机有无爆燃、敲缸、失速、进气管回火或排气管放炮等。

（4）摸　用手摸部件，判断是否过热；或者用手摸继电器，感知其振动判断继电器是否工作等。

（5）闻　通过嗅觉感知是否有因过热而产生的焦糊味、有漏油的汽油味、燃烧不正常的废气异味等。

（6）试　按照故障发生的条件，起动发动机运转或者驾驶车辆行驶，以便进一步确认故障。

2. 故障码诊断法

所谓故障码诊断法，就是由自诊断系统存储在 ECU 的故障码，确定故障具体部位的方法。

提示：应用故障码诊断法诊断故障时，首先要从 ECU 存储器内读取故障码，然后根据故障码的含义，进一步确定故障的具体位置并排除故障，排除故障后再将 ECU 存储器内存储的故障码清除。

（1）读取故障码　总体而言，读取故障码的方法有两大类：一类是人工读取，另一类是仪器读取。所谓人工读取，就是人工通过某种方式触发故障码，然后通过仪表板上的故障灯的闪烁等方式输出故障。由于不同车型人工读取故障码的方式不同，因此人工读取故障码的方式很多。根据车型的不同，触发故障码的方式有很多，包括将诊断座某个端子搭铁；接通故障自诊断触发开关；在规定的时间内将点火钥匙 ON-OFF-ON-OFF-ON；在规定时间内反复踩下加速踏板等。输出故障码的方式除了通过仪表板上的故障灯闪烁输出外，还有通过跨接在诊断座上的发光二极管输出，自动空调显示屏输出等方法。人工读取得到的只是故障的代码，要了解故障码代表的故障，必须查阅相应车型的故障码资料。

所谓仪器读取就是使用诊断仪读取故障码。仪器读取故障码的优点是不仅可以显示故障码，还能显示故障码的含义，并且还可以通过诊断仪中的诊断帮助或者专家系统，查阅确定故障码所代表的故障的具体部位的方法和步骤。此外，使用诊断仪还可以读取冻结帧数据、数据流等，为故障诊断提供有效的信息。使用故障诊断仪读取故障码的方法，由于诊断仪不同而不同，但通常都比较简单，只要按照说明书的要求将诊断仪连接到车上的，然后按照诊断仪显示屏上的提示进行操作，就可以读取故障码。

提示：对于老车型，通常既能够用人工也能够用仪器读取故障码，但对于新车型，只能够用仪器读取故障码。

（2）确定故障的具体部位　故障码只能指示故障的现象或者大致范围，不能指示故障的具体部位或者具体原因。因此，当读取到故障码以后，很重要的工作是确定故障的具体部位。例如，OBD-Ⅱ故障码 P0120 的含义是“节气门位置传感器信号不良”，说明 ECU 没有接收到正常的节气门位置传感器信号，该故障的具体部位可能是节气门位置传感器本身有故障，也可能是节气门位置传感器与 ECU 之间的连线有故障，或者是 ECU 没有为节气门位置传感器提供正常的参考电压和搭铁，因此，需要使用万用表、示波器等检测工具，检测节气门位置传感器、线路，确定故障的具体部位，才可能排除故障。

（3）清除故障码　故障排除后，应清除故障码。清除故障码的方法有两种，一种是人工清除，另一种是用仪器清除。人工清除故障码的方法通常是断开被检测系统的 ECU 的常电源，这样 ECU 随机存储器就会断电而清除故障码。具体方法是将需要清除故障码的 ECU 的常电源电路的熔断器拔下 10s 以上。将蓄电池搭铁线拆下 10s 以上，也可以清除故障码，但这种方式也同时将其他系统的记忆清除，因此不建议使用这种方式。使用诊断仪清除故障码的方法，简单、安全，推荐使用。

3. 故障征兆模拟试验方法

提示：对于间歇性故障，在进行故障诊断时，可能故障征兆并不存在，因此难以查出故障。通过故障征兆模拟试验的方法，模拟故障发生的条件，检查故障征兆是否重现，如果故障征兆重新出现，就可以证明故障发生的原因，从而排除故障。

常用的故障征兆模拟试验方法有以下几种：

（1）振动法　当怀疑故障是由于振动引起的时，可采用振动法进行试验，检验故障是否重现。振动法的主要内容包括：

① 对怀疑有故障的系统的插接器进行振动试验，在垂直和水平方向轻轻摇动插接器。

② 对怀疑有故障的系统的线束进行振动试验，在垂直和水平方向轻轻摇动线束。

③ 对怀疑有故障的系统的传感器和执行器进行振动试验，轻轻拍打传感器和执行器。

（2）加热法　如果有些故障只在热车时发生，则可能是由于某些部件受热引起的，可使用电吹风等加热工具加热怀疑有故障的零部件，检验故障是否重现。但加热温度不得高于 60℃，不得直接加热 ECU。

（3）水淋法　当怀疑故障是由于潮湿引起的时，可采用水淋法模拟故障发生的条件。操作时不应将水直接喷淋到怀疑有故障的部件上，尤其不能喷淋到汽车电控系统的传感器、ECU、执行器和线束以及插接器上，而应将水喷洒到散热器前方，如果可能，起动发动机怠速运转，从而给发动机室内造成潮湿的环境，检验故障是否再现。

（4）电器全接通法　当怀疑故障是由于电器负荷过大引起的，可接通车上的全部主要电气设备，例如前照灯、空调鼓风机、后窗除霜器、喇叭等进行试验，检验故障是否再现。

4. 分析推理法

自诊断系统并不能将汽车上的所有故障都诊断出来，当没有读取到故障码，但有故障症状存在时，可使用分析推理法诊断故障。所谓分析推理法，即通过分析故障现象，推断故障产生的可能原因，然后按一定顺序，对这些原因进行检查，以确定故障具体部位的方法。

为了便于对故障原因进行分析，可以画出因果图或者故障树，然后画出诊断流程图，再按照诊断流程图进行诊断。画因果图或者故障树，要以熟悉系统的结构和工作原理为基础，在对故障症状进行细致分析之后，对故障原因进行推理，然后逐层列出故障产生的可能原因。例如：发动机排放冒黑烟的故障症状，虽然不知道是哪个元器件损坏导致的，但从原理上讲一定是混合气过浓造成的，而混合气浓的原因，一个是燃油多，另一个是空气少。按照这样的思路继续推理，就可以画出这一故障的因果图（图 11-7）或者故障树。

有了因果图或者故障树，然后根据逻辑关系设计出诊断的具体方法和步骤并进行检查。汽车电控系统主要部件的检测方法在本章下一节介绍。

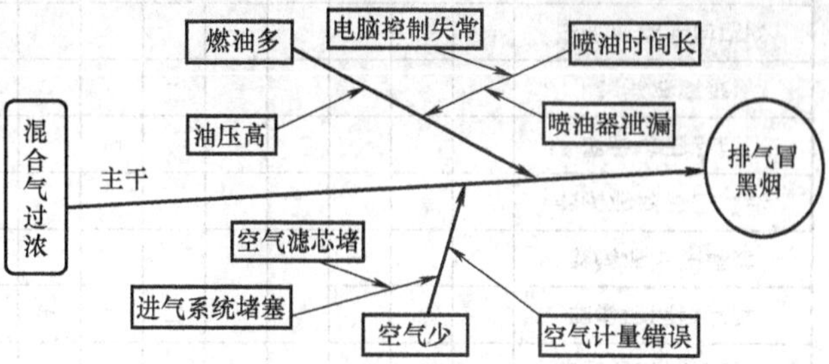

图 11-7　因果图分析法在推理环节的应用

提示： 分析推理法在对故障症状进行分析和对故障原因进行推理阶段，需要故障诊断人员对被诊断车型的结构和工作原理非常熟悉；在对故障进行检测诊断阶段，需要的是技巧和经验。因此，画因果图或者故障树以及诊断流程图只适用于经验不足者，对于经验丰富的诊断人员，只需要按照这样的思路根据实际情况采用灵活的方法和步骤，就可以迅速而准确地诊断出故障。

5. 故障征兆表诊断法

在诊断者经验不足并且对故障车结构和工作原理不熟悉的情况下，或者运用上述分析推理法未发现故障，可以使用故障征兆表诊断法诊断故障。表 11-4 为 D 型燃油喷射系统电控

表 11-4　D 型燃油喷射系统电控发动机故障征兆表

故障征兆 \ 故障可能产生的部位		开关信号电路	点火信号电路	冷却液温度传感器	进气温度传感器	歧管压力传感器	节气门位置传感器	起动信号电路	爆燃传感器	空档起动开关电路	空调信号电路	汽油泵电路	油压调节器	汽油管路	喷油器	怠速控制阀	主继电器	节气门缓冲器	汽油切断系统	发动机与变速器ECU	汽油品质	汽油泄漏	机械或其他故障	机油泄漏	起动继电器	空档起动开关	起动机	火花塞	分电器	节气门拉索	制动系统	冷却风扇系统	离合器	气缸压缩不良
不能起动	发动机不能转动																								1	3	2							
	起动机不转																										1							
	无起动征兆	9	2			4						5				7	3			10	6								1					8
	有起动征兆			4		1							3		6	2				7														5
起动困难	发动机转动缓慢										2																1							
	常温起动困难	9	10	4	11							6	5	7	13	3				14	1							2	12					8
	冷机起动困难			1	5			2				6		7	8	4				9	3													
	热机起动困难			1	4							6	5	7	8	3				9	2													
怠速失常	刚刚起动后怠速不正常			2												3		4		5										1				
	怠速转速过高			2	5		6			8	7				9	3		4		10										1				
	怠速转速过低			1			3								4	2				5														
	怠速不稳		12	2		10						6	5	7	11	8				13	1							3	4					9
	怠速缺火		3	5		7									8					9	1							2	4					6
驾驶性能不良	加速发抖			9	10	8	7					12	11	13	14					15	3							4	5		2		1	6
	回火			1	4	3	2					6	5	7	8					9														
	消声器“放炮”			2	6	4	5						3		7				1	8														
	发动机喘振												1		4					5								2	3					
	发动机爆燃								1											5	2							3				4		

（续）

故障征兆 \ 故障可能产生的部位		开关信号电路	点火信号电路	冷却液温度传感器	进气温度传感器	歧管压力传感器	节气门位置传感器	起动信号电路	爆燃传感器	空挡起动开关电路	空调信号电路	汽油泵电路
发动机失速	刚刚起动后就失速			7			6					3
	踩下加速踏板后失速					1	2					
	松开加速踏板后失速					2						
	空调器工作时失速										1	
	从 N 位拨到 D 位失速									1		
其他故障	燃油消耗量过大			11	16	13	12			14	15	
	发动机过热								3			
	发动机冷却液温度过低											
	机油消耗量过大											
	机油压力过高											
	机油压力过低											
	起动机运转不停止											

故障征兆 \ 故障可能产生的部位		油压调节器	汽油管路	喷油器	怠速控制阀	主继电器	节气门缓冲器	汽油切断系统	发动机与变速器 ECU	汽油品质	汽油泄漏	机械或其他故障
发动机失速	刚刚起动后就失速	2	4	8	5				9	1		
	踩下加速踏板后失速	4	5	6					7			
	松开加速踏板后失速				1				3			
	空调器工作时失速				2				3			
	从 N 位拨到 D 位失速				2				3			
其他故障	燃油消耗量过大			10				6		2	1	17
	发动机过热											4
	发动机冷却液温度过低											2
	机油消耗量过大											2
	机油压力过高											2
	机油压力过低											2
	起动机运转不停止											

故障征兆 \ 故障可能产生的部位		机油泄漏	起动继电器	空挡起动开关	起动机	火花塞	分电器	节气门拉索	制动系统	冷却风扇系统	离合器	气缸压缩不良
发动机失速	刚刚起动后就失速											
	踩下加速踏板后失速					3						
	松开加速踏板后失速											
	空调器工作时失速											
	从 N 位拨到 D 位失速											
其他故障	燃油消耗量过大					7	8	3	5		4	9
	发动机过热					2				1		
	发动机冷却液温度过低									1		
	机油消耗量过大	1										
	机油压力过高	1										
	机油压力过低	1										
	起动机运转不停止		1		2							

发动机故障征兆表，该表列出了发动机每一种故障征兆可能的所有原因，并将其每一条都编上序号，序号的编排是按以下两个原则综合的结果：一是从故障原因发生可能性最大到最小排序，二是从检查最容易到最难排序。所谓故障征兆表诊断法就是按照故障征兆表中所列原因的顺序，依次检查故障原因，直至发现故障。

11.4　主要部件的诊断方法

汽车电子控制系统的部件，包括各种传感器、ECU 和执行器。汽车电子控制系统的部件检测方法通常有两种：一种是在线检测方式，另一种是离线检测方式。所谓在线检测是指保持部件与车上导线连接并接通电源的情况下，检测故障发生在线路、电源，还是部件；所谓离线检测也称部件检测，就是将部件的导线插接器拔下，或将部件从车上拆下，然后通过检测部件的电阻等手段，确认部件故障。

提示：在进行部件故障检测时，通常先进行在线检测，如果在线检测初步诊断部件有故障时，再进行离线检测，以确认部件故障并确定故障的原因。但在实际检测工作中也可以先进行离线检测，再进行在线检测，或者两种方法穿插使用，这需要根据不同的情况灵活掌握。

11.4.1　传感器的检测

1. 传感器的在线检测

（1）三线传感器的在线检测　三线传感器是汽车上使用最广泛的一种传感器，以切诺基汽车的进气歧管压力传感器（图 11-8）为例，传感器与 ECU 之间有三根导线连接，第一条是电源线，由 ECU 为传感器的工作提供 5V 参考电压；第二条是信号线，传感器产生的信号由信号线传送给 ECU；第三条是搭铁线，传感器通过搭铁线至 ECU 搭铁。汽车发动机上常见的三线传感器还有：空气流量传感器、节气门位置传感器、霍尔式曲轴（凸轮轴）位置传感器等。

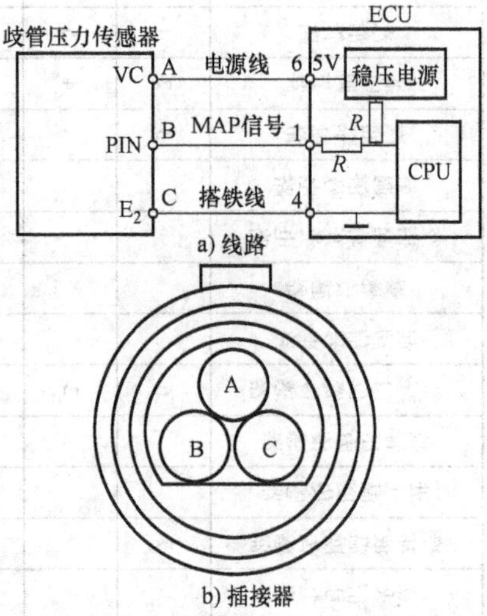

图 11-8　进气歧管压力传感器

下面以切诺基汽车的进气歧管压力传感器为例介绍三线传感器的在线检测方法。

① 检测传感器电源电压。接通点火开关，检测传感器端子 A 与搭铁之间的电压，应为 (5 ±0.5) V (不同车型传感器参考电压通常都为 5V)。若电压为 0，再检测 ECU 的 6 号端子的电压，若电压为 (5 ± 0.5) V，说明电源线断路；若电压为 0，说明 ECU 有故障。

② 检测传感器信号。检测传感器端子 B 的电压，正常值是：当只接通点火开关时，电压为 4 ~5V；发动机怠速运转，电压为 1.5 ~2.1V；随节气门逐渐开大，电压逐渐升高。也可以不起动发动机，只接通点火开关，将手动真空泵连接在进气歧管压力传感器的真空管上

施加真空，随着真空度增大，传感器端子 B 的电压应降低。若信号正常，再检测信号线是否有断路、短路或搭铁故障；若信号不正常，则可能是传感器有故障或者搭铁线路有故障。

③ 检测搭铁线路。检测 ECU 端子 4 与车身搭铁之间的电压，应小于 0.1V，否则说明 ECU 搭铁有故障；再检测传感器与 ECU 之间的搭铁线电阻，应小于 0.5Ω，否则说明搭铁线断路或存在高电阻。

提示：所有的三线传感器的在线检测方法基本相同，但在检测的第②步稍有差别。这主要是因为传感器不同，产生的信号不同，检测方法和结果也就不同。

对于产生模拟信号的传感器，其信号电压可以使用万用表测量，通过一定的方法，使被测物理量发生变化，则电压信号也应相应变化。

例如线性可变电阻式节气门位置传感器，在节气门全关时的信号电压应为 0.5～1.0V，随着节气门开大，电压逐渐增大，节气门全开时，电压应为 4.0～4.8V。

对于热式空气流量传感器，拆下空气滤清器，接通点火开关，用 450W 电吹风（冷风档）向空气流量传感器内吹风，信号电压应在 2.0～4.0V 之间变化。

对于产生数字信号的传感器，例如霍尔式曲轴（或凸轮轴）位置传感器、卡门涡流式空气流量传感器等，最好使用示波器检测其产生的信号。

（2）两线传感器的在线检测　常见的两线传感器有温度传感器（包括进气温度传感器、冷却液温度传感器等）、氧传感器（包括氧化锆式和氧化钛式氧传感器）、爆燃传感器、磁感应式曲轴（或凸轮轴）位置传感器等。温度传感器和氧化钛式氧传感器都是需要参考电压才能工作的传感器，检测方式相似。以丰田汽车进气温度传感器（图 11-9）为例，检测时首先应检测传感器端子 THA 与车身搭铁或者与端子 E2 之间的电压，应为 0.2～4.0 V，温度越低，电压应越高。如果电压不在上述范围，检测传感器与 ECU 之间的两导线是否存在故障。

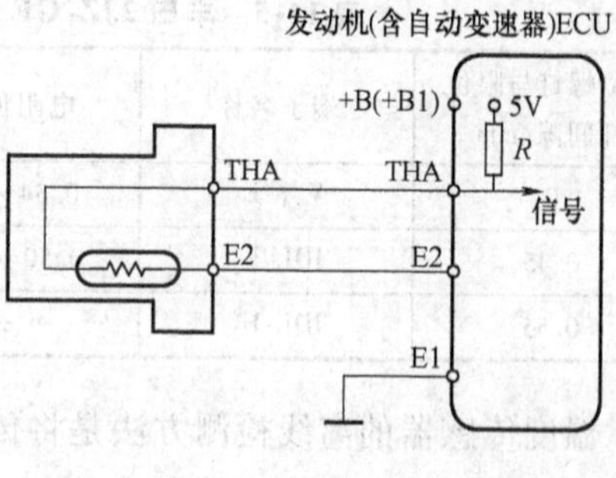

图 11-9　进气温度传感器

氧化锆式氧传感器、爆燃传感器、磁感应式曲轴（或凸轮轴）位置传感器等，都不需要参考电压就可以产生传感器信号，因此检测时可以使传感器工作，并使用万用表（电压档）或者示波器跨接在传感器信号线与搭铁线之间直接测量传感器电压信号。

对于氧化锆式氧传感器的检测，起动发动机运转至正常冷却液温度，保持转速 2500r/min，测量氧传感器信号电压，该电压应在 0.2～0.9V 之间变化，并且在 10s 内变化的次数不少于 8 次。

对于磁感应式曲轴（或凸轮轴）位置传感器的检测，最好的检测方法是在起动发动机时，用示波器测量传感器信号波形，应为正弦波信号。

对于爆燃传感器的检测，最好的方法是使用示波器检测波形，可以起动发动机运转，此时示波器应显示传感器信号波形，发动机突然加速，信号波形的幅值应增大；也可以不起动发动机，用木锤敲击爆燃传感器附近的缸体，也会产生信号波形，并且敲击力度越大，信号波形幅值越大。

提示：有些传感器的导线数多于三条，实际上是几个传感器组合在一起，或者是传感器与执行器组合在一起。

例如组合式空气流量传感器是将空气流量传感器（三线传感器）与进气温度传感器（两线传感器）组合在一起；组合式节气门位置传感器是将线性可变电阻式和触点式节气门位置传感器组合在一起；加热式氧传感器是将氧传感器（两线传感器）与加热电阻（执行器）组合在一起；磁感应式曲轴位置传感器（两线传感器）将曲轴位置传感器和凸轮轴位置传感器组合在一起，并且还有屏蔽线，使导线数量增加。这些传感器的检测方法与上述的三线传感器和两线传感器的检测方法相同。

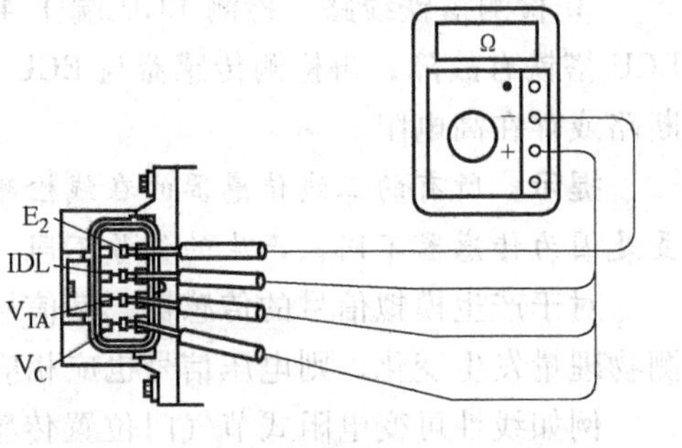

图 11-10　节气门位置传感器的离线检测方法

2. 传感器的离线检测

离线检测是通过测量电阻检测传感器的技术状态，因此这种方法最适合检测电阻易于测量的传感器，例如节气门位置传感器、温度传感器等。

节气门位置传感器的离线检测方法如图 11-10 所示，使用电阻表测量各端子之间的电阻值，电阻值应符合表 11-5 的标准值。

表 11-5　丰田 2JZ-GE 发动机节气门位置传感器端子之间的电阻

限位螺钉与限位杆间隙/mm	端子名称	电阻值/kΩ	节气门开度	端子名称	电阻值/kΩ
0	V_{TA}-E_2	0.34～6.30	节气门全开	V_{TA}-E_2	2.40～11.20
0.45	IDL-E_2	0.50 或更小	—	V_C-E_2	3.10～7.20
0.55	IDL-E_2	∞			

温度传感器的离线检测方法是将传感器放在热水中加热，同时测量水温以及传感器两端子之间的电阻值，阻值应符合表 11-6 的标准值。

表 11-6　丰田 2JZ-GE 发动机进气温度/冷却液温度传感器电阻标准值

温度/℃	电阻值/Ω	温度/℃	电阻值/Ω
-20	16200	60	600
0	5900	80	300
20	2500	100	200
40	1100		

11.4.2　执行器的检测

1. 电动燃油泵

以桑塔纳 2000GSi AJR 发动机电动燃油泵为例，首先进行在线检测。

1）接通点火开关，油泵应运转 2s。

2）如果油泵不转，关闭点火开关，拔下中央继电器线路板上 2 号位的油泵继电器。接通点火开关，检测继电器插座端子 2/30 和 4/86（图 11-11）与车身搭铁之间的电压，应为蓄电池电压。

3）用跨接线跨接燃油泵继电器插座的端子 2/30 和 3/87，燃油泵应连续转动；若燃油泵不转，检查熔断器盒内的 5 号熔丝，如果熔丝正常，检测熔丝至燃油泵之间的电路。

4）如果用跨接线跨接燃油泵继电器插座的端子 2/30 和 3/87，燃油泵转动，检测继电器插座端子 1/85 与发动机 ECU 的端子 T80/4 之间的导线，如果导线正常，更换燃油泵继电器。

如果上述检测表明燃油泵线路和继电器都正常，再对燃油泵进行离线检测，拔下燃油泵线束插接器，检测燃油泵插接器端子 1 与端子 3 之间的电阻，电阻值应为 2～3Ω（20℃时）。

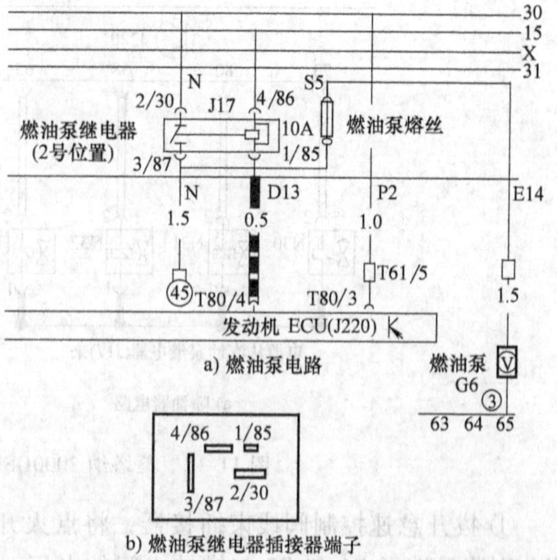

图 11-11　桑塔纳 2000GSi AJR 发动机电动燃油泵电路

2. 喷油器

（1）检测喷油器电阻　从喷油器上拔下插接器，用万用表检测喷油器两端子之间的电阻，应符合标准，否则说明喷油器有故障。桑塔纳轿车喷油器电阻见表 11-7。

表 11-7　桑塔纳轿车喷油器技术参数

参数 / 车型	桑塔纳 GLi	桑塔纳 2000GLi	桑塔纳 2000GSi
电阻值(20℃)/Ω	15.9±0.35	15.9±0.35	13～18
发动机工作时的电阻增值/Ω	4～6	4～6	4～6
30s 喷油量/mL	78～85	78～85	78～85
燃油喷雾形状	小于 35°圆锥形状		
正常油压下漏油量/(滴/min)	不多于 2		

（2）检测喷油器的电压　从喷油器上拔下插接器，在接通点火开关时检测线束侧插接器端子 1（图 11-12）与搭铁之间的电压，应有蓄电池电压。否则应检查喷油器的电源电路。

（3）检测喷油脉冲信号　喷油脉冲信号可以使用示波器检测，也可以使用二极管试灯（将两只极性颠倒的发光二极管并联后再与一只 510Ω/0.25W 的电阻串联）检测。使用示波器检测时，保持喷油器插接器连接，将示波器的正表笔与喷油器与 ECU 连接的导线的端子 2 连接，负表笔搭铁，起动发动机，示波器应显示喷油脉冲波形。使用二极管试灯检测时，从喷油器上拔下插接器，将二极管试灯跨接在线束侧插接器两端子之间，起动发动机，二极管试灯应闪烁。否则说明 ECU 没有输出喷油脉冲或者喷油器插接器至 ECU 之间的线路有故障。

3. 步进电动机式怠速控制阀

以丰田汽车步进电动机式怠速控制阀为例，检测方法如下：

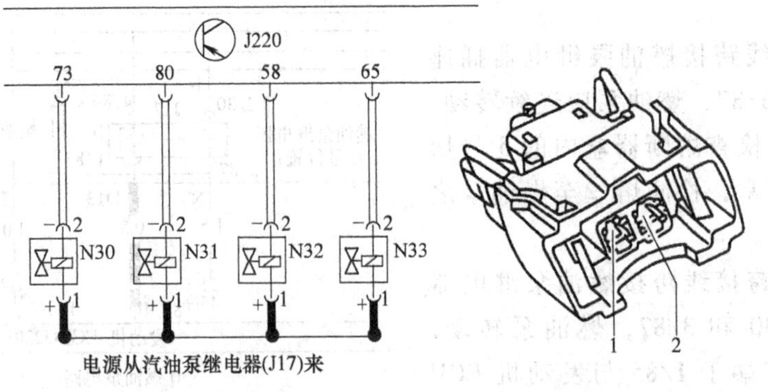

a) 喷油器电路　　b) 喷油器线束侧插接器端子

图 11-12　桑塔纳 2000GSi AJR 发动机喷油器电路

① 拔开怠速控制阀线束插接器，将点火开关转至 ON 的位置但不起动发动机，在线束侧分别测量端子 B1 和 B2 与搭铁之间的电压，均应为蓄电池电压，否则说明怠速控制阀电源电路有故障。

② 发动机熄火后的 2 ~ 3s 内，应能听到怠速控制阀步进电动机转动的声音，因为此时发动机 ECU 会使怠速控制阀打开到最大开度，以便于下一次起动。如果没有转动的声音，应检查怠速控制阀以及怠速控制阀的端子 S1、S2、S3、S4 与 ECU 之间的控制电路和 ECU。

③ 拔下怠速控制阀插接器，在控制阀侧分别测量端子 B1 与 S1 和 S2，B2 与 S3 和 S4 之间的电阻，阻值均应为 10 ~ 30Ω，否则应更换怠速控制阀。

④ 如图 11-13 所示，拆下怠速控制阀，将蓄电池的正极接至 B1 和 B2 端子，将蓄电池的负极按顺序依次接通 S1-S2-S3-S4 端子时，步进电动机应旋转，并且控制阀应向外伸出；将蓄电池的负极按相反的顺序依次接通 S4-S3-S2-S1 端子时，步进电动机的旋转应使控制阀向内缩回。如果工作情况与上述不符，更换怠速控制阀。

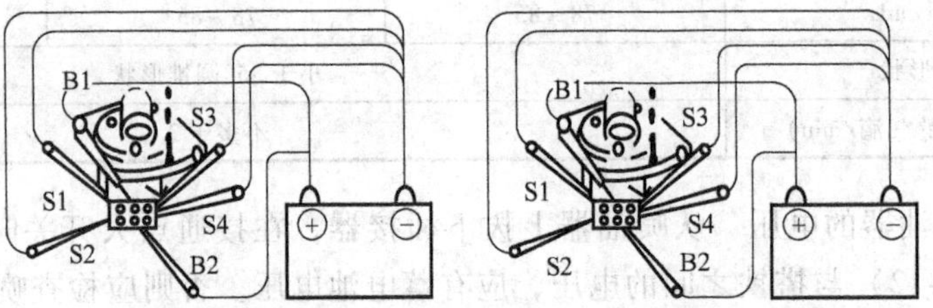

a) 向外伸出　　b) 向内缩回

图 11-13　步进电动机式怠速控制阀的检测

4. EGR

（1）初步检查　检查 EGR 系统的真空软管是否破损，连接处是否松动、泄漏。

（2）检查 EGR 工作情况　起动发动机怠速运转，将手指按在 EGR 阀上感受 EGR 阀的动作，在冷车状态下由怠速踩下加速踏板，使发动机转速升至 2000r/min 左右时，此时 EGR 不应工作，手指应感觉不到 EGR 阀膜片动作；在发动机冷却液温度达到 50℃ 以上后再踩下加速踏板，使发动机转速升至 2000r/min 左右时，EGR 应工作，手指应能感觉到 EGR 膜片动作。如果 EGR 阀不能按照上述动作，说明 EGR 系统工作不正常，应检查该系统的各零部件。

（3）检测 EGR 控制电磁阀　关闭点火开关，拔下 EGR 控制电磁阀线束插接器，用万用表测量电磁阀电磁线圈的电阻，应符合规定（一般为 20～50Ω）。如果电阻值不正常，更换 EGR 控制电磁阀。

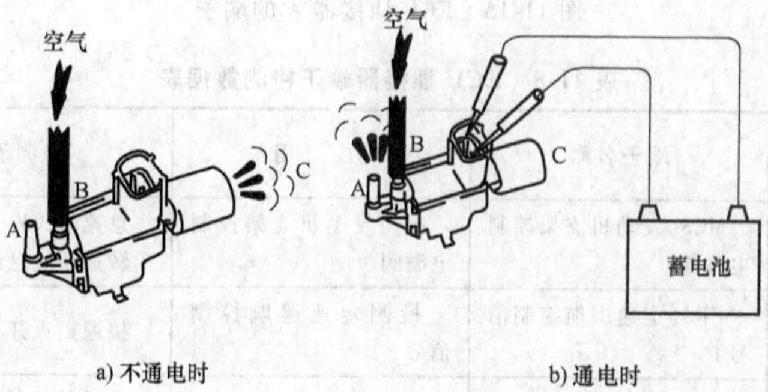

图 11-14　EGR 控制电磁阀的检测

拔下与 EGR 控制电磁阀连接的各真空管和插接器，从发动机上拆下 EGR 控制电磁阀。在 EGR 控制电磁阀的电磁线圈不通电时，检查各管口之间是否通气。此时管接口 A 与 B 以及 A 与 C 之间不应通气，但管接口 B 与 C 之间应通气，如图 11-14a 所示；当给 EGR 控制电磁阀的电磁线圈通电时（图 11-14b），管接口 A 与 B 之间应通气，而管接口 A 与 C 以及 B 与 C 之间不应通气。如果检测结果与上述不符，更换 EGR 控制电磁阀。

（4）检测 EGR 阀　起动发动机怠速运转，达到正常温度时，拔下 EGR 阀真空软管，将手动真空泵连接在 EGR 阀上对其真空室施加真空度为 19.95kPa 的真空，若发动机怠速不稳甚至熄火，说明 EGR 阀正常；若发动机运转情况没有变化，说明 EGR 阀损坏，应更换。

11.4.3　ECU 的检测

对于 ECU 的检测，通常首先进行在线检测，通过在线检测，先确认与 ECU 连接的传感器、执行器、电源、搭铁及其线路和插接器正常，然后才可以判断是 ECU 的故障。在对 ECU 进行在线检测时，需要查阅 ECU 端子的标准检测数据，以此作为故障诊断的依据。以本田雅阁的 V6 发动机 ECU 为例，ECU 共有 A、B、C、D 4 个插接器，图 11-15 所示为 ECU 的插接器 A 的端子位置，表 11-8 列出了 ECU 插接器 A 的端子准检测数据。根据表 11-8 列出的各端子的检测条件进行检测，如果检测结果与标准检测数据不符，则应检测与该端子连接的部件及其线路，如果部件及其线路正常，此时也不能断定 ECU 有故障，因为与 ECU 其他端子连接的传感器、电源、搭铁线路等有故障，也可能导致 ECU 被检测端子的信号不正常，因此需要将 ECU 所有端子进行检测，并确认与 ECU 连接的所有部件以及电路都正常以后，才可以初步判断 ECU 有故障。

提示： 为了确认 ECU 的故障，可以采用替换法进行核实，即更换已知良好的型号相同的 ECU 进行比对。但使用这一方法必须确保与 ECU 连接的所有部件和线路正常才可以进行，否在可能损坏新更换的 ECU。

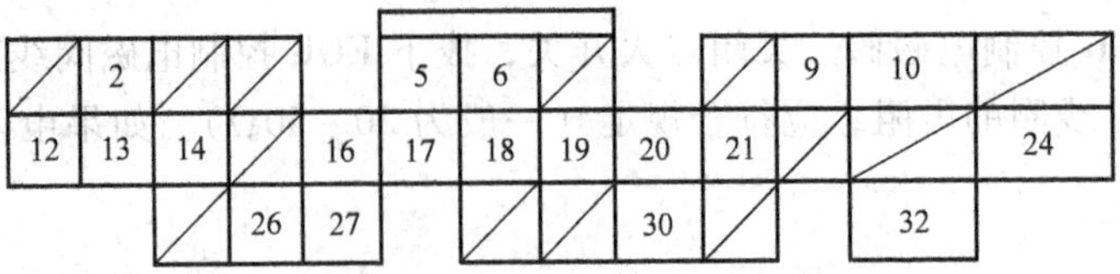

图 11-15　ECU 插接器 A 的端子

表 11-8　ECU 插接器端子检测数据表

端子号	连接导线颜色	端子名称	功　用	检测条件及标准数据
2	绿/白	MCS(发动机支架控制电磁阀)	起动发动机支架控制电磁阀	怠速时:0V 转速超过怠速转速时:蓄电池电压
5	蓝/绿	CRS(定速巡航控制信号)	检测定速巡航控制信号	接通点火开关(Ⅱ位置)时:脉冲
6	红/黄	PCS(EVAP 净化控制电磁阀)	起动 EVAP 净化控制电磁阀	发动机运转,冷却液温度低于 75℃时:蓄电池电压。发动机运转,冷却液温度高于 75℃时:0V
9	蓝/白	VSSOUT(车速传感器输出信号)	发送车速传感器输出信号	取决于车速:脉冲
10	棕	SCS(维修检查信号)	检测维修检查插接器信号(该信号触发显示 DTC)	接上端子:0V 拆开端子:蓄电池电压
12	粉	IMOLMP(防起动装置指示灯)	控制防起动装置指示灯	防起动装置指示灯亮:0V 防起动装置指示灯灭:蓄电池电压
14	绿/黑	D4IND(D4 指示灯)	控制 D4 指示灯	D4 指示灯亮:0V D4 指示灯灭:蓄电池电压
16	绿/黄	FLR(燃油泵继电器)	起动燃油泵继电器	接通点火开关 2s 内:0V 接通点火开关 2s 后:蓄电池电压
17	红	ACC(空调离合器继电器)	起动空调离合器继电器	压缩机接通:0V 压缩机关闭:蓄电池电压
18	绿/橙	MIL(故障指示灯)	控制 MIL	MIL 亮:0V MIL 灭:蓄电池电压
19	蓝	NEP(发动机转速脉冲)	输出发动机转速脉冲	发动机运转:脉冲
20	绿	FANC(散热器风扇控制)	起动散热器风扇继电器	散热器风扇运转:0V 散热器风扇不运转:蓄电池电压
21	浅蓝	K-线路	发送和接收扫描工具信号	接通点火开关:脉冲
24	蓝/橙	STS(起动机开关信号)	检测起动机开关信号	接通起动机开关(Ⅲ位置):蓄电池电压 关闭起动机开关:0V
26	绿	PSPSW(P/S 压力开关信号)	检测 PSP 开关信号	怠速时,将转向盘置于直行位置:0V 怠速时,将转向盘置于左、右极限位置:蓄电池电压

（续）

端子号	连接导线颜色	端子名称	功　用	检测条件及标准数据
27	蓝/红	ACS(空调开关信号)	检测空调开关信号	空调开关接通:0V 空调开关关闭:蓄电池电压
30	绿/红	EL(ELD)	检测 ELD 信号	怠速时,驻车灯亮:约 2.5 ~ 3.5V 怠速时,前照灯置于近光档:约 1.5 ~ 2.5V
32	白	BKSW(制动开关)	检测制动开关信号	松开制动踏板:0V

复习思考题

1. 自诊断系统的功能及原理是什么?
2. 简述 OBD-Ⅱ车载自诊断系统的特点。
3. OBD-Ⅱ车载自诊断系统故障码由哪几部分组成?
4. 常见的故障诊断设备有哪些?
5. 故障诊断的基本方法有哪些?
6. 汽车故障诊断的基本原则是什么?
7. 故障诊断的基本流程是什么?
8. 故障征兆模拟试验方法有哪些?
9. 叙述常见部件的诊断方法。

参考文献

[1] 舒华，姚国平．汽车电子控制技术［M］．北京：人民交通出版社，2008.
[2] 黄靖雄，赖瑞海．汽车电子控制技术［M］．北京：人民交通出版社，2011.
[3] 何丹娅．汽车电子控制技术［M］．北京：人民交通出版社，2007.
[4] 曹红兵．汽车发动机电控技术原理与维修［M］．北京：机械工业出版社，2008.
[5] 吴森，等译．BOSCH 汽油机管理系统［M］．北京：北京理工大学出版社，2009.
[6] 王林超．当代汽车电控系统结构原理与检修［M］．北京：人民交通出版社，2009.
[7] 石义贤，杨维俊．电控发动机结构原理及典型故障案例［M］．北京：机械工业出版社，2009.
[8] 粱朝彦，卢浩义．汽车发动机电控系统原理与检修［M］．北京：机械工业出版社，2009.
[9] 鲁植雄．缸内直喷发动机结构原理与维修［M］．南京：江苏科学技术出版社，2009.
[10] 杨庆彪．汽油直喷发动机结构与检修［M］．北京：中国劳动社会保障出版社，2010.
[11] 范明强．现代缸内直喷式汽油机（一）、(二)、(三)、(四)、(五)、(六)、(七)、(八)［J］．汽车维护与保养，2010（2）、(3)、(4)、(5)、(6)、(7)、(8)、(9)：78-80、82-85、74-77、74-76、80-81、88-91、88-90、86-87.
[12] 张西振，田有为．汽车柴油机电控技术［M］．北京：人民交通出版社，2007.
[13] 孙仁云，付百学．汽车电器与电子技术［M］．北京：机械工业出版社，2006.
[14] 凌永成，于京诺．汽车电子控制技术［M］．北京：北京大学出版社，2006.
[15] 冯渊．汽车电子控制技术［M］．北京：北京大学出版社，2005.
[16] 付百学．汽车电子控制技术［M］．北京：机械工业出版社，2002.
[17] 谢剑．汽车底盘电控技术［M］．长沙：国防科技大学出版社，2009.
[18] 刘仲国．丰田凌志轿车故障诊断与维修手册［M］．北京：机械工业出版社，2003.
[19] 姚国平．汽车电控系统结构与维修［M］．北京：北京理工大学出版社，2005.
[20] 周云山．汽车电子控制技术［M］．北京：机械工业出版社，2004.
[21] 李美娟．汽车典型电控系统结构与维修［M］．西安：西安电子科技大学出版社，2007.
[22] 李传志．汽车车身电子控制系统［M］．北京：机械工业出版社，2006.
[23] 解福泉．汽车典型电控系统构造与维修［M］．北京：人民交通出版社，2008.
[24] 陈无畏．汽车车身电子与控制技术［M］．北京：机械工业出版社，2008.
[25] 齐峰．汽车电控系统实务［M］．北京：机械工业出版社，2009.
[26] 高晗，王彬．进口汽车防盗及中控系统维修精华［M］．北京：机械工业出版社，2005.
[27] 刘希恭．国产汽车巡航控制、导航系统使用与故障检修使用手册［M］．北京：机械工业出版社，2009.
[28] 于万海．汽车单片机与车载网络技术［M］．西安：西安电子科技大学出版社，2007.
[29] 饶云涛，邹继军，等．现场总线 CAN 原理与应用技术［M］．2 版．北京：北京航空航天大学出版社，2009.
[30] 金瑞，刘波澜．汽车单片机及车载网络系统［M］．北京：北京理工大学出版社，2008.
[31] 李贵炎．车载网络系统结构原理与维修［M］．南京：江苏科学技术出版社，2008.
[32] 李雷．汽车车载网络系统检修［M］．北京：人民邮电出版社，2009.
[33] 吴文琳，吴丽霞．汽车车载网络系统原理与维修精华［M］．北京：机械工业出版社，2008.
[34] 谭本忠．汽车车载网络维修教程［M］．北京：机械工业出版社，2008.
[35] 施树明，任有．汽车电器与电子控制［M］．北京：人民交通出版社，2009.
[36] 李涵武，赵雨旸．汽车电器与电子技术［M］．哈尔滨：哈尔滨工业大学出版社，2006.
[37] 司利增．汽车计算机控制［M］．2 版．北京：电子工业出版社，2007.